사회복지 프로그램 개발과 평가

우수명

KNOWLEDGE COMMUNITY 공동체

Preface

"틀렸다고 생각하면 당당히 바꿀 방법을 찾자"

사회복지 프로그램 개발과 평가와 다른 전문 분야의 차별성은 '가치 지향성'입니다. 사회복지사가 현장을 어떻게 바라보고, 어떤 마인드로 일을 하고 있는가에 따라 가치의 방향 또한 크게 달라집니다. 재가복지센터에서 일하며 시도했던 어르신의 외투 서비스를 통해 사회복지사의 가치 관점에 따라 실천의 방법이 크게 달라지는 것을 경험하였습니다. HS리서치센터를 운영하면서 많은 평가 및 자문을 수행하였고, 특히 서울특별시 청소년 민간위탁사업 평가단으로 선정되어 2년간 100여 개의 다양한 현장 프로그램을 심층적으로 평가했던 것은 평가의 중요성을 다시 한번 깨달은 계기가 되었습니다.

지난 십수 년간 사회복지 현장의 전문성은 크게 성장하였고, 새로운 프레임과 가치들이 사회복지 실천 기술에 여러 형태로 현상화되어 나타났습니다. 그러나 적지 않은 현장에서 프로그램에 대한 고민은 여전합니다. "제가 보기에 클라이언트가 크게 달라졌는데, 사전-사후 점수 변화가 없어요." 사회복지사의 관찰이 맞다면, 사전-사후 측정은 틀린 것입니다. 그러나 많은 사회복지사들은 당당히 사전-사후가 잘못되었다고 결론을 내리지 못합니다. 대안도 찾으려 하지 않습니다. 틀렸다고 생각한다면 당당히 바꿀 방법을 찾아야 합니다.

Preface

기획과 평가는 많은 시행착오, 즉 실험을 통해 성장하고, 발전합니다. 실패해도 괜찮고, 부족해도 좋습니다. 새로운 고민은 새로운 대안을 찾을 기회를 줍니다. 기존의 목표나 평가 방식을 바꾸지 않는다면 어떠한 변화도, 성장도 만들어 낼 수 없습니다. 그렇기 때문에 새 술을 새 부대에 담아야 하듯이 사회복지 현장에 기초한 프로그램 개발과 평가의 근본을 다시 살피고, 실천 가치를 고민하고, 성찰하며, 사회복지사로 바로 서는 데 도움이 되었으면 하는 바람으로 본 서를 집필하였습니다.

본 서는 제1부 사회복지 프로그램 개발, 제2부 프로그램 평가, 제3부 사업계획서 작성 및 평가 사례로 구성되어 있습니다.

제1부 사회복지 프로그램 개발은 총 5개의 장으로 이루어졌으며, 사회복지 가치 관점에 따른 프로그램의 이해, 실천 가치에 따른 기획과 의사결정, 정보 수집의 새로운 내용들과 욕구분석 기법, SMART 목표 세우기와 논리모델, 프로그램 수행을 위한 준비로 특별히 평가도구 준비의 문제와 대안을 제시하는 내용으로 구성하였습니다. 이를 통해 프로그램 개발의 중요한 가치, 방향, 기법을 든든히 할 수 있습니다.

제2부 프로그램 평가는 총 6개의 장으로 이루어졌으며, 프로그램 평가의 개념과 기준을 이해하고, 사회복지 실천에서 핵심이 되는 가치 평가를 살펴보고, 논리모델에 기초한 성과 평가 모형, 실험설계 방식의 다양한 평가 방법, 질적 평가의 다양한 접근들을 살펴봅니다. 그리고 평가를 수행하는 관리 기법을 정리하였습니다. 이를 통하여 현장 평가가 결과 중심과 가치 지향 사이의 균형을 갖도록 합니다.

제3부 사업계획서 작성 및 평가 사례는 새로운 형식으로 변경된 공동모금회의 사업계획서 작성법을 살펴보고, 효과 · 효율 · 품질에 기초한 성과평가의 사례를 통하여 평가에 대한 이해를 높이고자 합니다. 사례와 함께 사업계획서 작성법을 배울 수 있고, 평가의 사례를 통해 새로운 관점으로 평가를 바라보게 합니다.

지금까지의 과정에서 저의 성찰과 영감에 도움을 준 수많은 현장의 사회복지사들, 특별히 한덕연 선생님, 심한기 대표님, 문대수, 심휘선, 김영습, 배경진 사회복지사에게 감사를 표합니다. 현장과의 징검다리가 되어준 나의 아내 이정호 사회복지사와 늘 지지를 해주는 정이와 현이 두 아들에게도 고마움을 표합니다. 출간을 맡아주신 공동체 가족 여러분에게도 감사함을 드립니다. 그리고 가장 큰 감사함을 나의 하나님께 드립니다.

본 서의 부족함은 전적으로 저자의 몫입니다. 많은 분들의 좋은 의견은 언제든지 열려 있으니 알려주시기 바랍니다(varamhana@daum.net). 언제나 행복하고 건강한 날들을 보내길 바랍니다.

2024년 1월

파주 두일마을에서, 해 뜰 녘에

우수명

Contents

■ 머리말 _ 3

PART 1 사회복지 프로그램 개발

Chapter 1. 프로그램의 이해 15

1. 사회복지 프로그램의 이해 ········ 15
2. 프로그램의 과정과 구성 ········ 27
3. 프로그램의 유형 ········ 36

Chapter 2. 기획과 의사결정 39

1. 프로그램 기획의 필요성 ········ 39
2. 책무성과 사회복지 실천 가치 ········ 43
3. 기획의 의사결정 과정 ········ 58
4. 계획의 유형 ········ 62

Chapter 3. 정보 수집과 욕구분석 69

1. 정보 수집의 방법 ········ 69
2. 문제 인식의 관점 ········ 80
3. 욕구분석 ········ 85

Chapter 4. 목표 세우기 99

1. 목표의 이해 ······ 99
2. 목표설정 단계 ······ 103
3. 목표 세우기 ······ 114
4. 논리모델과 결과성과 ······ 123
5. 목표의 명료성을 높이는 고민들 ······ 126
6. 성과평가 도구 점검하기 ······ 129

Chapter 5. 프로그램 수행 준비 143

1. 실무 행정의 진행 ······ 143
2. 주민 만나기와 참여자 선정 ······ 150
3. 예산 계획하기 ······ 154
4. 지역사회 마케팅과 네트워크 ······ 155

PART 2 프로그램 평가

Chapter 6. 프로그램 평가의 이해 163

1. 사회복지 평가의 흐름과 과제 ······ 163
2. 프로그램 평가의 개념 ······ 168
3. 프로그램 평가의 필요성 ······ 170
4. 프로그램 평가의 이론적 접근 ······ 173
5. 프로그램 평가방법 ······ 176
6. 평가의 기준 ······ 189

Contents

Chapter 7. 가치 평가 193

1. 사회복지 실천과 가치 평가 ······ 193
2. 가치 평가의 기본 가치의 이해 ······ 196
3. 욕구기반 가치 평가 ······ 199
4. 이미지 평가 ······ 202
5. 한덕연 선생님의 가치 평가 ······ 207

Chapter 8. 성과 평가 모형 215

1. 성과 평가의 이해 ······ 215
2. 성과 평가의 대상 ······ 219
3. 결과성과 : 효과성 평가 ······ 221
4. 산출성과 : 효율성 평가 ······ 227
5. 품질성과 : 품질 평가 ······ 231

Chapter 9. 실험설계 평가 241

1. 실험설계 평가의 준비 ······ 242
2. 실험설계 평가 진행 시 주의 사항 ······ 247
3. 실험설계의 유형 ······ 248
4. 단일사례설계 평가 ······ 256
5. 실험설계의 유형별 특성 비교 ······ 260

Chapter 10. 질적 평가 및 기타 방법들 263

1. 질적 평가 ······ 263
2. 과정분석 평가 ······ 281
3. PASSING ······ 287
4. 조작적 정의에 의한 평가 ······ 294

Chapter 11. 프로그램 평가 관리 299

1. 평가의 과정 ······ 299
2. 평가준비 단계 ······ 302
3. 평가도구 구성 단계 ······ 311
4. 평가수행 단계 ······ 313
5. 평가결과의 분석 및 활용 단계 ······ 317

PART 3 사업계획서 작성 및 평가 사례

Chapter 12. 공동모금회 사업계획서 작성법 327

1. 사업계획서 작성 준비 ······ 327
2. 한 장 사업계획서 작성 ······ 331
3. 사업계획서 작성하기 ······ 334
4. 사업계획의 완성 및 검토 ······ 364

Contents

Chapter 13. 성과 평가의 사례 - 효과, 효율, 품질 평가 367

1. 평가대상 및 방법 ··· 368
2. 성과 평가 기준 ··· 370
3. 결과성과 평가 결과 ··· 376
4. 산출성과 평가 결과 ··· 388
5. 품질성과 평가 결과 ··· 390
6. 평가결과 요약 ··· 393

- 부 록 _ 397
- 참고문헌 _ 421
- 찾아보기 _ 425

QR코드

QR_녹번종합사회복지관

QR_대림대사회복지과

QR_마을공동체종합지원센터

QR_사회복지공동모금회

QR_사회복지정보원

QR_종로노인종합복지관

QR_품청소년문화공동체

Part 1

사회복지 프로그램 개발

Chapter 1. 프로그램의 이해
Chapter 2. 기획과 의사결정
Chapter 3. 정보 수집과 욕구분석
Chapter 4. 목표 세우기
Chapter 5. 프로그램 수행 준비

Chapter **1**

프로그램의 이해

1. 사회복지 프로그램의 이해

1) 사회복지 프로그램의 개념

(1) 프로그램과 서비스

다양한 사회복지 실천은 프로그램(program) 혹은 서비스(service)라고 불린다. 사례관리는 서비스라는 용어가 사용되지만, 청소년캠프는 프로그램이라고 한다. 사전적 의미를 본다면 프로그램은 진행순서나 체계적인 계획에 따른 진행이 강조되며, 서비스의 경우 봉사, 공공사업, 접대, 도움 등의 의미가 더 크다 (프라임 영한사전, 2011).

서비스의 개념에는 몇 가지 특징이 있다. 첫째, 클라이언트에게 '제공'되는 혜택이나 도움이다. 둘째, 욕구사정 등을 통하여 클라이언트의 의견이 반영되더라도 사회복지 서비스 제공은 사회복지사가 주도한다. 셋째, 클라이언트는 이용자나 수혜자로서 권리를 향유한다는 의미가 강조된다. 따라서 사회복지 실천의 제공 방향은 사회복지조직에서 클라이언트에게로 일방적인 서비스 제공이 이루어진다. 사례관리와 같이 사회복지사의 주도적인 역할이 중요하나, 고객 관점이 강조되면 소진이나 매너리즘에 빠질 가능성이 높아진다. 또한 무료 서비스를 받는 클라이언트는 위축되거나 의존적이 될 수 있으며, 서비스 소외 시 화를 내는 을의 갑질 가능성도 높아진다.

프로그램의 개념에는 몇 가지 특징이 있다. 첫째, 클라이언트는 프로그램에 참여하는 것이며, 일방적인 수혜자의 의미는 약하다. 둘째, 클라이언트는 주도성을 가지고 있다. 따라서 사회복지 실천의 대상이면서 동시에 참여자가 된다. 셋째, 사회복지 실천은 사회복지조직과 클라이언트와의 쌍방향 활동이 중심이 된다. 능동적 참여자 관점으로 수행되므로 클라이언트의 적극적 참여와 긍정적 이미지의 창출이 유리하다. 그러나 '새로운 프로그램 개발' 요구의 악순환에 빠질 수 있으며, 외부 강사에게 의존하거나 사회복지사의 주도적 역할이 위축될 가능성도 높아진다.

어르신, 국민기초생활보장법상 수급권자와 같이 '존중의 대상'일 경우에는 서비스라는 표현이 더 많이 사용되는 반면 청소년이나 장애인 자활과 같이 클라이언트가 역동적 '참여의 대상'인 경우에는 프로그램이라는 표현이 더 많이 사용된다. 이 두 경우에도 사회복지 실천에서는 사회복지사와 클라이언트 간의 '**상호 존중**'은 공통적으로 유지되어야 한다. 여기서는 특별한 언급이나 재가복지 서비스와 같은 고유명사의 영역이 아니면 프로그램이라는 단어를 사용할 것이며, 경우에 따라 서비스와 같은 개념으로 사용할 수 있다.

(2) 사회복지 프로그램의 이해

사회복지 실천의 핵심인 프로그램은 다양한 개념으로 사용된다. 프로그램에 대한 사전적 정의는 '1 : 목록(目錄), 2 : 순서(順序) 3 : 예정(豫定), 계획(計劃)'이다. 이는 앞으로 진행될 일에 대하여 예정 또는 계획을 체계적으로 정리한 목록이자, 이의 실천까지 포함하는 개념이다. 여기서 계획의 뜻은 추상적인 의미가 있는 어떤 목적이나 가치를 실현하기 위하여 구체적으로 현실화할 수 있는 방법을 구상(構想)하는 것이다. 목록은 계획을 실현하기 위해 필요한 인력, 예산, 자원, 실행기술 등을 지침으로 만드는 '자원과 기술(skill)'의 내용이다. 순서는 목록에 포함된 인력과 자원들을 어떤 순서에 따라 투입하고 관리하는지를 정리한 계획된 활동이다. 따라서 프로그램은 사회복지 조직의 특정 목적이나 가치를 달성하기 위하여, 사회복지조직의 자원과 기술을 활용한 실천지침을 만들고 이를 단계적으로 실천하는 것이다. 즉, 사회복지 프로그램은 클라이언트의 욕구 해결과 같은 사회복지조직의 가치나 목적을 달성하기 위하여 어떤 실천 기술과 욕구 해결이 효과적이고, 실현 가능할 것인지를 파악하여 절차를 계획하고 수행하는 일련의 활동과 그 체계이다. 이에 대해 몇몇 학자들의 견해를 먼저 살펴보면 다음과 같다.

황성철(2014)은 '사회복지 프로그램은 특정한 목적달성을 위하여 자원과 기술이 투입되어 일정한 절차에 따라 이루어지는 조직의 계획적인 활동 체계'로 정의하며, 목적, 자원과 기술, 계획된 활동이 기본 구성 요소라고 하였다. 정무성(2000)은 프로그램과 프로젝트를 구분하여, '프로젝트는 하나의 목표를 달성하기 위한 활동들로 구성되는 반면, 프로그램은 여러 개의 프로젝트가 모여서 하나의 프로그램을 형성하는 것'으로 보았다. 이를 보완하여 정무성 · 정진모(2001)는 프로그램을 '일정한 기관에서 목적을 달성하기 위하여 모든 과정을 마칠 때까지 요구되는 내용의 선정과 조직, 활동목표 체계, 시설, 자원, 지원체계, 기간 등에 관한 전체적인 계획'으로 정의하며, 사회복지조직에서 사회복지 목적을 달성하기 위한 활동의 집합체라고 규정하였다.

어떠한 관점에서 살펴보든, 사회복지 프로그램은 달성해야 할 목적과 목표가 있으며, 이를 위해 동원할 조직체계 및 자원체계를 가지고 있으며, 사전에 계획된 구체적인 활동 단계별로 진행하여 의도한 바를 이루고자 하는 것이다.

2) 현장성, 현상화, 이미지

(1) 현장성과 현상화

사회복지 프로그램은 사회복지 실천의 장(setting)에서 이루어지는 총체적인 활동이며, 사회복지사가 클라이언트가 만나 소통하고 실천하는 방식과 관점을 의미하는 **현장성**(現場性)을 포함한다. 클라이언트는 개인, 가족일 수도 있지만, 소집단, 마을모임, 지역사회, 국가 그리고 가치(value & ideology)까지 포함할 수도 있다. 따라서 실천의 장은 미시적으로는 개인으로서의 클라이언트이며, 거시적으로는 사회정의 및 인간의 존엄성을 위한 제도와 문화를 포함한다. 미시적인 현장성에 있어서 중요한 것은 사회복지사가 현장에서 '무엇을 보는가?'이다.

클라이언트(Client)는 여러 의미가 있지만, 본 저서에서는 '**권리를 가지고 있는 지역사회의 주인으로서의 주민**'으로 당사자, 참여자, 권리자, 주인으로서의 주민 등의 의미로 사용한다. 현재 클라이언트의 권리 향유 수준은 낮을 수 있지만, 이를 회복하는 것이 사회복지사의 책무성 중 하나이다.

동일한 클라이언트를 만나는 경험을 하더라도 그로부터 인식되는 욕구나 문제의 해결 방식은 사회복지사의 관점에 따라 크게 달라진다. 이 과정에서 현장성은 다양한 역동성을 가지고 있으며, 사회복지사가 생각하는 프로그램을 개발하거나 실천하는 방향을 결정하는 요인이 된다. 즉, 클라이언트에 대한 사회복지사의 활동이 사회복지 실천을 통해 현실에서 나타나게 되는 **현상화**(現狀化)의 차이를 가져오게 된다. 예로 살펴보자.

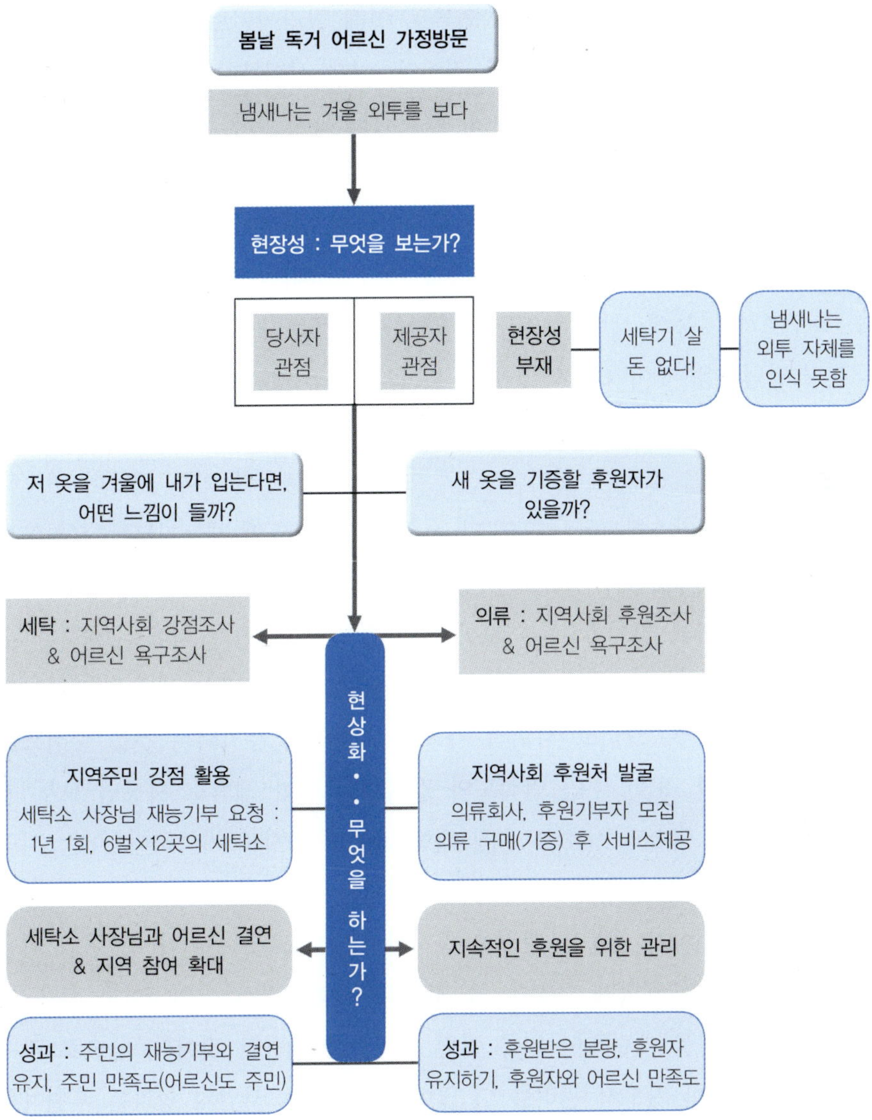

|그림 1-1| 사회복지 프로그램의 현장성과 현상화

|그림 1-1|을 보자. 어느 늦봄에 독거 어르신 댁을 가정방문한 사회복지사는 곧 장롱으로 들어갈 겨울 외투를 보게 된다. 클라이언트에 애정을 가진

사회복지사라면 낡고 냄새나는 이 외투로 인해 클라이언트가 불편을 겪을 가능성이 있음을 보고 해결하려고 할 것이다. 이때 사회복지사가 현장을 어떻게 인지하는지, 그에 따라 자신이 하고 싶은 사회복지 실천 가치가 무엇인지에 따라 동일한 것을 보더라도 프로그램의 개발 방향은 크게 달라진다.

만약 사회복지사가 당사자 관점을 중시한다면, 감정이입이 많이 되어 어르신의 옷 착용에서 오는 불편함을 생각할 것이고, 세탁 서비스를 생각할 수 있다. 욕구조사를 통해 세탁 수요를 파악한 후, 해당 자료를 토대로 동네의 세탁소 사장님들을 찾아다니며 그들의 강점인 세탁 역량을 재능기부로 요청할 수 있다. 이 경우 세탁소 사장님 입장(당사자 관점)에서 부담 없이 감당할 수준을 생각해 도움을 요청할 것이다. 만약 72명의 어르신의 외투 세탁이 필요하다면, 12곳의 세탁소를 방문해 1곳당 1년에 6벌 정도의 재능기부를 요청하는 식이다. 그리고 어르신과 세탁소 사장님과의 결연을 통해 1년에 한 번 자연스럽게 재능기부하고 참여할 수 있도록 관계를 만든다. 평가 시에는 깨끗한 옷을 입은 즐거운 모습 그 자체도 의미가 있지만, 지역주민인 세탁소 사장님의 지속적인 재능기부, 그리고 사회적 가족으로 결연이 유지되는 것을 중심으로 성과를 측정한다. 또한 주민 만족도와 같이 어르신과 세탁소 사장님 모두 지역주민으로서의 역할과 상호 도움에 대한 만족도 조사도 가능하다. 이는 지역사회 고유의 공생성과 상호주체성을 향상시키는 데 기여하게 된다.

만약 사회복지사가 제공자 관점을 중시한다면, 새로운 옷이나 옷 구입 비용을 기증할 후원자 개발에 초점을 둘 것이다. 사회복지사는 의류회사 혹은 지역사회의 후원자를 개발하여 의류 지원 서비스를 제공할 것이다. 앞으로 지속적인 후원을 위한 기부자 관리를 더 많이 하게 된다. 사업의 성과는 후원자를 얼마나 많이 개발했는지 그 양에 따라 이루어지게 되며, 앞으로도 지속적인 후원자 발굴과 관리, 후원자의 만족도가 우선이 된다. 어르신은 서비스 이용에 대한 만족도 조사의 대상이 된다. 후원자 만족도 조사도 가능하나 이는 거의 하지 않는데, 후원자 관리에 많은 에너지가 소요되기에 긍정적인 피드백이 어렵기 때문이다.

최악의 현장성은 현장에서의 감을 잃은 상태 혹은 무관심이다. 이것은 현장성의 부재이다. 클라이언트를 위하는 마음이 없는 사회복지사에게 겨울 외투의 심각한 냄새나 낡은 모습은 보이지 않을 것이다. 그리고 냄새나는 문제를 인식해도 '우린 세탁기 살 돈이 없지!'라며 외면한다.

현장의 클라이언트를 어떤 관점으로 바라보는지에 대한 현장성은 사회복지사의 가치체계를 반영하고 있을 뿐만 아니라 어떤 프로그램을 계획하고 만들어 가는지를 결정하는 의사결정의 본질적 요소가 된다. 따라서 사회복지사의 실천 프로그램의 형태를 분석하면 현장성에 담긴 가치와 클라이언트를 바라보는 관점을 역으로 해석하는 것도 가능하다.

실천 현장은 표면적으로 사회복지사와 클라이언트가 만나는 장이지만, 본질적으로 사회 구조 속의 역학관계에 영향을 받는다. 그동안 강조되었던 통합사례관리를 넘어서 공공서비스 플랫폼[1]과 같은 마을주민 참여와 풀뿌리 민주주의 그리고 복지서비스의 통합이 강조되는 문재인 정부의 지역복지 전달체계상에서 민간 사회복지조직의 실천 방식은 큰 변화를 겪을 것이다. 점차적으로 마을 만들기 및 주민 참여에 기초한 사회복지 실천의 요구가 커질 것이고, 지역사회 통합과 마을조직(community organization)의 관점을 가지고 사회복지 실천을 현상화해야 한다.

사회복지사는 사회복지 가치 실현을 표면적으로는 프로그램을 통하여 만들어 가야 한다. 클라이언트의 강점의 실현을 통해 욕구를 해결하고, 삶의 질을 향상시킴과 동시에 사회공동체를 구축하는 관점과 실천을 해야 한다. 천릿길도 한 걸음처럼 작은 사회복지 프로그램이 지역 전체를 구축하는 관계가 만들

1) 서울시의 찾아가는 동 주민센터(찾동)를 전국으로 확장한 정책이 문재인 정부의 지역사회복지 통합 서비스이다. 여기서는 찾아가는 복지서비스뿐만 아니라 풀뿌리 민주주의를 확대하고, 마을변호사나 마을세무사, 환경과 안전 등을 포함한 지역사회 전체를 바라보는 복지서비스 구축을 지향한다. 또한 읍면동 주민센터를 마을공동체 활동의 허브로 활용한다. 따라서 통합사례관리 같은 전문가 중심 접근보다는 마을주민 조직화와 풀뿌리 참여를 통한 마을 만들기와 같은 실천 기술을 사회복지사가 가져야 한다.

어질 것이다. 궁극적으로 사회복지의 현상화는 사회복지사[2]에 의하여 만들어지고, 구축된다. 열정과 전문성으로 무장한 사회복지사를 넘어서 세상의 변화를 이해하고, 선도할 수 있는 역량은 더욱 중요해진다. 결국 사회복지사가 자신이 갖는 실천 가치를 어떻게 형성하는가는 프로그램 개발과 평가의 가장 중요한 첫 출발이자, 본질적인 기반이 된다.

(2) 이미지와 가치 관점

현장성과 현상화를 결정하는 보다 근본적인 것은 사회복지사와 그를 둘러싼 문화와 가치 체계이다. 우리가 보는 것은 프레임(frame)에 의하여 필터링되어 일정한 가치를 가지고, 이미지(image)에 의하여 규정된다. 조지 레이코프(George Lakoff, 2004)는 『코끼리는 생각하지 마』에서 특정한 언어나 상징에 연결되어 나타나는 사고의 체계로 프레임을 제안하였다. 프레임이 형성되면 보고자 하는 것만 보고, 원하는 것만 받아들이는 사고의 체계가 형성된다. 이는 장자(莊子)의 굳어진 마음을 의미하는 성심(成心)이나 장 보드리야르(Jean Baudrillard)의 시뮬라크르(simulacre)[3]도 일정 부분 같은 의미를 공유한다. 또한 정상화(Normalization)[4] 이

2) 사회복지사는 Social Worker로 사회적 가치를 위해 일하는 공공선의 노동자 성격을 가지고 있다. 즉, 자격증을 소지한 사회복지사는 물론, 사회복지의 궁극적 목적이나 가치 실현을 위해 노력하는 이들도 Social Worker의 확장된 범주에 포함될 수 있다. 또한 개인의 이익을 위한 활동이 아니라 인간의 존엄성과 사회정의를 지향해야 하는 이유도 Social Worker의 명예로운 이름 속에 담겨 있다.

3) 장자는 우물 안의 개구리에게 은하수의 아름다움을 설명하거나, 하루살이에게 사계절의 변화무쌍함을 설명하는 것이 의미 없다고 하였다. 이는 우물 안 개구리나 하루살이의 인식체계 속에서 상상할 수 없는 영역의 것이기 때문이다. 이러한 마음을 성심(成心)이라고 한다. 시뮬라크르(simulacre)는 실제 존재하지 않는 대상이지만 존재하는 것처럼 만들어 놓은(인지하는) 인공물로 원본이 아닌 이미지가 그 자체로 현실을 대체하는 것을 의미한다. 프랑스 샤넬 가방을 가지고, 독일의 메르세데스 벤츠 S클래스를 타는 것이 귀족으로서의 이미지를 구축하는 것처럼 더 실재적인 것으로 사람들을 인식하게 만든다. 글로벌 가족과 다문화 가족에 대한 우리의 이미지의 차이는 어디서부터 왔는지 생각해 보라.

4) 장애인과 사회적 약자뿐만 아니라 사회 구성원 누구나 보통의 인격적이고 안정적이며 평범한 삶을 누릴 수 있는 사회를 의미한다. 성인이라면 장애인이든 저학력자든 누구든 일(직장)을 하고, 적정 소득을 얻고, 건강하고, 자녀를 잘 키우는 가정을 갖는 것을 통하여 일상의 행복을 자연스럽게 누리는 삶을 사는 것이다.

론을 정립한 울프 울펜스버그(Wolf Wolfensberger, 1972)는 이데올로기(ideologies)로서의 이미지는 행동의 주체를 결정하는 절대적이고 강력한 힘이라고 하였다. 이들 주장의 공통성은 우리 안에 형성된 개념화된 문화 체계는 이미지를 만들고, 이 이미지는 우리의 행동과 의식을 지배하거나 통제할 수 있는 강력한 프레임을 구축하며, 동시에 우리의 신념과 행동 체계를 형성하는 주요 요인이다(제2장과 제7장에서 더 자세히 다룬다).

|그림 1-2| 이미지에 의해 형성된 프레임의 예

출처 : 우수명(2010). 사회복지 욕구 다시보기. 인간과복지의 그림을 수정함.

| 그림 1-2 | 에서 싱글맘(돌싱)과 편모, 글로벌 가족과 다문화 가족과 같이 단어들은 특정의 프레임을 형성한다. 프레임으로 우리의 무의식 속에 행동과 태도에 영향을 미치는 이미지가 만들어진다. 사회복지관의 물리치료사가 있고 물리치료기가 있는 공간에 대하여 '물리치료실'이라는 이름을 쓸 때와 '운동기능강화실'이라는 이름을 쓸 때 클라이언트의 이미지는 차이가 있다. 물리치료실은 치료받으러 가는 환자의 이미지가, 운동기능강화실은 자신의 건강함을 키우러 가는 주민의 이미지가 생성된다. 우리도 클라이언트도 서로 이러한 이미지로부터 자유롭지 않은 부분이 있다.

영화 「방가? 방가!」(2010, 감독 육상효)에서 주인공 김인권은 동남아인 같은 외모로 인해 부탄 사람으로 위장하여 취업에 성공한다. 그가 퇴근 후 버스에

탔을 때, 동남아에서 온 외국인 노동자로 착각한 고등학생 3명이 과자를 던지며 그를 농락한다. “불쌍하잖아!”, “형님을 봤으면 인사를 해야지!”라는 고등학생들의 강압적 태도는 김인권이 걸쭉한 한국말로 욕을 날리는 순간, 동네 형님을 만난 후배들처럼 180도 바뀌고 만다. 우리 사회는 동남아 출신은 함부로 대하는 경향이 있는 반면, 영어를 사용하는 백인에게는 그런 차별적인 태도를 갖지 않는다.

클라이언트의 이미지가 수혜적인 대상으로 형성된 경우 도와주어야 할 대상이 되지만, 주체적이고 능동적인 주민의 이미지를 갖는다면 강점을 찾고 주도적인 참여를 유도하는 대상이 되며, 접근 방식이 달라진다. 그러나 이러한 이미지를 이해하는 것은 쉽지 않다. 만약 초등학생들에게 ‘너희 반에 장애인 친구가 큰 가방을 메고 학교를 가는 것을 보았다면 너는 어떻게 해줄래?’라는 질문을 하면 대다수는 ‘가서 도와준다’라고 대답한다. 만약 비장애인 친구가 큰 가방을 메고 학교에 가는 것을 본다면 어떻게 할 것인지를 묻는다면 잘 대답하지 못한다. 아마 현실에서는 그냥 인사하고 같이 학교에 갈 것이기 때문에, 너무 평범한 상황(normal)이기 때문에 그런 것이다.

장애인 친구를 도와준다는 행위는 장애인 친구가 도움의 대상, 즉 부족한 대상이나 불쌍한 존재라는 이미지로 인해 만들어진 행위이며, 동시에 보통의 친구들과 다르게 차별하는 행위이다. 차별적 이미지가 없다면, 초등학생은 장애인 친구를 만나면 반갑게 인사하고 그냥 학교에 같이 갈 것이다. 장애인 친구에게 ‘도와줄까?’라는 질문도 하지 않을 것이다. 왜냐면 그냥 ‘친구’일 뿐이기 때문이다. 「방가? 방가!」의 사례나 장애인 친구를 대하는 행동의 모습 속에 우리 사회가 문화적으로 만들어 놓은 이미지를 볼 수 있다. 이런 사례는 수도 없이 많다. 우리와 서양의 어른 이름을 부르는 방식, 직장 내에서 상사와 직원의 관계 등 수많은 행위는 문화적으로 형성된 이미지의 영향력으로부터 자유롭지 못한 경우가 많다.

현장성은 직·간접적으로 상생(相生) 관계를 형성해 가는 클라이언트와 사회복지사(기관)를 중심으로 형성된 **생태적 관계**를 지향한다. 만약 사회복지사가 클라이언트를 불쌍해 도와주는 것이라면 더 불쌍한 것으로 생각한 클라이언트는 자신의 서비스 권리를 주장하기 쉬워진다. 김장철이 되면 자신에게도 김장을 달라는 어르신이 많아지는 이유도, 일부 복지 서비스가 불쌍한 조건이 서비스를 받는 것 같은 자판기 이미지를 형성하였기 때문이다. 생태체계론[5]은 자연적 순환과정에서 나타나는 상생의 원리를 주요 가치 중 하나로 담고 있는 이론이다. 체계이론에 생태–자연 또는 환경과 인간의 어우러짐과 공존의 가치 지향을 담은 것이다. 꿀벌이 사라지면 다수의 식물이 멸종하고 이로 인해 동물과 인류가 멸망한다는 아인슈타인(Albert Einstein)의 예언처럼 가장 중요한 핵심은 상생이다. 하나가 죽으면 모두가 죽는다. 클라이언트의 행복한 삶이 바로 사회복지의 가치를 보장해 준다.

사회복지 프로그램은 클라이언트와 사회복지사를 연결하지만, 그 내면에는 사회복지사의 가치체계와 이미지, 그리고 그것을 만드는 문화에 따라 영향을 받는다. | 그림 1–1 | 에서와 같이 어떤 관점인가에 따라 지역사회 주민들의 강점을 재능기부로 연결할 것인지, 아니면 후원자를 개발해 연결할 것인지 그 실천의 내용이 달라진다. 또한 사회복지사와 클라이언트를 둘러싼, 작게는 기관장의 인식과 전문성, 크게는 사회복지 전달체계나 동원자원, 사회정책 등의 사회체계가 프로그램에 미치는 힘을 무시할 수 없다. 사회복지 프로그램을 개발하려는 사회복지사는 프로그램의 형식과 그 안에 내재된 이미지를 포함한 사회문화적인 힘을 잘 이해하려는 노력을 해야 한다. 물론 이미지만으로 사회복지가 완성되는 것도 아니고, 세상이 금방 바뀌는 것도 분명히 아니다. 그러

5) 생태체계론은 체계이론과 형식은 유사하지만, 기본 가치가 크게 다르다. 체계이론은 서구적인 합리적 상호작용을 중시한 이론으로, 자본주의 체제의 다양한 시각적 접근을 충족시키기 위하여 만들어졌다. 그래서 개인, 소집단, 사회, 국가, 이데올로기 사이의 상호 영향력을 주고받는다는 개념으로 이해한다. 반면에 생태체계론은 생명의 관계를 고리로 하며, 하나의 체계는 다른 체계의 결과이자 원인이 된다. 더 나아가 북친(Murray Bookchin)의 생태학은 사회적 권력과 지배의 관계를 깨야 하는 것을 강조하는 생태사회주의 사상까지 제안한다.

나 이미지와 문화를 알고 사회복지 실천을 고민하는 것과 아닌 것은 큰 차이가 난다.

〈표 1-1〉 **SRV를 통한 긍정적 역할 이미지 구축하기**

정상화(Normalization)는 클라이언트에 대한 사회적 역할의 가치화(SRV : Social Role Valorization)가 가치있는 역할을 수행하는 주체로써 클라이언트와 그를 둘러싼 사회체계 속에서 얼마나 실현되었는지에 초점을 둔다. SRV는 가치절하된 클라이언트들의 낙인을 제거하고, 그들의 강점을 통해 긍정적인 사회적 역할을 창출하는 것을 목표로 하는 이론이다(김용득, 2001). 가치절하 상태에 놓인 클라이언트는 가치절하와 부정적 경험에 매우 취약하다. 가난한 클라이언트는 '빈곤'이라는 단어에 더 민감하고, 자신의 학력이 낮은 클라이언트는 '무식하다'라는 표현에 더 화를 내게 된다. 이러한 취약성(vulnerability)은 클라이언트에 대한 사회적 낙인(stigma)을 강화시키는 기제로 작용하며, 다시 클라이언트의 가치를 내재화해 자신이 '무기력한' 것으로 인정하게 되는 악순환을 만든다. 따라서 사회복지의 실천은 이러한 취약성을 예방하거나 긍정적으로 전환시킬 수 있는 의도적 개입을 증진시켜야 한다(제2장 사회복지 실천 가치, 제7장 이미지 평가 참조). SRV를 위해서는 클라이언트의 강점에 기반을 둔 긍정적 역할 창출이 좋은 방법이다. 한 사회복지사가 바느질 잘하는 밑반찬 대상 어르신을 알게 되었다. 복지관 행사에 사용한 플래카드를 어르신에게 드리니 자연스럽게 어르신은 장바구니를 만드시고 이를 복지관 행사에 기부하신다(기부자). 그분을 방과후 교실 친환경 바느질 프로그램에 특강 선생님으로 모셔 아이들과 학부모를 만나게 한다. 아이들은 그분을 바느질 선생님으로 부른다. 강점을 통한 긍정적 역할 이미지는 불쌍한 노인에서 선생님으로, 존경받는 기부자로 프레임을 바꾼다. 물론 다른 환경이 변한 것은 아니다. 이 부분도 계속해서 바꾸어 가야 하는 것은 자명하다. 그러나 이미지의 변화를 통해 긍정적인 변화를 더 촉진시킬 수 있다.

출처 : 우수명 · 주경희 · 김희주 · 이두진(2017). 지역사회복지론. 지식공동체의 내용을 수정함.

2. 프로그램의 과정과 구성

1) 프로그램과 클라이언트

사회복지 프로그램 개발과 평가에서 알파(α)와 오메가(Ω)는 클라이언트이다.

우선 클라이언트로부터의 출발은 강점과 사회적 역할 가치화(SRV)를 포함한 삶의 질, 당면 문제 및 욕구를 사회복지사가 이해하고, 관련 정보를 수집하는 과정을 통해 클라이언트를 사회복지 실천의 대상이자 동반자로 구체화하는 것이다. 이때 클라이언트의 문제를 어떻게 규정짓는지에 따른 현장성이 작동한다.

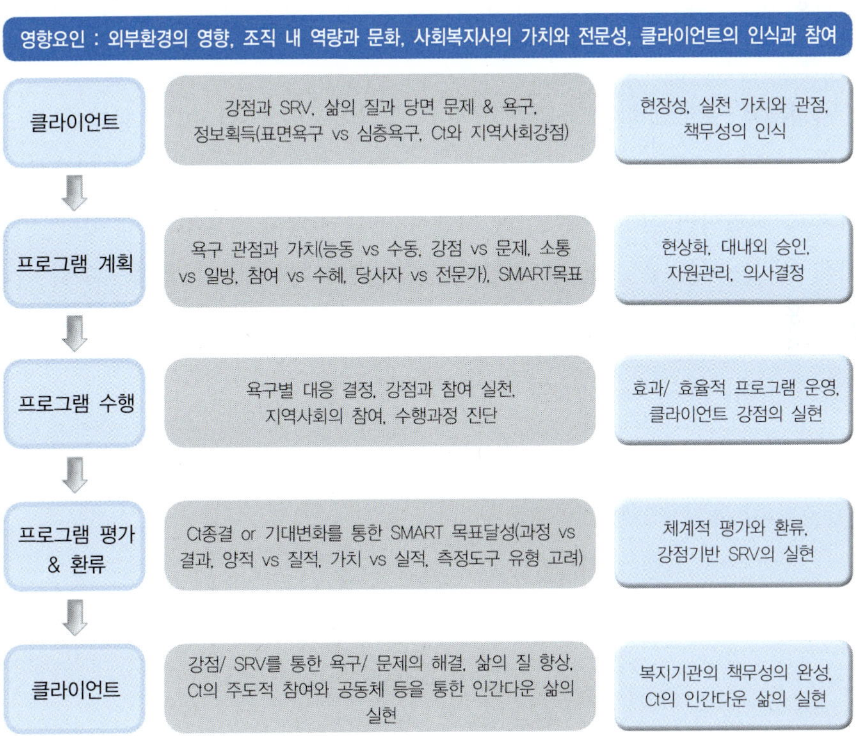

|그림 1-3| 사회복지 프로그램과 클라이언트의 관계

프로그램 계획은 현상화 과정으로, 구체적인 목적과 목표를 세우고, 대내외의 승인을 통한 프로그램의 정당성을 확보하는 것과 함께 프로그램 수행을 위한 의사결정이 이루어진다.

프로그램 수행은 효과적이고 효율적인 프로그램 운영을 통해 클라이언트의 다양한 욕구에 능동적으로 대응하며, 클라이언트의 강점 발굴과 참여를 실현하고, 지역사회의 참여를 통하여 사업을 완성해 나간다.

프로그램 평가 및 환류에서는 클라이언트가 더 이상 클라이언트가 아닌 상태를 만들거나 원하는 변화를 창출하는 것을 통하여 목표를 달성하는 것으로, 체계적인 평가와 환류, 강점기반 SRV를 통해 강화된다.

다시 클라이언트로의 종착은 새로운 출발을 의미하며, 사회복지조직의 책무성을 완성하며, 클라이언트의 인간다운 삶의 실현을 현실 속에 하나씩 만들어 간다.

사회복지 프로그램은 궁극적 목적은 클라이언트가 더 이상 클라이언트가 아닌 상황을 만들어 내는 것이다. 이에 영향을 주는 다양한 영향 요인들을 살펴보고, 조율하며 그 가치들을 한 단계씩 현실 속에서 만들어 가야 한다. 이를 위해 우리는 '무엇을', '왜' 할 것인지를 결정해야 하는데, 이 결정은 우리 속에 내재된 이미지와 관점에 따라 영향을 받는다.

2) 프로그램의 과정 모형

준비 단계	실행 단계	종결 단계	추후 단계
① 비전 및 전략 구성 ② 강점/ 욕구의 규정 ③ 정당성/ 타당성 확보 ④ 목적 및 목표 규정 ⑤ 대상 선정 ⑥ 프로그램 실행 계획 ⑦ 투입 계획 ⑧ 평가 계획 ⑨ 인증 ⑩ 홍보마케팅, 참여	① 프로그램 세팅 : 시간/ 공간/ 시설/ 기자재/ 자원 등 ② 프로그램 수행 ③ 프로그램 관리 ④ 슈퍼비전 및 지원체계 ⑤ 수행근거 자료화 ⑥ 과정/ 형성 평가	① 프로그램 종결관리 ② 프로그램 평가 [결과 중심 단기성과, 산출, 품질(만족도) 평가 등] ③ 예산 정산 및 사후 인증 ④ 기대효과의 확인	① 정책결정 (총괄 평가) ② 환류 ③ 공유 ④ 보강 및 적용 ⑤ 중장기 성과 평가

|그림 1-4| **프로그램의 과정 모형**

사회복지 프로그램의 사업계획서를 만들거나, 실천하는 과정에서 몇 가지 유념할 것들이 프로그램의 진행 단계별로 있다. 이 단계는 상황과 조건에 따라 다르게 적용될 수 있지만, 여기서는 기본적인 내용을 살펴보고자 한다.

(1) 준비 단계

사회복지 프로그램을 구상하고, 준비하고, 앞으로 수행할 수 있도록 구체적인 계획과 자원을 마련하고, 공식적인 승인을 통해 사회복지 프로그램의 실천(수행)을 준비하는 단계이며, 다음과 같은 순서를 갖는다.

① 준비 단계는 프로그램을 수행하는 사회복지조직의 실천 방향인 비전을 확인하고, 새로 계획할 프로그램과 조직의 실천 전략이 일치하는지를 점검한다. 비전은 사회복지조직이 달성해야 할 실천 중 가장 중요한 실천 과제이며, 전략 목표는 비전을 실현하기 위한 핵심 목표를 의미한다. 비

전과 전략은 조직 구성원 모두가 공유하며, 프로그램의 실천 당위성을 평가하는 기준이 된다.

② 사회복지사는 무엇이 클라이언트의 강점이고, 해결해야 할 욕구인지를 확인하고 규정한다. 욕구와 강점은 프로그램이 필요한 이유를 정당화하기 위한 근거가 되며, 프로그램의 효과를 확인하는 목표를 만들 때 기준이 된다. 따라서 구체적이고 명확한 강점과 욕구의 규정은 목적과 목표의 구성뿐만 아니라 프로그램 평가까지도 영향을 주는 요소이다.

③ 실천 기획[6]의 정당성과 타당성을 확인해야 한다. 계획된 프로그램이 클라이언트의 욕구 해결에 적절하고 효과적인지를 판단하며, 좀 더 포괄적으로 다양하게 검토하는 의사결정의 과정을 포함한다. 실제로 규정된 욕구나 문제를 해결할 수 없다면 프로그램의 존립은 불가능하다.

④ 목적과 목표의 구성은 클라이언트의 종결 상태, 즉 더 이상 클라이언트가 아닌 상태를 만들거나 희망하는 변화를 만들어 낸 후의 결과를 의미한다. 즉, 프로그램이 이루고자 하는 것을 의미한다. 목적과 목표는 다시 프로그램의 정당성과 타당성을 점검하고, 욕구 해결의 가능성을 판단하고, 실행 프로그램의 내용을 결정하는 요인이다.

⑤ 목표대상(Target Client)은 프로그램에 직접 참여하는 핵심참여자, 클라이언트다. 다른 잠재적인 클라이언트나 프로그램에서 제외되는 클라이언트도 있을 것이다. 그렇기 때문에 클라이언트가 누구인지 정확하게 정의하고, 범위를 규정하는 것은 프로그램의 목표 효과를 높이기 위해 필요하다. 불특정 다수가 클라이언트인 프로그램은 성과나 변화를 확인하기 어렵다.

---

6) 기획(企劃)은 일반적으로 새로운 프로그램을 개발하기 위하여 다양한 아이디어를 창출해 내고, 이를 통해 무엇을 해야 할 것인지를 필요성, 타당성, 실현 가능성 등을 고려하여 정리한 것을 의미한다. 계획(計劃)은 앞으로 수행할 프로그램의 달성 가능한 목적과 목표를 설정하고, 실천이 가능한 수준의 구체적인 내용을 포함한 실천 예정을 정리한 것이라고 할 수 있다. 따라서 기획은 좀 더 포괄적이면서, 아이디어 창출과 같이 사전 검토에 초점을 둔 반면에, 계획은 구체적이면서, 목표달성과 같이 앞으로의 실천방법들에 대하여 초점을 둔 것이라고 할 수 있다.

⑥ 프로그램 실행 계획은 프로그램의 준비, 수행, 결과의 전 과정에서 수행하는 활동과 일정에 대한 내용을 문서화하는 것이다. 프로그램의 내용을 포함한 실행계획은 과정 평가의 중요한 기준이 되며, 실현 가능한 수준의 내용을 담아야 한다. 돌발 상황을 대비한 것도 포함하면 좋다.

⑦ 투입 계획은 프로그램의 진행에 직·간접적으로 소요될 예산과 사업수행에 필요한 인력 및 기자재, 장소 및 시설 등을 어떻게 마련하고, 관리할 것인지를 규정한다. 예산 계획은 자원 투입 및 활용에 대한 정보를 정리한 것이며, 예산 계획만으로도 프로그램 성격과 규모를 확인할 수 있다. 또한 동원 가능한 자원을 미리 준비함으로써 프로그램의 효율적 자원관리를 가능하게 한다.

⑧ 평가 계획은 프로그램의 효과성이나 효율성을 평가할 수 있는 방법이나 기준을 제안하는 과정으로, 목적과 목표의 성취를 확인할 수 있는 근거이다. 평가 계획은 프로그램의 정당성과 타당성을 증명하는 객관적인 방법으로 의미가 크다. 프로그램 평가 계획은 클라이언트가 더 이상 클라이언트가 아닌 상황 혹은 변화된 상황에 대한 가치 판단의 기준을 제시한다.

⑨ 인증은 프로그램 수행을 사회복지조직에서 승인받는 것을 의미한다. 기안과 결재는 내부 서식에 맞추어 작성하며, 기관장의 마인드에 따라 수준 차이가 클 수 있다. 외부적으로는 사회복지공동모금회나 정부의 지원금과 같이 공식적인 사업계획서 심사를 통한 승인 과정을 거친다. 이 경우 별도의 규정에 의하여 일정 기간 프로그램의 수행에 필요한 예산을 지원받게 되며, 사후 정산 등이 내부 인증보다 까다로운 경우가 많다. 아무리 우수한 프로그램이라 하더라도 인증을 받지 못한다면 실행할 수 없다.

⑩ 마지막 준비단계에서 필요한 것은 클라이언트의 참여를 위한 사전 작업으로 표적대상을 만나거나 상담을 수행하고, 홍보와 마케팅을 통해 널리 알리고 지역사회의 참여와 후원을 모집하는 것이다. 이 과정은 사회

적 인증을 더욱 견고히 하는 역할도 한다. 다양한 매체를 활용할 경우 효과적이다.

(2) 실행 단계

프로그램 준비가 끝났으면, 이제 적절한 시·공간의 장(setting)에서 인력과 자원, 그리고 클라이언트와 프로그램을 직접 진행하는 과정으로 들어간다. 준비 단계까지가 어떻게 보면 프로그램 계획의 중요한 핵심이라면, 실행 단계는 이보다는 프로그램을 관리하는 관점에서 접근하는 것이다. 물론 관리하는 데 있어서도, 목표에 의한 관리(MBO : Management By Objectives)나 균형 잡힌 성과 평가(BSC : Balanced Score Card)[7] 등과 같이 목표 중심으로 관리의 기준이 무엇인지를 정하여 수행하는 것이 성공적인 관리에 도움이 되기도 한다.

① 실행 단계의 첫째는 프로그램을 세팅을 확인하는 것이다. 실제 투입되는 다양한 자원을 점검하고, 확인하여 프로그램 수행의 가장 최적화된 장(setting)을 만든다.

② 프로그램 수행은 실제 프로그램을 운영하고 진행하는 과정으로, 계획상의 예정된 일정과 순서에 따라 진행하는 것이 일반적이다. 그러나 프로그램 활동 중에는 계획에서 미처 다루지 못하거나, 클라이언트의 불참 등 예측하지 못한 돌발 상황이 발생하기 때문에 이에 대한 대응 방법의 준비도 필요하다.

③ 프로그램 관리는 프로그램 진행자나 관리자가 원활하게 프로그램 수행

---

7) MBO는 직원 스스로가 목표를 설정하고, 직원과 상사가 합의하여 양적으로 측정 가능한 목표로 확정한 후 달성 정도를 평가하는 방식이다. 직원의 주도성과 상사의 직원 관점의 슈퍼비전이 강점이다.
BSC는 고객 관점, 내부 프로세스 관점, 학습과 성장 관점, 재무 관점의 영역을 중심으로 프로그램을 관리하는 방법이다. 고객 관점은 고객의 요구가 프로그램 운영에 반영되어야 하며, 품질, 서비스, 비용 등의 범주 등이 활용된다. 내부 프로세스 관점은 고객의 요구에 부응하며, 내부의 핵심역량을 성장시켜 가는 업무 요소를 확인하고, 구체화한다. 학습과 성장 관점은 조직의 설립목적을 달성하기 위하여 구성원들의 성장 방식과 조직 개선 방식을 측정한다. 재무 관점은 손익개선을 목표로 비용의 효율성을 평가한다.

을 하도록 지원하는 다양한 요소의 관리이다. 바로 필요 예산을 지급하거나, 자원봉사자를 연결해 주거나, 타 부서와 협력을 끌어내는 등의 활동이 포함된다.

④ 슈퍼비전 및 지원체계는 담당 사회복지사의 전문성을 보강하고, 성장시키는 전략이다. 전문 상담, 프로그램 운영 등의 전문성은 단기간에 얻기 힘들며, 많은 시간이 소요된다. 따라서 현장 사회복지사를 성장시키고 소진을 예방 · 관리하는 과정으로 중요한 체계이다.

⑤ 수행근거 자료화는 기록과 관련이 크다. 사회복지 실천 중 대부분은 전문지식과 기술(technique)을 요하는 것이 많다. 임상(臨床) 영역뿐만 아니라 지역사회 연대 활동(network)이나 후원자 개발, 재가복지 사례관리 등 매우 많은 분야에서 고도의 전문지식과 기술이 요구된다. 프로그램 과정의 경험이 충분한 자료로 정리되지 않으면, 현장의 발전은 더뎌질 수 있다. 또한 우수한 수준으로 프로그램을 수행했더라도 그 일을 증명할 근거자료가 없다면 사회적으로 공인받기 어렵고, 공적재원 사용에 대한 책무성도 의심받게 된다. 수행근거의 자료화는 프로그램의 역사를 기록하고, 증명하는 것이다. 기술을 가지고 있는 하나의 분야가 발전하기 위해서라도 묘사하고, 기술하고, 체계적으로 정리하고 자료화하는 작업을 필수 요소로 인식해야 한다.

⑥ 과정/ 형성 평가는 프로그램 수행 중에 목적과 목표의 달성을 포함한 프로그램의 방향이 적절한지 점검하고 부족한 부분을 보완하는 과정이다. 이를 통해 프로그램의 효과성과 효율성은 높아질 수 있다.

(3) 종결 단계

종결 단계는 프로그램 평가 과정이자 클라이언트와의 관계를 재설정하는 단계이다. 성공적인 프로그램은 종결 단계가 잘 마무리될 때 완성된다.

① 프로그램의 종결관리는 종결 단계에서 준비해야 할 첫 번째다. 특히 임상 상담이나 긴 캠프 프로그램과 같이 친밀감이나 역동성이 높은 프로그램의 경우 클라이언트와 헤어질 준비를 포함해 프로그램을 종결할 준비를 해야 한다. 각종 계약이나 사용권(예 장소)에 대한 '종결'과 함께 단기적인 목표들이 얼마나 이루어졌는지 진단하는 등 평가 자료를 준비한다.

② 프로그램 평가를 수행한다. 종결 단계에서는 주로 프로그램으로부터 직접적인 영향을 받은 요인에 대한 결과 중심의 단기성과 평가를 진행한다. 그리고 산출 성과 측정과 품질을 위한 만족도 조사를 수행하는 등 계획된 프로그램 평가를 진행한다. 평가는 통상 마지막 단계에 이루어지지만 처음 계획의 수준에 따라 결정되는 측면이 강하다.

③ 정산 및 사후 인증을 수행한다. 공익적 재원인 프로그램의 수행비용은 투명하고 정직할 뿐만 아니라 가장 효율적으로 사용해야 한다. 또한 이를 증명할 자료를 준비하고(정산), 공식적인 절차를 통하여 확인(인증)을 받아야 한다.

④ 기대효과의 확인이다. 프로그램의 목표 달성으로부터 파생되는 다양한 긍정적인 효과를 확인하고 그 영향력을 정리한다. 경우에 따라 이 부분은 추후 단계에서 이루어지기도 한다.

(4) 추후 단계

추후 단계는 프로그램 종결 후의 개선 혹은 운영 방식을 결정하고 중장기적인 성과를 점검하는 과정이다.

① 총괄 평가를 포함한 정책결정은 프로그램을 보강하여 계속해서 진행할지 혹은 종결 절차를 통해 폐기할 것인지 등을 결정하는 의사결정을 진행한다.

② 환류 단계는 프로그램의 운영 결과 및 평가를 통하여 언어진 개선 정보를 통해 프로그램의 질을 향상시키는 과정이다. 지속적인 프로그램의

경우 무엇보다 중요한 과정이다. 외부 전문가 집단을 활용할 수 있으며, 내부 슈퍼비전을 통해 점검할 수 있다. 환류는 프로그램 성과나 결과에 대한 평가, 준비 단계, 수행 단계, 종결 단계의 수행과 관련된 근거 자료들을 중심으로 프로그램의 개선점과 발전적인 방안을 제시한다.

③ 공유의 핵심은 'copyleft@woo'로 표현할 수 있다. 프로그램의 운영기술이나 성과 등에 대하여 널리 알리고 공유함으로써 사회복지 실천의 질을 향상시키는 노력이다. 물론 클라이언트나 참여자의 인권을 침해할 만한 요소는 반드시 보호해야 하지만, 그렇지 않다면 공개하고 누구나 이에 대한 접근권을 누릴 수 있도록 해야 한다. 사회복지 프로그램은 개인이나 한 기관의 소유물로 인식해서는 안 된다. 그 이유는 사회복지 프로그램은 공적재원으로 운영되기 때문이다. 자신의 사비로 운영한 프로그램이라면 공유의 의무는 없겠지만, 사회복지 프로그램은 국민의 세금이나 선의의 후원자들에 의한 것이므로 개별 기관이 소유권을 주장하는 것 자체가 모순이다.

④ 보강과 적용이다. 평가결과, 정책결정 과정, 환류, 그리고 공유과정에서 얻어진 다양한 정보들과 프로그램을 수행한 사회복지사의 경험들을 토대로 프로그램을 보강(upgrade)해야 한다. 이 부분은 환류와 비슷하지만, 다음 실천 프로그램에 직접 적용되므로 더 구체적인 활동이다. 보강의 대상은 프로그램 목표의 합목적성, 프로그램 내용 및 수행과정의 적합성, 투입된 자원의 효율성, 투입인력의 역량과 클라이언트에 대한 태도, 그 외에도 실무적 필요에 따라 프로그램이 가졌던 장점은 강화하고, 단점은 개선하는 형태로 보강과 적용이 이루어진다.

⑤ 중장기성과 평가는 프로그램의 본질적인 목적의 달성을 확인하기 위한 노력이다. 만약 금연 프로그램이라면 금연교육이 끝난 후에는 정말 금연하고 있는지를 정확하게 판단할 수 없기 때문에 일정 기간이 지난 후 재점검을 통해 효과적이었는지를 평가할 수 있다. 이 경우 중장기 과정

이 프로그램 수행 안에 담기는 것이 좋다. 마을 만들기나 실질적인 클라이언트 종결 상태를 만들기 위한 많은 프로그램들은 중장기성과 평가의 관점에서 접근해야 한다.

3. 프로그램의 유형

사회복지 프로그램의 유형은 어떠한 관점에서 보는가에 따라 다양한 형태로 구분될 수 있다. 청소년 분야의 경우 자연체험활동, 체육활동, 예능활동, 과학활동, 봉사활동, 예절수양활동, 전통문화활동, 자아개발활동 등과 같이 나누기도 하며(박명윤 외, 1991), 서울특별시에서 민간청소년단체에 예산을 지원하는 민간위탁 청소년 프로그램의 유형에 따라 문화예술, 연수교육, 캠프교류, 유해환경과 같이 크게 4대 분야로 나누기도 하였다(우수명, 2001).

황성철(2014)은 크게 다음의 다섯 가지로 분류하였다. ① 프로그램의 성격 및 정책별 유형으로, 사회화와 발달적 욕구 충족을 위한 프로그램(아동양육, 경로당 활성화 등), 문제를 갖는 개인 또는 가족의 치료, 보호, 지원 서비스(가출청소년 선도 등), 서비스 접근성을 확보하기 위한 안내 및 의뢰 프로그램(홍보 및 정보제공 등) 등, ② 표적집단 또는 실천대상별 유형에 따른 영역으로 개인, 가족, 집단, 조직, 지역사회 및 전체 사회를 표적집단으로 하거나, 직접 혹은 간접서비스별로, 지역사회의 경우 지역사회 개발, 사회계획, 사회행동 등의 로스만(J. Rothman) 분류체계 등, ③ 기능별 유형으로 교육 · 재활 · 치료 프로그램, 재활 프로그램 중 심리사회재활과 직업재활, 종합사회복지관의 가족기능강화, 지역사회보호, 지역사회조직 등, ④ 구성 체계별 유형으로 상위 프로그램(아동복지)과 하위 프로그램(결식 지원) 등의 단계, 단위 프로그램(캠페인이나 캠프)과 연속 프로그램(교육 및 훈련), 종합 프로그램(상담, 재활, 교육 등의 복합) 등, ⑤ 기타 프로그램 분류로 클라이언트 연령에 따른 구분, 수행 장소에 따른 구분, 단독 혹은 공동 수행에 따른 구분, 문제 영역별 구분 등이다.

프로그램의 유형은 프로그램의 구분과 정의의 특성에 따라 달라지는 영역이다. 여기서는 세 가지 차원에서 정리하였다(그림 1-5). 다만, 이는 이해의 편의를 돕기 위한 것으로 이러한 유형은 상호 중복되거나 복합적으로 구성되기도 한다.

1) 프로그램 제공 주체별 분류

당사자 & 주민 참여 중심의 프로그램과 제공자(복지조직) & 보호 서비스 중심의 프로그램으로 구분할 수 있다. 당사자 & 참여 중심 프로그램은 주민 개개인의 주도적 참여로부터 마을 만들기 및 지역사회 자치조직화를 지향하는 프로그램이다. 이 경우 사회복지사는 촉진자(facilitator) 역할을 중심으로 한 제너럴리스트(generalist)의 역할이 더 강조된다. 제공자 & 보호 중심 프로그램은 임상 및 사례관리 중심의 전문 사회복지 실천과 통합 사례관리, 지역사회 자원 개발 및 동원과 같이 사회복지사가 주도하는 스페셜리스트(specialist)의 역할이 더 강조된다.

2) 프로그램 구성 체계별 분류

구성 체계는 영유아 · 아동 · 노인 · 장애인 등과 같은 서비스 대상에 따른 분류, 개인 · 가족 · 집단 · 지역사회 · 거시체계 등의 실천 영역별 분류, 일회성 제공 혹은 연속성 제공 등의 제공 시점에 따른 분류, 직접서비스를 제공하거나 간접적으로 제공하는지 여부에 따른 분류, 그리고 재원의 출처에 따른 구분이다. 이들 체계는 서로 연계될 수 있으며, 복합성을 많이 가질 수 있는 영역 분류이다.

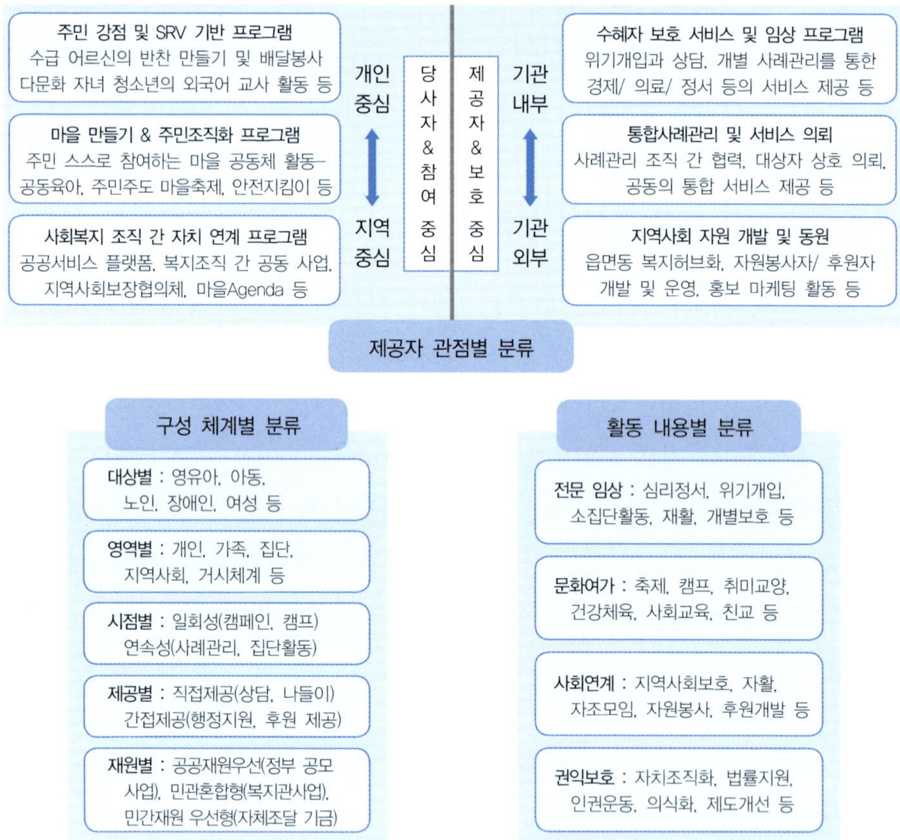

|그림 1-5| 사회복지 프로그램 유형별 분류

3) 프로그램 활동 내용별 분류

클라이언트의 문제 해결을 위한 전문 임상 실천 영역, 다양한 문화여가 활동을 중심으로 한 삶을 보다 풍요롭게 향유할 수 있게 하는 영역, 지역사회보호 서비스를 통합으로 제공하거나 자활사업 취업연계, 자조모임, 자원봉사 및 후원개발 같은 지역사회 네트워크를 활용한 사회연계 영역, 클라이언트의 권익을 보호하고 역량강화를 추구하는 다양한 의식화, 제도개선, 자치조직화 등의 권익보호 활동 등의 영역으로 구분하였다.

Chapter 2

기획과 의사결정

프로그램 기획은 프로그램 개발의 첫 단추이다. 기획(planning)은 프로그램을 구성하고 계획하는 과정으로, 이의 구체화된 형태가 바로 계획(plan)이다. 기획에서 오류가 있다면, 효과적인 프로그램을 개발하기 어렵다. 특히 수많은 정보 중 유용한 정보를 구분하거나 달성 목표를 결정하는 데 있어서도 기획을 통한 점검과 의사결정은 중요하다. 본 장에서는 프로그램의 기획, 책무성 및 의사결정을 살펴볼 것이다.

1. 프로그램 기획의 필요성

어렸을 때 만들었던 조립식 완구에는 여러 개의 부품들과 조립방법을 설명하는 설계도가 항상 같이 있었다. 특히 복잡한 조립식 완구일수록 복잡하고 자세한 설계도가 들어 있었으며, 이에 따라 차근차근 만들게 되면 멋진 완구가 완성되었다. 만약 사회복지 프로그램의 설계도가 엉터리라면 프로그램이 의도하는 결과는 완성되지 않을 것이며, 심지어 클라이언트에게 독이 될 수도 있다.

기획(planning)은 의도한 목표가 이루어지도록 프로그램의 계획을 수립하는 과정이다. 강태룡 · 정규서(1999)는 기획을 인식론의 관점에서 다루며, 현재(사실)보다는 미래를 만들어 가는 규범적인 미래 창조로 보았다. 기획을 통하여 현재의 상태로부터 긍정적인 미래의 모습을 만들어 가고, 미래의 상을 위해 현재를 변화시켜 갈 수 있게 된다.

기획을 하는 가장 큰 이유는 '의도하는 프로그램을 실현'하기 위하여, 수행환경에 대응하며, 불확실성을 줄이고, 효과성과 효율성을 높여 성공 가능성을 높이기 위함이다. 이를 위해 프로그램의 다양한 실현 가능성을 탐색하고, 의사결정 과정을 통해 프로그램의 계획으로 구체화된다. 계획과 승인이 이루어지기 위해서는 사회복지 가치를 기반으로 한 책무성이 사회복지사에게 필요하다.

승인받지 못한 프로그램 기획은 실행할 수 없다. 승인의 과정에서는 결정권자와 일선 사회복지사, 혹은 사회복지조직 대내외적 환경의 역학관계에 따라 갈등이나 새로운 합의가 필요한 경우가 생기기도 한다. 기획에 포함된 사회복지 프로그램의 방향과 내용을 결정권자가 동의할 수 있는 내용으로 구성하고, 기본적인 승인 요건을 충족하여 계획(plan)으로 완성해야 한다.

기획의 중요성은 계획으로 승인받기 위한 조건들을 갖추는 것이다. 강태룡 · 정규서(1999)가 제시한 기획의 특성을 토대로 아래와 같이 정리하였다.

① 기획은 사회복지 실천 가치 체계(예 책무성, accountability)에 기초하여 이루어진다. 기획 과정에서 의사결정의 기준은 가치 체계이며, 사회복지사는 가치 체계가 무엇이고 어디를 향하는지 살펴야 한다.

② 기획은 미래 지향적이며, 과거에 무엇을 '했다'에 초점을 두지 않는다. 기획은 예측이나 추측과 구별되는 장래의 행동 계획을 내포한다.

③ 기획은 여러 대안 중에서 우선순위의 대안을 결정하는 의사결정의 과정이다. 합리적이고, 투명한 의사결정 체계를 갖추어야 하는데, 사회 구조와 역학관계에 따라 기획이 영향을 받기 때문이다. 기획과정에서 사회복지사의 프레임과 이미지 또한 마찬가지이다.

④ 기획은 프로그램을 구체화하는 일련의 연속적인 과정을 의미하며, 최종 결과인 계획과 다르다. 기획은 순간적으로 창출되는 것이 아니라 경험과 인식 속에서 반복되는 결정의 과정이다.

⑤ 기획은 목표를 지향하며 전개되지만, 그렇다고 목표 자체는 아니다. 그리고 프로그램 종결 후에도 여전히 지속되는 과정 속에 있다. 사회복지 실천의 가치를 실현할 수 있는 결과로서의 구체적인 목표를 세우는 그림자가 된다.

기획의 특성을 잘 살려서 만드는 좋은 기획은 다음과 같은 요소들이 반영되어야 한다.

① 현장에 답이 있다. 사회복지사의 가치와 경험적 상상력을 기반으로, 지역사회를 돌아다니며 사진을 찍고, 주민과 만나고 주민 관점에서 이야기를 나누어야 현장의 아이디어가 반영될 수 있다. 현장성에 기초한 지향점을 가져야 한다.

놀이터 방문 시 보호자와 아동들이 있었지만, 다수의 어르신도 오후의 햇살을 함께 즐기고 계셨다. 찾아가는 놀이터 프로그램에서 공동 육아모임으로 조직화, 어르신의 여가활동으로 시작해 아동 지킴이로 조직화 등을 생각한다.

|그림 2-1| **우리 동네 탐방하기**

출처 : 장위종합사회복지관 제공.

② 기획은 다양한 대안 탐색의 기회와 의사결정의 기회를 제공해야 한다. 맹목적 몰입이나 강압은 좋은 기획을 만들 수 없다. 주민들의 목소리와 라이프 스토리는 대안을 탐색할 때 많은 정보를 제공한다.

③ 기획은 불확실성을 감소시키고, 돌발 문제들을 예상하고 다루어 프로그램의 성공 가능성을 높여야 한다. 또한 프로그램 운영에 도움이 될 정보를 제공해야 한다. 선행 사례의 검토는 매우 중요하다. 또한 주변 사회복지사와 공유를 통해 도움을 받을 수 있다.

④ 프로그램의 효과성을 높일 수 있는 방안을 모색하고, 이를 통해 사회복지 조직의 전략을 달성하거나 조직을 역동적으로 변화시키거나, 조직 내 의사소통을 활성화하는 데 기여해야 한다. 다양한 프로그램 운영 후 결과와 변화에 대한 가상의 시나리오를 짜거나 상상하는 것이 도움이 된다.

⑤ 기획은 프로그램 계획의 수립 근거가 되어야 한다. 프로그램의 실천의 단계를 예상할 수 있는 아이디어를 제공하고, 프로그램의 목적과 역할, 진행 과정, 기대효과, 인력 및 재무구조 등에 대한 전반적인 방향을 제공한다.

⑥ 기획은 계획이 완성되기 이전이라도 프로그램의 홍보 자료와 자원개발을 위한 도구로 활용할 수 있다. 대외적으로 사람들의 관심을 끌어모으고, 프로그램 계획의 정당성을 구축하는 등 프로그램 활성화의 도구로 사용할 수 있다.

⑦ 기획은 지속적인 순환 과정이며, 미래의 목표를 지향하는 과정이다. 기획은 계획, 실천, 평가, 환류를 거쳐 다시 기획으로 이루어지는 끊임없는 순환 과정이지만, 나선형으로 미래의 목표 달성을 위한 방향으로 이루어진다.

⑧ 주민의 관심사를 당사자(I)의 자기 관심사(self interesting)에 집중해야 한다. 마을조직화라 하더라도, 마을에 대한 관심사가 아니라, 자신이 마을에서 경험하거나 불편한 것이 무엇인가로 접근해야 한다. 이를 위해서 주민 만나기를 통한 주민과의 친밀한 라포 형성이 무엇보다 선행되어야 한다.

2. 책무성과 사회복지 실천 가치

1) 책무성

책무성(責務性, accountability)은 책임과 의무에 대한 사회복지사의 가치 지향적 인식과 태도이다. 어떤 역할이 주어지거나 수행할 과업이 생길 경우, 그에 대한 최선의 노력을 다하여 목표를 완수하며, 그 결과에도 스스로 책임질 수 있는 자세이다. 이는 사회복지사의 실천 가치 중 하나이지만, 대외적으로 인정받기 위한 요소가 더 강한 의미이다.

사회복지조직에 책무성이 요구되는 이유는 국민의 세금과 후원금 같은 공적 재원이 프로그램의 예산으로 사용되기 때문이다. 공공재원으로 사용되는 모든 것의 권리는 국민이고 공공성이기에 공공재로서의 성격을 가진다.

김통원(2003)에 의하면 책무성에 대한 분류는 다음과 같다. 우선 로시와 프리먼(Rossi & Freeman, 1993)이 제시한 적용의 책무성(coverage accountability), 서비스 전달의 책무성(service delivery accountability), 효과성의 책무성(impact accountability), 효율성의 책무성(efficiency accountability), 재정적 책무성(fiscal accountability), 법률적 책무성(legal accountability)의 6개 분류에, 해들리와 미첼(Hadley & Mitchell, 1995)이 제시한 윤리적 책무성(ethical accountability)을 포함한 후 이미지 책무성(image accountability)과 욕구 책무성(needs accountability)을 추가하였다. 본 서에서는 여기에 민주적 역량화(empowerment)의 책무성과 클라이언트 만족(CS : Client Satisfaction)의 책무성을 포함하여 11개로 재구성하였다. 주요 내용은 〈표 2-1〉과 같다.

〈표 2-1〉 사회복지 프로그램의 책무성

성 격	책무성	제안자	주요 내용
클라이언트 중심의 책무성	적용의 책무성	Rossi & Freeman	프로그램의 대상자와 그들의 특성에 적합하게 프로그램이 제공되어야 한다.
	욕구 책무성	김통원	클라이언트의 욕구에 따른 프로그램의 제공과 욕구의 해결을 지향해야 한다.
	만족의 책무성	우수명	프로그램의 품질은 일정 수준 이상이며, 클라이언트가 만족할 수 있는 방법으로 수행한다.
전문성의 책무성	서비스전달의 책무성	Rossi & Freeman	프로그램 계획에 따라 진행하며, 적절한 자격을 가진 이에 의하여 서비스가 제대로 전달되어야 한다.
	효과성의 책무성	Rossi & Freeman	프로그램의 대상자들에게 처음 의도한 바대로 바람직한 변화 혹은 클라이언트 종결 상태를 달성한다.
	효율성의 책무성	Rossi & Freeman	제공되는 프로그램에 대한 비용의 효율성이 달성되어야 한다. 공공재로서 절약해야 하는 의미를 갖는다.
가치 지향성의 책무성	이미지 책무성	김통원	클라이언트가 사회적으로 존중받고, 권리와 자격 등에서 동등하게 인정받는 이미지를 만들어 긍정적인 사회적 인정(SRV)을 받도록 해야 한다.
	민주적 역량화의 책무성	우수명	클라이언트는 강점의 실현과 주체성을 강화하고, 공동체의 일원으로 기여할 수 있어야 한다.
윤리성의 책무성	재정적 책무성	Rossi & Freeman	프로그램의 재무회계 및 관련된 집행과 정산보고에서 투명해야 한다.
	법률적 책무성	Rossi & Freeman	프로그램은 적법해야 하며, 법률적 조건들을 지켜야 한다.
	윤리적 책무성	Hadley & Mitchell	법적 규정이 없더라도, 사회복지 가치, 윤리적·도덕적 기준을 준수해야 한다.

2) 사회복지의 실천 가치

사회복지조직과 사회복지사가 가지는 실천 가치는 다양한 형태로 표현된다. 사회복지조직의 경우 미션과 비전이나 전략 목표로 표현하는 경우가 많다. 사회복지사 개개인도 자신이 사회복지를 하는 철학과 가치를 가져야 한다. 모든 기획뿐만 아니라 프로그램의 목표와 평가에도 이러한 실천 가치는 중요하다. 어떤 미션과 비전 혹은 실천 가치를 가지고 있는지에 따라 현상화되는 프로그램은 달라진다. 기획이 중요하지만, 그 기획의 내용을 결정하는 실천 가치는 본질적이다.

(1) 사회복지조직의 실천 가치와 기획

프로그램 기획의 방향은 사회복지조직의 미션과 비전을 추구하는 방향과 일치한다. 미션은 사회복지조직의 존재 이유이며, 비전은 사회복지조직의 실천의 방향이다. 미션과 비전을 통해 사회복지조직의 정체성이 드러나게 되며, 제대로 된 방향으로 가고 있는지를 점검할 수 있다(우수명 외, 2017).

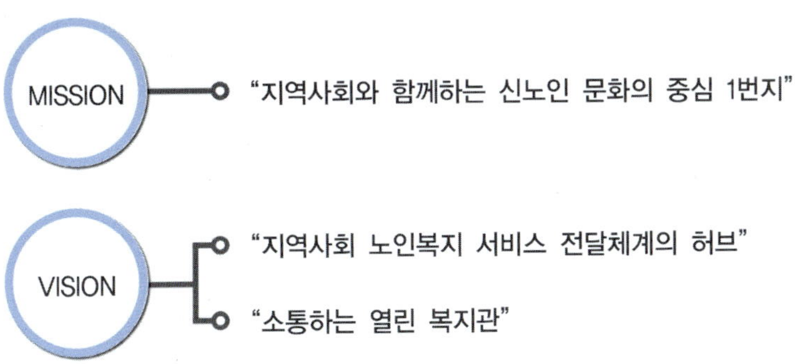

|그림 2-2| 미션과 비전의 사례

출처 : 종로노인종합복지관. www.jongnonoin.or.kr/bbs/board.php?bo_table=center03

미션은 '왜 이 일을 해야 하는가?'에 대한 정의이다. 사회복지조직이 존재하는 가장 중요한 궁극적인 목적이자 존재의 이유나 근거를 포괄적으로 정의한 것이다. 종로노인종합복지관(이하 종로노인복지관)의 사례를 살펴보자. '지역사회와 함께하는 신노인 문화의 중심 1번지'를 만들기 위하여 종로노인복지관이 존재하며, 지역사회에서 노인복지사업을 해야 하는 이유의 기술문이다. 종로노인복지관의 미션에 대한 기술문이 강조하는 것은 '신노인'이다. 신노인은 의존적이 아닌 생산적, 활동적, 독립적, 미래 지향적인 노인이며, 과거와 현재와 미래를 연결하는 지혜를 발현하며, 건강하며 적극적인 사회참여를 통하여, 가정과 사회에서 존경받는 노인을 의미한다.

비전은 '무엇이 되려고 하는가?' 혹은 '무엇을 하려고 하는가?'에 대한 정의이다. 미션 도달을 위한 구체적이고 현실적인 역할이나 과제 혹은 이루고자 하는 결과를 강조한다. 미래를 위한 동기부여를 만드는 것이며, 동시에 해야 할 구체적인 역할(실천 목표)들을 도출할 근거가 된다. 종로노인복지관의 경우 지역사회 노인복지 서비스 전달체계 허브와 소통하는 열린 복지관을 통해 미션을 완수하려는 의지를 피력한다. 노인복지와 문화 서비스 간 네트워크의 구심점이 없는 지역 한계를 극복하고, 다양한 지역주민을 위한 문화복지 장(場)이 되기 위하여 복지 전달체계의 허브가 되고자 한다. 또한 노인복지관을 통해 지역주민들이 소통하고 교류하며 노인을 이해하고, 미래의 긍정적인 신노인을 만들기 위한 세대통합과 사회통합의 장이 되며, 소통하는 열린 복지관을 통해 이루려 한다.

미션과 비전을 수행하는 데 있어서 어떤 일을 해야 하는지를 정의하는 실천 목표가 있다. 미션과 비전을 달성하기 위하여 의사결정의 기준이나 구성원의 참여의 원칙이나 사업 분야별 상위 목표 등이며, 기획 및 프로그램 개발에서 우선순위를 정하는 의사결정의 기준이다.

기획은 미시적으로 사회복지조직의 실천 목표를 달성하는 데 적합해야 하며, 거시적으로 조직의 미션과 비전의 달성에 기여하는 방향이어야 한다. 즉,

'내가 생각하는 새로운 프로그램은 조직의 미션과 비전에 적합한가?'라는 고민을 해야 한다는 의미다. 종로노인복지관의 '노인 사회참여 확대를 위한 대학로 노인연극인 양성 프로그램 「대학老愛 – 대학로를 사랑하는 노인들」'이라는 프로그램은 신노인 문화를 위한 미션을 수립하는 노인복지 서비스 전달체계 허브와 계층 간 소통을 추구하는 프로그램이다. 대학로 기반의 연극 단체 및 차세대 연극인과 교류를 통한 노인 주도의 연극반을 운영하여 노인 문화향유 기회를 확대하고 플랫폼을 구축하는 프로그램이다(종로노인복지관 자료, 2017). 만약 종로노인복지관이 신노인 문화1번지의 지향성이 없다면 '대학老愛'와 같은 프로그램은 기획하기 어려웠거나 다른 방향이 될 수도 있다. 즉, 조직의 가치와 문화 풍토에서 새로운 기획은 영향을 받거나 태어나기도 하며, 성장하고 발전한다.

(2) 사회복지사의 실천 가치

사회복지사 개인적인 차원의 실천 가치는 기획과 평가를 위한 아이디어의 원천이다. 사회복지사의 현장성에서 얻어지는 고민은 사회복지사가 가지는 가치에 의하여 프로그램화된다(제1장 참조). 그렇기 때문에 사회복지사는 스스로 자신의 미션과 비전을 가져야 한다. 그 다음에 필요한 것들은 무엇일까? 많은 사회복지 실천 가치 영역이 있지만 그중 몇 가지를 정리하였다.

① 이미지와 강점에 기초한 SRV[1)]

제1장에 살펴봤던 이미지와 강점에 기초한 SRV에 대한 생각은 기획을 풍성하게 하는 요소 중 하나이다. 예를 들면, 같은 반 장애인 친구의 책가방을 들어주려는 학생은 '자신이' 장애인을 돕고 싶은 마음이 있다. 그 학생이 정책결정자가 되면, 장애인을 도우려는 원조 프로그램에 더 많은 관심이 갈 것이

---

1) 우수명 외(2017). 지역사회복지론. 지식공동체의 내용을 보완하였다.

다. 장애인에 대한 이러한 이미지가 지배하게 되면 장애인의 정상화된 삶에 대한 기대나 독립생활(IL : Independent Living)은 거부될 것이다. 오히려 장애인을 수혜자로 만드는 보호 서비스를 더욱 요구하게 될 것이다.

클라이언트의 강점을 실현해서 긍정적인 역할을 수행하는 방향도 좋은 사회복지 프로그램 기획의 판단 요소이다. 가난한 클라이언트는 '빈곤'이라는 단어에 더 민감하고, 자신의 학력이 낮은 클라이언트는 '무식하다'라는 표현에 더 화를 내는데 이는 자신의 내면의 가치절하 상태가 원인이다. 이러한 취약성(vulnerability)은 클라이언트에 대한 낙인(stigma)을 강화시키는 기제로 작용하며, 따라서 사회복지 실천은 이러한 취약성을 예방하거나 긍정적으로 전환시킬 수 있는 의도적 개입을 증진시켜야 한다(우수명, 2010). SRV는 강점에 기반을 둔 긍정적 역할을 만들 때 가능성이 더 높아지므로, 클라이언트의 가치 향상에 기여할 수 있다(자세한 내용은 제7장 가치 평가를 참조한다).

② 인권, 마을 관점 – 자유(자기결정권), 평등, 연대

1948년 12월 10일 파리에서 열린 제3회 국제연합(UN) 총회에서 채택된 인권에 관한 세계인권선언문에는 '인류 가족 모두의 존엄성과 양도할 수 없는 권리를 인정하는 것이 세계의 자유, 평등, 평화의 기초'로 인권의 가치를 규정하였다. 제1조에서 '모든 사람은 태어날 때부터 자유롭고, 존엄하며, 평등하다. 모든 사람은 이성과 양심을 가지고 있으므로 서로에게 형제애의 정신으로 대해야 한다', 제2조에서 '모든 사람은 인종, 피부색, 성, 언어, 종교 등 어떤 이유로 차별받지 않으며, 이 선언에 나와 있는 모든 권리와 자유를 누릴 자격이 있다'고 인권의 존엄성을 천명하였다(국가인권위원회, 2010). 인권의 핵심 가치는 '자유, 평등, 연대'이다. 인권 가치가 잘 구현된 사회복지 실천 영역 중 하나는 마을 만들기이다.

마을 만들기는 '주민 개인의 자유와 권리가 존중되며, 상호 대등한 관계 속에서 마을에 관한 일을 주민이 결정하고 추진하는 주민자치 공동체'이다(서울시 마을공동체 지원 조례 제2조). 즉, 마을 만들기 안에는 자유롭고, 상호 존중하며 평등한 민주주의의 긍정적인 가치들이 내재되어 있다. 민주시민으로서 책임감과 주체성이라는 긍정적 역할을 수행하는 훈련을 마을 만들기를 통해 하게 되며, 선순환으로 사회통합이 가능하도록 인식의 변화를 가져올 수 있다. 마을이 가지고 있는 이미지를 잠깐 생각해 보자.

마을의 주인은 주민이다. 불쌍한 노인, 도움이 필요한 장애인, 결식아동과 같은 차별적이고 가치절하된 이미지를 부각시키는 대상을 만들지 않는다. 마을 주민은 아이든 장애인이든 모두가 주민 1이며, 모두가 마을의 주인이다. 즉, 마을은 모두가 '평등'한 이미지를 강화시킨다.

마을은 주민들이 스스로 결정을 한다. 자기결정권은 주체적이어야 가능하며, 마을에 참여하는 과정을 통해 이루어진다. 스스로 결정을 내리는 존재는 인간만이 가능하다는 사르트르의 조건으로 판단하면, 자유로운 인간의 이데아이다. 마을의 주민은 성숙함을 갖는 자유로운 사람이다.

마을은 소통과 관계를 통해 만들어진다. 개인의 독단적 지배와 결정은 배제하고, 민주적 과정을 거쳐 권력을 공유하는 것을 지향한다. 마을의 모든 활동은 주민들 간의 연대의 결과이고, 연대를 이루는 과정인 소통과 신뢰관계를 중요시한다. 돈, 경쟁, 승리, 독점보다 사람이 우선시되는 것이며, 이것은 '사회연대'[2)]의 기틀을 다진다.

---

2) 사회연대를 표방한 대표적인 제도는 우리나라의 의료보험 제도이다. 공공성이 강화된 의료보험은 소득이 높아짐에 따라 보험료율이 높아진다. 그래서 소득이 높고 건강한 사람에게는 손해가 크고, 가난하고 아픈 이들에게는 혜택이 크다. 그러나 이를 감당하는 것은 소득재분배 효과를 넘어서 사람에 대한 존중, 가진 자의 사회적 책무를 통한 사회공동체의 힘이다. 또한 건강한 사람도 나중에 늙고 아프더라도 다른 건강한 이들의 기여를 통해 자신이 보호받을 수 있음을 아는 것이다. 공공 복지제도를 유지해야 하는 이유는 인권의 존엄성의 실현이고, 사회연대는 그 인권을 받치는 가장 큰 힘이다.

③ 욕구 관점

인권과 마을 관점은 매슬로우 욕구의 가치와도 일치한다(우수명, 2010).

자아실현의 욕구의 본질은 자유의지에 기초한 스스로 삶의 주체적인 인간이 되고 싶은 자유 욕구이며, 자기결정권으로 확인된다(우수명, 2010; Sartre, 1947). 자유는 인간에게 있어서 최고의 동기이자 에너지의 원천이다(Maslow, 1987). 미술가가 보다 나은 그림을 그리고자 전국 방방곡곡을 헤매거나, 음악가가 좋은 선율을 만들기 위하여 고뇌에 빠지거나, 축구선수가 골을 넣기 위하여 밤낮없이 공을 차는 것은 모두 자유의지에 의한 본성(nature)이며, 자아실현의 욕구이다. 따라서 자아실현 욕구에는 자기(self) 정체성이 형성되어야 가능하다. 축구를 좋아하는 사람이 공을 차는 것은 즐거운 일이지만, 공차기를 싫어하는 사람에게 밤늦게까지 공을 차게 하는 것은 고문이 될 것이다. 즉, 공을 차는 것을 스스로 선택했을 때만이 즐거움을 누릴 수 있다. 프로그램 기획은 자유롭고 주체적인 인간으로서 클라이언트를 변화시키는 방법과, 자기결정권한을 가지도록 성장하는 방안을 담아야 한다.

존중의 욕구는 평등적 가치 위에 긍정적 역할 수행을 통해 가장 잘 충족된다(우수명, 2010). 사람들은 모두 다른 사람이 인정해 주기를 바라는 자기상을 가지고 있으며, 타인 또한 마찬가지이다. 만약 동남아 외국인 노동자와 백인 원어민 교사처럼 차별의 이미지를 경험하는 순간, 가치절하된 대상은 존중받기가 어렵다. 어떤 클라이언트라도 평등의 가치에 의해 존엄한 존재로 대우받는 것은 SRV의 실현으로 촉진된다. 그렇기 때문에 기획에서 사회복지사는 클라이언트의 강점을 찾고, 그것을 실현하고, 타자로부터 존중(인정)받을 수 있는 방안을 담아야 한다.

소속과 사랑의 욕구는 소통, 신뢰 관계를 통한 공동체의 구현이다(우수명, 2010). 공동체를 통하여 사람은 사회화되고, 지지와 격려 속에서 어려움도 극복하며 기쁨도 나눌 수 있다. 소통은 단순히 같은 언어의 사용을 넘어서 그 의미와 가치가 공유될 때 가능하다. 에리히 프롬(Erich Fromm, 1963)에 의하면, 성숙한 사랑은 '자신의 통합성', 곧 개성을 유지하는 상태에서 상대방과의 합일이라고 하며, 능동적 힘으로서의 사랑은 사람 사이의 벽을 허물고, 인간을 타인과 결합시키는 힘을 갖는다고 하였다. 그는 사랑에 있어서 존재가 하나로 되면서도 둘로 남아 있는 역설이 성립된다고 하였다. 이것은 가장 이상적인 자기결정권과 존중과 소속과 사랑의 관계가 함께하는 모습일 것이다. 기획은 사람들 사이의 소통과 신뢰 관계를 증진시키고, 소속감과 응집력을 형성할 수 있는 방안을 담아야 한다.

프로그램이 끝나면 클라이언트도 사라지는 프로그램은 물질이 사람보다 우선하고, 사업이 관계보다 우선하는 경우 흔히 발생한다. 클라이언트가 소통과 관계를 통해 사랑을 경험하고, 강점으로 긍정적 역할을 성취하고(SRV), 자기 스스로 주인의 삶으로 자기결정권을 가질 수 있을 만큼 성장을 경험했다면, 프로그램이 끝나도 사회복지사와 클라이언트의 관계는 더욱 긴밀해질 것이다.

욕구의 해결은 인권의 실현이며, 동시에 마을 관점의 실천이다. 좋은 사회복지 프로그램의 기획은 인간에 대한 자유, 평등, 연대의 가치를 실현할 수 있는 방향성과 구체적인 실천 기술을 담아야 한다. 가치절하된 클라이언트를 자유롭고 주도적인 주체적인 사람으로 성장시키는 방향을 지향한다. 또한 어떤 클라이언트라도 평등의 가치에 의해 존엄한 존재로 대우받으며, SRV의 실현에 의하여 촉진된다. 그리고 기획의 과정에서부터 클라이언트와 사회복지사는 소통을 통한 신뢰 관계로, 프로그램 수행에서도 소통과 신뢰 관계가 강화될 수 있도록 구성해야 한다.

(3) 사회복지 실천 가치를 적용한 프로그램 기획 사례 1[3]

|그림 2-3| 욕구기반 실천을 통한 프로그램 기획 사례

| 그림 2-3 | 의 상단을 보면 밑반찬 서비스를 받는 독거 어르신이 있다. 일반적인 사회복지사라면 더 많은 후원을 개발하고, 더 많은 자원봉사자를 개발하여 어르신에게 더 많은 밑반찬과 가정봉사 서비스를 제공하려고 한다. 클라이언트 관점에서 바라보자. 독거 어르신이 만약 잘사는 출가한 딸이 있어 부양을 받거나, 비싼 옷을 입거나, 돈이 많다면, 그분에게 사회복지사는 밑반

3) 우수명(2010). 사회복지 욕구 다시보기. 인간과복지의 자료를 재구성한 것이다.

찬과 가정봉사 서비스를 제공할 수 있을까? 독거 어르신이 밑반찬 서비스를 받으려면 스스로 '외롭고 불쌍하고 가난한 노인'임을 증명해야 한다. 또한 밑반찬을 배달하는 자원봉사자들은 주로 청소년이고, 이들이 가정방문에 머무는 시간은 수 분 이내가 대부분이다. 독거 어르신은 이들에게 밑반찬을 가져다줘서 고맙다고 표현하지만, 이 과정에서 존엄성을 경험하기는 어렵다. 그래서 어르신 입장에서 사회복지사는 늘 보이지 않는 저울을 들고 오는 사람이다. 자신이 더 이상 불쌍한 노인이 아니라면 그 저울은 기울어져 서비스 대상에서 제외되는 것으로 생각한다. 이러한 모순적 상황으로 인해 '**더 불쌍해야 더 많은 서비스**'를 받는다는 이미지가 형성된다. 그래서 김장철이면 자신이 더 불쌍하니 김장을 자신에게 달라는 어르신이 생기며, 만약 돈이 생기거나 좋은 일이 생겨도 사회복지사에게는 감추려 한다. 이런 상황에서 어르신의 강점을 찾는 것은 어렵다. 이로 인해 클라이언트는 더 나쁜 이미지를 가지게 되는 악순환에 빠진다.

| 그림 2-3 | 의 하단을 보자. 사회복지사는 어르신들과 친해진 후, 어르신에게 대학생 자원봉사자와 함께 재래시장에서 김치 겉절이 재료 구매 장보기를 도와달라고 부탁한다. 대형마트 대신 재래시장을 선택한 것은 어르신이 잘 아는 곳, 즉 강점을 발휘할 수 있는 곳이기 때문이다. 재료 구매 후 겉절이를 함께 만들 때도 대학생들은 잘 만들기 어렵기 때문에 어르신의 도움이나 가르침을 받아야 한다. 이 역시 어르신의 강점을 우선한 것이다.

밑반찬이 완성되면 사회복지사는 어르신에게 밑반찬 구매와 만들기 자원봉사를 해주신 것에 감사드리고 선물로 겉절이를 드린다. 그리고 이웃 독거 어르신의 것도 가져다 달라고 배달 자원봉사 역할을 부탁한다. 어르신이 이웃집을 찾아가 밑반찬을 전달하는 경우 청소년의 가정방문보다 머무는 시간은 더 길다. 어르신들은 친구가 되고 함께하는 시간이 늘어나게 된다. 연말이 되면 '올해의 자원봉사자 상'을 어르신들에게 드리게 된다. 이들은 밑반찬을 불쌍해서 받는 것이 아니라 자원봉사라는 긍정적 역할에 대한 보상으로 받는 것이

며, 동시에 이웃을 위해 봉사하는 존중받는 어르신이 된다. 어르신들의 참여가 많아지면 어르신들로만 봉사도우미를 조직할 수 있다. 더 이상 수혜자가 아닌 지역사회 구성원이나 참여자로 활동하게 되며, 부정적인 이미지가 줄어들게 된다. 이것이 사회적 역할 가치화(SRV)이다.

사회복지사가 어르신을 밑반찬 수혜자로만 본다면 더 많은 자원개발과 효율적 관리 방안을 위해 고민할 것이며, 밑반찬을 만들 때 혹은 배달할 때 참여할 자원봉사자를 발굴할 방법을 기획에 담으려 할 것이다.

어르신 강점과 긍정적 역할을 이루려는 기획을 생각한다면 내용은 크게 달라진다. 어르신의 강점을 활용하여 재래시장에서 장보고, 밑반찬을 만드는 활동에 주도적 역할로 참여하도록 이끄는 기획이 가능하다. 또한 밑반찬 배달도 주변 이웃으로 한정해 서로 소통의 관계를 만들 수 있어 사회적 지지를 강화하는 것도 가능하다. 어르신들이 서로 돕는 관계를 만들고, 어르신들의 주도적인 활동을 유지하고, 더 나아가 자원봉사자의 역할, 밑반찬 진행 관리자의 역할로 성장한다면 그 자체가 욕구기반 실천이자 마을 만들기 기획이 된다. 어르신들이 자원봉사자, 이웃의 친구와 같은 긍정적인 역할을 통해 존중의 욕구를 충족하고, 밑반찬을 만들고 배달하는 데 주도적으로 참여함으로써 자아실현의 욕구를 충족하고, 더 나아가 영양관리사에게 함께 밑반찬 메뉴 개발에 대한 교육도 받고, 같이 합의하여 새로운 메뉴도 개발하는 과정을 통해 소속을 느끼고, 함께하는 이들과의 관계를 통하여 사랑의 욕구를 충족할 수 있을 것이다.

사회복지사가 프로그램과 클라이언트를 어떤 관계 속에서 바라보는가에 따라 동일한 밑반찬 서비스도 다른 형태로 기획할 수 있다. 우리가 접하는 많은 프로그램이 어떤 가치에 의하여 수행되는지 살펴보고, 바람직한 기획을 할 수 있도록 성찰하고, 시도하는 노력을 해야 한다.

(4) 사회복지 실천 가치를 적용한 프로그램 기획 사례 2[4)]

"십만 원을 내 맘대로 썼습니다!"
마을배움터 숨의 청소년 마을배움 십만 원 프로젝트

십만 원 프로젝트는 2019년 개관한 서울시 동북권역 마을배움터 '숨'[5)]에서 진행하는 청소년 마을배움 프로그램 중 하나이다.

숨의 활동가들은 십대문화기획단을 청소년과 함께 하며 점점 진해지는 십대의 무기력과 실패의 두려움을 체감하였다. 공부와 일상에 찌들었으며, "시도해 보지도 않는다. '무기력', '나는 이미 졌다'고 말하는 아이들"이었다. 인생의 답정너인 아이들은 주어진 대로, 정해진 대로 따라가는 것이 당연하고 그것이 편안해 보이기까지 했다. 그럼에도 그 내면에는 깊은 우울감, 열등감, 무기력들이 피어있었다.

십대에게는 틈이 없다. 한 사람 한 사람 저마다의 고유성을 지녔음에도 불구하고, 원한 적 없는 보편적 시선과 압박에 의해 같은 삶을 살아간다. '삶의 주도권'을 잃어버린 것이다. 다시, 십대에게 자기 삶이 주도권을 되찾는 운동(실험)이 필요하다. 아이들은 '이미 졌다'의 무기력과 반대되는 경험들이 필요하다. 작더라도 한 번쯤은 답정너의 잣대를 무시해 보는 경험, 내가 하고픈 것을 있는 힘껏 지지받고 응원받아 보는 경험, 내 주변 또래 친구가 스스로 해보고 싶은 걸 하고 있고 서로를 응원해 보는 경험의 필요성을 느꼈다. 그래서 이에 대

---

4) 본 내용은 서울시 동북권역 마을배움터 숨에서 발간한 '청소년 마을배움 Storytelling Book, 십만 원 프로젝트 이야기편, 십만 원을 내 맘대로 썼습니다' 1편과 2편의 내용을 중심으로 정리한 것이다. 숨의 허락을 받아 가급적 원문 그대로 사용하고자 하였다. 그러나 수많은 청소년들의 이야기와 도전을 몇 줄의 글로 요약하는 것은 필자의 능력으로 버거웠기에 어떤 활동을 하고 어떤 성장을 했는지에 대한 내용을 담지 못하였다. 이는 도서출판 공동체 홈페이지 자료실에서 다운받아 읽어보기를 권한다.

5) 현재 마을배움터 숨은 청소년문화공동체 '품'이 서울시로부터 위탁받아 운영하고 있다. 품은 1992년부터 강북, 도봉지역과 전국을 대상으로 청소년 문화운동과 마을공동체 운동을 하는 청소년단체이며, 마을 속 대안학교인 무늬만 학교, 십대주말학교, 십대문화기획단을 운영하고 매년 강북청소년문화축제인 '추락'을 청소년, 지역사회와 함께 만들어 가고 있다.

한 대안이자 지향점으로 청소년이 잃어버린 당당히 실패해 볼 권리를 스스로 찾아가는 환경을 조성하고, 청소년의 관심과 욕망을 탐험하는 과정을 통해 삶의 주도권을 찾아가는 경험을 마련하고자 십만 원 프로젝트를 기획하였다.

십만 원 프로젝트는 한 개인으로 피어날 수 있는 조건과 환경, 스스로 시도해볼 수 있는 조건과 환경, 작은 것이어도 자부심을 느낄 수 있는 조건과 환경, 오로지 나의 생각과 감각에 의한 선택을 해볼 수 있는 조건과 환경을 청소년 스스로 어떻게 만들어 갈 수 있는지를 고민한다. 십대는 스스로 삶의 주도권을 나에게로 당겨오는 힘을 이미 가진 존재이기에 어떠한 조건과 환경에 있느냐에 따라 스스로 자기 힘을 발휘할 것이다. 그런 조건과 환경 속에서 시행착오의 경험(실패할 권리), 생각이 실행으로 옮겨지는 경험(스스로 선택한 일을 해 볼 권리), 도움받는 경험(응원받고 지지받을 권리), 즐거움을 스스로 만들어 낸 경험(시간과 공간을 스스로 선택하고 만들 권리), 주변의 참견을 무시해 보는 경험(나의 선택을 스스로 믿을 수 있는 권리)을 통해 삶의 주도권을 자신에게 조금씩 당겨올 수 있는 신념이 담겨 있다.

십만 원 프로젝트는 성공해야만 한다는 세상의 잣대와 획일적인 기준에 의하여 삶의 주도권을 잃은 청소년이 자신의 삶과 일상을 스스로 찾고 만들어 가는 귀한 존재이자, 자신의 주인으로서 실패할 권리와 자기결정권을 누리를 수 있도록 당당해져 가는 과정의 징검다리 역할을 하고 있다.

마을배움터 숨은 2022년 오세훈 시장이 집권하면서 2023년의 모든 예산을 없애버려, 더 이상 존재하지 않는 청소년 배움터가 되었다. 이에 마을배움터 숨을 운영했던 품청소년문화공동체의 동의를 받아 2019년과 2020년에 진행한 십만 원 프로젝트의 스토리 텔링 북 1권과 2권을 출판사 홈페이지에 업로드하였으니 다운받아 기획에 참고하기 바란다.

"1년간의 활동으로 내가 무능력한 사람이 아니라는 것을 알았다는 것이 가장 큰 발견이다. 시간을 낭비하고 있는 것이 아니라 내가 스스로 무언가를 하고 있다는 그 자체가 정말 행복했다. 앞으로 어떻게 살아가고 싶은지, 내년은 어떻게 할지 여러 가지 생각하고 고민했다. 지금 당장 무엇이 성장했는지 뚜렷하게 말하기는 어렵지만, 분명히 나는 성장했다."

- 청소년 김○○ 이야기 -

"10만 원 프로젝트를 진행하며 나는 내가 만들고 싶은 영상을 만들었고 그 과정에서 나는 행복함을 느꼈다. 그럼 된 거 아닌가? 내가 처음 10만 원 프로젝트를 통해 이루고자 한 것은 다 이뤘다. 당연히 영화도 망하지 않았으면 좋았겠지만 오히려 망함으로써 나는 극복을 배웠고 열정을 얻었다. 나는 앞으로 이런 값진 경험을 토대로 앞으로 한 발자국씩 나아갈 것이다. 그렇게 나아간 곳에서 잠시 뒤를 돌아봤을 때 웃으며 추억할 수 있는 시간들이었다. 나는 10만 원으로 10만 원 이상의 값진 경험을 얻은 것이다."

- 청소년 정○○ 이야기 -

"프로젝트를 진행하면서 귀한 시간을 경험했다. 혼자 사진을 찍기 외로워 불러낸 같이 게임만 하던 친구와 카페에서 사진을 찍으며 게임 이야기가 아닌 소소한 일상 이야기를 했다. 정말 특별한 시간이었다. 그 친구에 대해 더 자세히 알 수 있었고, 그 친구의 특별함도 알게 되었다. 단언컨대 그날은 내 프로젝트 중 특별한 날의 한부분이 될 것이다."

- 청소년 이○○ 이야기 -

"아이들에게 주어진 십만 원. 생각해 보면 그리 큰돈은 아니다. 그럼에도 많은 아이들이 십만 원 프로젝트에 신청했다. 누구 하나 같은 주제가 없다. 개개인이 모두 다른 주제를 가지고 신청했다. 돈의 액수의 유무를 떠나, 아이들에게는 시도해 볼 수 있는 '약간의 용기'가 필요했던 것 같다. '내가 해보고 싶은 일을 누군가 응원(지원)해 주는구나' 하는 안전함. 그 안전함을 상징하는 징표가 아이들에게 십만 원 프로젝트이지 않았을까?"

- 담당 활동가의 이야기 -

3. 기획의 의사결정 과정

1) 의사결정의 개념

프로그램의 기획 과정은 수많은 의사결정의 과정으로 이루어진다. 의사결정(意思決定, decision making)은 다양한 선택지 중에서 특정 가치 기준에 따라 우선순위를 정하고, 일정한 순위까지의 선택을 하거나 버릴 것은 버리는 행위이다.

의사결정이 필요한 이유는 불확실성의 최소화를 지향하기 때문이다. 밑반찬 배달 서비스를 자원봉사자가 하는 것이 좋은지, 어르신들의 참여 과정을 통한 자연스러운 과정으로 하는 것이 좋은지 미래의 결과를 알 수 없기에 선택은 쉽지 않다. 전통적인 사업 수행에 익숙한 조직일수록 후원과 자원봉사자를 더 많이 동원하려는 방법을 선호할 것이고, 마을과 당사자 관점을 중시한 조직일수록 주민의 성장과 참여 방식으로 진행하려 할 것이다. 그러나 결정권이 누구에게 있는지에 따라 이 과정은 더 복잡해질 수 있다. 사회복지사가 당사자 관점으로 기획안을 제시해도, 과거 방식에 익숙한 기관장이 이를 받아들이지 않을 수 있다. 대부분의 의사결정에서 사람들은 더 친숙하고, 더 익숙하고, 더 잘할 수 있고, 더 편리한 방식을 선호하지만, 그 결과가 항상 올바른 것은 아니다.

그렇기 때문에 어떤 방식으로 의사결정을 하는 것이 좋은지 정리하였으며, 다양한 상황과 조건에 따라 활용한다.

① 장점과 단점을 비교하여 결정한다. 예를 들어보자. 밑반찬 서비스 방식이라면 사회복지사는 관리자 역할을 수행하고 자원동원을 잘하면 성공적인 사업수행이 가능하다. 반면에 자원봉사자가 제때 오지 않으면 사회복지사는 밤늦게 밑반찬을 돌리는 일을 해야 한다. 당사자 관점은 어르신의 참여를 이끌어 내기 위한 동력(신뢰, 설득, 유도)을 초기에 만드는 것이 어렵다. 그러나 어르신들의 주도적 참여가 형성되면 사회복지사는 다른 활동을 더 많이 할 수 있는 시간을 번다. 이를 비교하면 어떤 것이 사회복지사에게 유리할까? 어떤 선택이 가능할까? 고민하는 것이다.

② 브레인스토밍(brainstorming)을 통해 결정한다. 원래 브레인스토밍은 자유롭고 창의적인 토론을 통한 의사결정 방식이다. 다양하고 접근 가능한 의견들을 도출하고, 그중에 가장 최적화된 의사결정을 집단의 합리적 토론과 판단을 통하여 내린다. 그러나 아무리 많은 토론이 있어도 집단 내 권력구조나 세력판도 등의 역학관계에 따라 획일화되는 결정이 내려지거나 제안을 포기하는 경우도 종종 발생한다.

③ 명목 집단(paper group) 기법을 활용한다. 집단의 구성원은 각각 자신의 의견을 기록하여 제출하고, 구성원들이 검토하여 각자 의견에 대한 점수를 부여하여 점수의 합으로 우선순위를 정하는 방식이다. 비교적 민주적인 방식이지만 사전에 충분한 지식과 전문성이 없는 집단 구성원은 적절한 선택을 못할 수 있다. 또한 순위가 점수를 통해 결정되므로 융통성이 다소 낮다.

④ 조사 데이터 등 근거기반(evidence based)으로 결정한다. 델파이(Delphi), 욕구조사와 같은 사회조사 데이터, 서비스 제공 실적과 참여자 규모, 서비스 대기자 등의 객관화된 데이터를 토대로 의사결정을 한다(제3장 참조). 델파이는 여러 전문가로부터 주요 욕구나 문제를 반복 조사하여 구체화하는 과정으로 시간이 많이 소요된다.

2) 기획 단계의 의사결정 과정

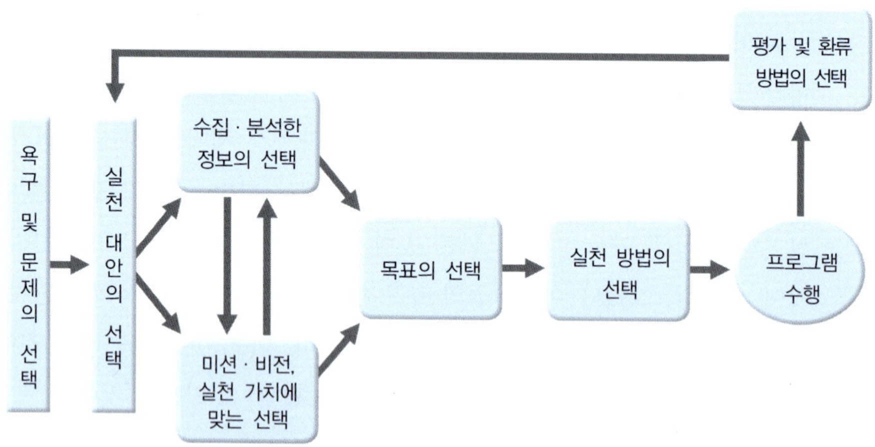

|그림 2-4| **기획의 의사결정 과정**

출처 : 강태룡 · 정규식(1999). 기획론. 대왕사의 내용을 수정하였음.

기획은 여러 단계의 의사결정의 과정을 통하여 사업계획서(계획)로 구체화된다. 즉, 기획의 의사결정 과정은 곧 계획을 세우는 과정이다. 사업계획서가 되기 위한 기획의 의사결정의 선택 과정을 7개 단계로 구분하여 살펴보자.

① 해결해야 할 욕구, 문제를 선택한다. 무엇을 해결하기 위하여 기획이 필요한가에 대한 답이다. 많은 어르신들의 문제 중에서 결식문제로 인한 밑반찬 필요 및 욕구를 선택한다면, 왜 필요한지, 왜 중요한지 고민하여야 한다.

② 실천 대안을 결정한다. 욕구 해결을 위한 많은 대안들이 도출이 되면, 어떤 대안이 가장 타당하고 실현 가능한 대안인지 탐색하고, 결정해야 한다. 밑반찬 서비스 대상 어르신을 위해 '사회복지사가 서비스를 제공할 것인가?', '어르신들이 중심이 된 마을 만들기를 할 것인가?'와 같은 대안 중에서 결정하는 것이다.

③ 필요한 정보를 선택한다. 선행의 경험 자료 및 연구자료, 사회복지조직 내부의 역량을 파악하고, 밑반찬 서비스 대상이 될 어르신의 욕구조사 결과를 분석하고, 필요한 수요를 파악하고, 발굴 및 동원 가능한 자원 규모 등을 분석한다. 다양한 정보의 근거들 중에서 밑반찬 서비스를 준비하는 데 필요한 요소들을 취사선택하는 결정을 내려야 한다. 지역사회 자원봉사자는 어느 정도 동원 가능한지, 어르신에게 부탁하면 시장 장보기를 같이 할 수 있는 분이 몇 명인지 등에 대한 사전 정보를 파악해야 한다.

④ 미션과 비전, 실천 가치에 맞는 사업의 방향을 선택한다. 다양한 실천대안과 분석한 정보를 토대로 실천 가능한 방법들을 결정하였다면, 그 결정이 사회복지조직의 실천 방향 혹은 사회복지사의 가치에 적합한지 판단하고 부적합한 요소들을 제거하는 결정을 한다. 만약 어르신에게 서비스 제공을 중요시한다면 밑반찬 서비스 제공 및 자원 확보 방향으로 기획을 결정할 것이다. 어르신의 강점에 기반을 둔 긍정적 역할을 우선한다면, 어르신의 마을 만들기를 통한 밑반찬 제공 서비스를 기획할 것이다.

⑤ 목표를 선택한다. 실현 가능한 대안 목표들 속에 필요한 목표를 선택한다. 경우에 따라 다양한 목표들 속에 단기목표와 중장기 목표를 구분하고, 외부 자원과 사회복지사의 역량을 고려한 목표를 결정한다. 전자의 경우 밑반찬 서비스를 통한 규칙적인 식사 관리하기를 목표로 정할 수 있다. 후자의 경우 단기는 어르신들 만나기와 신뢰 쌓기, 그 다음에 밑반찬 자원봉사 활동 참여 등이 될 것이다. 중장기는 어르신들이 중심이 된 마을 만들기와 같은 목표를 정할 수 있다. 제4장 목표 세우기에서 자세히 다룬다.

⑥ 실천 방법을 결정한다. 목표 달성을 위하여 구체적으로 실천할 수 있는 세부적인 활동 내용을 시간적 순서에 따라 혹은 활동 영역에 따라 수립하고, 사업 수행에 필요한 예산, 인력, 공간 등을 준비하는 방법을 결정한다. 여러 단위의 활동이 하나의 목표로 수렴될 수 있도록 체계성을 갖추어야 하며, 계획된 활동의 내용들은 언제, 어디서, 누구에 의하여, 어

떤 방법으로 수행될 것인지 합리적으로 배치해야 한다. 제12장 사업계획서 작성법에서 자세히 다룬다.

⑦ 평가 및 환류 방법을 결정한다. 프로그램 수행 이후의 효과를 예상하고, 이를 실증할 수 있는 가치 판단의 방법들을 모색한다. 욕구와 문제가 해결되었는지, 실천 대안의 선택은 적절했는지, 미션과 비전 혹은 실천 가치에 맞게 사업이 진행되었는지, 클라이언트의 변화는 무엇인지를 선택하고, 그로부터 파생되는 긍정적 · 부정적 정보들을 다시 사업 계획에 반영할 방안을 결정한다. 전자의 경우 밑반찬 제공 횟수, 자원봉사자의 활동 횟수, 제공받는 밑반찬 품질에 대한 만족도 점수 등이 중요한 평가 기준이 된다. 반면에 후자의 경우 밑반찬 대상 어르신 중 자원봉사자로 참여하는 수, 함께 모여 활동하는 어르신의 수, 참여 후 만족하는 어르신의 수와 만족도 점수 등이 평가 기준이 된다.

사회복지사는 새로운 프로그램을 개발하기보다는 기존의 것을 수정, 보완하여 프로그램을 기획하는 경향이 강하다. 그러나 기획의 단계에 따른 의사결정은 사회복지사의 가치관점으로부터 지속적으로 영향을 받는다. 따라서 해결해야 할 클라이언트의 욕구나 핵심과제가 무엇이며, 그동안 이루어진 대응방법들이 과연 적절했는가를 점검하고, 다른 관점에서 접근하는 것이 가능한지를 살펴야 한다. 사회복지사는 클라이언트를 만나고, 그들의 생활을 살피고, 작은 변화도 놓치지 않는 민감성을 갖추기 위해 노력해야 한다.

4. 계획의 유형

아이디어를 통하여 대안 프로그램들이 여러 가지 제안되었다면, 이들 중 어떤 프로그램을 선택해 계획할지 결정해야 한다. 프로그램의 기획이 의사결정

과정을 통하여 구체화되면 실천의 방향과 내용을 담은 구체적인 사업계획서로 만들어지게 된다. 계획서는 사용처, 개발동기, 의사소통, 사업목적에 따라 다양한 유형으로 구분할 수 있다.

1) 사용처별 유형

(1) 내부용 계획

내부용 계획은 계획안이나 그 결과인 사업계획서가 사회복지조직 내부에서 기관장(정책결정권자)으로부터 결재받고, 승인받아 기관의 사업으로 수행하는 목적을 가지고 있는 계획이다. 내부 승인에 필요한 요소들은 비교적 단순한 양식으로 구성된 경우가 많고, 분량도 적은 편이다. 대체로 기안문서의 첨부자료로 사용하도록 준비한다. 따라서 내부용 계획의 특징은 실용성을 추구한다. 반면에 프로그램에 대한 충분한 이해와 경험이 없는 초보 사회복지사의 경우 내부용 계획으로는 적절한 사업 준비를 할 수 없는 경우가 생기기도 하기에 슈퍼비전 등의 지원체계에 대한 계획도 함께 이루어져야 한다.

(2) 외부용 계획

외부용 계획은 사업계획서가 사회복지조직 외에서 마케팅, 기금마련, 사업보고 및 감사 등의 목적으로 활용되는 경우이다. 외부로부터 승인을 받는 것이 주 목적이기 때문에 많은 단계를 가지고 있으며, 복잡한 경우가 많다. 또한 계획서의 내용도 이론적 근거, 욕구조사 결과 등의 다양한 정보들을 제공하기 때문에 작성에 많은 시간과 노력이 필요하다.

외부용 계획은 별도의 양식에 따라 구성하는 경우가 많기 때문에 분량도 많고, 다른 사업계획서와 경쟁을 해야 하기 때문에 차별성과 설득력을 가질 수 있는 정보들의 배치, 보기 편한 편집 등의 준비가 필요하다.

외부용 계획은 작성할 때 번거롭지만, 구체적인 실행계획을 담는 경우가 많아 초보 사회복지사라 하더라도 유용하게 활용할 수 있다. 또한 이를 발전시키면 업무 매뉴얼을 만들 수 있다.

2) 개발동기별 유형

(1) 개선형 계획

프로그램이 가지고 있는 문제점을 개선하고, 보다 효율적인 프로그램 전달체계를 구축하는 것과 같이 기존의 프로그램을 그대로 유지하되, 보다 발전적인 형태의 프로그램으로 업그레이드(upgrade)하기 위하여 실시하는 계획이다.

개선형 계획에서는 프로그램 담당인력의 전문성 향상, 행정시스템 및 슈퍼비전의 향상 등과 같이 프로그램 외적인 요건이 포함될 수 있으며, 프로그램과 관련된 주변 상황, 성장과 학습의 방법에 대한 제시 등을 포함한다.

(2) 개발형 계획

기존에 없거나 수행하지 않았던 창의적이고 새로운 프로그램을 제안하기 위하여 만들어지는 계획이다. 창의적인 새로운 계획은 어렵지만, 외부용 사업계획서에 담기게 될 경우 선택 가능성을 높이는 중요한 요소이다. 밑반찬 서비스 대상 어르신의 마을 만들기와 같이 기존의 관점을 바꾸거나 클라이언트 중심의 강점을 토대로 개발할 경우 효과적이다.

(3) 홍보·마케팅형 계획

프로그램 계획이 홍보 또는 외부자원의 개발이나 기금마련을 위하여 개발되는 경우다. 이 경우 단순 홍보효과를 위하여 개발될 수도 있지만, 앞의 외부용 계획처럼 자원을 지원하는 기관의 요구에 맞추어 구성되는 경우가 대부분이다.

(4) 학습형 계획

이론을 기반으로 계획서를 작성하는 훈련이나 과제 또는 견습을 위하여 수행되는 계획이다. 이 경우 훈련을 목적으로 하기 때문에 완결성보다는 경험적 요인에 더 초점을 두게 된다. 경우에 따라 개선형 계획과 유사성을 가질 수 있지만, 근본적인 방향은 다르다.

3) 의사소통별 유형

(1) 하의 상달형 계획(bottom-up)

실무자의 현장성에 기초한 문제 의식이나 고민으로부터 나온 계획이 상급자에게 제공되어 의사결정에 영향을 미치도록 하는 계획이다. 조직의 문화에 따라 어려운 경우가 있지만, 사회복지사의 자기결정권을 존중하는 분위기가 있는 조직이라면, 사회복지사의 주도성과 현장성이 강화되고, 이로 인해 다양하고 유효한 계획을 제안할 가능성이 높아진다.

(2) 상의 하달형 계획(top-down)

기관장으로부터 실무자에게 기획의 과제가 주어지고, 사회복지사는 그 요구에 맞추어 사업계획서를 작성하는 방식이다. 실무자의 문제인식 수준보다는 기관장의 지향점이 더 잘 드러나는 것이기 때문에 기관장의 역량에 따른 편차가 커지게 된다. 기관장은 사회복지사와 충분히 소통을 하고, 계획의 필요성을 설득하여 사회복지사가 자발적으로 참여할 수 있도록 유도해야 한다.

4) 사업목적별 유형

(1) 문제 해결형 계획

개인, 가족 또는 지역사회와 같이 클라이언트가 당면한 욕구나 문제를 해결하기 위하여 계획되는 유형이다. 이 경우 문제에 대한 정확한 규정과 해결 대안의 마련이 초점이 되며, 이를 수행할 수 있는 전문인력의 역량이 관건이다.

(2) 능력 강화형 계획

클라이언트의 사회적 권익이나 자조능력의 향상을 지향하는 프로그램 계획이다. 이 경우 클라이언트가 사회적으로 차별받거나 낮은 위치에 있음으로 경험하는 불평등의 문제를 정확하게 규정해 주어야 하며, 클라이언트의 성취의 경험과 단계적인 교육훈련을 통하여 자조능력을 강화하는 프로그램의 개발이 필요하다.

(3) 삶의 질 개선형 계획

클라이언트의 여가, 문화, 생활 속의 문제들을 해결하고, 더 나은 생활의 행복하게 누리는 방안을 모색하는 계획이다. 따라서 개인단위의 문화적인 요소가 중요하게 다루어지며, 핵심 문제나 이슈가 덜 드러나는 경우도 적지 않다. 그러나 클라이언트 스스로 즐기고 행복해지려는 보편적 욕구를 반영하는 경우가 많으며, 다양한 사회적 자원 및 지역사회 인프라의 활용이 필요해진다.

(4) 보호 원조형 계획

사회적으로 자립할 수 없거나 물질적·정신적 도움이 필요한 대상에 대한 계획이다. 이 경우 클라이언트에게 낙인이나 수치감을 조장하지 않는 배려와 충분한 생활이 이루어질 수 있도록 하는 다양한 직접 서비스에 대한 이해와 관심이 필요하다.

(5) 주민주도형 마을 계획

주민들 스스로 주인으로서의 자기 성장, 주민들간의 협력과 소통을 통하여 공동체가 당면한 과제를 공유하고 함께 해결해 가는 방법을 다룬다. 초기에는 주민교육과 같이 주도성을 키우는 방향이 중심이 되며, 주민들의 성공적 활동 경험을 통해 지역사회 전체로 확장시켜 가는 전략이 필요하다.

Chapter 3

정보 수집과 욕구분석

1. 정보 수집의 방법

1) 정보 수집의 개요

체계적인 계획과 프로그램의 성공적인 수행을 위해 필요한 것 중 하나는 프로그램 개발의 근간이 되는 정보들을 정확하게 수집하고 분석하여 실천 체계에 반영하는 근거기반 활동이다. 기획 단계 중 의사결정에 필요한 정보를 제공하거나, 프로그램 계획의 논리성을 높이며, 성공 가능성을 높인다. 물론 많은 정보 중에서 유용한 정보를 선택하는 과정에는 프레임에 의한 이미지가 영향을 미치지만, 객관적이고 다양한 검토를 통한 점검은 필수 요소이다. 특히 욕구조사와 만족도 조사와 같은 클라이언트로부터 직접 얻는 정보의 유용성은(정확한 분석을 전제로) 매우 높으며, 프로그램 목표와 기대효과와도 관련이 깊다.

정보 수집은 크게 직접 정보 수집과 간접 정보 수집으로 나눌 수 있다(그림 3-1 참조).

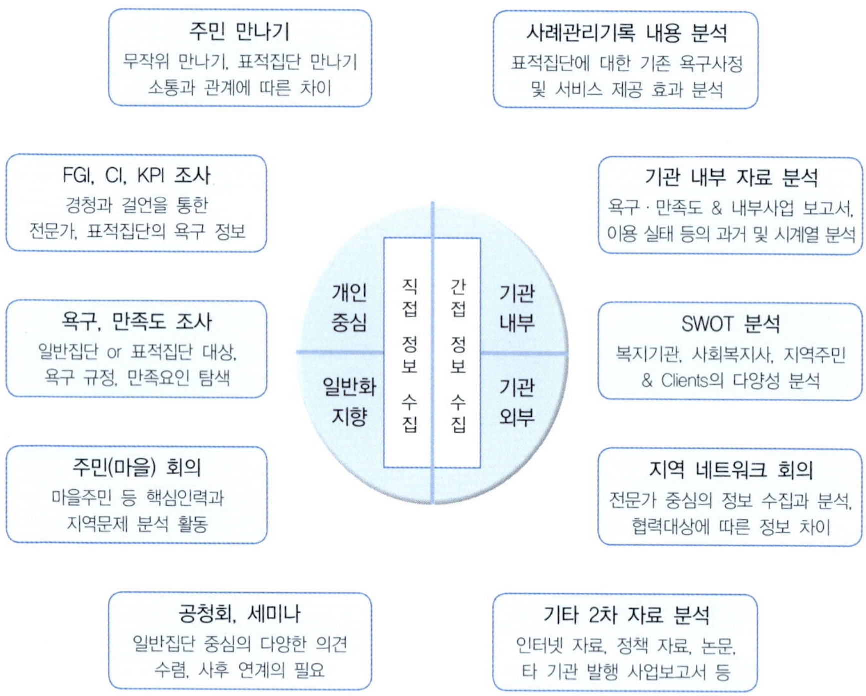

|그림 3-1| **정보 수집 방법**

(1) 직접 정보 수집 방법

직접 정보 수집은 정보 출처를 개인 혹은 집단으로 구분하며, 다음 유형이 대표적이다.

① 주민 만나기와 같은 관계형성은 다양한 삶의 이야기를 수집할 수 있다. 주민은 동네 사람들처럼 무작위, 불특정한 일반 주민들을 대상으로 할 수도 있고, 놀이터의 어린 아이를 돌보는 엄마, 경로당의 어르신같이 표적대상을 정하여 주민 만나기를 할 수 있다. 낯선 사람을 경계하는 것이

보통 사람들의 특성이기 때문에 자주 만나고 소통하는 노력을 통한 친밀한 관계 형성을 통하여 질적 정보를 획득한다.

② FGI, CI, KPI 등과 같은 인터뷰 방식은 심층적인 정보를 얻기에 유리하다. 핵심집단 면접(FGI : Focus Group Interview)이나 클라이언트 면접(CI : Client Interview), 핵심인물 면접(KPI : Key Person Interview) 등은 대상자들의 욕구를 적극적으로 표현하도록 유도하며, 따라서 면접대상을 의도적으로 선정하게 된다. 이들의 많은 이야기 속에서 중요한 의미를 분석할 수 있는 역량이 중요하다. 주로 질적 정보이다.

③ 욕구 및 만족도 조사와 같은 양적 정보를 수집하는 비교적 규모가 큰 사회조사는 일반화가 유리한 방법이다. 사례관리 대상자와 같은 표적집단을 대상으로 할 수도 있고, 지역주민과 같은 일반집단도 가능하다. 재가서비스 대상자에 대한 사례관리의 일환으로 활용하는 경우 개별화된 정보와 일반화된 정보 활용 둘 다 가능하다. 욕구를 정의하고 측정하는 설계의 유형, 만족도의 설계를 어떻게 하는지에 따라 정보 수집의 정도 차이가 커진다.

④ 주민(마을) 회의 참여와 같은 당사자와 관계된 활동은 지역사회의 핵심 문제를 살펴볼 좋은 기회이다. 사회복지사가 마을모임을 하는 주민들과의 관계가 형성되어 있을 뿐만 아니라 공식적으로 승인받아야만 가능한 방식이다. 적극적인 마을활동을 하는 주민들의 심층적이고 다양한 정보를 얻을 수 있으며, 참여 주민들이 정보원이나 지역사회와의 가교 역할을 할 수 있기 때문에 정보의 수집 범위는 넓을 수 있다. 또한 이들이 FGI, KPI 등의 대상이 될 수 있다.

⑤ 공청회와 세미나와 같은 행사는 비교적 한시적인 여론 정보 방법이다. 이들은 지역사회의 다양한 목소리를 들을 수 있는 공개적인 장을 만들어 주민들의 이야기를 듣는 것이다. 복지조직의 지역사회 욕구조사 결과 발표회나 마을 발언대, 주요 마을 이슈와 관련된 공청회와 같은 방식을

통해 주민들의 의견을 수렴한다. 적극적인 의견을 표출한 이들은 사후 FGI나 CI의 대상으로 하거나, 프로그램 활동에 참여하도록 유도하는 것도 좋은 방식이다.

(2) 간접 정보 수집 방법

① 사례관리기록 내용 분석은 기존에 사례관리 대상자로 서비스를 받는 표적 집단에 대한 욕구 분석 및 제공된 서비스 효과 분석에 유용한 방식이다. 인테이크(intake)를 통한 욕구 사정이 충분하게 기록되어 있다면, 이들에 대한 별도의 욕구조사를 수행할 필요가 없다. 또한 인테이크에서 수집하는 정보에는 욕구조사와 관련된 사정 체계가 포함된다면 효과적인 활용이 가능하다.

② 기관 내부 자료 분석은 기존에 수행한 욕구조사, 만족도 조사, 내부 사업 보고서, 이용 실적 및 평가 보고서 등을 통해서 과거의 욕구와 정보를 수집하는 방식이다. 사례관리기록도 이에 포함될 수 있지만, 사례관리기록은 개개인의 욕구가 자세히 담겨 있기에 정보의 수준이 다르다. 오래된 복지기관일수록 일관된 조사 설계에 의한 욕구·만족도 조사가 이루어질 경우 시계열분석이나 연차별 비교분석이 가능하다.

③ SWOT 분석은 분석대상의 긍정적 요인과 부정적 요인을 내부와 외부 강점에 따른 매트릭스에 따라 강점, 약점, 기회, 위협 요인들로 구분하여 다차원 분석을 하는 것이다. 분석대상은 복지기관, 사회복지사, 지역주민 및 클라이언트 모두 해당이 된다. 특히 강점과 약점을 균형 있게 살펴볼 수 있다(표 3-1 참조).

〈표 3-1〉 SWOT 분석의 구성

	긍정요인	부정요인
내부 (내면)	강점 Strengths	약점 Weaknesses
	내부의 강점, 잘하는 것, 긍정적인 측면, 주요 역량, 성공의 경험, 흥미 있고 집중하는 것 등	내부의 약점, 잘 못하는 것, 아쉬운 것, 부족한 것, 부정적인 측면, 실패의 경험
외부 (환경)	기회 Opportunities	위협 Threats
	외부환경의 기회, 가능성, 긍정적인 영향 요인들, 사회적 자본 등	외부환경의 위협적인 요소들, 제한, 한계, 부정적 영향 요인들 등

④ 지역 네트워크 회의는 전문가 중심의 정보 수집과 분석의 한 방법이다. 지역사회보장협의체나 통합사례관리 모임과 같은 협력회의를 통해 다른 사회복지사로부터 다양한 정보를 얻을 수 있다. 이 경우 네트워크 회의 내에서의 위상, 협력대상과의 관계 등에 따른 정보 수집의 차이가 발생한다. 또한 클라이언트로부터 직접 정보를 얻는 것이 아니기 때문에 왜곡 가능성이 있다.

⑤ 기타 2차 자료 분석은 문헌정보를 중심으로 수집하는 것이다. 인터넷을 기반으로 대부분의 정보를 얻을 수 있기 때문에 광범위하고 쉬운 자료 수집 방법이다. 정부 정책 자료, 각종 학술논문, 타 기관의 발행 보고서 등을 수집하여 분석한다.

2) 정보 수집의 방법별 주요 특성

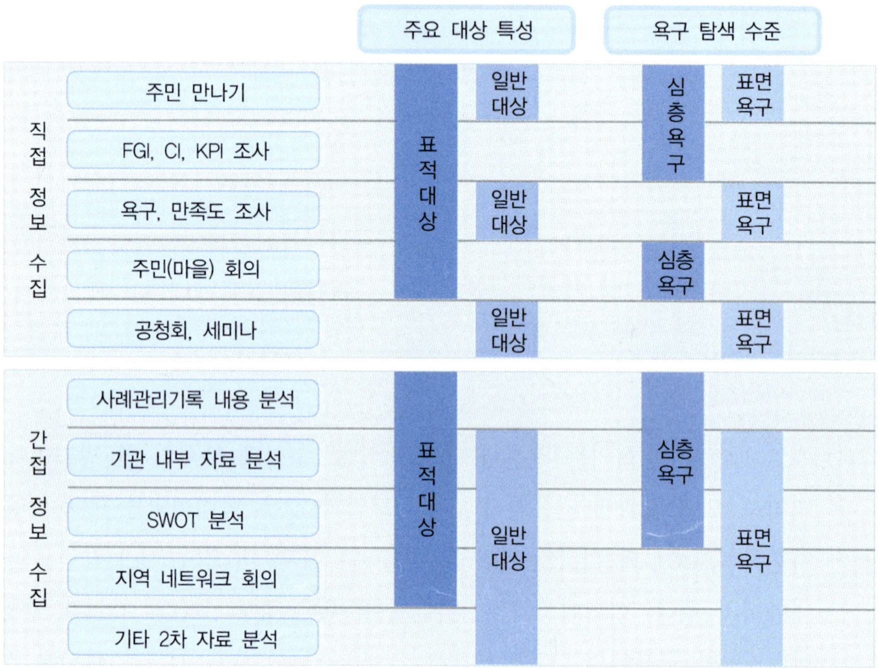

|그림 3-2| **정보 수집의 방법별 주요 대상과 정보 탐색 수준**

(1) 직접 정보 수집 방법

① 주민 만나기

주민 만나기를 통한 정보 획득은 라포(rapport) 형성의 수준과 친밀감에 따른 차이가 크기 때문에 자주 만나서 신뢰를 형성하는 노력이 필요하다. 일반 주민의 경우 공통의 관심사나 욕구를 찾아내기가 쉽지 않아 실패율이 높으며, 단순한 관심사나 표면적인 인사치레로 끝나는 경우도 적지 않다. 또한 자주 만나지 못하는 상황으로 인해 의미 없는 정보가 되기도 한다. 그러나 잠재적인 수요와 기관에 대한 반응과 평판을 확인하고, 의외의 참여 주체와 정보를 발굴할 수 있다.

표적대상의 경우 관심사가 대체로 분명한 경우가 많으므로, 심층적인 욕구를 살펴볼 수 있으며, 프로그램의 참여 가능성 등을 타진할 수 있다. 사회복지사가 주민과의 라포 형성을 얼마나 잘 했는가에 따른 정보 수준의 차이가 크다. 초기 단계의 효과적인 주민 만나기는 반복적 노출과 만남을 통한 신뢰감을 형성하는 것이다. 예를 들면, 학교 운동장에서 운동하는 주민에게 정기적으로 특정 시간에 제공하는 이동형 카페, 어린 자녀의 부모를 위한 자녀 교육 특강 안내 등을 활용하는 것도 좋다.

② FGI, CI, KPI 조사

집중 인터뷰 조사를 통한 방식은 표적대상이 분명하며, 심층적인 욕구 정보를 획득하는 데 유리하다. 그리고 조사대상의 특성 차이에 따른 반응의 차이가 크다. 예를 들면, 공무원의 경우와 일반 주민의 경우 지역사회 문제를 바라보는 시각이 다를 수 있으며, 일반 주민이라도 학력, 성별, 연령, 지역사회 영향력 등에 따른 반응의 차이가 크다. 사회복지사와 피면접자, 혹은 피면접자 간(FGI)의 상호작용에 의하여 영향을 받는다.

FGI 경우 동일한 욕구나 문제를 가진 대상을 선정하는 것은 물론 참석자 간 상호 소개를 통한 공감대를 형성하는 것, 주요 핵심 질문을 준비하여 참석자들의 마음을 움직여 진실성 있는 이야기를 풀어내도록 유도하는 것(걸언 乞言), 대화에 대한 경청과 반응을 통해 참석자들을 지지해 주는 것, 대화의 방향을 적절히 조율해 주제를 크게 벗어나지 않도록 이끄는 것, 수동적인 참여자에게 질문을 통해 참여를 유도하는 것, 한 명의 이야기가 다른 참여자의 이야기로 이어지도록 하는 중개질문을 적절하게 활용하는 것, 분위기를 밝게 하는 유머나 상대방을 편하게 하는 칭찬하기와 같은 대화의 기술이 필요하다. 또한 집단의 규모는 적절한 상호작용을 위해서는 4~6명과 같은 소집단이 10명 이상의 중집단보다는 매우 유리하다.

CI와 KPI의 경우 사회복지사와 많이 만날수록 정보의 질이 높아지며, 라포 형성의 수준도 높아지게 되며, 정보의 깊이도 영향을 미친다. 진행의 방식은 참석자 간의 공감대 형성을 위한 의도적 활동이나 참석자 간 상호작용 효과 등 FGI와 유사한 진행기술을 적용한다. 다만, 1대1 면접 상황이 더 자주 발생하므로 더욱 세심한 접근과 사후 비밀보장이 중요하다.

③ 욕구 및 만족도 조사

욕구 및 만족도 조사는 조사 설계의 방향이 크게 다르지만 당사자로부터 직접적인 정보를 대규모로 획득할 수 있기 때문에 일반화된 정보 획득이 장점이다. 정보 획득에서 중요한 것은 타당성과 신뢰성이 높은 조사 설계와 설문 구성 그리고 적정 수 이상의 확률 표집에 의한 표본 확보이다. 조사 수행을 위한 조사원 교육과 코딩 입력 및 통계 분석 등의 측정오류 줄이기 과정도 중요하며, 통계 분석 수준에 따른 정보 획득의 차이도 크게 발생한다. 만족도 조사의 경우 담당 사회복지사가 자신의 프로그램 참여자를 대상으로 직접 조사할 경우 응답자가 사회복지사를 의식하여 평가하는 왜곡현상이 발생할 수 있다. 따라서 응답에 객관적인 환경을 만들고 제3자가 조사하는 것이 정확성을 높인다. 또한 만족도 조사는 응답자의 연령이 고령인 경우, 학력이 낮은 경우, 여성인 경우 더 긍정적으로 평가하는 경향이 있다.

④ 주민(마을) 회의

서울시의 마을 만들기와 찾동(찾아가는 동 주민센터)을 포함하여 문재인 정부의 공공서비스 플랫폼에서 중요성이 커지는 주민(마을) 회의는 지역사회의 다양한 정보를 다각적으로 파악할 수 있는 매개체이다. 특히 읍면동 주민센터의 커뮤니티 허브화와 주민자치위원회 및 마을 만들기 활동의 활성화는 앞으로 주민(마을) 회의가 읍면동마다 구성될 가능성이 커질 것을 의미한다. 물론 좋은 주민들이 참여하는 것을 전제로 하지만, 다양한 형태의 마을 만들기 속에 있는 주민(마을) 회의의 활동은 지역사회 정보의 허브를 구축할 것이고, 사회복지조직들은 마을 만들기 주민들과의 관계를 어떻게 형성하는가에 따라 엄청난 시너지를 창출할 수 있는 역량을 얻을 수 있다. 사회변혁처럼 다가온 마을 만들기는 지역사회조직(CO : Community Organization)의 지향점을 갖고 적극적인 인식 전환과 함께 만들어 가야 하는 사회복지조직의 실천 목적이자 방법이 되고 있다.

⑤ 공청회 및 세미나

지역사회 공통의 문제에 대한 지역주민의 의견 수렴이 필요한 경우, 욕구조사 결과의 공유와 주민들의 의견수렴을 시도할 경우 불특정인 다수의 사람들이 참여하는 공청회나 세미나가 효과적으로 활용된다. 공청회나 세미나의 경우 특정 이익집단이나 소수의 의견이 강력하게 표출될 가능성이 있기 때문에, 의견으로 수렴된 것이라도 바로 일반화하는 것은 적절하지 않다. 공청회나 세미나의 경우 심도 있는 정보를 수집하기 어렵지만, 홍보의 일환으로 활용하는 경우도 적지 않다.

(2) 간접 정보 수집 방법

① 사례관리기록 내용 분석

사례관리기록의 내용 분석 중에서 파악된 욕구 영역의 결과들을 분류하여 정리하는 방법과 욕구 사정 결과와 제공된 서비스의 매칭을 통한 분석이 유용하다. 매칭기법은 우수명(2002a)의 연구에서 제시한 것으로, 욕구 사정 결과에 따라 제공된 서비스를 1년 단위를 기준으로 분석하는 것이다.

〈표 3-2〉의 경우 경제적 욕구[1)]가 있는 것으로 판단된 44명의 서비스 대상자 중에서 경제서비스를 제공받은 이들은 39명이며, 전체 64명 중 60.9%에 해

1) 경제적 욕구의 범주는 다양하게 정의될 수 있다. 생활비, 장학금과 같이 구체적인 항목으로 분류할 수도 있으며, 경제, 의료, 정서, 문화 등과 같이 큰 범주로 정의할 수 있다. 자세한 내용은 우수명(2002a)의 논문을 참조할 것.

당한다. 또한 욕구가 없는 것으로 판단되어 서비스를 받지 않은 이들은 10.9%로 나타나서 전체의 71.8%에게는 적절한 서비스가 제공되었다. 반면에 욕구가 있는 것으로 사정되었으나 못 받은 이들은 7.8%, 없다고 판단되었으나 서비스를 받은 이들은 20.4%로 28.2%가 적절하게 관리되지 못하였다. 각 서비스 욕구 영역별로 매칭 비율을 조사하면 욕구의 규모와 제공된 서비스 규모를 확인하는 정보를 얻을 수 있다.

〈표 3-2〉 **경제 욕구에 따른 경제 서비스 매칭 비율** (단위 : 명, Total %)

경제욕구 / 경제서비스	없 음	있 음	합 계
제공 안 함	7 10.9%	5 7.8%	12 18.7%
제공함	13 20.4%	39 60.9%	52 81.3%
합 계	20 31.3%	44 68.7%	64 100.0%

$\chi^2=5.042$, df=1, $p<0.05$, Fisher's Exact Test $p<0.05$
출처 : 우수명(2002a). 재가복지 서비스 성과 평가 모형 연구. 성공회대학교 대학원 석사학위논문.

② 기관 내부 자료 분석

기관 내부 자료 분석은 프로그램별 수요자나 대기자의 규모, 기존 성과 평가나 보고서의 분석, 과거 수행한 욕구조사나 만족도 조사 결과를 분석하는 등 다양한 방법을 활용할 수 있다. 이 경우 시계열 자료가 충분하게 확보된다면 심층적인 자료를 보다 명확하게 분석할 수 있는 정보를 얻게 된다. 이를 위해서 욕구조사나 만족도 조사의 설계에서 여러 조사에 공통적으로 사용할 수 있는 통일된 문항들이 구성되어야 한다. 취업, 자원봉사, 후원, 마을 만들기 등과 같은 미시적인 영역은 통일된 문항을 유지하기 쉽지 않을 것이다. 그러나 욕구조사의 경우 조직의 발전 방향이나 핵심 역할, 포괄적인 필요 서비스 및 욕구, 미션과 비전에 대한 기대 등은 일관된 정보로 조사하기 유리하다. 만족도 조사의 경우 담당자, 시설 및 환경, 프로그램 질에 대한 부분 등은 공통으로 측정할 수 있는 문항을 만들기 용이하다.

③ SWOT 분석

SWOT 분석은 분석하는 주체가 솔직하고 객관적으로 평가하고자 노력할 때 유용한 정보를 얻을 수 있다. 특히 약점이나 기회 등의 영역을 적극적으로 평가하는 것은 한국의 조직문화에서 쉽지 않은 복지기관들이 많을 것이다. 만약 충분한 신뢰의 문화가 형성되어 있다면 프로그램에 참여하는 클라이언트가 자신이나 사회복지사를 분석할 수 있고, 상호 간 분석도 가능하다. 분석의 주체들이 소극적, 방어적일 때는 형식적인 정보를 얻을 수 있을 가능성이 크다. 따라서 긍정적이고 능동적인 분위기를 만드는 것이 필요하다.

④ 지역사회조직 간 네트워크 회의

지역사회조직 간 네트워크는 서로가 정보 교류가 잘 되거나 공동사업을 함께 하거나 통합사례관리에 같이 참여하는 것과 같이 협력적인 관계 구축이 전제되었을 때 유용한 정보를 얻기 쉽다. 물론 이 정보는 클라이언트 당사자의 정보가 아닌 전문가 중심의 정보이기 때문에 현장성이 떨어질 가능성이 크지만, 동일 분야의 다양한 경험자로부터 공유하는 경우 큰 도움이 될 수 있다.

⑤ 기타 2차 자료 분석

전통적으로 2차 자료는 도서관, 대형서점, 각 사회복지조직, 관공서 자료, 그리고 교수연구실 등 다양한 접근 가능한 경로가 있다. 최근에는 거의 모든 정보를 인터넷을 통하여 학술논문 검색, 지방자치단체 통계연보 분석 자료 등을 접할 수 있다. 그러나 아직까지 많은 개별 기관의 욕구조사 보고서, 연례 보고서(annual report) 등은 문서 정보로만 얻는 경우가 많다.

기타 2차 자료의 경우 주 표적대상과 무관한 정보들일 경우가 많고 관련성이 적은 경우도 많다. 또한 일반화의 오류 가능성이 커지거나 반대로 적절한 정보라면 일반화의 가능성을 높이는 도구로 활용할 수 있다. 국가통계포털(kosis.kr) 등의 유용한 사이트를 많이 알수록 활용도가 커진다. 자료를 사용할 때 유의할 것은 출처를 반드시 명기해야 한다는 것이다.

2. 문제 인식의 관점

문제 인식과 관련하여 현장 중심으로 질문하는 방법을 알아보고자 한다. 정보수집과 분석에서 일어나는 취사선택과 의사결정의 과정에서는 그 어느 때보다 (예비)사회복지사인 자신의 관점이 중요하다.

1) 누구의 관점인가?

우선 해야 할 첫 질문은 '누구의 관점에서 바라보는가?'이다. 앞서 제1장에서 다루었던 현장성과 현상화 그리고 이미지에 따라 문제를 바라보는 차이를 다루었다.

독거 어르신을 수혜자로만 본다면 우리는 끊임없이 서비스를 제공해 주는 역할을 해야 한다. 이 경우 어르신은 계속 수혜를 받을 자격이 있는지 심사받아야 하며, 우리는 중복을 줄이고 자원을 효율적으로 관리해야 하고, 밑반찬 만들기나 배달 자원봉사자를 끊임없이 발굴하고 관리해야 하는 역할을 한다. 만약 어르신을 긍정적인 존재로 인식한다면 이미지의 전환이 가능해진다. 어르신의 강점을 토대로 그들이 할 수 있는 긍정적 역할을 부여하고, 이를 통해 서로의 돕는 관계를 만들고, 어르신들의 주도적인 활동을 유지한다면 이 자체가 바로 마을 공동체를 만들어 가는 것이다. 같은 밑반찬 서비스라 하더라도 사회복지사가 어떤 관점을 가졌는지에 따라 접근은 달라진다.

다른 측면에서 살펴보자. 상당수의 프로그램은 촉박한 마감시간에 맞추어 목적과 목표가 결정되고, 수행 내용을 구성한다. 그러한 상황에서는 사회복지사의 필요나 수퍼바이저의 요구가 핵심 참여자나 관련 주민의 욕구보다 우선적으로 반영되는 일이 빈번히 일어난다. 주민을 위한 프로그램에 정작 주민의 의견이 제대로 반영되지 않는 것이다. 또한 프로그램 기획을 구상하면서, 그에 맞는 욕구조사를 수행하고, 그 결과를 반영하는 활동도 부족한 경우가 많다. 클라이언트의 관점(욕구)가 반영되었는지를 확신하기 어려운 경우가 생기게 되므로, 이를 경계해야 한다. 평상시 클라이언트의 강점을 찾고 SRV를 위한 것이 무엇인지 고민하고, 사색하며 프로그램의 방향과 가치를 구체화하는 현상화의 노력이 지속되어야 한다.

2) 왜?[2)]

문제를 인식하는 가장 중요한 질문은 '왜?'이며, 이것은 우리가 지금 여기서 경험하거나 인식하는 것을 객관적으로 의심하는 사고의 과정이다. 문제를 '왜?' 우리는 문제로 인식하는지, 클라이언트는 '왜?' 그런 행동을 하는지, 목표는 '왜?' 구체적으로 세우기 어려운지, 프로그램은 '왜?' 클라이언트 종결 상태를 만들지 못하는지, 평가는 '왜?' 조직의 성장에 도움이 되지 않는지 등을 비판적으로 살펴보거나 다른 측면에서 생각할 수 있다.

지금-여기에서 우리가 경험하는 현상에 대한 관찰 그리고 의문을 통하여 상상의 나래를 펴야 한다. 경험적 상상력은 클라이언트의 문제 해결로 행복한 상태의 모습을 생각하는 것부터 시작한다. 깨끗한 옷을 입고 있는 어르신의 기분 좋은 표정 같은 것이다. 그리고 그 상상력을 현실화할 수 있는 방법들을 생각하는 것이다.

경험적 상상력은 기존의 경험적 근거에 대해서도 의문을 갖는다(우수명 외,

2) 우수명(2004). TP 사회복지 Program 개발과 평가. 인간과복지의 자료를 재구성한 것이다.

2017). 예를 들면, 은둔형 외톨이 청소년을 위한 자조모임에서 자존감이나 대인관계의 사전-사후 점수가 2점이 향상된 청소년은 1점이 향상된 청소년과 비교해 무엇이 다른가? **사전-사후의 점수 차이가 $p<0.05$로 나타났다면**, 은둔형 외톨이의 문제가 해결되었다고 확신할 수 있는가? 은둔형 외톨이 문제가 해결된 상태는 구체적으로 어떤 결과(변화)가 나타났을 때인가? 이런 질문은 척도를 이용한 사전-사후 점수비교의 전형적인 계획과 평가를 적용한 방식으로는 적절하게 답하기 어렵다. 따라서 새로운 사고 방식으로 전환해야 할 필요성이 생긴다. 은둔형 외톨이가 더 이상 클라이언트가 아닌 상태, 즉 은둔형 외톨이가 아닌 성공적인 프로그램의 최종 결과의 모습은 무엇인가? 결과의 성취(성과)는 어떻게 정의할 수 있는가? 우리는 왜 그런 결과론적인 생각을 잘 하지 않는가? 그리고 점진적으로 그것을 이룰 수 있는 실체적 방법은 무엇인가? 등의 많은 의문을 우리는 가질 수 있어야 한다.

3) 대상은 누구인가?[3)]

체계론적 접근 방법은 개인, 가족과 같은 소집단, 학교와 공동체 같은 중집단, 지역사회, 국가 및 제도적 차원, 종교나 사상 혹은 문화적 차원의 대집단별로 다양한 문제들의 원인과 해법을 탐색하는 방법이다. 이들은 하나의 커다란 생물처럼 유기적인 관계를 맺고 있으며, 시스템이론의 상호작용 이상의 토대 역할을 수행하고 있다. 이를 좀 더 커다란 폭으로 나누어 보면, 미시적(micro) 입장, 중간적(mezzo) 입장, 거시적(macro) 입장에 따라 볼 수 있을 것이다.[4)] 지역사회 차원은 통상 중간적 관점으로 이해되고 그 이상은 거시적 관점, 그 이하는 미시적 관점으로 이해하지만, 꼭 일치하는 것은 아니다. 또한 성선설이나 성악설 같은 관점도 포함될 수 있다.

---

3) 우수명(2004). TP 사회복지 Program 개발과 평가. 인간과복지의 자료를 재구성한 것이다.

4) 물론 이러한 분류는 다소 임의적으로 교육적 목적을 두고 체계화한 것이기 때문에 보여주기는 쉽지만, 모든 것을 나타내지는 못한다.

청소년의 성매매가 문제가 된 경우 개인의 일탈로 볼 것인가? 잘못된 양육으로 인한 가족의 문제로 볼 것인가? 경쟁 중심 교육의 실패나 지역사회 성매매산업의 환경적 문제로 볼 것인가? 자본주의 사회와 배금주의의 구조적 문제로 볼 것인가? 인간소외로 인한 소비 혹은 계급 유지를 위한 이데올로기적 문제로 볼 것인가? 보는 이의 입장에 따라 개인적인 부분에 초점을 두기도 하고, 어떤 이는 사회나 제도적인 부분의 문제에 더 관심을 가질 수도 있다. 사회 구조적이거나 문화적인 요소의 변화는 매우 더디거나 잘 보이지 않을 수 있다. 그러나 가치적 방향성은 분명해야 하며, 그 속에서 구체적인 실천 방법의 모색이 필요하다.

4) 문제 질문을 이용하는 방법

문제 인식을 구조화하는 몇 가지 기본적인 문제 질문을 정하고, 이에 대한 자문과 답변을 통하여 문제 인식을 점검할 수 있다. 몇 가지 문제 질문은 다음과 같다.

프로그램 구조에 대한 고민이 있다. 또한 누가 고통받는가?, 누가 이익을 얻는가?, 누가 문제로 인식하는가?, 문제의 원인은 무엇이고 왜 영향을 미치는가? 등의 대상에 대한 문제 인식을 가질 수도 있다.

① 대상에 대한 질문 : 누가 고통을 받는가? 누가 어려움을 경험하는가? 문제로부터 영향을 받는 사람은 누구인가? 참여 가능한 사람은 누구인가?

② 문제 상황에 대한 질문 : 문제의 원인은 무엇인가? 해결해야 할 문제들은 무엇인가? 문제의 크기와 심각한 수준은 어느 정도인가? 클라이언트는 왜 대상이 되었는가? 문제를 누가 문제로 규정하는가?

③ 해결과 관련된 질문 : 클라이언트가 가지고 있는 강점은 무엇인가? 문제를 대하는 클라이언트의 방식은 적절한가? 클라이언트를 지지해 줄 체계나 사람들은 누구인가? 클라이언트의 문제는 해결 가능한가? 그렇다면 어떻게 가능한가?

5) 기타 방법들[5)]

인과관계를 탐구하여 설명적 관계를 구성한 다음 문제를 분석하는 방법은 '가설'을 이용한 연구에서 많이 활용한다. 원인과 결과, 그리고 이 사이에 존재하는 매개체와 제3의 영향요인에 대한 구성이 중요하다. 인과관계를 통한 분석은 '왜?'와 비슷한 측면을 가지고 있으며, 현상과 그 현상의 원인에 대한 탐구를 중요시한다.

선행 연구 및 이론을 탐구하여 문제를 규정할 수 있다. 이 경우 현장성과 괴리되지 않도록 적정한 논리적 관계성을 유지하여야 한다. 시장주의 관점에서 문제를 정의하는 것과 인권주의 관점에서 문제를 정의하는 것은 큰 차이를 가져온다. 그렇기 때문에 이론과 연구를 활용할 경우 배경이 되는 가치를 충분히 살피고 맹목적으로 가져오는 것을 지양해야 한다.

사회체계 관계에 따라 정보를 수집할 수 있다. 개인 차원의 정보, 가족 및 소집단 차원, 지역사회 차원, 국가/ 문화/ 종교 등의 거시적 차원 등 다양한 관점에서 정보를 수집하고 분석할 수 있다. 일반적으로 인지하는 체계의 한계를 넘어서는 생각을 갖기 어렵기 때문에 관습적으로 활용할 소지가 있는 점은 유의해야 한다. 개인과 가족의 문제는 유전, 신체적 장애, 우울 · 불안 · 부적응 등 정신적 장애, 건강, 일 · 소득 · 빈곤, 폭력 등과 같은 다양한 문제를 탐색할 수 있다. 지역사회 이상의 문제는 민주주의, 사회연대, 인권, 불평등, 억압, 착취, 경쟁, 차별과 소외, 문화 등의 다양한 문제를 탐색할 수 있다.

---

5) 우수명(2004). TP 사회복지 Program 개발과 평가. 인간과복지의 자료를 재구성한 것이다.

3. 욕구분석[6)]

정보 수집의 중요한 대상이면서, 프로그램 개발에 필수 요소 중 하나는 클라이언트의 '욕구'이다. 정확한 욕구조사의 설계와 진행은 프로그램의 효과성을 높이며, 어떤 방식으로 대상을 정의하고 진행할 것인지도 결정할 정보를 제공한다. 욕구조사의 특성과 설계방법을 충분하게 숙지하고, 사회복지조사론을 이용하여 정확한 욕구조사를 수행한다면 프로그램 개발에 직접적인 도움이 되는 정보를 많이 얻을 수 있다.

1) 욕구를 어떻게 볼 것인가?

(1) 욕구조사의 지향점

프로그램 개발에서 지역주민과 클라이언트가 바라보는 문제의 정의, 인식의 수준, 주 관심사 등을 욕구조사에서 다루어야 한다. 이러한 욕구조사가 지향해야 할 방향성이 몇 가지 있다.

① 물질적 필요를 포함하되 매슬로우의 욕구 관점을 중요시한다. 경제적, 정서적인 필요 관점은 제공자 관점으로 욕구의 해결은 서비스 제공으로 규정되며, 주민은 수동적 존재가 된다. 하고 싶은 것(자아실현), 자신의 강점과 지역사회에 기여할 것(존중), 이웃 또는 복지관과 함께할 수 있는 것(소속과 사랑), 참여하고자 하는 의지 등에 초점을 두면 다른 접근이 가능하다.

② 지금 혹은 과거가 아닌 미래의 것을 더 중요시한다. 낮에 무엇을 했는지, 전에 어떻게 지냈는지, 복지관 서비스 중 무엇이 불편한지보다 중요한 것은 앞으로 본인은 무엇을 하고 싶은지, 복지관이 해야 할 역할은 무엇인

6) 우수명 외(2017). 지역사회복지론. 지식공동체의 내용을 보완하여 사용하였다.

지를 묻는 것이다. 과거를 탐색하느라 너무 많은 지면을 낭비한다면 앞으로 무엇을 해야 할지, 즉 욕구에 대한 정보를 그만큼 적게 얻게 된다.

③ 문제보다는 강점을 중요시한다. 개인 · 가족의 문제, 마을의 문제를 찾으려고 하기보다는 그들이 어떤 강점과 경험을 가지고 있으며, 무엇을 좋아하고 원하는지를 더 중요하게 다룬다. 잘하는 것 혹은 하고 싶어 하는 것으로부터의 출발은 주민들의 참여의지를 고취시키고, 성공 가능성을 높이며, 표적대상 마케팅에 더 유리하다.

④ 관망보다는 참여 태도에 초점을 둔다. 주민들이 정말 특정 욕구에 대하여 어느 정도 인식 수준이 형성되어 있는지, 참여할 상황이라면 정말 참여할 의지가 어느 정도 있는 것인지 진단해야 한다. 주민들의 참여 수준에 따라 프로그램의 대응 수준은 달라진다.

⑤ 사회복지조직 혹은 나의 필요와 함께 주민들의 요구에도 초점을 둔다. 사회복지사가 필요로 하는 것, 우리 기관에서 하고 싶은 것은 중요하다. 그리고 주민들이 하고 싶은 것, 만들고 싶은 것은 더 중요하다. 주민들의 관점과 언어로 그들의 이야기를 담아낼 수 있도록 질문해야 한다. 이때 중요한 것이 주민들 개개인의 관점에서 접근하는 것이다. 즉, 분석단위를 개인으로 해야 하며, 그들의 자기 관심사(self interesting)에 집중해야 한다. 나의 문제, 나의 불만, 나의 관심을 찾아야 하고, 추후 공통성을 가진 이들을 욕구조사 결과에서 추출하여 참여자로 타기팅(targeting)을 해야 한다.

⑥ 결과를 예상하고, 그에 맞는 대안을 준비해야 한다. 만약 특정 욕구에 주민들의 참여수준이 낮을 때와 높을 때에 따라 어떻게 대응할 것인지 서로 다른 대안을 고민하고 준비한 다음 욕구조사를 시작해야 한다. 막연한 욕구조사 결과를 가지고 프로그램 개발을 하겠다는 생각은 설계의 중요성을 간과한 것이다. 사회복지사의 문제의식이 분명한 욕구조사일수록 답은 분명해지지만, 사회복지사가 자신도 불확실한 내용이나 다른 기관의 것을 큰 고민 없이 모방하여 욕구조사를 한다면 답 또한 그렇게 된다.

(2) 욕구조사 설계의 구조

욕구조사는 클라이언트의 당면한 문제나 필요한 욕구, 낮은 수준에 처해 있는 삶의 질, 또는 사회복지 전문가적 필요 등을 사정하는 것이다. 이를 위하여 현재 당면한 혹은 잠재된 '욕구가 무엇인가?', '강점이 무엇인가?' 등을 파악해야 한다. 이때 욕구의 규정은 매우 중요하다. 사회복지조직의 입장에서 클라이언트가 가지는 욕구의 개념을 명확하게 규정함으로써 무엇을 다루어야 할지를 알게 된다. 이는 규범적 욕구를 중심으로 한 접근이다.

클라이언트가 가지고 있는 욕구의 충족 정도나 크기에 따라 욕구의 강도를 측정해야 한다. 욕구의 강도가 높을수록 주민참여 후 만족도는 높아지기 때문이다(우수명, 2002a). 또한 욕구가 크다 하더라도 지역주민이 참여하거나 서비스를 받을 의향이 있는지, 그 수준이 어느 정도인지 파악하는 것도 필요하다. 욕구의 강도(인지적 욕구)와 참여도(표현적 욕구)는 클라이언트 입장에서 욕구를 바라보는 것이기도 하다. 이를 토대로 프로그램 개발의 방향이나 대안을 모색할 수 있게 된다. 욕구조사를 통해 타당하고 신뢰성 있는 결과를 얻기 위해서 가장 중요한 두 가지는 조사도구(조사설계와 조사표), 그리고 확률표본(적정 수의 조사표본과 확률표집)이다(우수명, 2002b).

욕구조사 결과를 토대로 개입해야 할 욕구가 무엇인지 결정하고, 클라이언트의 심각한 인식 수준과 참여 의식의 수준에 따라 다양한 개입 전략을 구성할 수 있다. 그들의 참여의식에 따라 어느 수준으로 클라이언트의 참여를 고취시켜야 할지 홍보마케팅의 수준과 방법을 모색할 수 있다. 예를 들면, 욕구가 크며, 참여의식이 높으면 별다른 마케팅 없이 바로 프로그램이 개발, 수행될 수 있지만, 욕구가 크며, 참여의식이 낮다면 프로그램의 성공을 위한 마케팅은 중요한 변수가 될 수 있다.

(3) 욕구측정의 설계

욕구측정의 설계는 측정 욕구로 개념화하여 측정하고, 그 측정된 정보를 통하여 대안 프로그램을 개발하는 과정이다. 한 프로그램의 욕구측정의 과정들이 모이고 모여 이를 총체적으로 살펴보면 욕구조사의 설계가 된다. 즉, 욕구조사 설계의 한 단위라고 볼 수 있는 것이다.

욕구측정의 설계는 앞서 제시한 경험적 상상력이나 각종 문제인식을 한 내용과 고민들을 구체화하여 실질적으로 프로그램을 개발하는 단계에 이르는 과정이다. 이 과정은 규범적 욕구 측정, 인지적 욕구 측정, 표현적 욕구의 측정, 대안 프로그램의 개발이라는 4단계가 혼재 또는 연차적으로 이루어진다.

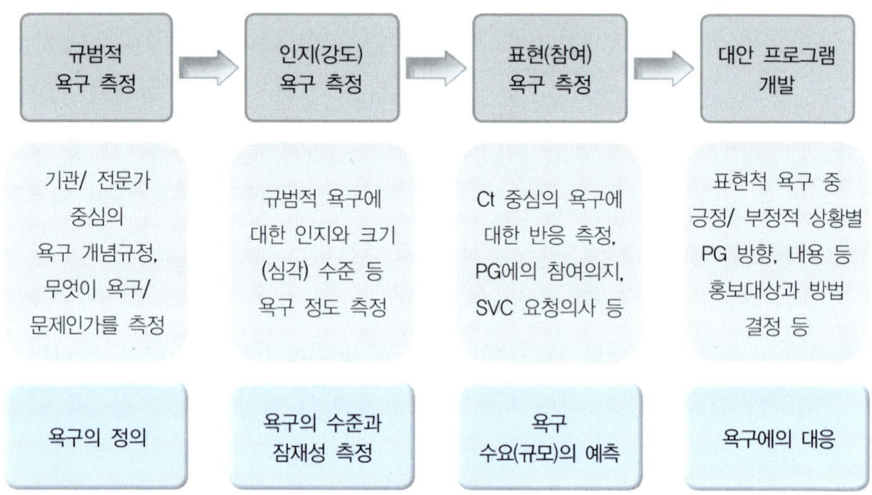

|그림 3-3| **욕구측정 설계의 기본 구조**

규범적 욕구의 측정은 무엇이 욕구인지를 사전적으로 정의하는 것으로 사회복지조직이나 전문가가 규정한 욕구이다. 세탁 서비스, 가족 갈등, 마을 모임, 공동육아, 청소년 비행 등이 해당이 된다. 이는 사회복지사가 규정한 문제와 유사한 경우가 많으며, 명확한 사업 대상을 규정하는 데 효과적이다.

욕구의 인지(강도) 측정은 규범적 욕구에 대하여 클라이언트 스스로가 얼마나 심각하게 받아들이고 있는지 그 정도나 무관심한지를 판단하는 정보이다. 클라이언트가 인지한 욕구의 정도를 측정한다. 사회복지사가 문제로 생각한 것이라 하더라도 클라이언트가 심각하거나 중요한 것으로 인식하지 않는다면 의미가 없을 것이다.

표현(참여)적 욕구의 측정은 규범적으로 제시한 욕구에 대하여 클라이언트 스스로 느끼는 욕구에 대하여 자신이 어떻게 대처할 것인지, 사회복지조직이 제시한 프로그램에 직접 참여할 의사가 있는지의 반응을 확인하는 것이다. 어떤 클라이언트는 적극적으로 자신의 문제를 사회복지조직에 의뢰하여 해결하려고 할 것이며, 어떤 이는 스스로 해결하려고 할 수 있다. 이러한 클라이언트의 태도가 어느 수준인지는 프로그램의 개발 단계에 매우 중요한 정보가 될 수 있다. 즉, 표현적 욕구가 적극적이어서 프로그램 참여 의사가 높은 경우 바로 프로그램을 수행하더라도 참여율이 높을 수 있다. 반면에 참여의사가 적거나 없는 클라이언트가 다수인 경우 프로그램이 필요해도 참여하지 않아 프로그램이 실패할 수 있다. 욕구강도는 높은데 표현적 욕구가 낮다면 이는 마케팅을 통해 참여율을 높이는 방안이 필요하다. 그러나 욕구 강도도 낮고, 표현적 욕구도 낮다면 규범적 욕구를 잘못 판단하여 설계에 반영한 것으로 볼 수 있다.

대안 프로그램의 개발은 바로 규범적 욕구의 내용과 욕구 강도, 표현된 욕구의 정도에 따라 긍정적 · 부정적 상황을 예측하고, 클라이언트의 수요를 예측하고, 이에 따라 프로그램의 방향 및 내용, 그리고 홍보 전략을 결정하는 것이다. 참여 가능성이 높으면 어떤 방식과 내용이 필요한지, 참여 가능성이 낮으면 왜 그런지를 파악한다.

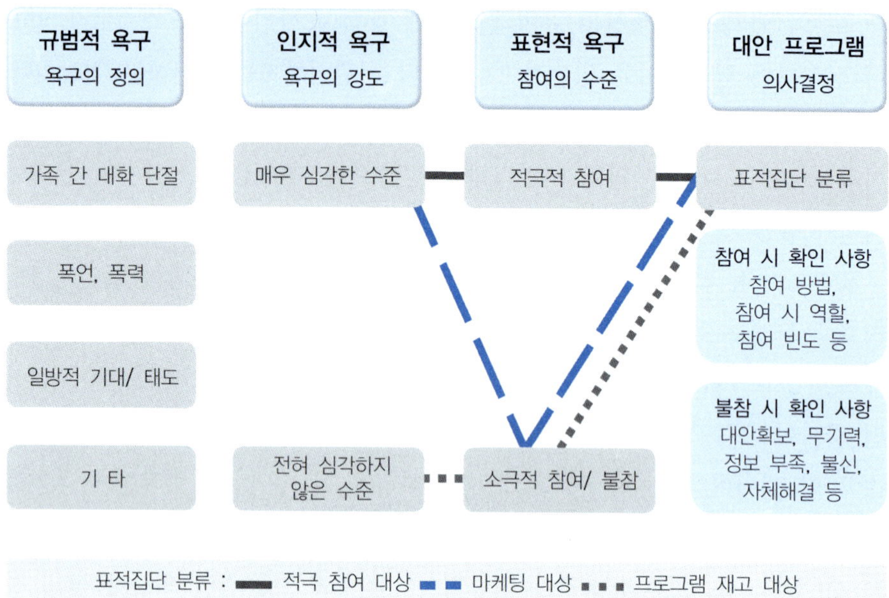

|그림 3-4| **욕구측정 설계 사례 : 가족 갈등과 해결 프로그램 참여 구조**

욕구측정 설계 사례를 | 그림 3-4 | 를 통해 알아보자. 욕구를 정의하는 규범적 욕구를 통하여 가족 갈등의 다양한 유형들을 정의하고, 응답자에게 본인에게 지난 1년간 발생한 갈등 상황이 있는지를 우선순위에 따라 1순위와 2순위를 측정[7]한다. 그리고 1순위 문제가 얼마나 심각한지 인지적 욕구를 통해 강도를 측정한다. 경우에 따라 2순위도 함께 진행한다. 다음으로 가족 갈등을 해결하기 위한 프로그램이 제공될 경우 참여할 것인지에 대한 표현적 욕구를 통한 참여 수준을 측정한다. 이를 통해 표적집단을 분류할 수 있다. 매우 심각한 수준과 적극적인 참여를 응답한 이들은 즉각적인 프로그램 대상이 될 수

7) 만약 질문 방식을 우선순위가 아닌 5점 척도로 갈등 상황들의 정도를 함께 측정할 경우 인지적 욕구를 동시에 측정할 수 있다. 상관관계나 점수 비교 등에 유리하지만, 우선순위 방식처럼 1순위에 하나만 응답할 수 있는 것에 비하여 변별력은 낮아지게 된다. 그러나 조사 설계자의 능력과 상황에 따라 선택할 수 있다.

있으며, 참여 방법 및 역할 등에 대한 후속 질문을 통해 세부적인 정보를 확보해야 한다. 반면에 심각하지도 않고 참여하지도 않을 이들이 다수라면 프로그램은 재고되어야 할 것이다. 문제는 심각한 수준인데 소극적으로 참여하거나 아예 참여하지 않을 경우 왜 그런지 후속 질문을 통해 확인하고, 이들을 위한 마케팅 전략을 세워야 한다.

욕구측정의 설계는 미시적인 정보(가족 갈등, 세탁 서비스 등)를 파악하거나 거시적인 정보(복지관의 역할, 프로그램의 방향)를 확인할 수 있으며, 다차원적인 표적집단 분류를 통해 프로그램 운영의 의사결정을 하는 데 도움을 제공한다.

(4) 욕구조사의 보완

욕구조사를 계획할 때 유의해야 할 몇 가지가 있다. 이는 욕구조사가 통상적으로 다수를 상대로 이루어지는 양적인 연구이기 때문에 갖는 한계이다.

① 클라이언트 개개인의 일상의 욕구나 배경이 숫자에 포함되어 드러나기 어렵게 된다. 이때 FGI(Focus Group Interview)나 개별 인터뷰를 통해 다양한 일상의 정보들을 수집하여야 욕구조사로 표현할 수 없는 개개인의 이야기들을 풀어내도록 하는 것이 좋다.

② 핵심 대상자들은 별도로 관리해야 한다. 특정 욕구를 가지고 있는 대상, 프로그램 대상의 중심인물이나 예상되는 문제, 새로 설문조사를 통해 발굴되는 이들은 별도로 관리를 해야 한다. 필요하다면 이들에 대한 개별 인터뷰를 통해 보강하는 것도 좋다. 욕구조사는 전체를 수량화하고 일반화하기 때문에 이들만의 정보를 따로 처리하기가 용이하지 않다.

③ 마을이나 지역의 역사가 될 수 있는 공통성 있는 질문을 구성해야 한다. 특별한 경우가 아니면 욕구조사는 수년 단위로 반복될 것이다. 이때 지역사회나 개인을 아우르는 포괄적인 질문이나 조직의 미션·비전에 맞는 전략적 질문이 있다면, 매번의 조사에 적용하여 하나의 역사적인 이

야기를 만들어 낼 수 있다. 매번 바뀌어야 할 질문과 바뀌지 말아야 할 필수 질문을 구분하여 설계하여야 한다.

④ 꼭 필요한 질문만 선별해야 한다. 해결이 불가능하거나 관심 없는 질문들은 적극적으로 배제하여야 한다. 가끔 설문지에 백화점이나 극장 같은 문화시설이 우리 동네에 충분하게 있는지 묻는 경우를 본다. 이러한 소비시설이 문화시설의 대표라고 생각하는 것도 문제이지만, 백화점이 없다면 그것을 세우거나 유치하는 것이 사회복지조직의 목표가 되는 것도 바람직하지 않다. 조직의 미션과 비전에 맞는 내용인지, 중장기적으로 꼭 해야 할 과제인지, 우리가 할 수 있는 것들인지 아니면 필요한 사업인지 충분하게 살피고 설문지를 구성해야 한다.

2) 욕구의 분석

사회복지조직에서 실시한 욕구조사의 경우 대부분 빈도분석이나 기술통계와 같이 분석변수가 하나인 일원적 통계분석을 수행하거나 인구사회학적 특성에 따른 교차분석이나 평균비교와 같은 이원적 통계분석을 수행한다(우수명, 2015). 일반적인 통계분석을 통해서는 어떤 집단별 비교는 가능하지만, 특정 욕구를 가진 집단의 특성 규명이나 중요한 욕구의 특징을 보다 명확하게 분석하는 데는 한계가 있다.

욕구의 분석을 위해서는 기본적으로 욕구조사의 설계와 측정수준이 어떤 형태로 되어 있는가에 따라 달라진다. 전자의 경우 독립변수와 종속변수가 가장 핵심인 동시에 표적대상(target client)을 규명하기 위한 부가적인 정보들이 통제변수로 통제되어야 한다. 후자의 경우 명목 · 서열 · 등간 · 비율 척도 중 어떤 척도로 측정되었는지 살펴야 한다. 이 둘의 관계에 따라 통계방법은 달라진다(우수명, 2015).[8] 결론적으로 설문지의 내용과 방식에 따라 통계방법이

8) 자세한 내용과 유의사항은 우수명(2015). 마우스로 잡는 SPSS 22. 인간과복지, pp. 28-32를 참조하시오.

제한되거나 달라지므로 특정한 통계방법을 사용하고 싶다면, 이에 따라 설문지의 작성에 유의해야 한다. 그러나 특정 통계방법이 설문지의 구성보다 우선순위에 있는 것은 결코 아니다. 욕구조사의 통계분석 과정은 여러 방식이 있으며, 다음 〈표 3-3〉은 예시 중 하나이다.

〈표 3-3〉 **욕구의 분석 기술**

기술통계	비교분석	특정 욕구 분석	욕구 정도별 분석	기타 분석
빈도분석, 평균 및 표준편차	척도에 따라 교차분석, t-검정, ANOVA 등	규범적 욕구 중 특정 욕구를 Select Cases 후 비교분석	욕구강도/ 표현적 욕구를 조합하고, 이에 따라 대상을 Select Cases 후 비교분석	측정도구에 따라 상관관계, 회귀분석 등 다양한 통계분석의 적용
기초적인 정보 획득 및 흐름의 파악	집단별, 특성별 평균 또는 분포 차이의 검증	특정 욕구의 잠재 수요와 실재 수요를 예측하는 측정	클라이언트 집단의 욕구와 문제의 정도를 측정	다양한 정보의 획득

기술통계, 비교분석, 그리고 기타 분석은 기존의 통계학 교재 및 SPSS 매뉴얼 등을 참고하여 분석하는 일반적인 분석방법이다.

특정 욕구의 분석은 규범적 욕구에서 측정된 욕구의 개념에 대하여 그 욕구를 가지고 있는 대상을 성별, 학력, 지역, 수입 등 여러 기준에 따라 SPSS의 탑메뉴 데이터(Data) → 케이스선택(Select Cases)을 선택하여 분석함으로써 특정 욕구를 가지고 있는 대상의 특성을 분석한다. 또한 규범적 욕구별로 욕구의 강도나 표현적 욕구의 정도를 평균점수로 비교해 어떤 욕구가 강도가 높거나 표현적 욕구의 정도가 높은지를 분석한다.

욕구 정도별 분석은 욕구의 강도와 표현적 욕구의 조합을 이용하여 새로운 변수를 만들고, 이에 따라 규범적 욕구가 무엇인지 분석한다. 다음은 욕구의 강도와 표현적 욕구에 따라 대상별 특성을 분류한다. 분류된 집단은 즉각적인 개입이 필요한 최우선 클라이언트 집단, 최단 기간 내 개입이 필요한 우선적 클라이언트 집단, 홍보마케팅을 통해 개발해야 할 잠재적 클라이언트 집단, 당장의 욕구를 가지고 있지 않은 비클라이언트 집단 등으로 구분하며, 이들의 규모를 추정할 수 있다. 특히 확률표집을 이용하여 조사대상자를 표집했다면, 모집단인 지역사회 내의 특정 집단의 규모를 높은 신뢰도로 추정할 수 있다.

다른 한편으로는 각각의 집단별 규범적 욕구가 무엇인지를 분석하며, 이들의 인구사회학적 특성이나 기타 정보를 케이스 선택을 이용하여 분석한다. 특히 최우선 및 우선적 클라이언트 집단의 욕구가 무엇인지 정하는 규범적 욕구의 비율과 인구사회학적 특성별 정보를 이용하여 투입되어야 할 프로그램의 내용을 보완·변경하거나 인적·물적 자원의 양을 재조정하는 작업을 수행한다.

〈표 3-4〉 **욕구에 따른 표적집단의 구성**

규범적 욕구가 있는 대상		욕구의 분석	
욕구의 강도	표현적 욕구	집단규정	특 성
아주 높음	아주 높음	최우선 클라이언트 집단	욕구의 강도, 즉 문제의 정도가 아주 심각하며, 표현적 욕구, 즉 참여도 역시 적극적이라면 실질적인 프로그램의 최상의 수요층이라고 볼 수 있다. 즉각적인 프로그램의 참여나 서비스의 제공이 필요할 가능성이 높다.
아주 높음	높음	우선적 클라이언트 집단	둘 중 하나의 욕구가 아주 높으며, 다른 하나도 높다면 실질적인 수요층의 가능성이 아주 높은 집단이라고 볼 수 있다. 이들은 적은 메리트나 홍보마케팅의 영향을 크게 받을 수 있는 대상이라고 볼 수 있다. 최단기간 내 프로그램의 참여나 서비스의 제공이 필요할 가능성이 높다.
높음	아주 높음		
높음	높음	잠재적 클라이언트 집단	욕구의 강도나 표현적 욕구가 높은 수준이라는 것은 잠재적 수요층이라고 볼 수 있다.

높음 아주 높음	낮음 매우 낮음	잠재적 클라이언트 집단	욕구의 강도는 크지만, 복지기관에 참여를 하지 않는 것으로 응답한 이들이다. 이들의 경우 참여하지 않는 이유들, 예를 들면 복지기관에 대한 불신, 대체 서비스 확보, 낮은 인지도, 스스로 극복 가능 등의 다양한 요인을 파악하여 대처하는 것이 중요하다.
낮음 매우 낮음	낮음 매우 낮음	비클라이언트 집단	별로 욕구를 강하게 느끼지 않기 때문에 주요 대상이거나 잠재대상으로 분류되기는 다소 부족한 제외계층이라고 볼 수 있다.

욕구를 분석하고 보고서로 작성하는 작업은 욕구조사의 완결로 다가가는 것으로, 그동안 욕구조사에 들였던 노동과 정성으로 잉태되는 것이다. 이를 위해서 사회복지사는 적절한 수준의 통계분석 능력을 갖추고 있어야 한다. 만약 이를 정확하게 분석할 수 있는 역량이 없다면 많은 돈과 시간을 들여 조사한 욕구조사라도 무용지물이 될 수밖에 없다.

IT와 지역조사와의 결합 : 사전에 확보된 정보가 있다면 빠르고, 저비용으로 쉽게 사용할 수 있는 사회조사 방법 두 가지를 소개한다.

① **구글 설문지 활용하기**

▶ 위치 : 구글 회원가입을 한다. 로그인 후, 우측 상단 구글제품 모두 보기를 클릭하여 이동한다. **'홈 & 오피스'** 메뉴를 찾아 하위메뉴에 **'설문지'**를 선택한다.

▶ 하단의 ⊕를 클릭하여 '제목 없는 설문지'로 이동하여 설문지를 작성한다.

▶ 기본 설정된 '◉ 객관식 질문'을 클릭하여 설문지 유형을 결정한다. 주관식은 단답형과 장문형이 있고, 복수(다중)응답은 체크 박스를 사용한다. 5점 척도를 만들고 싶으면 직선 단계를 선택한다.

▶ 우측의 ⊕를 클릭하면 새로운 질문이 나타난다. 우측 상단의 를 누르면 미리보기를 할 수 있다.

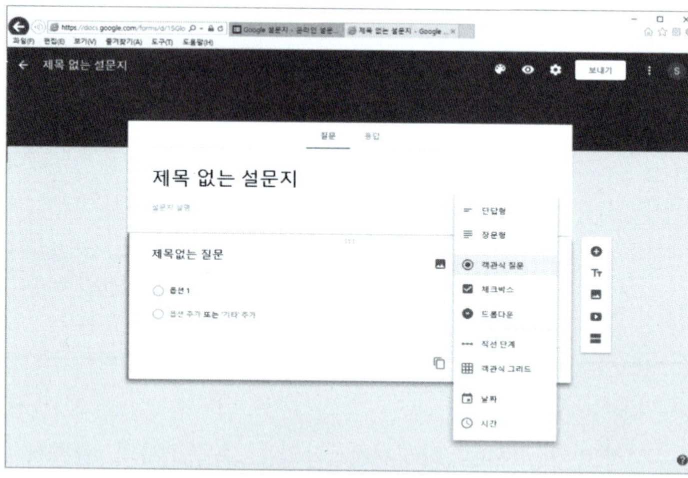

▶ 우측 상단 보내기 를 선택하면 이메일, 혹은 핸드폰에 링크 연결을 선택해 발송할 수 있다.

▶ 응답 결과의 확인은 설문지 상단의 응답을 클릭하면 확인할 수 있으며, 실시간으로 원그래프와 함께 제공된다. 아래 그림의 경우 응답 옆과 아래에 있는 309는 응답자 숫자를 의미한다. 특히 우측의 ⋮ 를 클릭하고 **다운로드 응답(.csv)** 을 클릭하면 데이터를 다운로드 받아 SPSS, 한셀 등에서 불러와 별도의 통계를 돌릴 수 있다.

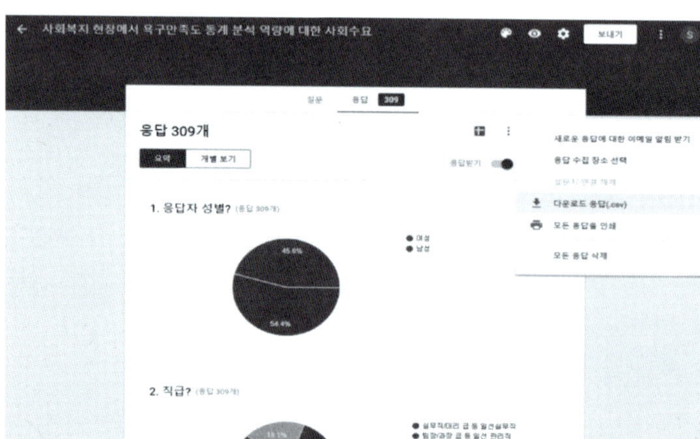

② 마을지도 그리기(community mapping)

지역사회의 다양한 활동, 집단, 관심사, 대상자 등에 대한 정보를 지리정보를 가진 지도에 표기하는 일련의 과정을 의미한다.

이는 다양하게 적용할 수 있는데, 지역사회 내 사회복지조직들과 서비스 대상자의 규모를 유형별로 표기하여 마을복지 서비스 지도를 만들 수 있으며, 교통사고가 빈번한 위치를 학생들 통학로와 연계하여 안전지도를 만들 수 있다. 그 외에도 특정 주제에 맞는 마을지도 그리기를 얼마든지 만들어 낼 수 있다. 이를 통해 지역사회의 문제점이나 구조적 공백을 찾아낼 수 있으며, 대응전략을 세울 근거가 된다.

최근에는 포털사이트의 지도를 활용하여 정리하거나, 지리정보시스템(GIS : Geographic Information Systems)을 활용한 '함께서울지도'(gis.seoul.go.kr)를 통하여 다양한 마을 정보를 얻거나 커뮤니티맵을 만들 수 있다. 또한 모바일 프로그램인 Mapplerk을 구글 플레이, 애플 앱스토어에서 검색 후 무료로 다운받아 마을지도 그리기에 활용할 수 있다.

출처 : 우수명 외(2017). 지역사회복지론. 지식공동체.

Chapter 4

목표 세우기

1. 목표의 이해

1) 목표의 개념

기획 및 정보 수집 후 계획을 통해 무엇을 달성할지 결정할 목표를 정한다. 목표의 사전적 의미는 '어떤 목적을 이루려고 지향하는 실제적 대상으로 삼거나 혹은 그 대상 또는 행동을 취해 이루려는 최후의 대상'이다(표준국어사전, 2004). 목표는 프로그램을 통하여 클라이언트의 변화나 욕구의 해결 같은 결과들이며, 그 총체적인 합은 목적이며, 클라이언트의 종결 상태를 구현한 상황이다. 목적은 문제 해결의 최종 종착역인 목적지(final destination)이며, 목표는 목적지에 다가가기 위한 단계적인 정거장(local station)이다. 목표 설정은 정확한 문제의 진술, 문제의 원인과 해결 간의 논리적 상관성, 표적 집단의 성격과 규모, 기관의 정책, 자원동원 가능성 등의 표면적 변수들과 조직의 미션과 비전, 사회복지사의 실천 가치 등의 무형적 변수들에 의하여 범위와 내용이 정해진다.

목표는 프로그램 효과성을 평가하는 기준이 되며, 하위목적의 개념으로, 보다 구체적인 실천적 지향점을 의미한다. 이때 중요한 것은 목표는 실천 가치 및 책무성을 통해 이루려는 방향이 분명할수록 성공의 가능성이 높아지고, 현실적이고 타당한 실천계획을 만드는 기반이 된다는 것이다.

목표는 실천 가치의 방향인 절대적 목표가 있으며, 프로그램의 지향성을 반영하는 상대적 목표가 있다(그림 7-1 참조). 절대적 목표는 사회복지사의 실천 가치의 실현, 혹은 사회복지의 완벽한 종결처럼 다소 이상적이면서 어느 영역에는 근본이 되는 목표이다. 개별 사례에서 클라이언트 종결 상태를 구현할 수 있으나 모든 클라이언트에게 그 결과를 만들어 내는 것은 현재는 불가능할 것이다. 그러나 그런 지향점을 절대적 목표로 삼는다. 예를 들면, 매슬로우 욕구의 주요 가치에 기초하여 클라이언트의 자기 결정권, 긍정적이고 가치 있는 역할 수행, 소통과 신뢰 관계 형성을 주요 지향점으로 삼는다면, 자신이 수행하는 프로그램에서 이를 목표로 두고 평가에도 반영하는 것이다.

상대적 목표는 앞으로 주로 다루게 되는 프로그램에서 달성하고자 하는 목표이며, 프로그램의 고유한 성격에 따라 다르게 구성한다. 예를 들면, 장애인 경제적 자립 프로그램에서 자격증 취득, 취업활동 참여, 취업 후 유지와 같이 그 프로그램에 고유하게 적용되는 목표이다. 상대적 목표는 프로그램마다 달라지게 된다.

2) 목표효과

구체적이고 타당한 목표를 통해 조직이 얻게 되는 것이 목표효과이다(신철우, 1999). 목표를 정하는 데 있어서 다음과 같은 목표효과가 충분하게 발휘되지 않는다면 프로그램의 역동성이나 의사소통 구조가 경직될 가능성이 높다. 이때는 목표효과가 충분하게 나타날 수 있도록 목표에 의한 관리(MBO : Management By Objective)를 적극적으로 수행해야 한다.

(1) 개인 측면에서의 목표효과

사회복지사는 자신의 비전과 역할에 따라 사회복지조직과 자신의 업무로부터 얻게 될 가치적인 혹은 물질적인 보상을 기대하고 노력한다. 사회복지사의 의지와 자기결정권에 의해 결정된 프로그램 목표라면 이를 달성하기 위한 사회복지사의 노력은 프로그램의 수행 주체이자 주인으로서 매우 적극적이 된다. 바로 목표 지향적인 동기유발이 가능해진다.

만약 목표달성에 따른 적절한 보상체계와 지지체계를 가지고 있으며, 이를 통해 사회복지사가 자신에게 이득이 된다고 생각할 경우에도 목표달성의 효과는 높아질 것이다. 즉, 성취 지향적인 동기유발이 가능해진다. 사회복지 분야는 성취 지향보다는 가치 지향이 더 많은 분야이다.

목표와 달성 결과로부터 얻는 유무형의 보상은 목표 지향적이든, 성취 지향적이든 본질적으로 사회복지사의 역량에 의하여 결정된다. 사회복지조직, 프로그램, 그리고 사회복지사의 목표가 조화로울 때 목표달성의 집중 효과는 더욱 강화될 것이다.

(2) 사회복지조직 측면에서의 목표효과

사회복지조직의 측면에서 목표효과를 살펴보면 다음과 같다.

① 목표는 개인목표를 조직목표에 융화시킬 수 있다

프로그램의 목표를 설정하는 데 있어서 사회복지사 각각의 욕구가 사회복지조직의 목표 속에 혹은 방향에 맞도록 충분한 의사소통과 슈퍼비전을 통해 일치시킬 수 있다. 이를 통해 사회복지사와 조직 간의 갈등은 감소하고, 목표의 집중효과는 높아진다. 목표를 정하는 데 있어서 일방적인 지시 방식이나 권위주의적인 강압 방식보다는 사회복지사 스스로 자극받아 참여하고, 결정하는 권한위임을 하는 과정에서도 조직의 목표와 일치된 실천 목표를 사회복지사가 가질 수 있다. 조직목표는 거시적인 미션과 비전과 같이 사회복지사 개인의 실천의 당위성을 만든다.

② 목표는 잠재능력을 발휘하는 힘이다

합의된 합리적인 목표는 각 구성원의 동기유발을 촉진하여 목표 달성을 소명처럼 받아들여 매진하게 만든다. 이럴 경우에는 조직에서 불필요한 권위주의적인 형식이나 불필요한 과제에 얽매이지 않게 되며, 목표에 대한 집중력을 높이게 된다. 목표 중심의 조직운영을 통하여 사회복지사나 프로그램이 가지고 있는 잠재적인 능력(영향력)까지 극대화될 수 있다. 그러나 많은 사회복지 조직들이 아직까지 권위주의적이고 일방적인 지시를 통하여 참여 동기를 떨어뜨리고, 이로 인해 사회복지사의 잠재능력은 잠재된 상태로 남는 경우가 생긴다.

③ 목표는 성과를 명확하게 한다

목표는 목적을 이루기 위한 구체적인 실천의 지침이며, 달성해야 할 성과(outcome)이다. 목표가 명료하고 구체적일수록 성과 또한 분명해진다. 성과가 분명하다면 평가 지표와 평가 과정도 분명해지고, 이는 프로그램의 일관성을 높이는 데 기여한다. 계획이 훌륭하면 평가는 쉽고 정확하게 이루어지게 되지만, 계획이 불확실하면 평가 또한 막연하고 추상적인 결과로 나타날 것이다. 명확한 목표는 달성과제인 성과와 그것을 평가하는 방법도 명확하게 만든다.

④ 목표는 능력개발을 촉진한다

목표와 그에 따른 성과 평가는 목표달성의 저해 요인이 무엇인지 분석하는 데 도움을 준다. 목표의 달성 효과 혹은 저해 효과를 체계적으로 분석하는 기준은 목표로부터 나오며, 이를 통해 얻는 정보는 프로그램의 개선에 중요한 자료가 된다. 개선의 노력이 프로그램의 목표로 반영이 된다면 이는 과거보다 더 창의적인 활동을 촉진하고, 목표달성을 위한 역량을 키우는 방법을 알려주는 제언을 얻을 수 있다. 따라서 목표는 궁극적으로 조직의 능력개발을 촉진한다.

2. 목표설정 단계

1) 목표의 방향

목표의 지향점은 목표를 결정할 때 고려해야 할 첫 순위의 고민이다.

전통적으로 조직이 가지는 책무성, 미션과 비전 그리고 목적과 일관된 연결고리를 가져야 하며, 그 안에 담긴 이미지도 놓치지 말아야 한다. 따라서 일선 사회복지사부터 중간관리사, 상위관리자 모두 개별 프로그램의 목표가 조직의 존재 가치와 일치하고 그 방향이 적절한지 늘 소통하고 점검해야 한다.

상위관리자는 프로그램의 개별 목표가 조직의 미션과 비전에 얼마나 잘 부합하는지 조직의 전사적(全社的) 관점에서 점검하고 방향성을 조정해 주는 역할을 해야 한다. 중간관리자는 사회복지사가 결정한 목표가 실천 프로그램들 속에 얼마나 잘 녹아드는지를 프로그램 관리자이자 슈퍼바이저로서 확인해야 한다. 현장 사회복지사는 목표가 실천 프로그램과 수행자의 관점에서 조직의 미션 · 비전과 조화로운 관계 속에 자리 잡을 수 있도록 살펴야 한다. 즉, 목표와 실천계획이 실무적으로 진행되는 경우 이들이 하나로 모여 목적, 비전, 책무성을 달성할 수 있는지를 조명한다. 사회복지조직 내의 최일선 사회복지사에서부터 상위관리자에 이르기까지 자신의 조직이 가지고 있는 비전, 전략을 충분하게 공유하고 있을 때 프로그램의 목표의 방향은 일치된다. 목표 방향의 일치는 다시 구성원들의 공유된 인식을 만들고, 프로그램을 결정하며, 다시 목표를 달성하게 되는 선순환을 만든다.

클라이언트 관점에서 접근한다면 목표의 구성은 클라이언트의 욕구가 표현되거나, 강점이 분명해질 때를 출발점으로 삼아야 한다. 클라이언트 중심으로 일한다는 많은 사회복지사가 정작 사업계획서의 목적과 목표를 결정할 때 자신이 하고 싶은 것을 결정하는 경우는 흔하게 발생한다. 특히 빠른 시일 내에 사업계획서를 완성해야 하는 상황이라면 더 할 것이다. 클라이언트의 욕구와 상황을 클라이언트의 능동적 참여에 기초해 목표에 반영할 수 있는 사회복지사라면 훌륭한 수준이다. 다음의 목표를 규정하는 구체적인 단계에서 목표의 방향을 조금 더 살펴보자.

2) 목표의 규정

프로그램을 통해 궁극적으로 달성하고자 하는 목표를 규정하는 가장 일반적인 방향의 기준은 SMART이다.

- S(Specific)는 목표가 구체적이어야 하며, 이는 효과성을 판단하는 요인이다.
- M(Measurable)은 측정 가능해야 하며, 계량화를 통한 평가 가능성을 높이는 것이다.
- A(Attainable)는 달성 가능해야 하며, 현실적인 목표여야 한다는 의미이다.
- R(Relevant)[1]은 가치적으로 타당해야 하며, 클라이언트의 욕구 및 이미지를 고려한다. 또한 R(Result oriented)은 결과 중심으로, 프로그램 목표는 유용한 결과(효과)에 도달해야 한다.
- T(Time-bounded)는 시간적 경계로, 제한시간 안에 달성해야 한다.

(1) 목표의 구체성(Specific)

목표가 구체적이어야 한다는 것은 클라이언트의 종료 상태나 의도된 변화

1) R은 가치적 타당성과 결과 중심이어야 한다는 의미 둘 다 필요하다. 사회복지 실천에서 가치의 중요성은 아무리 강조해도 부족하다. 또한 과정중심적인 많은 목표들의 문제를 해결하기 위해서는 결과 중심적인 사고를 통한 균형잡힌 목표 산출이 필요하다.

의 결과를 분명하게, 누구나 동일한 기준으로 판단할 수 있도록 명확하고 개념화된 내용으로 세워야 한다는 의미이다.

은둔형 외톨이 청소년을 위한 프로그램의 목표를 구체적으로 정해보자. '은둔형 외톨이의 문제 해결'을 목표로 한다면 그것이 구체적으로 무엇을 의미하는지 사회복지사마다 다르게 생각할 수 있다. 일반적인 은둔형 외톨이는 만나는 친구도 없고, 영화 동아리와 같은 사회적 활동도 없는 청소년을 의미한다. 이 경우 상당수의 사회복지사들은 '자아존중감을 향상하여 내적 역량을 키우는 것'과 '대인관계능력을 향상하여 사회성을 키우는 것'을 목표로 정한다. 이를 조금 더 구체적으로 표현하기 위하여 자아존중감 10% 향상, 대인관계능력 15% 향상과 같은 목표를 제시한다. 이런 목표들은 대부분 프로그램 사전-사후 척도를 통한 측정값의 변화를 통해 목표를 평가한다.

그렇다면 이 목표들은 구체적일까? 자아존중감 10%는 어떤 수준의 변화인지 구체적으로 설명할 수 있을까? 대인관계능력이 척도 점수상에서 10% 성장한 청소년은, 20% 성장한 경우와 어떤 차이가 있는지 설명할 수 있을까? 설명할 수 없다면 구체적이지 않은 것이다. 이 문제는 상당히 어려운 문제이고, 전문성을 자랑하는 사회복지조직에서 흔히 사용하는 사전-사후 척도의 평가방식의 사용이 적절한지에 대한 의문을 제기할 수 있다. 그러나 구체적이라면 누구나 동일한 판단을 할 수 있는 내용이어야 한다. 대인관계능력의 10% 향상과 같이 모호한 것은 구체적이지 않은 것이다. 이와 관련한 분석은 제9장 실험설계 평가의 '2. 실험설계 평가 진행 시 주의 사항'에 더 자세히 설명하였다.

조금 더 구체적이면서 목표 효과성을 분명히 할 수 있는 목표는 어떤 것이 있을까? 우선 자아존중감이 향상되고 대인관계능력이 향상된 다음에는 '무엇이 달라졌는지'를 생각한다. 이것이 클라이언트가 종결된 상태 혹은 원하는 결과로 변화된 상태를 의미하는 것이다. 은둔형 외톨이 청소년의 클라이언트 상태가 종료가 된 상황은 어떤 것인가? 만약 집단활동을 통해 정기적으로 만나는 친구가 생기고, 그 친구와 카톡도 하고, 밥도 먹고, 영화도 같이 보러

다니는 활동을 지속적으로 한다면? 또한 영화 동아리에 참여하여 정기적으로 작품 활동도 하고, 그 안에서 새로운 친구 관계를 만들었다면? 더 나아가 동네 주민을 새로운 이웃으로 만들었다면? 이런 청소년을 은둔형 외톨이라고 할 수 있을까? 아니다. 그렇다면 정기적으로 만나는 친구를 사귀는 것, 그 친구와 다양한 활동을 함께 하는 것, 자신이 좋아하는 동아리에서 정기적으로 활동하는 것, 새로운 이웃과 친구를 사귀고 만나는 것이 목표가 된다. 그래서 예나 아니요(Yes or No)로 쉽게 판단할 수 있다면 구체적인 목표일 가능성이 높아진다.

명료하고 구체적인 목표의 중요성은 프레임(Frame, 1995)의 글에서 나타나듯이, 아무리 강조해도 지나치지 않는다.

> **명료한 목표**
>
> 프로그램 관리에 관심을 가져온 이들은 구체적인 목표를 규정하고 성취할 수 있도록 하는 방법을 지난 수십 년에 걸쳐 발전시켜 왔다. 이 방법론은 목표관리(MBO)라고 불리며, 다른 프로젝트의 관리방법의 성장과는 다르게 독립적으로 나타났다. 목표관리의 기본 원리를 철저하게 파악하는 것은 프로젝트 관리를 좀 더 용이하게 한다. 목표관리는 프로젝트 관리의 중심부에 명확한 목표 설정(또는 목적, 요구사항, 이정표)과 그것들의 **성취 가능성**을 확신하는 것에 중점을 둔다. 명료하게 설정된 목표의 중요성은 아무리 강조해도 지나치지 않다. 만약 목표에 명료성이 결여되었다면, 그것을 다섯 명에게 보여줄 경우, 다양한 해석이 나타날 것이다. 그러나 목표가 명료하다면, 이것을 다섯 사람에게 검토하게 한 후 의견을 취합해도 동일한 견해가 나올 것이다. 목표를 명료하게 하는 가장 좋은 방법은 그것을 검증할 수 있는 방법으로 자세히 진술하는 것이다(Frame, 1995).

(2) 목표의 측정 가능성(Measurable)

목표의 측정 가능성의 핵심은 계량화를 통한 평가 가능성을 확보하는 것이다. 수량화된 목표는 일반적으로 계량화된 목표이며, 측정할 수 있는 가능성을 높이는 수단이다. 이는 평가를 염두에 둔 것이며, 평가는 목표의 달성 정도를 판단할 때, 주관적 판단 오류를 최소화하고, 결과의 모호함을 줄일 수 있는 유용한 방법이다. 정확한 목표달성의 평가를 위해서 측정 가능하고, 계량화할 수 있는 목표를 만들어야 한다.

① 목표의 계량화

목표가 수량화되어 있다면 달성하고자 하는 결과를 보다 신속하게 확인할 수 있으며, 평가를 수행하는 데 도움이 된다. 많은 사회복지사는 클라이언트 종료 상태를 포함한 목표의 계량화가 매우 어렵다고 말한다. 이는 제7장 가치평가에서 더 자세히 살펴보겠지만, 목표를 규정하는 방식에서 자신의 상황과 클라이언트의 조건에 맞는 구체적이고 분명한 목표를 정하는 것을 어려워하기 때문이다.

많은 사업계획서에서 은둔형 외톨이 청소년을 위한 프로그램에서 대인관계 능력 향상이나 자아존중감 향상 같은 목표를 사용하는 것은 표준화된 척도를 통한 측정의 편리성 때문이다. 경우에 따라 참여자 만족도만으로 평가하는데 이 역시 측정 가능성 때문이다. 표준화된 척도나 만족도는 모두 점수로 표현된다. 바로 추상적 목표가 계량화된 숫자의 값으로 읽고 판단할 수 있게 된다.

척도가 갖는 장점은 분명하다. 척도가 만들어지는 과정에서 타당도와 신뢰도가 증명되었다는 신념이 작용하며, 클라이언트의 변화를 사전-사후 측정을 통하여 점수화할 수 있으므로 비교가 분명해지고, 통계적인 유의미함까지 판단할 수 있으니 분명한 장점이다. 그러나 사회복지 현장은 표준화된 척도만큼 획일화하기 어려운 다양하고 다변화한 특성인 현장성이 존재한다. 같은 사회복지사와 클라이언트라 하더라도 항상 동일한 관계로 변함없이 유지되기 어려운 것이 현장성의 특성이다(기억이 안 난다면 제1장을 참조). 더군다나 척도 값은 클라이언트가 생각하는 인식이나 느낌의 값이지 그 자체가 클라이언트의 해결 상태를 의미하는 것은 아니다. 더군다나 이러한 척도는 대부분 추상적인 값을 수량화한 등간척도의 성격을 갖는다. 비율척도와 같은 계량적 정밀성을 갖지 못한 것이다.

계량화된 목표는 구체적이고 명료한 목표를 만드는 것뿐만 아니라 평가의 가능성을 높이게 된다. 따라서 계량화를 단순한 할당량으로 생각하는 것도 위험하다. 밑반찬 서비스를 주 2회 제공하는 것은 목표라기보다 프로그램 수행내용으로 적절하다(과정). 주 2회 제공해서 얻고자 하는 것이 목표이다(결과). 방문의료 서비스를 제공한다, 가족기능을 강화한다, 안전망을 구축한다, 역량을 강화한다와 같은 표현은 프로그램의 결과보다 과정의 성격이 더 많은 것으로 결과로서 부적합한 경우가 많다.

② 목표의 평가 가능성

목표를 측정하는 것은 평가의 본질이다. 그렇기 때문에 측정 가능한 척도를 등간척도나 비율척도 중 어떤 척도로 구성했는지에 따라 평가 정보의 질적 차이가 있다.

클라이언트의 대인관계능력이 평균 10% 향상되었다면, 20% 향상된 다른 청소년과 어떤 차이가 있는가? 이때 척도의 변화인 20%가 10%의 두 배라고 말할 수 있는가? 등간척도의 추상성을 느낄 수 있는가? 매일 카톡하는 친구가 2명 생긴 친구와 1명 있는 친구는 대인관계 활동에서 차이가 있다. 또한 카톡의 횟수가 하루에 10번인 경우와 20번인 경우도 차이가 느껴진다. 그 이유는 친구의 수나 카톡의 수는 정수이며 셀 수 있기 때문이다. 즉, 비율척도이기 때문에 20번 카톡한 친구는 10번 카톡한 친구보다 두 배 더 많이 했다고 평가할 수 있다.

다른 측면에서 평가 가능성을 살펴보자. 대인관계능력이 목표대로 10% 향상되었다고 하자. 그러면 클라이언트가 더 이상 은둔형 외톨이가 아니라고 유용한 판단의 정보를 제공하는가? 확신할 수 있는가? 만약 매일 카톡하는 친구가 생기고, 동아리에 정기적으로 출석한다면 친구의 수와 동아리 출석률은 클라이언트가 더 이상 은둔형 외톨이가 아니거나 그럴 가능성이 높다고 확신하는 데 유용한 판단 기준이 될 수 있는가? 확신할 수 있는가? 평가 가능성을 높이기 위해서 목표는 프로그램 활동의 결과로서 나타나는 클라이언트 종료 상태를 계량적으로 측정할 수 있는 질문들을 만들어야 한다. 대인관계능력 향상이나 자존감 향상은 프로그램의 활동 결과이기는 하지만, 클라이언트의 종결 상태를 의미하는 것으로 확신하기 어렵다.

목표의 규정은 결국 평가를 염두에 둘 수밖에 없다. 목표의 명료성이나 계량화는 평가의 가능성을 높일 수 있는 아주 중요한 것이다. 목표와 프로그램의 계획과 평가는 한 몸과 같은 것으로 분리되지 않는다. 그러나 목표의 규정이 어떤 관점에 의하여 구성되는지에 따라 수량화를 표방하지만 구체적이지 않을 수 있기 때문에 유념해야 한다.

(3) 목표 달성의 가능성(Attainable)

목표는 달성 가능해야 한다. 목표는 실질적으로 달성하고자 하는 결과이므로, 현실적으로 달성할 수 없다면 명확하고 계량화된 목표라도, 목표로서의 의미를 상실한다.

어떤 프로그램은 하루 동안만 실시하는 나들이인데도 대인관계능력 향상이나 창의성 향상과 같은 목표들을 제시하기도 한다. 어떤 경우는 주 2회 제공하는 밑반찬 서비스로 어르신의 건강한 삶이나 삶의 질을 개선할 수 있다는 목표를 정하기도 한다. 프로그램으로 결코 달성할 수 없는 목표들을 형식적으로 혹은 관습적으로 사업계획서에 담는다. 만약 나들이라면 하루의 즐거운 추억을 만드는 것, 밑반찬 서비스라면 결식의 빈도를 줄이고, 생활비 지출을 조금이라도 감소시키고, 규칙적인 식사를 유도하는 것과 같은 목표들을 정한다면 더 현실적이다. 대인관계능력 향상이나 삶의 질 향상 같은 목표는 언뜻 거창해 보이고 뭔가 있어 보이지만 오히려 달성 불가능한, 의미가 없는 목표가 될 수 있다.

반대로 목표의 달성 가능성이 주는 함정이 있다. 사회복지사가 달성 가능성을 의식하여 너무 쉽게 성공할 수 있거나, 지나치게 낮게 목표를 잡는 경우이다. 현재의 예산과 인력으로 주 3회 밑반찬이 가능한데, 2회로 줄이거나, 대상자 수를 더 줄이는 경우이다. 그냥 전년도에 정한 목표를 아무 생각 없이 그대로 재사용하는 경우도 마찬가지이다. 이 경우 프로그램 수행과정을 정기적으로 점검하고, 평가를 통하여 적절한 목표로 재조정하는 작업을 해야 한다. 특히 목표의 타당성을 점검할 때 제대로 확인해야 한다. 그렇지 않다면 매너리즘에 빠지게 된다.

(4) 목표의 타당성(Relevant)과 결과 중심(Result oriented)

① 타당성을 갖춘 목표

타당성은 프로그램의 내용과 방향이 사회복지의 가치 관점에서 타당해야 하며, 클라이언트의 욕구 및 이미지를 고려할 때도 적절해야 한다는 뜻이다. 목표는 사회복지조직의 비전이나 수행 역할과 분리되지 않아야 하며, '의미 있는 성과(significance outcome)'의 실현이 가능한지 점검해야 한다. 프로그램은 반드시 달성해야만 하는 의미(meaning)를 가지고 있어야 한다.

은둔형 외톨이 청소년의 대인관계능력을 향상시키는 것과 소집단과 동아리에서 좋은 친구를 만들어 주는 것 두 가지 중 한 가지를 목표로 할 경우 지향점은 달라진다. 옳다 그르다의 문제는 분명 아니지만, 프로그램의 목표효과를 높이고, 클라이언트 관점에서 더 행복한 삶을 만드는 데 기여할 수 있는 구체적인 지향점은 어느 것이 더 타당한지 고민해야 한다.

다른 측면에서의 목표의 타당성은 조직 구성원의 전문성, 예산, 자원 등의 사업수행 역량에 비추어 적절한지를 판단하는 문제이다. 만약 달성 가능성만을 고려하여 지나치게 낮은 수준으로 목표가 설정되었다면, 목표 달성률은 높고, 프로그램 수행능력이 우수한 것으로 오판할 수 있다. 만약 너무 높은 수준의 목표라면 현실적으로 성공할 가능성은 낮아질 것이다. 특히 중장기 목표인 비전과 목적도 프로그램 속에서 하나씩 구축해 갈 수 있는지를 계속해서 점검하는 도구로 활용해야 한다.

목표의 타당성은 프로그램의 중요성에 대한 우선순위를 결정하는 중요한 기준이다. 많은 프로그램과 사업들이 계획되며 수행되지만, 그 안에 더 많은 자원의 배분이나 조직의 지원과 같은 의사결정은 목표의 타당성을 기초로 이루어지는 경우가 많다.

② 결과 중심의 목표

두 번째 R인 결과 중심(Result oriented)은 프로그램의 수행 결과로서 그 효과성이나 클라이언트의 변화가 분명하고, 구체적으로 정의되어야 함을 의미한다. 많은 사업계획서에서 자존감을 10% 향상한다. 대인관계 능력을 2점 향상한다는 식의 목표들을 흔히 접할 수 있다. 만약 은둔형 외톨이들을 위한 프로그램에서 자존감이 15% 향상되고 대인관계 능력이 2.2점이 향상된다고 해서 참가자들이 더 이상 은둔형 외톨이가 아니라고 할 수 있는가? 그 결과의 근거로 타당한 것인가? 결과 중심의 핵심은 클라이언트가 더 이상 클라이언트가 아닌 상태가 되는 것이다. 그러나 적지 않은 사업계획서에서 (역량을)강화한다. (대인관계 능력을)향상한다. (지역사회 안전망을)구축한다와 같은 Do 동사를 목표로 설정하는 경우가 많다. 이는 사업을 수행하는 과정을 강조한 것이지, 결과로서의 목표를 의미하는 것은 아니다(다음 박스 설명 참조). 역량을 강화하면 그 다음에 클라이언트는 어떻게 변화한 상태(결과)가 되는가? 대인관계 능력이 향상되면 지역사회 관계는 무엇이 구체적으로 달라질까? 안전망이 구축되었다면 무엇이 달라진 것일까? 이 대답이 바로 결과 중심의 목표를 설정하는 데 필요한 고민이다.

한국 사회에서는 지나치게 결과 중심적인 것에 대한 거부감이 있을 수 있으나 이는 잘못 설정된 결과 지표의 문제인 경우가 대부분이다. 타당한 결과 중심의 목표는 과정 중심의 사회복지사의 목표 설정의 모호성을 극복할 수 있는 중요한 과제이다. 그러나 앞서 말했듯이 결과라는 오랜 시간이 걸릴 수 있는 것들이 많으므로, 단기적 접근과 중장기적 접근은 잘 구분하여야 한다.

목표의 명료성을 높이기 위해 생각할 문화 이미지 문제

EBS 다큐멘터리 '동과 서'의 내용이다. 원숭이, 판다, 바나나 중 자연스럽게 연결되는 것은 무엇인가? 의식하지 않는다면 원숭이와 바나나가 대부분이다. 그러나 서양인은 원숭이와 판다가 대부분이다. 서양의 용과 천사, 동양의 용과 (천사 같은) 선녀 · 신선의 날아가는 모습을 생각하자. 어떤 차이점이 있을까? 맞다! 서양은 날개가 있어야만 날지만, 동양은 그냥 날아간다. 서양의 용은 날갯짓할 근육이 필요하고(물리적 운동능력), 천사는 날개가 잘리면 떨어진다. 동양은? 용이 나는 것은 기 혹은 보이지 않는 힘으로도 가능하다고 생각한다. 보이지 않는 에너지를 잃으면 떨어진다.

'바구니 안에 오렌지가 있다'라는 우리 표현을 영어로 번역할 때 문제가 있다. 우리는 바구니 안에 오렌지가 하나나 세 개나 열 개나 신경 안 쓰고 다 그냥 '오렌지'라고 한다(추상성). 반면에 영어 표현은 an, a few, five, many 등 숫자의 범위를 정하려 하고, 이는 사물 간의 관계를 명확하게 구분한다(단절성). 17세기 뉴턴은 달이 지구를 계속 도는 이유를 만유인력의 법칙으로 알아냈지만, 우리 조상들은 수천 년 전부터 달과 해의 관계와 흐름에 따른 음양오행, 주역, 풍수 등을 통해 이를 잘 알고 있었다. 보이지 않는 관계나 추상적인 것을 추론하는 위대한 힘이 있었기 때문이다.

서양의 생각은 단절적이고 현실적이다. 이를 명사형, 단절형 사고라고 한다. 반면 동양의 생각은 관계적이고 추상적이다. 성과와 목표는 단절형, 명사형인 결과 중심으로 기술한다. 그래서 서양인은 성과 목표를 Yes or No로 파악할 수 있도록 기술한다. 은둔형 외톨이는 친구가 생겼나? Yes or No와 같은 표현이다(제8장 결과성과 참조). 그러나 우리는 관계 중심적인 성격을 가지고 있어 사전-사후 변화나 행동하는 과정을 목표로 기술하려 한다. 사업계획서의 목표들이 ~ 강화한다. ~ 향상한다. ~ 구축한다와 같은 행동 중심의 과정 중심으로 기술하는 결과로 나타난다. 대인관계 능력이 향상됐는가? 사회 안전망을 구축했는가? 등과 같은 형태의 기술이다. 그래서 평가는 복잡하고 어렵다.

암기식 교육에 익숙한 사람은 과정으로 기술된 것을 목표나 결과성과라고 하면 그냥 받아들인다. 그냥 오렌지이지 몇 개의 오렌지가 아닌 사고 방식에서 모호함이 일상화된다. 모호함은 평가에서 유리하다. 실패한 것을 파악하기 어렵기 때문이다.

결론적으로 결과 중심 목표를 배우지만, 쓰는 것은 과정 중심 목표인 것은 우리 문화적인 특성과 평가결과로부터 보호본능이 상호작용한 것으로 보인다. 왜 동서양이 그런 차이가 있는지의 본질적 답은 잘 모르겠지만, 우리 일상에서 이러한 특징을 찾으려 한다면 아주 많이 찾을 수 있을 것이다(EBS 다큐멘터리 '동과 서' 참조).

출처 : 우수명 외(2017). 지역사회복지론. 지식공동체의 내용을 수정함.

(5) 목표 달성을 위한 시간 제한성(Time-bounded)

시간 제한성은 목표를 실제 사업 수행 기간 내에 달성할 수 있어야 한다는 뜻이다. 목표를 달성하는 데 소요되는 시간을 모르거나 무심하다면 사업 성공의 적기를 놓칠 수밖에 없다.

프로그램에서 추구하는 목표의 달성 시점을 분명하게 하는 것은, 그 시점 내에 역량을 가용하여 목표 달성을 해야 한다는 의미와 같다. 이는 곧 시간의 효율적 사용이자, 프로그램의 효율성을 높이는 도구가 될 수 있다. 그런 면에서 시간 제한성을 두고 사업을 수행하는 방식은 사업의 완성도를 높인다. 다만, 장기적으로 필요한 클라이언트의 인식 변화(예 자립, 자존감 향상)의 경우 단기적 접근과 중장기적 접근의 구분을 분명하게 해야만 한다. 한국의 어떤 NGO(Non Government Organization)는 해외에 지원하는 지역사회의 자립을 위한 지원기간을 10~15년을 잡기도 한다. 이를 위한 섬세하고 단계적인 시간 관리 역량이 필요하다.

상황에 따라 클라이언트와 지역사회의 요구에 대응한 결과를 적시에 내놓지 않는다면 사회복지조직은 비난받을 수 있다. 특히 기업의 입장에서는 목표 시간의 제한은 기업의 생존과 직접적인 관련이 있다. 시장진입의 늦음은 곧 사업의 실패가 되기 때문이다. 사회복지 현장은 이러한 긴박감이 없는 경우가 많다. 일단 정부 지원을 받는 사회복지조직은 큰 잘못이 없는 한 계속해서 일정한 수준의 경제적 지원을 확보할 수 있기 때문이다. 이로 인해 매너리즘에 빠지고, 시간적 경계가 없는 사업을 하는 경우가 증가한다. 물론 일부 클라이언트는 현상 유지나 보호와 같이 시간적 경계성이 의미 없는 경우가 사회복지에서 있을 수 있다. 그러나 공공의 재원은 일정한 회기년도 이내에 성과를 내야 하며, 그 안에 자원을 소진하여 원하는 목표를 달성할 수 있어야 한다.

3. 목표 세우기

목표는 어떻게 세우는 것이 좋을까? 혹은 많은 경우에 따른 목표들 중에서 어떤 것을 정해야 좋을까? 사회복지사는 은둔형 외톨이가 아닌 상태를 이루기 위한 세부적인 결과들을 달성하기 위하여 여러 선택 가능한 목표들 중에서 브레인스토밍(brainstorming)이나 의사결정의 과정을 통하여 목표를 정하게 된다. 이때 목표 중 당장 가능한 것과 중장기적으로 가능한 것, 중요도에 따른 우선순위, SMART에 적합한 내용에 따라 목표를 결정해야 한다. 이러한 목표를 구체화시키는 과정을 '목표 세우기'에서 살펴볼 것이다.

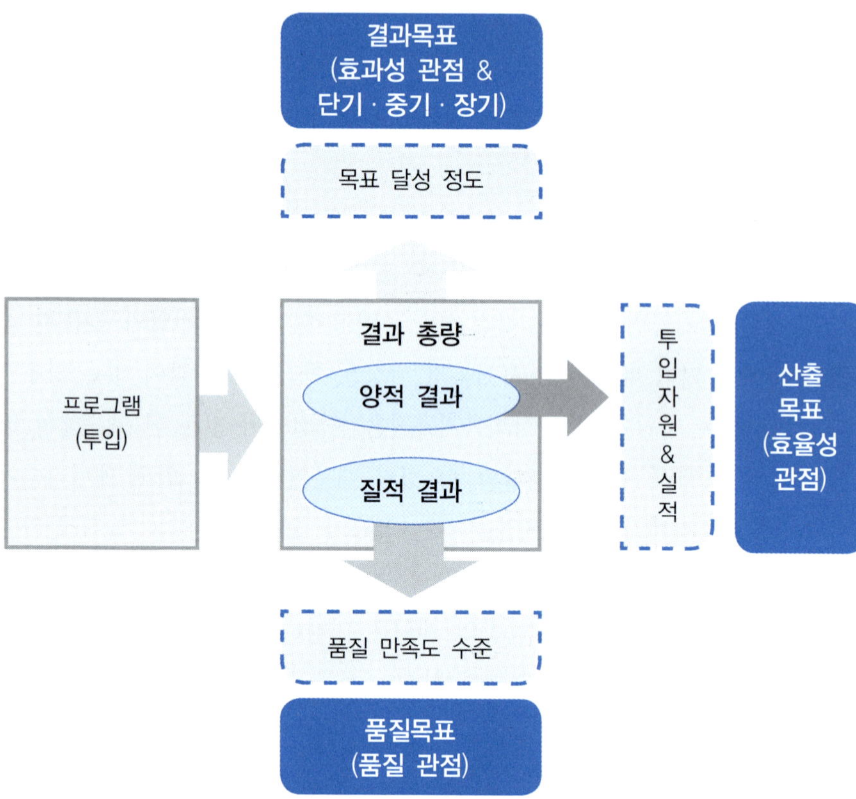

|그림 4-1| 성과목표의 구성

1) 성과목표

성과(outcome)는 프로그램 활동에서 의도한 것으로, 참여 과정 중이나 그 이후에 나타나는 클라이언트의 변화나 유익함이다(Hatry, et al., 1996). 즉, '성과'는 프로그램을 통하여 달성하고자 하는 목적과 목표의 성취이며 그 과정에 나타나는 모든 긍정적인 파급력들이다. 그리고 그 최종점은 클라이언트 종료 상태(Client end status)를 이루고자 한다.

성과목표는 결과성과 중심으로 목표를 규정한 것이다. 은둔형 외톨이를 위한 프로그램이 존재하는 이유는 은둔형 청소년들이 더 이상 은둔형 외톨이로 남아 있지 않게 하기 위한 것이며, 더 나아가 사회 적응을 할 수 있도록 돕는 것이다. 프로그램을 통해 스스로 자기를 존중할 줄 아는 긍정적 인식으로 바꿔고, 대인관계 능력을 성장시키며, 집단활동을 통해 친구를 사귀고, 동아리 활동을 하고, 학교생활을 정상적으로 유지하고, 다른 새로운 사람들과도 친구가 될 수 있는 상태가 결과목표가 지향하는 것이다.

성과목표는 달성시점에 따라 단기성과, 중기성과, 장기성과로 구분할 수 있으며(Hatry, et al., 1996), 성과목표의 내용 혹은 성격에 따라 결과성과, 산출성과, 품질성과로 구분한다(Kettner & Martin, 2000).

(1) 시점에 따른 성과목표[2)]

시점에 따른 성과목표는 단기, 중기, 장기로 구분한다. 장기적인 시점은 더 이상 은둔형 외톨이가 아닌 확실한 결과의 상태 혹은 기준 시점(사업종료 시점)를 의미하며, 이는 프로그램의 실질적인 최종목표이다. 최종목표를 이루기 위한 선행 단계로 단기 및 중기 목표를 구성한다.

시점에 따른 성과목표를 어떻게 정하는지에 따라 프로그램의 내용과 방향

---

2) Hatry, et al.(1996). Measuring Program Outcomes : A Practice Approach. United Way of America의 내용을 토대로 재구성함.

은 달라진다. 사회복지사의 관점, 현장성과 현상화의 문제가 여기에 맞물려 있다. 그리고 성과목표에 따라 프로그램의 평가 기준 및 효과성의 수준도 달라진다. 낮은 수준의 문제인식과 프로그램의 제공은 성과목표가 낮은 수준으로 설정되므로, 프로그램의 수행이 용이하고, 목표를 달성하기가 쉬워지며, 또한 측정(평가)하기가 쉬워진다. 반면에 높은 수준의 성과목표가 규정된다면 프로그램을 수행하거나 목표달성이 더욱 어려워지며, 측정(평가) 또한 많은 시간이 필요할 수 있다.

우리나라 사람들의 정서는 관계지향성이 강하며, 이는 서구인의 과업지향성과는 다른 결을 가진다. 반면에 많은 사회복지 프로그램은 과업중심적으로 구성하여 실패하는 경우들이 발생한다. 즉, 프로그램이 주민을 동원의 대상으로 하거나 과업달성의 소모품처럼 여기는 경우, 이들의 출석률조차 떨어지게 되는 문제가 되고, 이는 '출석률 80% 달성' 같은 목표의 형태로 나타난다. 주민들이 원하지 않는 프로그램을 억지로 수행하면서 생기게 되는 문제이다. 그렇기 때문에 주민들과 개개인별로 라포 형성을 위한 사전 인터뷰, 강점찾기, 주민들의 강점과 요구를 프로그램에 반영하기 등과 같은 적극적인 관계형성의 노력이 필요하다.

① 단기목표

단기목표는 프로그램의 활동 혹은 사회복지사의 의도적 개입에 의해 클라이언트가 얻게 되는 태도나 기술 혹은 변한 인식과 행동을 의미한다. 따라서 클라이언트 자신에게 있어서 최종적인 결과물이 아니라 변화와 경험의 시작이며, 자신의 강점을 발굴하고 촉진시키는 시작점을 의미한다. 그렇기 때문에 프로그램 종결 직후에 바로 확인될 수 있는 수준의 직접적이고, 즉시적인 결과성과이다.

단기목표는 프로그램을 통하여 얻고자 하는 최종적인 결과들이 아니며, 따라서 단기목표들은 매우 실현 가능성이 높은 구체적인 수준에서 프로그램의 종결 시점에 완성하거나 이룰 수 있는 결과의 상태로 작성된다.

금연 프로그램의 경우 금연 기술을 배워서 아는 것, 금연 실천 계획을 세운 것, 자기 다짐을 통한 의지를 확인하는 것 등을 단기목표로 세울 수 있다.

은둔형 외톨이 청소년의 경우 자기의 이야기를 타인에게 표현하는 경험을 하고, 또한 타인의 이야기를 듣는 경험을 통해 상대를 존중하고 소통하는 훈련을 받을 수 있다. 이 경우 타인과의 공감대 형성의 경험을 목표로 할 수 있고, 그 방법을 알고 적용할 수 있는 지식 기반을 갖추는 것을 목표로 할 수 있다. 다음 단계로 공감대를 형성한 동료들과 함께 여행도 가고, 친교를 쌓아가며 신뢰를 형성해 가는 목표를 세울 수 있다. 경우에 따라 이 정도 선이 단기목표이다. 자신을 표현할 수 있는 용기를 갖는 것, 타인의 이야기를 들을 수 있는 공감을 경험하는 것, 타인과 소통할 수 있는 기술을 알고 실제 사용할 수 있는 능력을 갖는 것 등이 단기목표가 될 수 있다.

여러 사업계획서에서 확인되는 것 중 하나는 오랜 시간이 걸리는 것을 단기목표로 설정하는 경우가 흔하다는 것이다. 발달장애인의 자립 지원이라는 목표로 제공자 관점으로, 단기 사업으로 포장하기도 하는데, 이는 책무성에 위배될 수 있는 목표가 될 수 있다. 또한 사회성 향상도 명확한 사회성 향상을 위한 단기간 필요한 것이 무엇인지 잘 모르고 설정하는 경우도 발생한다. 단기목표는 단기간에 실제로 달성할 수 있는 목표로 설정하는 것이 중요하다.

② 중기목표

중기목표는 프로그램의 단기목표의 달성으로부터 형성된 클라이언트의 변화된 지식, 태도, 관계, 행동의 변화를 반복 훈련함으로써 내재화시키는 것을 목표로 한다. 즉, 자신들이 프로그램을 통해 직 · 간접적으로 습득한 단기목표의 결과들을 기반으로 하여 더 나은 이익이나 변화를 시도하는 추가적인 노력을 프로그램 종결 이후로부터 장기목표가 달성되기 전까지 적용할 수 있는 목표이다.

금연 프로그램 참가자는 지속적으로 금연지지 모임에 참여하고, 자신의 금연을 실천하고, 이를 반복적으로 유지하는 활동을 하는 것을 중기목표로 세울 수 있다.

은둔형 외톨이 청소년을 위한 프로그램에서는 자신들의 관심사에 따라 영상제작 동아리에 참여하고, 동아리 활동을 계속 유지하는 것이 있다. 또한 기존의 친구들과 새로 사귀게 된 친구들과의 좋은 상호작용을 유지하는 것으로 정기적인 만남의 활동을 지속하는 것을 목표로 할 수 있다. 그래서 다른 친구들을 신뢰하는 마음이 생기고 다양한 만남을 계속하고 싶은 마음을 유지하는지 확인한다.

③ 장기목표

장기목표는 프로그램이 클라이언트를 위해 달성하고자 하는 궁극적이고 최종적인 결과의 상태를 이루는 것이다. 단기, 중기목표의 달성 결과로부터 클라이언트가 가지고 있는 욕구나 문제를 궁극적으로 해결한 결과이며, 긍정적인 역할 수행(SRV)을 할 수 있는 상황이 적용된다면 사회복지 가치적으로 더욱 훌륭한 목표가 된다.

금연 프로그램 참가자는 1년간 담배를 피우지 않는 것을 성공의 판단 기준으로 정하며, 그 다음으로도 금연을 유지하여 건강한 생활과 생활비를 절약할 수 있는 상태를 목표로 하는 것이다.

은둔형 외톨이인 청소년들은 친구들과 매일매일 카톡도 하며, 정기적으로, 자주 만나고, 자신들의 영상 작품을 제작해 알리는 것뿐만 아니라 요양원 어르신을 위한 일상생활 영상 만들기 및 영정사진 촬영, 사회복지조직 홍보물 작성 자원봉사 등 이웃을 위한 봉사활동을 지속적으로 유지하는 것을 목표로 할 수 있다.

단기, 중기, 장기목표는 프로그램을 계획하는 과정에서 가장 중요한 프레임이 된다. 그러나 목표의 수행과정에서는 단기나, 중기나 장기가 혼재될 가능성도 있다는 것을 염두에 두어야 한다. 시점에 따른 성과목표의 구분은 프로그램 운영관리를 보다 효율적으로 할 수 있도록 도우며, 논리모델(logic model)을 구성할 수 있는 목표를 제시할 수 있기에 유용하다. 또한 사회복지사의 개입을 위한 계획이 조금 더 전략적이고, 세부적인 단계를 통한 체계성을 갖기 때문에 성공의 가능성을 높인다. 따라서 목표의 세분화된 성공의 방식을 목표의 시점에 따라 제시할 수 있게 된다.

(2) 산출목표

산출(output)목표는 프로그램의 활동을 통해 생산해 내는 모든 실적물을 의미하며, 다른 의미로는 서비스의 단위들이다(Hatry, et al., 1996).

산출목표는 참여하고자 하는 클라이언트의 수, 투입하고자 하는 자원과 예산의 규모, 활동하는 프로그램의 회기(session)와 기자재의 규모, 프로그램을 운영하는 사회복지사 및 자원봉사자의 수와 같은 실적물을 서비스 단위별로, 성취하고자 하는 수량 목표를 정하는 것이다.

산출목표는 클라이언트와의 만남의 횟수와 같은 접촉단위, 제공되는 시간의 양을 측정하는 시간단위, 제공되는 물품이나 재화 등을 측정하는 물질단위 등의 형태로 규정된다. 산출목표는 투입 대비 산출을 계량적 비율로 파악하는 비용효과분석이나 비용편익분석을 통하여 생산성의 수준을 파악할 수 있는 고전적인 평가방식이다. 사회복지 프로그램에서는 단순히 서비스가 제공된 횟수나 실적만이 중요한 것이 아니라, 제공된 서비스의 질적 측면과 클라이언트의 욕구나 문제의 실질적인 해결에 기여했는지 등의 관심이 더 의미를 두기 때문이다.

금연 프로그램의 경우 금연을 희망하며 참여한 참가자 100명 만들기, 출석률, 10회의 강의 진행 등을 실적, 즉 산출목표로 세울 수 있다.

은둔형 외톨이를 위한 프로그램의 경우, 10명의 청소년, 10회기 프로그램 진행, 1회의 캠프, 출석률, 투입된 예산액 등을 목표로 세울 수 있다.

(3) 품질목표

품질목표는 실적 중심의 효율성과는 다르게 서비스의 질적인 수준 달성을 목표로 삼는다. 높은 질적 수준의 프로그램이 클라이언트에게 제공될 때 클라이언트의 문제해결이나 서비스 전달과정에서의 생산성이 증가하고, 저품질의 서비스가 제공될 때는 생산성이 감소한다는 TQM 이론에 근거한 것이다(정무성, 2000).

사회복지 프로그램에서 생산성에 대한 질적 요소가 의미하는 것은 높은 품질의 서비스 결과로 더 낮은 실패율, 더 적은 문서 작업, 과정에서 더 적은 시간의 투입, 기부자와 클라이언트들에 대한 더 높은 만족도 제공, 더 낮은 비용의 소요, 더 좋은 공공 이미지가 도출된다는 것이다(Kettner & Martin, 2000). 좋은 품질의 프로그램을 경험한 클라이언트는 더 긍정적인 평가를 할 것이고, 이는 만족도 조사와 같은 방식을 통해 파악한다. 따라서 품질목표는 만족도 점수를 일정 수준 이상 유지하는 것을 목표로 하는 경우가 많다. 예를 들면, 식사배달 프로그램에서 음식이 식지 않은 상태로 도착하는 것을 강조하거나 교통서비스 프로그램에서 사람을 제시간에 태우러 가는 추가조항을 첨부하는 것이 있다.

금연 프로그램 참여자나 은둔형 외톨이를 위한 프로그램 참여자가 프로그램이 종결된 후 느끼는 일정 점수 이상의 만족도 점수를 얻는 것을 품질목표로 한다.

2) 상위목표와 하위목표

많은 조직들은 위계적 관점으로 목표를 구성한다. 이때 상위목표와 하위목표로 일반적으로 구분하여 사용한다. 상위목표는 장기성과와 같은 개념으로 클라이언트의 종결 상태를 의미한다. 하위목표는 상위목표를 달성하기 위한 단계적 구성체계이며, 하위목표 체계의 합을 통해 상위목표가 달성될 수 있는 논리적 설명력을 갖추어야 한다.

금연 프로그램을 예로 들면, 금연을 통한 건강한 삶의 구현이 목적이라고 할 때, 이 목적을 실현하기 위한 상위목표로 첫째, '금연의 필요성을 인식시킴', 둘째, '금연 기술을 배움', 셋째, '금연 활동이 유지될 지지체계를 구성함'으로 세웠다.

첫 번째 목표인 금연의 필요성을 인식시키기 위해서는 흡연의 문제점을 알리고 인식시키기 위한 시청각 교육을 실시하고, 금연 성공자로부터 금연 성공 시 어떤 유익과 변화들이 있었으며, 어떤 방법들이 좋았는지의 선행모델을 통하여 동기를 강화시키고, 토론 등을 통하여 스스로 금연에 대한 의욕을 북돋워 주는 작업을 하게 한다. 최종적으로 이를 지키고, 앞으로 꼭 금연하겠다는 서약을 함으로써 금연의 필요성을 인식시키게 된다. 다른 프로그램도 마찬가지이다. 상위목표를 달성하기 위하여 하위목표가 구성되어야 하며, 하위목표의 합은 상위목표가 나올 수 있어야 하는 것이다.

〈표 4-1〉 **금연 프로그램의 상위목표와 하위목표**

목 적	상위목표	하위목표
금연을 통한 건강한 삶의 구현	1. 금연의 필요성을 인식시킴	1-1. 흡연의 문제점에 대한 시청각 교육 00회 실시
		1-2. 금연 성공자의 특강 00회 실시
		1-3. 흡연 문제 도출을 위한 토론회 00회 실시
		1-4. 금연 실천을 위한 서약을 100% 서명
	2. 금연 기술을 배움	2-1. 생활 속에서 실천하는 금연 기술의 90% 이상 습득
		2-2. 집단 프로그램을 통한 내적 통제성 00점 이상 향상
	3. 금연 활동이 유지될 지지체계를 구성함	3-1. 지지체계를 위한 2박 3일 공동체 캠프 1회 수행
		3-2. 참여율 80% 이상의 정기 지지모임을 월 2회 실시

3) 총괄목표와 과정(단위)목표

총괄목표는 장기성과의 내용과 유사한 개념이며 결과 목표의 개념이다. 과정목표는 프로그램의 준비단계, 시작단계, 진행단계, 종결단계 등 진행(process)에 초점을 두고 목표를 세우는 것이다. 물론 프로그램의 과정을 더 세분화 시 과정목표를 결정할 수 있다. 만약 8회(session) 수행하는 프로그램이라면, 매 회기당 목표를 세울 수 있다. 매 회기당 목표들은 경우에 따라 다르지만, 통상 2~3회마다 분기별 목표가 될 수 있다. 분기당 목표는 또다시 총괄목표로 귀결된다.

소극적인 청소년의 자존감 향상을 위한 프로그램인 경우, 분기별 목표로 1분기는 친밀감 형성, 2분기는 문제의 도출, 3분기는 문제의 해결, 4분기는 새로운 실천 대안의 탐색으로 규정할 수 있다. 1분기의 경우 1회와 2회가 포함되며, 1회는 서로의 이름 알기, 2회는 공동체 훈련을 통한 친밀감 강화로 분기목표인 친밀감 형성을 위한 과정목표를 각각 정하였다. 이와 같이 프로그램의 진행과정에 따른 개별 프로그램의 목표를 세우는 형식이다.

〈표 4-2〉 소극적인 청소년을 대상으로 한 자존감 향상 프로그램의 과정 목표

총괄목표	분기별 목표	회기별 활동목표
자존감 향상을 통한 적극적인 사회생활의 수행	초기목표 1. 친밀감 형성	1. 도입 프로그램을 통한 서로에 대한 인지-이름 알기
		2. 공동체 훈련을 통한 친밀감 형성
	중기목표 2. 문제 규정 및 도출	3. 자신의 문제의 탐색과 노출을 통한 문제규정 1
		4. 자신의 문제의 탐색과 노출을 통한 문제규정 2
		5. 역할극을 통한 갈등 및 문제의 도출
		6. 대안탐색 프로그램을 통한 대안의 도출
	종결목표 3. 대안 및 결단	7. 대안탐색 프로그램을 통한 대안의 결정
		8. 새로운 결단과 다짐, 종결식

과정목표가 갖는 장점은 매 회기마다 목표를 정하기 때문에 프로그램별로 매우 구체적인 목표를 가질 수 있으며, 진행과정에 따라 점검하기 유리하다는 것이다. 반면에 지나치게 많아진 목표로 인해 목표관리가 상대적으로 어려우며, 논리모델보다 복잡한 양상을 갖는다.

4. 논리모델과 결과성과

결과성과에 기초하여 목표를 측정하는 기준은 프로그램의 내용과 계획된 목표, 제공된 프로그램의 양 등에 따라 다르게 구성된다. 또한 프로그램에 따라 다른 형태로 결과성과 측정표가 만들어진다. 프로그램 결과성과의 측정표를 만들 때 단기, 중기, 장기성과와 산출 및 품질로 구성하여 프로그램 목표를 보다 명확하게 보여주는 논리모델(logic model)을 활용한다(Hatry, et al, 1996).

논리모델은 〈표 4-3〉의 양식을 사용하여 프로그램에 투입되는 인력과 자원의 투입을 통해 프로그램 활동이 이루어지고, 이 활동은 실적의 산출이 되며, 산출로 결과성과가 단기, 중기, 장기별로 나타나게 된다. 이러한 시간과 인과관계의 흐름 속에 논리적으로 구성한 체계를 사용하여 목표를 세우는 것이 논리모델이다.

〈표 4-3〉 논리모델의 구조

프로그램명 : 문제의 정의					
투 입	활 동	산 출	결과성과		
			단기성과	중기성과	장기성과

출처 : Hatry, et al.(1996). Measuring Program Outcomes : A Practice Approach. United Way of America.

투입은 프로그램 수행에 투입되거나 과정 중에 사용하는 것으로 사회복지사, 참여 신청한 클라이언트, 각종 도구 및 기자재, 시설 및 공간, 예산 등이 포함된다.

활동은 목표 달성을 위한 프로그램을 진행하는 활동 과정이다. 교육과 훈련, 상담과 심리치료 활동, 나들이와 캠프, 자조모임 등의 다양한 형태로 표현된다.

산출은 프로그램 활동의 결과로 나온 모든 직접적인 실적들이다. 프로그램 진행 횟수 및 시간, 참여한 클라이언트의 출석률, 사용된 도구의 양, 소모 예산 등이 모두 포함된다.

성과는 프로그램의 활동 결과로 얻게 되는 혹은 달성하는 목표로, 결과적 요소이다. 새로운 지식이나 기술을 배움, 태도나 행동이 달라짐과 그로 인해 얻게 되는 이익, 변화 등이며, 궁극적으로는 클라이언트 종결 상태를 완성하는 것이다. 단기성과, 중기성과, 장기성과의 변화는 유기적으로 연결되어야 한다. 특히 단기성과의 경우, 시간적 제한 내에 실제 달성할 수 있는 수준으로 구체적이고 측정 가능한 결과의 상태로 규정되어야 한다.

논리모델에 따라 고등학교에 재학 중인 10대 임산부를 대상으로 하는 임신육아교육 프로그램의 사례를 살펴보자.

투입의 경우 인적자원으로는 사회복지학 석사(MSW)인 프로그램 전담 매니저 1명이 중심이 되고, 시간제 고용으로 정식 등록된 간호교사를 고용하여 프로그램을 함께한다. 물적자원은 임산부를 위한 각종 교육자료, 비디오, 그리고 유용한 관련 전문도구들이다. 클라이언트는 프로그램에 참여하기로 결정한 10대 임산부 고교생 중 사회복지조직과 학교에서 확정한 대상이다.

프로그램 활동은 아기들에게 도움이 되는 영양공급, 성장, 안전과 관련된 교육 프로그램을 본 임신육아교육 프로그램을 통하여 제공하고, 이전에 출산 경험이 있는 선배 엄마들로부터 지지, 또는 선행 경험으로부터 도움이 될 만한 내용을 교육받게 한다.

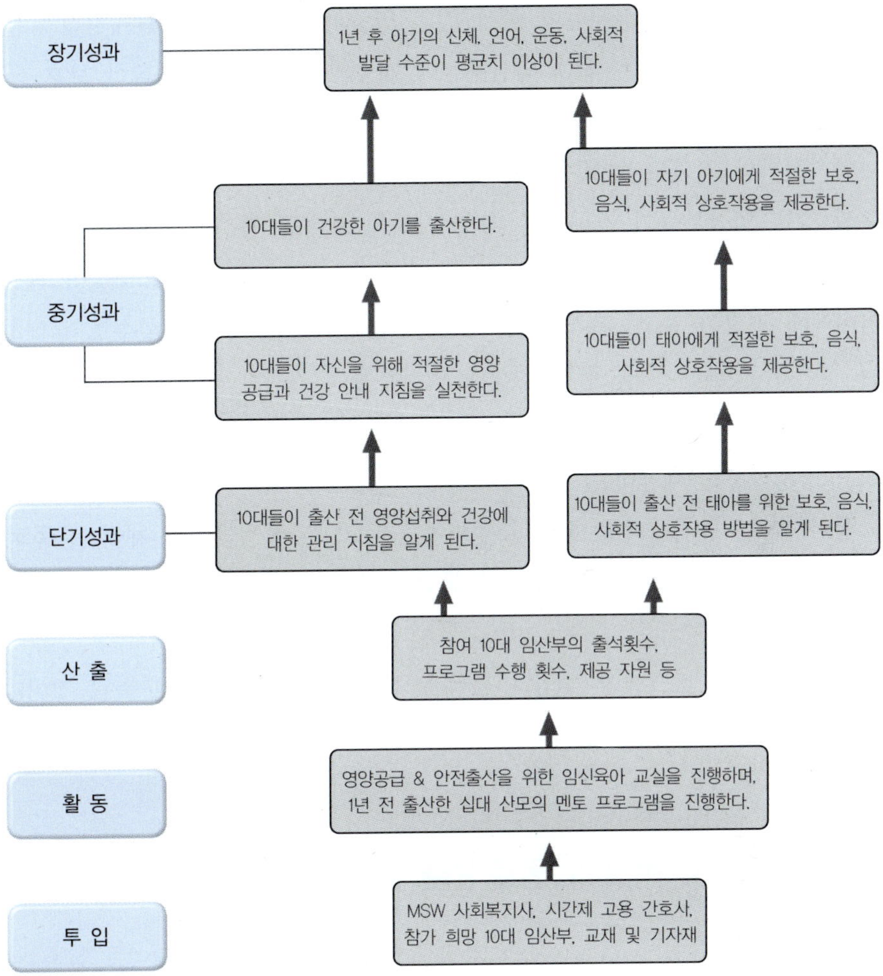

|그림 4-2| **임신한 10대를 위한 프로그램의 논리모델 사례**

출처 : Hatry, et al.(1996). Measuring Program Outcomes : A Practice Approach. United Way of America.

산출성과는 본 프로그램에 참여한 십대 임산부의 출석 횟수나 참여 시간의 양이며, 프로그램 수행 횟수, 제공된 비타민의 양, 교육 교재의 양 등의 자원이 포함된다.

결과성과는 단기성과, 중기성과, 장기성과로 구성된다. 단기성과는 두 가지인데, 첫째는 십대 임산부들이 출산 전의 영양과 건강에 대한 안내지침을 알고 있어야 한다. 둘째는 십대 임산부들이 태중의 아기들에게 적당한 보호, 급식, 사회적 상호작용을 할 수 있는 방법을 알고 있어야 한다.

단기성과의 결과로 얻어지는 중기성과는 시기에 따라 네 가지로 구성된다. 우선 십대 임산부들이 자신들이 배운 지식을 토대로 자신을 위한 적당한 영양공급과 건강 안내 지침을 스스로 실행하는 것이다. 둘째는 10대들이 태중 아이에게 적당한 보호, 음식, 사회적 상호작용을 직접 적절한 횟수로 실행하는 것이다. 셋째는 이를 통하여 십대 임산부들이 건강한 아기를 출산하는 것이다. 넷째는 십대 임산부들이 자기 아기에게 적당한 보호와 음식, 그리고 사회적 상호작용을 제공하는 것이다.

장기성과는 중기성과를 통하여 얻어지는 것으로, 아기들이 신체적, 운동적, 언어적, 그리고 사회적 발달 수준이 동년배 수준의 평균 발달 정도를 달성하는 것이다.

논리모델은 프로그램의 투입과 활동을 통해 산출과 성과가 도출될 것이라는 관리 기법을 활용함으로써 프로그램 운영의 성과를 높이려는 노력이다.

5. 목표의 명료성을 높이는 고민들[3)]

① 클라이언트 종결 상태 혹은 변화의 상태가 목표여야 한다. 목표를 과정이 아닌 클라이언트 종결 상태의 결과 중심으로 기술해야 한다. 회의 횟수가 아닌 네트워크 구축의 결과로 '마을 축제의 공동 개최 및 진행'과 같은 '변화'로 정해야 한다. 만약 은둔형 외톨이를 위한 프로그램에 참여한 청소년들 간에 서로 친구들을 사귀고, 정기적으로 만나고 카톡도 자주 하고, 함께 기획하고 영화를 같이 만드는 청소년 동아리로 만든다면

3) 우수명 외(2017). 지역사회복지론. 지식공동체의 내용을 보완하였다.

이들은 은둔형 외톨이가 더 이상 아니다. 이 상태가 목표가 된다. 네트워크 회의 횟수는 과정에 얼마나 열심히 했는지를 보여주지만, 실적인 네트워크 구축의 결과성과를 충분하게 보여주지 못한다. 오히려 함께 마을 축제를 같이 준비하고, 역할을 분담하고, 함께 개최하고, 결과를 공유하는 활동을 만들고, 그 유무에 따라 판단하는 것이 좋다.

② 비율척도로 측정 가능한 목표가 더 구체적이다. 자존감이나 사회성 점수는 등간척도로 구성된 추상적인 정보의 점수이다. 추상적인 정보이기 때문에 자존감이나 사회성이 0점으로 변화가 없거나 1점 변화한 경우와 2점 변화한 경우, 10% 변화한 경우와 20% 변화한 경우 간에 무엇이 다른지 그 차이를 알기 어렵다. 그러나 카톡 친구가 한 명도 없는 청소년과 일주일 1회 연락하는 친구가 1명 있는 청소년 그리고 매일매일 연락하는 친구가 2명 있는 청소년은 목표의 달성 결과가 다르다는 것을 이해하기 쉽게 보여준다. 그러나 한국 문화 특성상 당분간은 척도를 이용한 목표의 평가를 같이 사용하는 것을 권장한다.

③ 실험설계를 적용할 경우 설계의 조건들을 정확하게 적용해야 한다. 사전-사후측정을 이용한 목표 설정에서는 실험설계나 준(quasi)실험설계가 아닌 전(pre)실험설계는 심각한 내적 타당성의 문제를 가지고 있다. 그래서 사전-사후 점수의 변화를 외부 효과가 없는 프로그램의 효과라고 단정하기 어렵다. 또한 사전-사후의 통계분석에서도 통제집단의 변화량을 제외한 순 효과(net effect)를 측정해야 하며, 다른 외부요인을 통제한 공분산분석이나 반복측정분산분석을 적용하는 것이 유리하다.

④ 목표 선택과 집중의 효과를 극대화해야 한다. 사회성 능력 향상을 목표로 할 때와 소집단 내에 친구들을 만들어 주는 것을 목표로 할 때 프로그램의 내용은 크게 달라질 수 있다. 사회성 능력은 그 자체가 광범위하고 향상의 구체적인 방법도 사람마다 크게 다를 수 있다. 반면에 외톨이 친구들을 하나의 공동체로 만들기 위해서는 함께 식사도 하고, 놀이도

하고, 밤도 같이 지새며 좋은 추억과 공감대를 만드는 노력을 하면 좀 더 목표달성에 집중할 수 있는 효과가 크다. 처음 프로그램의 계획 때부터 영화나 특정 분야에 공통의 관심사가 있는 청소년들을 모아놓은 경우 공동체 효과를 극대화할 수 있다. 좀 더 결과 지향적인 분명한 목표는 프로그램의 기대효과도 분명하고 효과를 극대화할 수 있도록 선택과 집중의 가능성을 높인다.

⑤ 사회복지적 가치지향성이 담긴 목표여야 한다. 'Chapter 2의 (3) 사회복지 실천 가치를 적용한 프로그램 기획 사례'를 다시 한번 살펴보자. 많은 경우 밑반찬 배달 자원봉사 학생이 어르신 댁을 방문하여 반찬을 드린다. 이때 대부분 1~2분 머물며 빈 반찬통을 회수하고 다른 집으로 가거나 복귀한다. 만약 반려동물을 기르는 경우 저녁에 귀가하여 만나게 된다면 먹을 것만 주고 관심을 끊을 수 있을까? 어떻게 보면 가축도 그렇게 기르지 않는다. 이러한 밑반찬만 배달하는 사업에서 클라이언트는 과연 본인이 인간으로 존엄한 대우를 받는다는 느낌을 가질 수 있을까? 어르신에게 긍정적인 역할을 부여하여 존중받는 경험을 제공하는 경우와 차이가 적지 않을 것이다. 좋은 목표는 사회복지 실천 가치의 실현이나 담금이 있어야 한다. 조직의 미션 비전과 연결된 가치여도 좋고, 본인의 사회복지 실천 철학이 담겨도 좋다. 당장 가치성을 목표로 표현하기 어렵다면, 이를 담으려는 고민이라도 있어야 하고, 자기만의 시도를 통하여 가치의 현상화를 위한 노력을 지속해야 한다.

과정 중심이거나 과도한 척도 사용에 의존한 목표는 다소 애매하며, 평가결과가 불분명해질 수 있다. 더군다나 측정 시 클라이언트에게 주는 불편함도 크다. 목표달성이 통계적으로 분명히 실패한 것으로 확인되어도 실패했다고 기술하는 경우는 거의 없다. 이는 우리 문화에서 평가가 강압적인 형태의 왜곡된 평가이기 때문이다. 목표의 설정과 평가는 결과 중심으로, 성장과 학습을 위한 긍정과 지지의 형태로 진행되어야만 이런 문제를 해결할 수 있다. 목표를 수행하는 과정에서는 끊임없이 소통하고, 이해하고, 함께하는 노력이 필요한 과정적 특성이 중요해지지만, 목표 자체에 도달하기 위해서는 효과적으로 목표에 집중할 수 있는 결과 지향적인 노력이 필요하다.

6. 성과평가 도구 점검하기

성과평가 도구 점검하기는 프로그램이 종결되는 시점에 진행하게 되면 평가가 정상적으로 이루어지지 않기 때문에 목표를 세울 때부터 타당하고 신뢰성 있는 방법으로 준비해야 한다. 또한 프로그램 수행 이전의 기초선 조사에 해당하는 사전 조사(post test)가 필요한 경우도 많기 때문에 목표가 정의되었다면 그에 맞는 적절한 성과평가 도구를 준비해야 한다.

성과평가 도구는 목표의 달성 정도를 진단하기 위하여 사용한다. 따라서 목표 달성을 통한 클라이언트(가족 혹 지역사회)의 긍정적 변화나 새롭게 창출된 이익 등을 구체적이고, 가시화된 정보로 확인할 수 있는 결과를 제시할 수 있어야 한다. 이를 위한 다양한 방법들이 있으며, 이를 활용하기 위해서는 평가에 대한 이해가 중요하기 때문에 본 서의 'PART 2. 프로그램 평가'를 학습한 후에 다시 한번 살펴보는 것도 좋은 방법이 될 것이다.

여기서는 프로그램을 계획하는 단계에 필요한 성과평가 도구에 대한 논의를 이끌어 갈 것이다. 성과평가 도구는 주로 5점 질문들을 여러 개 묶어 측정하는 총합평점척도(summated means scale, 이하 척도[4])를 이용하여 사전-사후 측정을 하는 방식이 가장 많이 사용되고 있다. 이미 검증을 통해 타당도와 신뢰도가 확보된 척도를 사용하는 것은 점수 차이로 변화 정도를 쉽게 확인할 수 있는 장점이 있다. 이는 목표의 구체성과 측정 가능성의 요건을 충족시키기 유

4) 특별한 언급이 없다면 척도는 표준화된 총합평점 척도를 의미한다.

리하다. 잠시 뒤에 살펴보겠지만, 이러한 척도를 이용한 사전-사후 비교는 프로그램의 목표와 잘 맞지 않는 경우도 많으며, 수량적 편리성에도 불구하고 논리적인 여러 문제를 야기하기 때문에 한계가 많은 성과평가 측정 방식이다.

다른 보완적 방식으로 사회복지사가 자신의 프로그램의 목표에 가장 최적화된 성과평가 측정 기준을 새로 정하고, 평가를 진행하는 것이다.

직관적인 논리성이나 경험적 타당성을 중시하지 않는 일부 학자들로 인해 과학적이지 않다고 비난받기도 하지만, 측정의 내용 타당성 측면에서는 척도를 이용한 평가보다 정확한 경우가 많다. 만약 척도의 측정 결과와 사회복지사의 관찰 결과가 서로 다르다면, 둘 중 하나는 잘못된 측정을 한 것이다. 공동모금회 보고서에서 흔히 볼 수 있는 표현 중 하나의 패턴은 '우리가 보기에는 은둔형 외톨이였던 클라이언트의 행동과 태도가 크게 달라져 친구도 사귈뿐만 아니라 카톡하고, 밥도 먹고, 동아리 활동도 착실하게 다니고 있다. 그러나 대인관계 점수와 사회성 점수의 사전-사후 차이는 통계적으로 유의미하지 않았다.'와 같은 것이다. 이 경우라면 척도가 잘못된 것이다. 클라이언트의 행위가 변화하였는데, 척도가 담아내지 못했다면 척도를 개선해야 할 방법을 찾아야 한다. 사회복지 현장에서는 이러한 모순적 상황들을 필자도 자주 경험하였으며, 상당히 자주 발생한다.

표준화된 척도와 조작적 정의 척도의 균형잡힌 상호보완적인 사용이 지금은 필요한 시기이다. 그러나 장기적으로는 조작적 정의 척도의 활용이 더 중요해질 것이며, 그래야만 한다. 프로그램 평가는 프로그램마다 고유한 성과목표들이 다양하고 진보의 속도가 매우 빠른 반면에 표준화된 척도의 개발 속도는 이를 도저히 따라갈 수 없기 때문이다. IT 산업의 새로운 패러다임은 우리의 삶을 크게 바꾼 것 같은 변화가 사회복지 프로그램 평가 영역에서도 서서히 나타나고 있기 때문이며, 중요한 가치 평가는 표준화된 척도로 측정하는 것이 어렵거나 불가능하기 때문이다.

1) 표준화된 척도를 이용한 성과평가(사전-사후 검사)

(1) 표준화된 척도를 사용하기 위한 준비

표준화된 척도와 관련된 정보는 본 서 맨 앞쪽 QR코드를 사용하거나, '공동모금회 배분사업 성과측정을 위한 척도집(최소연 외, 2017)'을 검색하여 다운받아 사용하면 상당히 유용하다. 또한 박사 논문 중 척도개발을 주제로 한 자료들을 찾아서 적용하는 것도 좋을 것이다.

표준화된 척도를 사용한 성과평가는 프로그램의 목표와 척도 간의 일치성, 즉 가장 유사한 측정 개념을 담은 척도를 찾는 것이 어렵다. 이는 측정의 타당성을 확보하는 데 가장 중요한 것인데, 이때 흔히 하는 실수가 척도의 내용을 성과목표 그 자체로 삼는 것이다. 예를 들면, 자아존중감 향상이나 대인관계 역량 강화 같은 것들이다. 자아존중감을 향상하기 위한 프로그램의 범위는 매우 넓으며, 구체적이고 명확한 프로그램 구성이 어렵고, 설령 프로그램을 구성하여 진행한다고 하더라도 자아존중감에 직접적인 영향을 미치는 요소를 확인하기도 어렵다. 이는 다음의 유의 사항을 잘 읽어보면서 확인해 보면 될 것이다. 표준화된 척도 사용의 문제를 보완하기 위해서는 조작적 정의에 의한 척도 사용을 동시에 진행하는 것이 적절하다.

표준화된 척도의 활용도를 높이기 위해서는 신뢰도 분석과 타당도 분석 방법은 물론 다양한 통계분석 역량을 갖추는 것이 필요하다. 단순히 사전-사후 변화량을 기술통계로 분석할 것인지, t-검정을 이용할 것인지, 반복측정 분산분석을 이용할 것인지, 구조방정식을 적용할 것인지에 따라 조금 다른 결과가 도출될 수도 있다. 또한 부가적으로 상관관계나 여타의 통계분석을 이용하여 부족한 정보를 보완할 수도 있기 때문에 사회복지사의 통계분석 능력에 따른 성과평가의 결과와 질은 달라질 수 있다.

표준화된 척도의 효과적인 적용을 위해서는 실험설계를 원칙대로 적용하여 내적 타당도를 확보하는 것이 중요하다. 여기서 내적 타당도는 실험집단의 변화가 사회복지사의 개입에 의한 것이라는 증명을 통해서 확보되는 것인데, 난선화(random), 통제집단, 전후 비교 등을 통해 개입의 영향력이 타당하다는 근거를 보강해야 한다. 그러나 사회복지 현장에서는 준실험설계(Quise Experimental Design)는커녕 원시실험설계(Pre Experimental Design)를 적용하는 경우가 대부분이기 때문에 내적 타당도가 거의 없다는 한계를 명확하게 알아야 한다.

(2) 표준화된 척도를 이용한 사전-사후 검사 시 유의 사항

프로그램 수행 전과 수행 후의 측정을 위한 표준화된 척도의 사용은 추상적인 클라이언트의 인식의 변화를 보여주는 가장 과학적 기법이다. 척도는 사전에 신뢰도와 타당도를 검증한 자료라고 제시된 것을 사용하며, 그로 인해 사회복지사는 자신의 관찰 결과와 척도의 결과가 일치하지 않아도 문제라고 생각하기보다 방어적 자세를 취한다. 그런 암묵적인 문화가 사회복지 실천 현장을 지배하기도 한다. 많은 현장 자문을 거쳐 안타까운 것 중 하나가 바로 이 문제이다.

표준화된 척도는 근본적인 한계가 몇 가지 있으며, 이를 보완하여 사용한다면 좋은 효과성 증명의 도구로 사용할 수 있다. 즉, 다음의 설명은 표준화된 척도를 사용하되 잘 알고 사용하라는 의미로 타당도의 문제, 신뢰도의 문제, 측정결과의 문제를 중심으로 유의사항을 제시한 것이다.

① 타당도의 문제

타당도는 측정하고자 하는 개념을 정확하게 측정했는지의 문제이다. 표준화된 척도의 측정 내용과 프로그램의 진행 내용이 일치할 경우 프로그램의 효과를 측정하는 좋은 도구가 된다. 그러나 이 둘이 일치하지 않을 때, 즉 내용타당도가 문제가 있을 때에는 프로그램의 효과성을 잘 보여주지 못하게 된다. 다음 두 가지의 경우를 유의하여, 프로그램 내용과 표준화된 척도의 측정 내용이 일치하는지 하나하나 대조하고, 부적절한 것을 제외시켜 내용 타당도를 보완해야 한다. 사례로 은둔형 외톨이인 청소년들을 대상으로 한 대인관계 향

상 프로그램의 내용과 사전-사후 측정에 사용된 대인관계 척도를 비교하여 개념상 유사한 것을 연결시킨 | 그림 4-3 | 을 보자.

대인관계 척도 예	
1	나는 여러 사람 앞에서 이야기하기가 어렵다.
2	나는 새로운 것에 익숙해지는 데 많은 시간이 걸린다.
3	나는 친구들에게 인기가 있다.
4	대체로 다른 사람들이 내 생각을 따라주는 편이다.
5	다른 사람들에 비해 나는 별로 사랑받지 못한다. (이하 생략)

진행 프로그램 내용 예	
1	자기 표현하기, 친구 이해하기
2	신체활동을 통한 협동과 관계 훈련
3	주제 토론을 통한 생각 공유하기
4	캠프 계획을 스스로 하고, 진행하기
5	관심 동아리 찾기 (이하 생략)

|그림 4-3| **대인관계 척도의 내용과 프로그램 진행 내용의 매칭**

ⓐ **척도의 측정 내용**이 내가 수행하는 프로그램과 일치하는가? 위 그림에서 다른 친구들에게 인기를 얻기 위한 방법이 진행 프로그램에는 포함되어 있지 않다. 이 경우 응답자는 사전-사후 변화량이 거의 없는 것으로 반응한다. 따라서 사전-사후 변화량은 거의 0이며, 효과성이 없는 것으로 나타난다. 프로그램의 내용과 상관없는 척도의 항목은 제거하는 것이 내용 타당도를 높인다. 이 경우 척도의 원 저작자가 구성한 개념 구성체가 달라지는 문제가 있기 때문에 원칙적으로는 타당도, 신뢰도 검사가 추가로 이루어져야 한다. 타당도 검사의 경우 사회복지사가 요인분석을 사용할 수준이 되지 않는다면 내용타당도 검사를 추천한다.

ⓑ **프로그램 고유 특성**을 척도를 통해 측정할 수 있는가? 참여하는 청소년 스스로 여행을 계획하고 다녀오거나, 관심 동아리를 스스로 찾는 활동이 프로그램에 포함되어 있는 경우, 척도에 측정할 내용이 없는 경우가 있다. 그럴 경우 척도에서 프로그램을 측정할 수 없기 때문에 내용 타당도가 떨어진다. 만약 사용하고자 하는 척도에서 프로그램의 강점이나 중요한 특성을 평가하지 못한다면 다른 평가 방법을 모색해야 한다. 이 경우

에도 프로그램 고유 특성에 맞는 조작적 정의에 의한 평가를 적용하는 것이 내적 타당도를 높일 수 있는 효과적인 방법이 될 수 있다.

ⓒ 통상 현장에서는 통제집단 없이 사전-사후 검사만으로 평가를 진행하는 경우가 대부분이다. 이 경우 원시실험설계(Pre Experimental Design)에 해당하는 것으로, 실험설계에서 요구되는 난선화(random, 무작위 배분), 통제(비교)집단에 의한 통계(control)가 적용되기 어려운 상황이 된다. 따라서 그 자체로 이미 설계의 내적 타당도와 신뢰도가 떨어지게 된다. 그렇기 때문에 조작적 정의에 의한 성과평가가 프로그램 내용과 측정내용이 일치하다면, 오히려 더 정확하고 타당도 높은 측정 방식이 될 것이며, 다수의 관측자와 평가도구의 적용을 통해 신뢰도도 더 높은 측정 방식이 될 수 있다.

② 신뢰도의 확보

측정의 신뢰도는 표준화된 척도가 갖는 등간척도가 갖는 한계와 사회복지사의 양심적인 태도와 관련이 깊다. 사회복지사는 표준화된 척도가 의미하는 개념을 정확하게 이해해야 하며, 설명할 수 있어야 한다. 또한 자신의 관찰평가의 결과에 대한 솔직한 확신이 있다면 이를 당당하게 주장해야 한다.

ⓐ 내가 **관찰한 결과**와 척도의 **측정 결과**는 일치하는가? 척도의 측정 결과 사전-사후의 변화는 통계적으로 의미가 없었는데, 관찰 결과 은둔형 외톨이인 청소년이 프로그램을 통해 친구도 잘 사귀고, 동아리 활동도 적극적으로 참여하게 된 결과를 확인했다면 이 프로그램은 효과가 있는 것인가? 없는 것인가? 만약 효과가 있다고 판단한다면 이를 측정하지 못한 척도는 타당도가 없는 것이다. 무엇이 틀렸는지 확정을 지어야 문제를 해결할 수 있는 방법을 찾을 수 있다. 그러나 이도 저도 아닌 것처럼 모호하게 평가를 진행한다면 평가의 효용성은 떨어진다.

ⓑ 대인관계 점수가 1점(혹은 10%) 증가한 경우와 2점(혹은 20%) 증가한 경우, 그 **변화량의 차이**를 구체적으로 설명할 수 있는가? 척도를 이용한

측정은 대부분 등간척도로 만들어진 항목을 이용한다. 등간척도 자체가 절대0점이 없는 추상적인 정보이다. 따라서 비율척도로 측정된 친구의 수나 동아리 출석률과 같은 정보에 비하여 구체적이지 못한 정보이다. 따라서 어떤 척도를 사용하든 측정에서는 불완전성이라는 한계가 생길 수밖에 없다. 많은 사업계획서에는 대인관계 능력 10% 향상과 같은 목표를 정하고 평가하지만, 이 개념을 분명하게 이해하고 있는 사회복지사는 많지 않다. 10%가 무엇인지, 20% 변화와는 어떻게 다른지를 구체적으로 설명할 수 없다면 적절한 목표도, 좋은 평가 기준도 될 수 없다. 등간척도는 신뢰도와 타당도가 확보된 척도라 하더라도 그 자체가 이미 추상적 개념을 수량화한 과정을 거치므로 실체값과 측정값 사이의 개념적 오차는 비율척도에 비하여 더욱 커지는 한계가 있음을 늘 상기하여야 한다.

③ 측정결과의 분석

표준화된 척도를 분석하는 다양한 방법들이 있다. 이 중 사전-사후 측정을 한 경우를 중심으로 살펴보자.

ⓐ 얼마만큼 **사전-사후 값의 차이**가 나타나야 좋아졌다고 판단할 수 있는가? 소집단의 경우 사전-사후 비교에서 통계적으로 유의미한 차이가 잘 안 나오는 결정적 이유 중의 하나는 표본의 수가 적기 때문이다. 사전-사후의 값 간의 평균 차이와 표준편차가 동일하더라도 사례 수가 증가한다면 통계적인 유의확률은 낮아지는 경향성이 커진다. N(분석대상자 수)에 의존적인 통계 분석의 특징 때문이다. 소집단의 실험설계 적용 결과에서 유의미한 변화가 나타나지 않더라도, 여러 소집단에서 동일한 척도를 사용하여 평가하고, 그 값들을 하나로 묶어 사전-사후 비교를 하는 경우 사례수가 크게 증가하여 $p<0.05$가 나올 가능성은 증가한다. 그렇다면 프로그램의 효과에 의한 유의미한 변화라고 규정짓는 것이 증가된 사례에 의한 것이 아닌지라는 의문을 갖게 된다.

ⓑ **변화량 및 오차**를 고려하여 통계 분석할 수 있는 기술을 가졌는가? 사전–사후 차이를 분석할 때, 실험집단과 통제집단의 사후 값을 독립표본 t–검정으로 비교하는 경우가 있는데, 이는 사전 값을 통제하지 못한 제한된 정보이다. 변화량을 추출하여 비교하거나 공분산분석을 사용하는 것이 더 유용할 수 있다. 다양한 척도의 특성을 분석할 수 있는 통계분석 능력에 따라 평가정보의 질이 달라질 수 있다. 특히 통제집단의 효과 정도를 제거한 실험집단의 순 효과(net effect)를 추출해 분석하는 것이 더 정확하다.

2) 조작적 정의를 이용한 성과평가의 준비

(1) 조작적 정의 척도를 사용하기 위한 준비

조작적 정의 척도는 평가자가 프로그램 성과평가에 필요한 기준들을 인위적으로 정의하거나 혹은 기존의 기준들을 재구성하여 만든 후 사용하는 평가 방법이다. 사회복지사의 현장성을 통한 창의적 성찰과 추상적인 성찰을 개념화하여 구체적으로 측정할 수 있는 문장이나 질문으로 구성하는 창의성이 중요하다.

조작적 정의 척도를 구성하기 위하여 필요한 몇 가지 질문들이 있다. 은둔형 외톨이 청소년을 위한 프로그램을 예로 살펴보자.

첫째, 결과 중심으로 상상하기이다. 내가 수행하는 프로그램의 성과가 최고로 이상적으로 달성된 후의 클라이언트의 변화된 모습, 달라진 모습은 무엇인지 상상하는 것이다. 은둔형 외톨이가 더 이상 은둔형 외톨이가 아닌 여러 모습들을 상상해 보자. 정기적으로 만나서 밥도 같이 먹고, 문화활동도 같이하며, 카톡도 자주하는 친구가 생겼다면 은둔형 외톨이인가? 자신이 좋아하는 동아리 활동에 참여하여 정기적으로 출석하고, 활동을 이어가는 모습을 상상해 보자. 바로 이러한 모습이 성과가 이상적으로 달성한 상태의 예가 될 수 있다.

둘째, 클라이언트의 변화 모습이 클라이언트 종결 상태의 모습인지 살펴보는 것이다. 친구와 만나고 동아리 활동을 한다면, 은둔형 외톨이라고 할 수 있는가? 그렇지 않다면 클라이언트가 종료된 상태로 정의할 수 있는가? 사회적 활동이 활발해지면 더 이상 은둔형 외톨이이라고 정의내릴 수 없으므로 클라이언트 종료 상태로 확신할 수 있다. 그렇다면 조작적 정의에 적용할 수 있는 가능성이 높아지게 된다. 물론 노인의 건강과 같이 더 좋아지기 어려운 경우에는 현상 유지나 악화 속도의 감소 등으로 정의할 수 있는 것도 있으니 유의해야 한다.

셋째, 클라이언트의 변화 모습을 구체적이고 측정 가능한 숫자로 표현할 수 있도록 정의하는 것이다. 예를 들면, 지난 한 달 동안 만난 친구의 숫자와 유형별(예 카톡, 식사 등) 만난 횟수, 동아리 활동 출석률과 같은 것이다.

넷째, 과정과 결과가 사회복지 실천 가치에 적절한지 점검하는 것이다. 일방적으로 동아리를 배정하고 출석을 강요했다면 클라이언트의 자기결정권이나 존중의 경험이 지켜지지 않은 것이다. 그러나 클라이언트가 하고 싶은 것을 할 수 있도록 기회를 제공하고, 강점을 발휘할 수 있는 동아리를 연계하였다면 긍정적인 것으로 볼 수 있다.

(2) 조작적 정의 척도를 이용한 성과평가 시 유의 사항

조작적 정의 척도를 활용하는 데 있어서 가장 어려운 점은 유사 사례가 없다면 사회복지사가 참고할 정보 없이 자신의 성과목표를 토대로 새로운 척도를 만들어야 한다는 것이다. 프로그램의 성과목표는 프로그램마다 다를 수 있기 때문에 조작적 정의 척도 또한 매번 다른 것을 만들어야 하는 상황이 생길 수 있다. 동일한 조건의 다음으로 프로그램의 성과목표가 추상적인 경우, 이를 구체적인 결과의 상태를 수량화하는 것이 어려울 때가 적지 않다. 그렇기 때문에 창의적인 사고가 필요한 것은 물론 프로그램의 성과목표의 달성 결과 상태와 논리적, 경험적으로도 적합한 척도를 새롭게 만들어야 한다. 이를 위해서는 개선을 생각하는 합리적이고 논리적인 사고가 필요하다. 척도의 사전사후 성과측정 결과와 사회복지사의 관찰 결과가 다르다면 둘 중의 하나는 오류가 있을 수밖에 없다. 오류를 시정하고자 하는 의지가 없다면 창의적인 생각은 불가능하다.

마지막으로 새로운 시도는 과거의 구태와 충돌할 수밖에 없게 된다. 특히 표준화된 척도를 이용한 사전-사후 측정이나 통계적인 검정을 선호하는 수퍼바이저가 있다면 조작적 정의 척도는 무시당하거나 배제되는 일도 생길 수 있다. 은둔형 외톨이의 성과를 측정하는 데 대인관계 점수 향상과 새로운 친구들과 카톡하고, 같이 밥먹는 행동을 하는 것 중 더 명확한 것은 후자이다. 통계적 검정이 없기에 의미가 없다는 주장은 타당도에 대한 이해 부족과 전(원시)실험설계의 한계를 잘 모르기 때문일 것이다.

다음 박스의 설명과 다음 |그림 4-5|에 나오는 마을 시설 이용하기를 통한 사회성 향상 평가의 사례와 같은 성과평가는 기존에 없는 틀이다. 또한 제13장의 사례관리에서 욕구에 대응하는 서비스 제공의 성과를 평가한 사례도 욕구에 맞는 서비스 제공이라는 가장 중요한 기본적인 원칙을 평가할 수 있도록 조작적 정의를 한 성과평가 척도들이다. 이 사례 또한 제한적으로만 적용 가능하기 때문에 늘 새로운 프로그램에 맞는 새로운 성과평가 척도를 생각해야 한다.

주민관계 성장을 쉽게 평가하는 방법

부록의 설문지 중 Ⅰ. **마을주민 네트워크 성과 척도(사전-사후 사용)**를 이용하여 주민관계 분석을 쉽게 활용할 수 있는 방법을 살펴보자.

사전조사에서 나온 주민 이름들을 종이에 원형이나 위치에 따라 배열한 후 친밀도만 예를 들어 살펴보자. 첫 모임에서 서로 모르는 경우가 많아 친한 사람으로 선택한 경우는 적을 것이다. 만약 박△△가 한○○, 김△△와 친하다고 응답하고 아무도 친한 사람이 없을 경우 사전 그림과 같은 결과가 나올 것이다. 박△△의 설문지에 박△△가 응답한 사람들을 화살표로 긋는다. 이 경우 김△△도 박△△와 친하다고 응답하였기에 양쪽 화살표가 나타나지만, 한○○는 아무도 친하다고 응답한 사람이 없어 일방향 화살표가 된다.

사후조사에서 마을활동이 충분하게 잘 이루어졌다면 친하다고 응답한 이들은 더 많아지고 관계망은 촘촘하게 나타날 것이다. 이를 통해 관계가 형성이 아직 부족하거나 단절된 이들을 찾아 다음 모임에 이들과의 친밀관계 형성을 위한 계획을 세워야 한다. 아래 사후 그림에서 김○○는 어느 누구와도 친하다고 응답하지 않았다. 홍△△와 한○○는 김○○와 친하다고 응답했지만, 김○○는 그렇지 않았다. 이는 일방적 관계를 의미한다. 또한 많은 관계망이 형성된 이는 누구이며, 왜 그런지 관찰, 면접 등을 통해 보완해야 한다. 네트워크 관계망으로는 그것을 파악하기 어렵기 때문이다.

주민관계의 쉬운 평가는 소집단 활동의 응집력을 평가하는 경우에도 효과적으로 사용할 수 있다. 자세한 내용은 우수명(2012). 네트워크 분석을 활용한 집단 프로그램의 사전-사후 응집력 평가 연구 - 친밀과 신뢰 네트워크를 중심으로. 한국사회복지행정학 제14권 제1호(통권 34호), pp. 1-25를 참조한다.

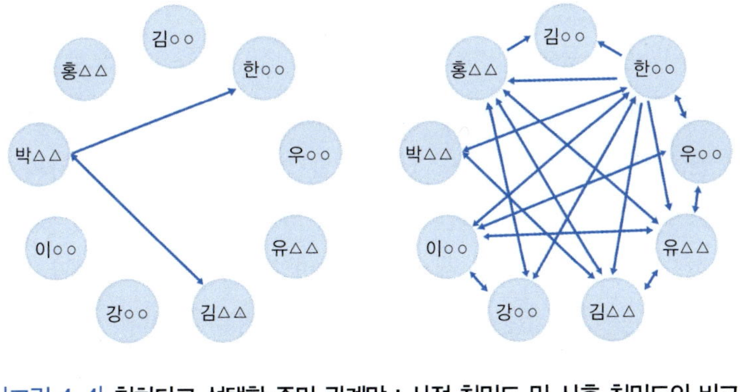

|그림 4-4| **친하다고 선택한 주민 관계망 : 사전 친밀도 및 사후 친밀도의 비교**

3) 평가도구의 활용 준비

프로그램 계획 시 성과를 사전과 사후의 변화량으로 측정할 것인지(실험설계 방식), 프로그램 종결 후에 결과를 중심으로 측정할 것인지(결과성과 방식) 판단해야 한다. 원래 성과 평가는 목표로 제시된 결과성과의 달성 여부만을 판단하기 때문에 사전-사후 방식의 평가를 적용하지 않는다. 그러나 한국의 평가 문화는 사전-사후 평가를 주로 사용한다. 결과성과는 서양의 명사형, 단절형 문화에 기반해서 만들어졌다(제4장 2절 뒷부분 박스기사 '목표의 명료성을 높이기 위해 생각할 문화 이미지 문제'를 참고). 그러나 우리 문화에서는 결과성과도 사전-사후 평가를 더 편안하게 받아들인다. 그래서 결과성과를 측정하면서 사전검사를 같이 하는 하이브리드 방식의 평가가 확산되었다. 당분간은 사전-사후 평가를 활용하는 것이 필요하다.

다음으로 표준화된 척도를 사용할 것인지, 조작적 정의 척도를 사용할지 결정한다. 표준화된 척도의 유의사항은 다음 평가에서 설명한다. 결과성과를 측정하는 방식은 대부분 조작적 정의 척도를 사용한다. 제4장에 있는 임신한 10대 임산부가 건강한 아이를 낳았는지, 아이와 상호작용을 하고 있는지, 건강에 좋은 이유식을 제때 먹이는지를 Yes와 No로 판단한다. 프로그램의 목표를 보다 정확하게 측정할 수 있다면 조작적 정의 척도 방식이 더 실용적이며, 쉽게 할 수 있다.

평가할 때 많은 이들이 어려워하는 것은 발달장애인을 대상으로 하는 프로그램의 성과 평가이다. 당사자로부터 실제 성과를 측정하기 어렵기 때문이다. 이때 다양한 자원을 활용하여 평가할 수 있다. 예를 들면, 발달장애인의 사회성 발달을 측정한다면 어떻게 평가할 수 있을까? 사회성 발달 중 지역사회의 다양한 시설을 이용하는 훈련을 한다는 목표를 세우자. 그러면 목표는 앞으로 1년간 지역사회에서 자기 혼자 이용할 수 있는 시설의 수를 증가시키는 것이다.

사회복지사는 이용할 수 있는 목표 시설을 정하고 프로그램을 수행하면서 관찰하고, 사진을 찍고, 보조사회복지사와 함께 활동을 하면서 실제 이용 가능한 지역사회의 시설들을 정리한다. 이를 마을지도를 이용하여 측정해 보자. 다음은 다음(www.daum.net)의 지도를 이용하여 이용 가능한 마을시설들을 정리한 사전–사후 비교이다. 이를 통하여 프로그램 참여자 각각 마을에서 사회적응 중 마을시설 활용하기의 발달을 평가하고 앞으로 개선점을 진단할 수 있다(그림 4–5).

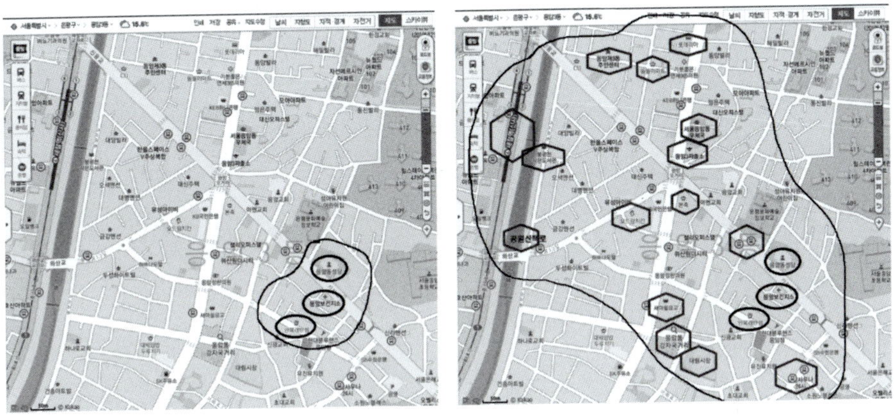

|그림 4–5| **프로그램 참여자 A군이 스스로 이용 가능한 마을시설의 사전–사후 비교**

출처 : map.daum.net

Chapter 5

프로그램 수행 준비

사회복지 프로그램 개발과 운영의 모든 절차는 사회복지기관 실무 행정의 절차에 따라 준비하고, 실행하고, 관리하고, 평가하게 된다. 기본적인 업무 수행 과정을 이해하고, 이를 수행할 수 있는 행정 업무 능력을 갖추어야 한다. 또한 주민과 지역사회와의 만남은 물론 긍정적인 관계형성을 준비해야 한다.

1. 실무 행정의 진행

1) 기안 및 승인 절차

프로그램은 세부 계획서가 완성되기 전 총괄계획서와 예산안이 먼저 만들어진다. 총괄계획서는 서너 줄 혹은 한두 장의 사업계획을 알리는 개요이며, 양식은 기관마다 다르다. 총괄계획서와 예산안은 보통 내부 회의에서 조정하고, 해당 조직의 운영위원회의 승인과 사회복지법인 이사회의 승인을 거쳐 최종 확정된다. 실질적 확정 권한은 이사회에 있지만, 운영위원회의 의견을 무시하는 경우는 거의 발생하지 않는다. 따라서 사회복지조직은 해당 운영위원회의 승인을 잘 준비해야 한다.

운영위원회는 통상 7~13명 사이로 구성되며, 분기별 1회, 연 4회를 정기적으로 연다. 운영위원은 기관장을 포함해 지역주민(이용자) 대표, 유관기관 대표자급, 복지과장급의 자치단체 공무원, 주로 교수인 사회복지전문가 등으로 구성한다. 서울 소재 사회복지관은 서울정보소통광장(opengov.seoul.go.kr)에 운영위원의 위촉, 해촉 등의 정보를 공개하므로 관심 기관을 찾아보는 것도 좋겠다.

내부에서 공적으로 승인된 프로그램은 사전에 등록된 코드에 따라 내부의 승인 절차를 진행한다. 우선 전자결재에 들어가서 기안서를 작성하고(문서 기안) 상급자에게 전자결재로 보고한다. 수년 전만 해도 종이 서류의 수(手)결제가 주를 이루었지만, 지금은 거의 모두 전자결재를 사용한다. 다음은 내부기안 절차 사례이다.

① 해당 사회복지관의 그룹웨어에 접속하여 로그인한다.

② |그림 5-1|에 있는 전자결재를 선택하고 이어 문서기안을 선택한다.

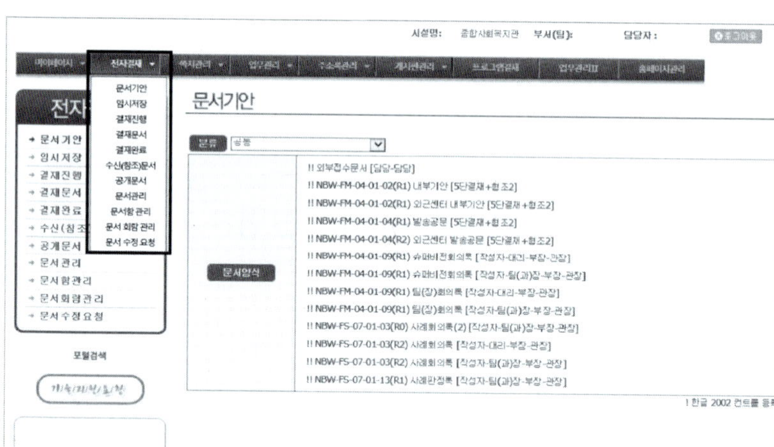

|그림 5-1| 전자결재 화면

③ 문서기안을 선택하면, 기안 양식이 화면에 나타난다(그림 5-2). 제목에는 수행하고자 하는 프로그램의 세부 제목을 작성하여 기입하고, 결재선을 지정한다. 결재선은 문서기안 작성자의 상급자들이며, 이 사회복지관의 경우 팀장 → 선임과장 → 총괄부장 → 관장 순으로 결재를 하여 승인한다. 문서기안에서 마우스 스크롤을 아래로 내리면 내부결재용 공문서 작성 워드프로세서가 나타난다.

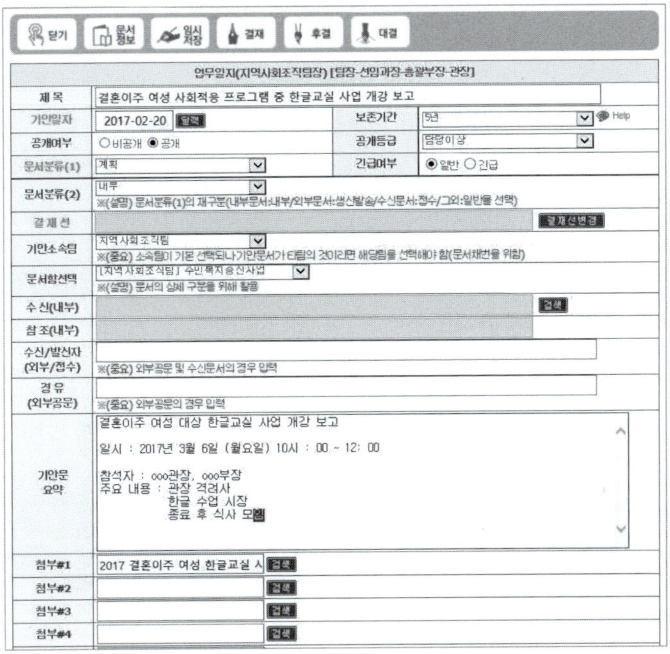

|그림 5-2| **문서기안 화면 – 기안문 작성**

④ 내부결재용 공문서를 작성한다(그림 5-3). 문서기안은 사회복지관 서버에 저장되는 자료이며, 통상 내부결재용 공문서를 출력하여 보관한다. 공문서는 일시, 장소, 진행 내용을 1장 정도의 분량으로 요약 정리하며, 별도의 프로그램이 아닌 그룹웨어에 포함되어 있는 워드프로세서를 사용한다.

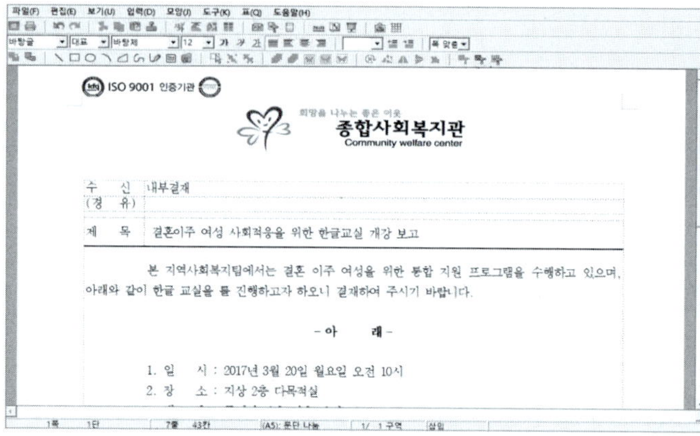

|그림 5-3| **내부결재용 공문서 작성**

⑤ 내부결재 공문서 작성이 완료되면, 다시 스크롤을 위로 올려 문서기안으로 이동한 후 결재 항목을 클릭하여 결재를 진행한다. 그러면 상급자의 그룹웨어에서 확인할 수 있고(그림 5-4), 내용이 적절하면 결재 수행을, 부적절하거나 수정할 사항이 있다면 반송한다. 기관장까지 결재가 완료되면, 사업에 대한 예산을 사용할 수 있는 권한을 얻게 되며, 프로그램을 진행한다.

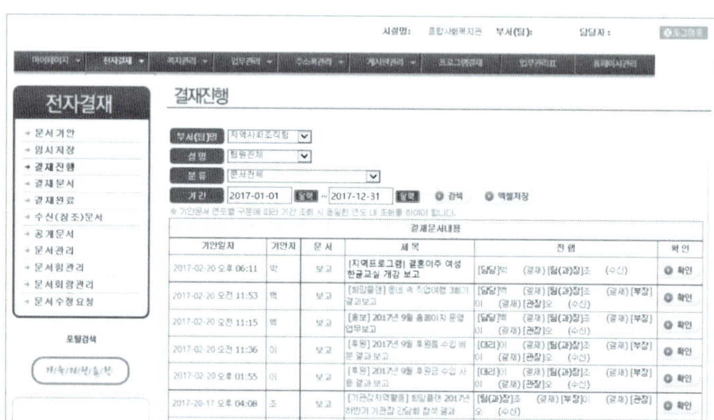

|그림 5-4| **결재 진행 화면**

2) 업무 수행

(1) 프로그램 진행

프로그램을 진행할 경우 사회복지사 혼자 하는 경우보다 팀이 함께 하고 다양한 외부강사 등의 전문가들이 함께 참여하게 된다. 또한 진행과정 중간중간 상급자로부터 슈퍼비전을 받으며, 외부 전문가로부터 자문을 받는 경우도 생기게 된다.

업무분장을 위해 우선 할 일은 프로그램의 사업 영역별로 담당자를 정하고, 적정 인력을 배치하고, 외부인력이 필요한 임상치료, 체험활동 등의 담당자를 섭외한다. 프로그램 계획자가 프로그램의 팀장이 되는 일반 회사의 방식과 다르게 사회복지사가 사업을 계획하더라도 상급자인 팀장 이상의 업무 지휘감독을 받아야 한다. 그렇기 때문에 담당 사회복지사의 기획은 항상 유동적이다. 프로그램 담당 업무분장을 할 때 다음 내용을 유의한다.

① 프로그램 계획자는 자신이 프로그램의 운영과 결과를 책임진다는 적극적인 마음을 가져야 한다. 상급자가 있더라도 전문가로서 자신의 사회복지 가치에 근거하며 책임감 있는 일을 수행해야 한다(사회복지사 윤리강령 참조).

② 핵심적인 업무와 주변적인 업무를 구분하여 업무분장 및 행정의 효율화를 꾀하여야 한다. 앞의 문서기안은 모든 프로그램 회기마다 일일이 하는 것이 아니며, 프로그램의 중요도에 따라 기안 여부를 결정한다. 따라서 중요성이 높은 핵심적인 업무는 더 많은 관리가 필요하다.

③ 프로그램 중 여러 인력이 참여할 경우 각 담당 업무별 과제를 정하고, 그에 따른 담당자를 정하는 업무분장표(job description and job specification)를 만든다. 업무분장표에 따라 해당 인력들이 참여할 일정을 조율하고, 동의를 얻고 업무를 최종적으로 확정한다.

④ 프로그램 진행 중간중간 모니터링을 통하여 업무분장표와 실제 프로그램 진행 간의 일치성을 점검하고 수정 보완하며, 프로그램을 진행한다.

업무분장표는 프로그램의 수행 역할에 따라 만들어지며, 수행할 프로그램의 과업과 책임자를 분명히 한다. 그리고 업무수행에 필요한 지식과 기술(skill) 그리고 준비사항을 기술(description)하여 업무 성과와 프로그램 간의 유기성을 높인다.

(2) 슈퍼비전 및 외부 자문

슈퍼비전(supervision)은 사회복지사(supervisee)의 행정업무 진행을 원활히 하고, 프로그램 운영 중 발생할 문제를 예방하고, 목표를 달성할 수 있는 역량을 키우며, 소진을 예방하고 성장할 수 있도록 이끄는 상급 사회복지사(supervisor)의 지도·관리 활동이다. 이를 통해 지역사회에 질 높은 프로그램을 제공하고 책무성을 다할 수 있게 된다.

(초보)사회복지사는 현장 경험이 부족하기 때문에 프로그램을 운영하는 데 있어서 실수를 할 가능성이 높다. 그래서 사회복지사는 방어적이거나 쉽게 소진되거나 위축되기 쉽다. 슈퍼비전은 행정과 교육과 지지적 요소가 사회복지사의 성격과 특성에 따라 다르게 적용할 때 창의적이고 효과적인 프로그램 운영을 돕는다(김융일 외, 2002).

이성적인 성향의 사회복지사인 경우 논리적이고 타당한 설명이 우선되어야 한다. 일방적 지시나 합리적인 이유가 없다면 그는 자신의 업무에 혼란스러워할 것이고, 소진이 되기 쉽다. 반면 감성적인 성향의 사회복지사인 경우 지지와 격려가 가르침보다 우선되어야 한다. 실수에 대한 비판적 태도나 지시적 태도로 인해 크게 상처받고 위축되기 쉽기 때문이다. 사회복지사 자신도 자신의 성향을 성찰하고 살펴야 한다. 본인의 미성숙은 사회복지조직은 물론 클라이언트에게도 큰 해가 될 수 있기 때문에 자신의 성향을 살피고, 상사의 슈퍼비전의 특성에 상관없이 성장할 수 있는 포용성을 갖추어야 한다.

만약 조직 내에서 충분한 슈퍼비전이 어려운 경우 외부 관련 전문가로부터 자문(슈퍼비전)을 받는 것이 좋다. 외부 전문가는 대부분 학계의 교수들이 많지만, 실무 현장의 뛰어난 인재들을 찾아 자문을 받는 것도 권장한다. 외부 자문의 경우 조직 내부의 사정을 잘 모르기 때문에 프로그램의 내용과 진행을 중심으로 자문을 받는 경우가 많다.

(3) 예산 사용 및 정산

프로그램의 수행은 예산 계획 및 사용을 통해 확인할 수 있다. 수입과 지출은 누가 보더라도 쉽게 구성하고 계획 항목과 같은 내용으로 지출해야 한다.

초보사회복지사가 예산계획을 수립할 때 예산이 모자를까 너무 과하게 책정하거나, 예산을 너무 아끼려고 빡빡하게 예산을 수립하는 경우가 있다. 사전 시뮬레이션을 통한 예산 효용성을 검토해야 한다. 예산 사용에서 중요한 것은 잘못 사용해서도 안 되지만, 비용의 낭비나 무의미하게 사용하는 우를 범해서도 안 된다(한덕연, 2017).

프로그램 진행 중 예산의 사용은 신용카드를 이용하며 다음의 규칙대로 정확하게 집행해야 한다. ① 정확성 : 승인된 예산에 따라 정확하게 집행해야 한다. ② 투명성 : 이중 장부나 카드깡처럼 잘못된 지출을 하지 않는다. ③ 적절성 : 반드시 쓰여야 할 곳에 써야 한다. ④ 합법성 : 예산은 반드시 합법적인 규칙을 지켜 사용한다. ⑤ 절약성 : 함부로 낭비하지 않도록 예산을 지출해야 한다. 예산 사용 시 일선 사회복지사에게는 큰 문제가 되지 않지만, 전결의 수준에 대한 고민도 필요하다.

2. 주민 만나기와 참여자 선정

주민 만나기는 프로그램 개발 이전부터 일상으로 해야 하는 영역이다. 주민 만나기와 참여자 선정은 경우에 따라 별개로 이루어질 수 있지만, 사회복지사의 관점이 지역주민 중심으로 전환되면, 이 둘은 동시적 관계가 될 수 있다.

1) 주민 만나기

(1) 주민 만나기의 중요성

주민 만나기는 사회복지사와 사회복지조직이 지역사회의 한 구성원이자 명예주민이 되는 중요하고 의미 있는 활동이다. 주민은 주인으로서 지역사회에 터를 잡고 있는 사람이다. 같은 동네 사람인지, 다른 동네 사람인지에 따라 지역사회 주민들이 대하는 태도가 달라진다. 사회복지사가 다른 동네 사람으로 느껴질 만큼 관계가 없고 주민들에게 긍정적인 이미지가 없다면 사회복지조직은 그냥 이용 시설에 불과할 것이다.

지역사회를 기반으로 하는 사회복지조직은 늘 주민들과 함께해야 한다. 장애인복지관이라도 장애인 이용자만 있는 것이 아니라 자원봉사하는 주민과 장애인 가족과 지역사회의 아동과 청소년들이 있으며, 노령화로 장애가 생기는 분 등 다양한 주민이 있다. 복지관 안과 밖에서 늘 주민과 소통하는 자세는 중요하며, 경우에 따라 사회복지조직의 정당성 증명은 물론 후원과 자원봉사라는 도움을 주기도 한다.

주민 만나기의 또 다른 중요성은 프로그램 참여자와 주민 참여 그리고 복지 사각지대의 주민들을 찾는 데 큰 힘이 되기 때문이다. 사업하면서 겪는 어려움 중 하나는 해당 프로그램의 참여자를 구하지 못하는 것이다. 주민 입장에서 생각해 보면 낯선 사회복지사의 방문이나 권유가 불편할 수 있다. 평상시 동장이나 마을 리더와 친하다면 이를 해결하기 쉽고, 더 나아가 당사자인 주민 만나기를 꾸준히 한다면 더 유리하다.

주민 만나기를 힘들어하는 사회복지사들이 의외로 많다. 사회복지 프로그램은 사람이 중심이고 사람을 위한 것으로 소통과 관계에 기반한다. 그러나 주민의 욕구나 의사와 관계 없이 프로그램을 진행하는 일은 흔하다. 그러다 보니 프로그램이 끝나면 남아 있는 주민이 없고, 아무런 혜택이 없다면 잘 오지 않는다. 그러니 자꾸 선물 같은 물질적 유인책을 쓰는 악수에 빠지고, 그러면 주민들은 선물만 받고 프로그램이 끝나면 오지 않는 상황이 반복된다. 주민 만나기는 프로그램의 주인이 누구인지 지속적으로 점검하는 과정이다. 이 과정을 통해 주민들은 수혜자에서 참여자가 되며, 진정성 있는 프로그램 진행이 가능해진다.

초보 사회복지사가 흔히 하는 실수는 자신을 사업 담당자로 생각해 오랫동안 활동해 온 자원봉사자들을 가르치려 하거나 존중하지 않는 태도를 갖는 것이다. 신뢰에 기반한 관계형성이 되기 전에 이런 행동은 반발은 물론 지역사회 기반이 취약한 사회복지사를 외톨이로 만들게 된다(우수명 외, 2017). 따라서 주민과의 관계형성과 응집력 강화의 핵심은 존중에 기초한 만남과 소통의 노력이며, 이를 통해 사회복지사의 영향력이 유지되고 지역사회의 구성원 중 하나로 인정받는 것이다.

(2) 주민 만나기의 방식[1]

먼저 찾아가 주민을 만나고, 인사하고, 또다시 찾아가기의 반복인 주민 만나기는 주민과의 친밀감과 신뢰감 형성이 목적이다. 이러한 주민 만나기는 크게 두 가지 방식으로 나눌 수 있다. 첫째, 복지기관 인근 마을 주민의 '무작위 만나기'이다. 마을의 식당, 미용실, 분식점, 세탁소, 동네 주민 등을 찾아가 만나는 것이다. 특정 욕구나 참여의지를 가진 이들을 만날 확률은 적지만, 지역사

1) 본 내용은 우수명 외(2017). 지역사회복지론. 지식공동체의 내용을 수정하였다.

회의 일반적인 상황을 파악하고 조직화 계획을 세우는 데는 도움이 된다. 둘째는 '전략적 목표에 따른 주민 만나기'이다. 클라이언트, 마을 이장/ 통반장, 마을 활동이나 모임 대표, 학부모 등이다. 독거 어르신 겨울외투 클리닝 서비스를 위해 마을 내 세탁소 사장님들을 만나러 가는 것, 영유아의 건강한 성장에 관심 있는 어머니를 위한 공동육아와 같이 특정 욕구나 목표에 따라 대상을 선정한다.

주민과 친밀감을 형성했다면 조금 더 깊은 주민 만나기를 시도할 수 있다. 주민들이 원하는 공통 관심사를 매개로 참여를 이끌어 내는 것이다. 영유아 양육 어머니에게 양육에 도움이 되는 육아교육 프로그램이 무엇인지 의견을 구하고(乞言), 그에 맞는 프로그램을 개발해 초청하는 것이다. 걸언과 주민 만나기를 통해 주민들의 강점을 찾는 것은 중요하다. 같이 협력하고 함께할 수 있는 주민들의 재능은 지역사회를 풍요롭게 하는 힘 중 하나이다. 모임이 형성된다면 교육을 함께 만들어 가거나, 여행과 식사 등을 통해 응집력을 강화해 나간다. 상호 인지도를 높여야만 친해질 수 있고, 이러한 친밀감은 시간과 만남의 횟수에 크게 좌우된다.

2) 프로그램 참여자 선정

프로그램 참여자는 과거에는 수혜자, 요보호 대상자, 서비스 대상자와 같은 수동적 관점으로 붙여졌던 클라이언트의 이름 중 하나이다. 참여자는 능동적이고 적극적인 개념으로, 사회복지사의 지휘 아래 비의지적으로 프로그램의 수혜를 받는 대상자가 아니며, 사회복지사와 소통하는 프로그램의 또 다른 주인이며, 주도적으로 이끌어 갈 동역자이다. 참여자는 당사자, 활동 주체, 권리자, 주인으로서 주민 등의 개념을 포함한다. 특히 2018년 지원 공동모금회의 공모사업에서 사업 대상의 명칭이 핵심참여자(Main Participants)와 주변참여자(Sub Participants)로 변경된 것(공동모금회, 2017)은 반가운 일이다. 공동모금회의 2018년 배분사업 안내서(2017)에 의하면, 핵심참여자는 성과목표 달성에의 주인공이자 직결되는 사람이다. 주변참여자는 성과목표를 달성하는 데 또는 핵심참여자가 변하는 데 밀접하게 관여된 중요 인물이다(제1장 현장성 참조).

사회복지사는 프로그램을 수행할 때 프로그램 참여자를 선정하여야 한다. 프로그램의 조건과 상황에 따라 참여자의 대상이나 조건은 달라질 수 있다. 그리고 프로그램의 참여 가능 인원을 넘어서는 주민들이 참여를 희망하게 될 경우에 우선순위에 따라 주민들 중에서 참여자를 선정해야 한다.

과거에는 국민기초생활수급권자가 우선이고, 차상위 계층, 일반인 순으로 참여의 우선순위가 정해졌다. 이는 경제적 여력이 많이 부족한 '어려운 주민'들에게 혜택으로 제공하는 선별적 복지의 관점에서 수행했기 때문이다. 이제는 '클라이언트의 욕구'가 우선되는 경향이 더 뚜렷해진다. 특정 욕구가 있다면 누구나 그에 대응하는 프로그램에 참여할 수 있는 권리를 보장하려는 노력이다. 즉, 욕구에 대한 고려 없이 소득 기준을 획일적으로 적용하는 선정 방법은 적절하다고 볼 수 없다(공동모금회, 2017).

사회복지 프로그램은 주민들이 주인으로서의 보통의 삶의 모습을 실현하기 위하여(Normalization) 다양한 주민과 지역사회에 열려 있고, 그런 시대적 요구는 공공서비스 플랫폼과 더불어 더욱 확장되고 있다. 그렇기 때문에 사회복지사는 해당 프로그램에 가장 최적화된 참여자의 우선순위를 정의(definition)하고, 선정의 기준으로 삼아야 한다. 만약 결혼이주 여성의 한국 적응 프로그램인 경우, 한국에 온 기간이 짧은 주민이 오래된 주민보다 우선권을 갖고, 한국어를 잘 못하는 주민이 잘하는 주민보다 우선권을 갖는다. 그러면 한국어 사용 능력과 거주 기간 중에서 어떤 것을 우선순위로 정해야 할지 사회복지사와 주민들 혹은 기관 내에서 합리적으로 판단하고 정해야 한다.

프로그램 참여자가 명백해지면, 이들을 모집하는 마케팅 전략도 더욱 구체적으로 준비할 수 있다. 결혼이주 여성이라면, 타 다문화센터 등록자에 대한 홍보, 외국인단체 실무자를 통한 눈덩이 표집, 우리 기관의 프로그램에 참여하는 외국인으로부터의 추천 등의 다양한 방법을 적용할 수 있다.

3. 예산 계획하기

프로그램 예산(budget)은 프로그램의 시작부터 끝날 때까지 확보할 수 있으며, 소요되는 일체의 재원이다. 통상적으로 운영위원회 및 이사회의 승인을 통해 확정된 세입과 세출 예산에서 일정의 프로그램에 배정된 비용이다. 따라서 세입과 세출로 구성하는 것이 일반적이다. 세입은 프로그램에 소요되는 재원의 출처나 조달계획을 통해 확보한 예산이며, 세출은 프로그램 운영에서 사용되는 예산이다. 다만, 단위 프로그램에서는 전체 승인된 예산에서 이미 세입과 세출의 배정이 끝난 상태이기 때문에, 세입보다 세출을 중심으로 프로그램 예산을 수립하게(짜게) 된다. 예산 수립은 통상 다음과 같은 요소들을 고려한다.

① 프로그램의 예산 수립은 항목(項目)별 예산 방식으로 구성한다. 항목별 예산이란 인건비, 사업비, 기타와 같은 목(目)을 결정하고, 목의 하위에 해당하는 세목별(또는 절節) 예산을 배정하여 구성한다. 세목에서는 산출근거를 제시하는 것이 필요하다. 예를 들면, 다문화 교실에서 한국어 교실을 운영할 경우 인원수에 따라 교재는 단가 얼마짜리를 몇 권 준비하고 이에 따라 총 얼마의 교재구입비가 필요하다는 것을 간단하게 '한국어 초급 I, II 교재 10,000×60명×2권 = 120,000원'과 같이 산출근거를 정리한다. 이에 추가하여 강사비, 강의 운영비 등의 산출근거에 따라 예산을 배정한다.

② 직접비와 간접비를 구분한다. 직접비는 계획한 프로그램에서만 사용하는 예산이다. 앞서 한국어 교재나 강사의 인건비는 한글교실에서만 사용하는 것이 일반적이기에 직접비에 해당한다. 반면에 기존의 시설을 활용하거나 다른 영역과 공통으로 사용하는 비용은 간접비가 된다. 원래 정규직으로 일하고 있는 사회복지사의 인건비나 사회복지관의 공간을 활용할 때 소요되는 임대 비용이다. 물론 외부 기관의 강당을 비용을 지불하고 사용할 경우 직접비에 해당한다.

③ 공동모금회 등 외부 기금을 신청할 때에는 신청분과 자부담의 비율을 고려한다. 신청분은 외부 기관에 지원을 요청하는 비용의 규모이며, 자부담은 사업을 수행하는 기관에서 부담하는 비용의 규모이다. 특정 프로그램은 자부담의 비율이 높을수록 유리한 경우가 있기도 하기에, 자부담의 비중을 잘 고려해야 한다. 또한 외부 기금을 신청할 때 산출근거의 기준을 해당 기관의 기준을 준수하는 것이 필요하다. 공동모금회에서는 매년 강사비, 식비 등 프로그램 예산과 관련된 책정 기준을 발표하기 때문에 이를 검색하여 프로그램 세목 예산에 반영하면 좋을 것이다. 이에 대한 추가 설명은 'Chapter 12 공동모금회 사업계획서 작성법'을 참고한다.

목과 세목을 통해 예산을 정하는 경우의 장점은 지출해야 할 내역이 명확하게 정해지고, 그에 따라 지출을 수행하면 되는 단순함 또는 명확함이다. 이에 따라 정산 절차도 단순해진다. 일반적으로 목별 이동, 즉 사업비를 인건비로 전용하는 것은 인정되지 않지만, 목 범위 안에서 세목별 이동은 통상 허용된다. 이 경우에도 사전 승인을 받아야 하는 경우도 있고, 기관에 따라 인정해 주는 곳도 있다. 그렇다고 원래 계획된 예산에서 큰 폭의 전용(轉用)이 발생한다면 예산 수립에서 문제가 많았다는 것을 의미하기 때문에 최대한 현실적 상황을 반영하여 구성하는 것이 필요하다.

4. 지역사회 마케팅과 네트워크

지역사회 연대활동은 지역사회 홍보 및 마케팅, 수행 프로그램의 협조 체제 구축을 위한 전문조직과의 네트워크 구축, 자원봉사 및 후원자 개발과 관리, 지역사회의 다양한 시설 및 자원 동원 등의 다양한 영역의 활동을 포함한다. 여기서는 프로그램 참여 활성화를 위한 마케팅과 다양한 지역사회 협력을 위한 지역사회 네트워크를 중심으로 간단히 살펴본다.

1) 마케팅[2)]

지역사회 홍보(PR : Public Relation)는 사회복지조직이 프로그램을 주민들에게 알리고, 주민참여를 독려하며, 프로그램 수행에 대한 지지를 얻는 등 협력적 참여를 이끌어 내는 활동(마케팅)과 그 영향력을 만들기 위한 적극적인 이미지 구축활동(홍보)이다. 정보제공에 초점을 둔 광고(publicity)보다 더 적극적인 개념이며, 직접적인 영향력을 행사하거나(가치창출) 참여를 끌어내는(수요창출) 면에서는 마케팅(marketing)과 유사하다.

마케팅은 주민의 참여와 승인에 초점을 맞추며, 프로그램의 필요성을 설득하는 이미지를 구축하고 참여를 실제로 끌어내는 것을 목표로 한다. 마케팅 전략은 IMF를 거치며 소비자와 쌍방향 소통을 통해 행동을 창출하는 다양한 커뮤니케이션 기능들의 전략적 통합(IMC : Integrated Marketing Communication) 방식이나 브랜드 전략으로 점차 접근방식이 확장되고 있다. 홍보 또한 다양한 통합적이고 전략적인 방식의 접근으로 진화되어 왔다.

지역사회복지 실천은 소통, 활동, 조직화 등 무형적으로 이루어지기 때문에 그 형태를 규정하기 어렵고, 참여하는 사람들도 다양하고 복잡한 욕구와 개인적 특성을 가지며, 수행 과정이 동일하게 반복 · 재생되기 어렵다. 또한 주민들이 실천의 주체이자 대상이 되는 경우가 다반사이다. 따라서 상품 판매를 직간접 목표로 하는 상업적 마케팅의 관점을 그대로 도입하는 것은 무리가 있다.

지역사회에서 주민참여를 이끌기 위한 다양한 매체(도구)를 활용할 수 있으며, 인편 매체, 시각 매체, 청각 매체, 시청각 매체 등 크게 네 가지로 구분한다.

인편 매체는 지역사회조직과 직간접적으로 관련된 주민들, 후원자들, 자원봉사자들, 프로그램 및 시설 이용자들, 인근의 주민들까지 폭넓은 네트워크의 영향력과 관련이 있다. 사회복지조직이 대학생 홍보 서포터즈와 같은 프로그램을 운영하는데 이도 인편 매체 마케팅이다. 사회복지사에게 주민 만나기가

---

2) 우수명 외(2017). 지역사회복지론. 지식공동체의 내용을 수정하였다.

중요한 이유는 주민과 친해지고 소통함으로써 주민들이 마케팅의 동역자가 되기 때문이다. 사회복지사와 친해진 피자가게 주인은 프로그램 참여 안내를 가게 창문에 붙이고, 안내물을 배달할 때 활용하는 것을 도와준다.

시각 매체는 지역사회조직의 홈페이지를 포함해 소식지나 회보 등과 같은 자체 제작 홍보물을 활용한다. 자체 제작 홍보물은 구독률이 상대적으로 낮지만, 각종 사업에 대한 참여 방식을 안내하는 정보를 충분히 제공할 수 있다. 시각적 매체에서 영향력이 큰 것은 신문과 잡지이므로 지역사회 신문 등을 활용한다.

청각 매체는 인터넷 방송을 포함한 라디오 방송 등을 활용한다. 청각 매체는 점차 영향력이 줄어들고 있지만, 인터넷 라디오 방송의 경우 간단한 세팅만으로도 방송국을 만들고, 방송을 할 수 있다.

시청각 매체는 그동안 텔레비전, 영화와 같은 대중매체의 비중이 컸다. 지역방송이 과거에 비해 활발해지면서 지역복지조직들의 방송 횟수도 늘어가고 있다. 최근에는 페이스북, 유튜브 등을 이용한 개인방송도 활용도가 높아지고 있다. 사회복지사가 스마트폰을 이용한 1인 BJ(Broadcasting Jockey)는 비용이 거의 들지 않고, 지역사회와 젊은 층과 소통하기 유리하다.

마케팅을 할 때 유의할 사항이 있다. 가장 우선하는 것은 주민들을 대상화나 소비재처럼 취급하지 않는 책임의식 속에 마케팅의 요소를 고민해야 한다. 가장 중요한 것은 클라이언트의 인권 보호의 문제이다. 마케팅을 위하여 클라이언트 신상명세나 불쌍한 이미지를 활용하는 것은 클라이언트의 인권 침해이다. 다음으로 지역사회의 다양한 주민들 및 방송언론 매체와 좋은 네트워크를 구축하는 것이다. 마케팅 시에는 시각적 효과가 높은 문구나 디자인을 활용하거나 고유 브랜드를 정착시키는 노력도 필요하다. 복잡한 것을 보기 싫어하는 현대인의 특성상 짧고 관심을 끌 수 있는 홍보물, 브랜드 등이 필요하다. 따라서 홍보를 직접 수행할 수 있는 카피 라이팅(copy writing), 포토샵 등 그래픽 프로그램 활용 등의 역량을 갖추는 것도 사회복지사의 경쟁력 확보를 위해서 필요할 수 있다.

2) 지역사회 네트워크

네트워크는 net(그물) + work(작업)로 사전적 의미는 그물과 같은 망 혹은 망을 만드는 과정을 의미한다(우수명, 2008). 지역사회복지에서 네트워크는 소통(communication)을 통해 공통성(commonality)과 공동의 목적(common-goal)을 찾고 함께 공동체(community)를 만들어 가는 과정이자 결과이다. 네트워크에서는 어떤 네트워크를 만드는 것이 중요하다(우수명 외, 2017). 사회복지조직이 직접 움직여 네트워크를 만드는 것이 아니라 사회복지사의 소통의 노력과 뛰어다님으로 만들어지는 것이다. 사회복지사의 네트워크는 지역사회 연대(community solidarity)의 토대이자, 구성원이며 동시에 가장 중요한 힘이다(Power Social Worker).

지역사회의 네트워크는 미시적으로 사람들 사이의 응집력을 만드는 것이며, 지역사회의 공동의 유기적 협력체를 만드는 것이다. 거시적으로는 공동체와 사회연대의 문화를 지역사회에 정착 및 확장시키는 역할이다. 그렇기 때문에 소통에 기반하여 주민 만나기, 타 조직 실무자 만나기, 조직 내 상급자 만나기, 자원봉사자 및 후원자 만나기 등 만남이 핵심이 된다.

프로그램 수행 시 지역사회 네트워크 중 전문조직과의 연대가 중요해진다. 만약 사회복지사가 프로그램을 준비할 경우 지역사회 내 유사 프로그램, 내용은 다르나 동일 대상에 대한 프로그램 등의 현황을 탐색해야 한다. 만약 동일한 대상과 내용의 프로그램을 수행하는 조직이 있다면 공동사업의 진행 가능성을 살펴보고, 공동수행을 하지 못하더라도 자신의 조직에서 프로그램을 실시할 때 문제가 될 요소를 사전에 차단하는 협력을 해야 한다.

최근에는 마을 및 어린이 축제, 마을 만들기, 통합사례관리 등 네트워크의 중요성이 커지고 있는 상황이므로 사회복지사는 평소에도 주변의 관련 조직과의 긍정적이고 신뢰할 관계를 만들어야 한다. 그러나 네트워크에 무관심(무지)하고, 네트워크에 참여의사가 없는 조직을 네트워크에 끌어들이기 위한 설득은 실패할 확률이 높다.

네트워크 과정에서는 관계 간의 잡음(noise)이 생길 수 있다. 단순히 물리적 거리에 의하여 발생될 수도 있으나, 서로 간의 다른 가치관 · 관점, 다른 이해관계, 조직이나 외부적 요구의 차이, 다른 기대치나 권력싸움 등에 의해서도 발생할 수 있다. 동일한 주제나 대화라도 서로 간에 다르게 해석할 수 있으며, 이 경우에도 잡음은 발생된다. 그렇기 때문에 상호 이해와 존중에 기반한 소통의 문화를 어떻게 만들 것인지 늘 고민해야 한다(우수명 외, 2017).

지역사회 네트워크는 초기 신뢰를 형성하기 위해서는 자주 만나고, 공감대를 찾고, 협력하고, 도움을 제공할 방법을 찾아야 하며, 이 과정을 계속해서 반복해야 한다. 그렇기 때문에 처음에는 성과가 보이지 않거나 거절이나 박대당하는 경험도 할 수 있다. 그러나 지역사회 속에서 주민은 다양한 관계 네트워크를 가지고 있으며, 그런 주민을 위한 프로그램 또한 네트워크 속으로 들어가야 한다. 그렇기 때문에 지역주민 만나기와 지역사회 네트워크 구축의 노력은 평상시에 일상적이고 반복적으로 계속 이루어져야 한다.

Part 2

프로그램 평가

Chapter 6. 프로그램 평가의 이해
Chapter 7. 가치 평가
Chapter 8. 성과 평가 모형
Chapter 9. 실험설계 평가
Chapter 10. 질적 평가 및 기타 방법들
Chapter 11. 프로그램 평가 관리

Chapter 6

프로그램 평가의 이해

1. 사회복지 평가의 흐름과 과제

사회복지 현장에서 사회적인 책무성(accountability) 요구에 대응하고, 공공재원의 투명하고 효과적인 사용에 대한 책임을 지며, 전문직 가치의 실현을 점검하기 위한 프로그램 평가(evaluation)는 더욱 중요해지고 있다.

1996년부터 실시한 서울시의 사회복지관 평가는 한국의 사회복지 실천 현장에 평가가 일반화된 개념으로 본격적으로 도입되었으며, 1997년 사회복지사업법 개정으로 사회복지시설 평가의 법제화가 이루어졌다. 김형식(1999)이 평가가 정치적 산물일 수 있음을 강조한 것처럼, 초기 서울시의 평가는 회계감시와 운영 통제를 위한 정치적 의도로 실시하였기에 많은 갈등을 야기하였다. 기관 단위의 평가였기에 사회복지 실천에 대한 효과를 고려하지 못했고, 실적 위주의 평가로 인해 사무실에 앉아 서류작성만 한 곳이 좋은 평가를 받는 등 부정적인 기류가 커지고 결국엔 현장 사회복지사들에 의한 평가 거부라는 극단적 대립을 초래하였다(우수명, 2004). 그러나 사회복지 현장에 무엇이 바람직한 실천과 평가인가에 대한 화두를 던지기에 충분하였고, 이후 사회복지관 평가를 위한 공론화와 서울시복지재단의 설립에 영향을 미쳤으며, 현장성을 반영한 평가를 만들기 위한 노력을 지속하고 있다.

사회복지 실천 현장에서의 평가는 오래전부터 있어 왔지만 사회복지관 평가 도입과 삼성복지재단 및 사회복지공동모금회의 공모사업을 통한 선별적 지원 이후 전문화, 체계화되어 확대되었다.

미국의 경우 1940년대부터 발표되기 시작한 사회복지 실천의 평가방법(최종혁, 2001)은 실증주의적 경향이 강조되었던 1960년대 후반부터 공론화되었으며, 유사학문에서 응용한 실험설계 방식의 평가방법론을 발전시켰다(우수명, 2004). 이의 시발점은 피셔(Ficher)가 6개의 사회사업 프로그램 사례분석을 통하여 유의미한 효과가 보이지 않는다는 내용의 메타평가결과를 발표하면서부터이다. 사회복지 실천의 효과성 논쟁은 전문직으로서의 책임성과 과학성을 확보하기 위한 대안과 노력을 제고하는 데 도움을 주었다. 이를 통하여 사회복지 현장에서는 평가의 중요성을 인정하고, 평가를 수행하기 위한 조사방법론의 교육 확대, 단일사례와 실험통제집단의 사전–사후 효과성을 검증하는 설계의 도입 등 보다 객관적인 효과 평가 방법들을 보급하는 데 많은 노력을 기울였다(우수명, 2004).

1970년대 들어서면서부터 프로그램 평가의 강조점은 통제연구의 기술적 측정(technical measurement)으로부터 현장 평가의 운영 맥락(operational context)으로 이동하였다(정선욱 · 김진숙, 2000). 실험 · 통제집단의 방법론적 엄격함이 평가결과의 유용한 활용성과 프로그램의 질적 성장을 보장하지 않는다는 사실이 확인되었기 때문이다. 또한 사회복지 전문성의 결과에 대한 의문이 커지면서 책임성의 위기(crisis of accountability)는 1980년대 이후까지 지속되었다. 이후 사회복지 실천 현장에서 평가결과의 유용성과 활용성을 강조하는 추세로 전환되었으며(Kuechler, et al., 1988), 최근 우리나라의 경향성도 이를 따라가고 있는 것으로 보인다.

사회복지 실천 현장에서 활용한 프로그램 평가는 프로그램이 종결된 후에 함께 모여 논의하거나 토의하는 것을 정리하고, 다른 한편으로 임상실천 영역에서는 단일사례설계나 실험집단의 사전–사후 검정이 주로 사용되었다. 그러나 요건을 갖춘 실험설계 구현을 위한 통제집단 구성의 어려움과 윤리성의 문제, 통계적인 검정력의 한계 등으로 인하여 타당성 입증에는 크게 기여하지 못하였다.[1] 최근에는 만족도 조사가 일반화되었지만, 만족도 조사설계가 없이 이루어지거나 질문의 체계성이 떨어지는 경우가 많다.

사회복지공동모금회의 경우 2018년 공모사업부터 프로그램 분야의 사업계획서 양식을 성과중심형(1년 단기사업), 성과확산형(3개 연속사업), 산출중심형(산출결과 중심)으로 세분화하여 제시하였다. 기존의 실적 중심의 사업을 성과 중심의 사업으로부터 분리하며, 결과성과 및 질적 평가를 적극 반영한 형식으로 바뀌었는데, 이는 사회복지 실천이 양적 데이터화하여 평가하기에는 제약이 크기 때문에 사업 유형에 따라 차별화된 지원을 하려는 의도로 보인다.

사회복지공동모금회의 새로운 프로포절 양식에 기초한 평가 방법과 서울형 평가의 지향점이 자리 잡아 간다면 현장에서의 평가의 양상은 질적 정보를 반영한 결과 중심의 평가로 전환될 것으로 보인다.

새로운 평가 방법의 변화는 전통적인 실적 평가 혹은 불분명한 수량적 평가로부터 벗어나고자 하는 의도가 담겼다. 그러나 성공적인 평가 문화의 정착은 방법과 기술의 완성도를 높이는 것뿐만 아니라 평가의 결과론적 방향성, 현장 사회복지사의 정확한 평가기술 역량의 확보 등의 현실적인 과제뿐만 아니라 평가의 현상화 과정에서 작동한 동양과 서양의 문화적 배경 차이를 이해할 때 성공할 가능성이 높아진다. 성과 평가에서 다루겠지만, 사업계획서 대부분이 실체를 정확하게 규명하기 어려운 평가기준을 제시하는 경우가 많고, 이런 이유로 평가 역량을 높이기 위한 노력이 요구된다.

---

1) 통제집단에 배정된 클라이언트에게, 프로그램 참여나 서비스 지연에 따른 문제가 발생한다면 사회복지사는 윤리적 책임을 질 수밖에 없다. 또한 사전–사후 검정이 클라이언트의 변화를 정확하게 측정하지 못하는 경우는 경험적으로 많이 만날 수 있다. 또한 실험설계 상황에 맞는 정확한 통계를 활용할 기술이 현장에 많이 보급되지 못한 측면도 있다. 예를 들면, 통제집단의 효과를 제거한 순효과(net effects) 분석, 사전 값의 차이를 통제하는 공분산분석 등이다.

사회복지 프로그램은 표면적으로 다양한 형태로 진행되지만, 궁극적으로는 클라이언트 종료 상태를 완성하거나, 의도했던 변화나 이익을 창출하여 클라이언트 스스로 긍정적인 삶을 살거나, 문제 해결이 가능한 역량을 갖추는 것이다. 다른 프로그램과 달리 사회복지 프로그램은 가치에 대한 고민도 함께 가져야 한다. 클라이언트의 인권, 존엄성, 주체적 권리를 가진 공동체의 구성원 등의 지향점이 평가에 반영되어야 한다. 이런 가치적인 요소를 제쳐두더라도 프로그램 평가의 방식들이 타당한 것인지 심각하게 고민해야 할 시점이다. | 그림 6-1 | 의 사례를 통하여 살펴보자.

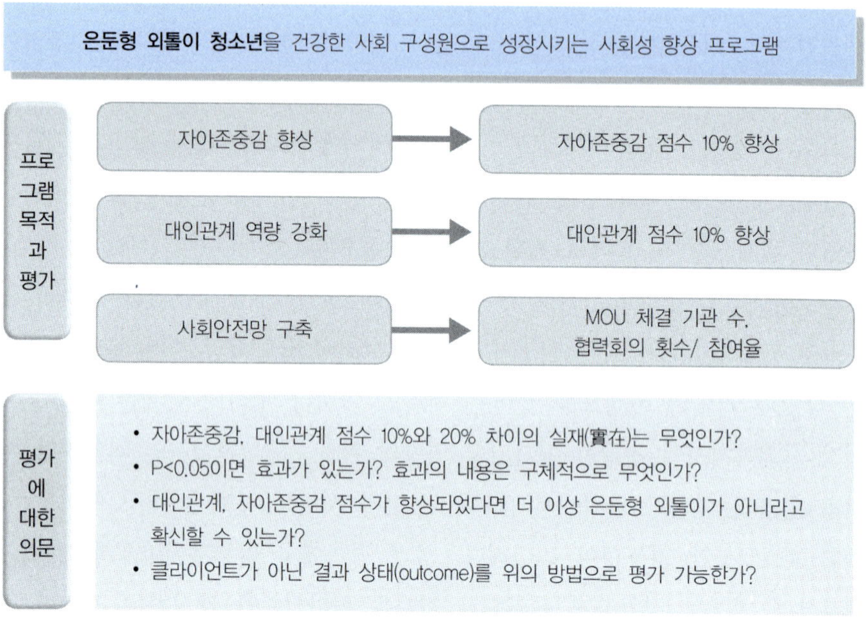

|그림 6-1| **은둔형 외톨이 청소년을 위한 전통적 평가 방식의 의문점**

'은둔형 외톨이 청소년을 건강한 사회 구성원으로 성장시키는 위한 사회성 향상 프로그램'을 평가해 보자. 많은 사업계획서에서 다루는 평가 방식은 자존감과 대인관계 능력의 향상이고, 통상적으로는 척도를 이용하여 측정한다.

그에 더하여 사회안전망 구축을 위한 회의 횟수, 참여자 수 같은 것들이 포함된다. 그렇다면 자존감이나 대인관계 능력의 적절한 변화를 평가할 때 기준은 무엇일까? 통상적으로 사전-사후 척도를 측정하여 '대인관계 점수 10% 향상' 같은 기준을 제시한다. 통계적으로 유의미한 변화도 불분명하지만, 10% 향상이라는 의미는 구체적으로 클라이언트 행동에서 무엇이 변화했는지 설명할 수 있을까? 게다가 대인관계 점수의 10% 변화와 20% 변화를 경험한 클라이언트의 차이는 무엇인지 알 수 있을까? 통계적으로 유의미한 수준으로 점수가 올라갈 경우 은둔형 외톨이 청소년은 이제부터 더 이상 은둔형 외톨이가 아니라고 단정지을 수 있을까?

척도 방식의 평가는 숫자라는 결과 제시로 인하여 수십 년간 현장에서 활용한 대표적인 평가 방식이지만 구체적이고 명확한 결과를 측정하기 어려운 한계가 있다.

저자와 현장 사회복지사들의 경험에서 사전-사후 측정을 통한 평가의 대부분은 통계적으로 유의미한 결과가 잘 나오지 않는다. 평가의 방식에 문제가 있다고 느끼면서도 반복해서 사용하고 있는 것이 더 큰 문제이다. 그렇다면 왜 그런가? 왜 사회복지 프로그램의 평가는 시행착오를 반복하고 있는 것일까? 이를 개선하기 위해 평가의 개념을 살펴보고, 다음 장에서 성과 평가(outcome)의 결과적 요소를 점검할 것이다. 이 과정이 평가의 완벽성을 보장하는 것은 아니지만 보다 정확하고 구체적인 평가 방법을 모색할 기회를 제공할 것이다.

사실 프로그램 평가는 일반화가 어려운 다양성이 존재한다. 아동, 장애인 등과 같은 대상에 따른 차이, 상담 혹은 캠프와 같은 유형의 차이, 투입되는 자원에 따른 차이 등으로 인해 평가를 획일화하거나 일반화하기 어려운 요소들이 분명히 있다. 또한 프로그램의 목표가 프로그램의 구성 체계의 방향이며, 평가의 가장 중요한 가치 판단이 되는 것을 고려한 일관성 있는 프로그램 설계(계획) 능력도 부족한 면이 있다. 효과적인 평가 데이터를 분석할 수 있는 통계적 역량도 더 필요할 수 있다. 그러나 사회복지 실천의 전문성을 향상시키고, 사회적 책무성을 다하기 위해서는 미숙한 평가 체계를 다양한 검정과 보완을 통해 발전시켜야 하는 것은 사회복지사의 의무이다.

2. 프로그램 평가의 개념

평가(evaluation)의 사전적 정의는 사물 또는 그 속성에 대한 **가치 판단**(value judgement)이며, 가치 판단은 '사전 정의된 준거'에 의해 이루어진다. 평가에 대한 몇몇 학자의 정의를 살펴보자.

황성철(2014)은 프로그램 평가를 프로그램의 기획, 실행, 결과에 관한 자료를 과학적 절차와 방법을 통해서 수집, 분석하여 서비스와 프로그램의 질적 향상과 개발에 관한 중요한 의사결정을 돕는 조사활동으로 정의하였으며, 프로그램의 성공 여부의 확인, 진행상 문제의 발견, 프로그램 기술 및 개발에 필요한 정보 제공의 목적(성숙진 외, 2004, 황성철, 2014 재인용)이 있다고 하였다.

슈어만(Schuerman, 1986)은 평가는 원래 어떤 활동이 성공적인지의 여부를 결정하는 것을 의미한다고 하였다. 평가는 전문적 활동에 대한 서술, 전문적 활동결과에 대한 조사, 새로운 치료 개입 형태에 관한 실험 및 보다 효과적인 개입방법을 개발하기 위하여 설계된 조사를 의미한다고 보았다.

김형식(1999)은 평가란 하나의 프로그램이 거쳐야 하는 각 발달과정에서 성취하게 되는 결과를 자원투입, 효과, 효율, 책무성, 이용자의 만족도 등을 기준으로 하여 체계적인 자료를 수집하고 분석하는 모든 행위로, 프로그램 전반에 걸친 결정을 하기 위한 총괄적인 정보 수집 과정으로 보았다.

마틴과 케트너(Martin & Kettner, 2000)는 프로그램의 효율성과 품질, 그리고 효과성에 대한 정보를 일정한 규칙에 따라 모아 보고하는 것을 평가로, 성과측정은 프로그램에서 제공되는 서비스의 총량, 서비스의 품질, 프로그램의 결과나 영향, 투입자원(인적자원과 물적자원), 비용 등과 같은 정보들을 규칙적으로 수집하고 보고하는 것이라고 하였다.

이러한 프로그램 평가의 개념에서 공통점을 살펴보면, 다음과 같다.

첫째, 평가는 프로그램의 목적과 목표의 달성 여부를 판단한다. 이를 위해 필요한 것이 성과(결과)에 대한 객관적이고 타당한 가치 판단이다. 가치 판단의 기준은 프로그램의 고유의 목적과 목표와 논리적 · 경험적 연관성이 있어야 한다.

둘째, 평가는 프로그램 과정 정보 및 결과와의 연계성을 분석한다. 프로그램의 계획, 진행, 종결과 그 후 결과 등의 전 과정과 목표 달성과 관련한 정보를 객관적이고 체계적인 방법을 통하여 수집하여 가치 판단에 반영한다.

셋째, 평가는 프로그램의 다양한 요소들을 분석한다. 프로그램의 긍정적 · 부정적 영향 요인을 포함한 효과성, 효율성, 품질 등을 사회복지 실천 가치에 따라 판단한다.

넷째, 평가는 성장을 촉진시킨다. 조직과 프로그램의 질적 성장을 궁극적으로 클라이언트를 위한 존재가치를 가질 수 있는 방향으로 가치 판단을 한다. 평가를 통한 프로그램의 개선은 결국 효과성을 증진하는 데 기여할 것이며, 클라이언트 중심의 사회복지 실천을 가능하도록 돕는다. 이 부분은 사회복지 프로그램이 가지는 차별성이라고 할 수 있다.

결국 프로그램 평가는 '클라이언트의 존엄성과 욕구의 해결을 위하여 수행하는 사회복지 실천의 전 과정에 대한 긍정적 성과와 부정적 요인에 대한 총체적, 체계적인 가치 판단'을 실시한다. 이를 통하여 프로그램 평가는 프로그램 자체의 존재 가치에 충실할 수 있게 하며, 사회복지 조직 내부로는 성장과 학습을, 외부적으로는 책무성을 증명하는 도구가 된다.

녹번종합사회복지관에서 1997년에 만든 주민주도 자치조직 사업은 지역사회를 위한 '아나바다 운동(아껴 쓰고, 나눠 쓰고, 바꿔 쓰고, 다시 쓰는)'을 통한 마을 만들기였다. 그러나 당시 사회복지관 평가에서 지역주민 조직화사업을 하지 말라는 지적을 받았다. 그 이유는 사회복지관 업무 지침에 마을 만들기가 없었기 때문이고, 당시 평가자 수준에서는 사회복지 실천 영역으로 주민자치

활동을 포함하는 것을 이해할 수 없었기 때문이다. 그러나 지금 이런 사업은 특화 프로그램으로 우수한 평가를 받기 유리하다.

평가의 과정과 방법 자체는 객관적이어야 하지만, 객관적이라고 사람들이 말하는 기준들이 정말 그러한지 성찰하고 점검하여야 한다.

3. 프로그램 평가의 필요성

프로그램 평가의 필요한 것들을 가치적 필요성, 실천적 필요성, 조직 내 필요성, 정책적 필요성, 이론적 필요성을 중심으로 정리하였다.

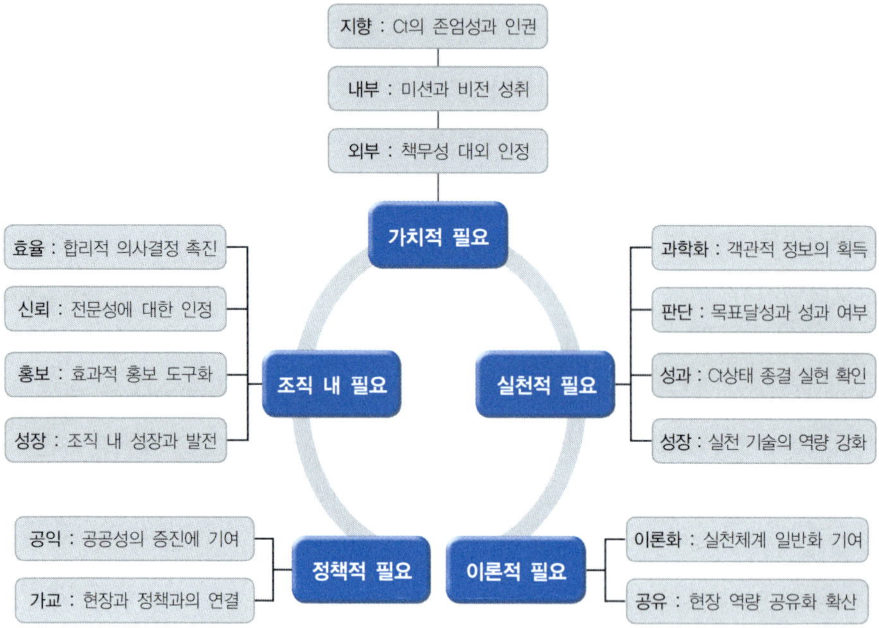

|그림 6-2| **프로그램 평가의 필요성**

1) 가치적 필요

가치 지향적인 사회복지 프로그램은 평가의 영역에서도 크게 세 가지의 가치 지향성을 가져야 한다. 가장 중요한 것은 클라이언트의 존엄성과 인권을 지켜가는 것이고, 프로그램 평가를 통해 이러한 가치를 지속적으로 확장시켜야 한다.

조직 내부의 관점에서 본다면 미션과 비전을 성취하는 것이며, 이를 통해 조직이 지향하는 방향으로 프로그램이 수행되는지 확인할 수 있다. 대외적인 관점에서는 사회적으로 요구되는 사회복지 실천의 책무성을 확인하고 인증받는 것을 프로그램 평가결과의 활용으로 높일 수 있다.

2) 실천적 필요

프로그램 평가는 프로그램에 관한 객관적 정보를 수집·분석함으로써 사회복지 실천이 과학적으로 이루어지고 있다는 것을 증명해야 한다. 즉, 평가의 방법은 과학화에 기반하며, 이를 통해 평가의 일반화를 높일 수 있다.

과학적 방법을 통해 수집된 정보를 통하여 목표의 달성과 성과가 성공적인지 아닌지, 어떤 긍정적 효과가 나타났는지를 확인할 수 있다. 즉, 클라이언트 상태의 종결이 프로그램을 통해 실현되었는지 확인하여 프로그램의 가치를 증명해야 한다. 그리고 부족하거나 아쉬운 점 등의 개선점을 찾고, 보완하여 사회복지 실천 기술과 역량을 향상시키고, 강화해야 한다.

3) 조직 내 필요

프로그램 평가는 조직의 합리적인 의사결정을 촉진시켜 조직 운용의 효율성을 증대시키는 역할을 해야 한다. 어떤 프로그램을 강화해야 할지, 어떤 프로그램을 축소하거나 조정해야 할지 등을 결정하는 데 프로그램 평가결과를 활용한다. 사회복지사는 자신의 프로그램의 성공적인 결과를 증명함으로써 조직 내에서 전문가로서 인정을 받아야 한다. 그렇지 않다면 사회복지 자원의 투입은 의미를 상실한다.

성공적인 프로그램의 평가결과를 활용하여 사회복지 조직을 대외적으로 알리고, 후원자와 지지자를 끌어모으는 데 유용한 홍보매개체로 이용할 수 있다. 시민들은 이를 통해 더욱 신뢰성을 가지게 될 것이고 후원자나 기부자가 될 가능성을 높인다. 결국 프로그램 평가는 조직의 성장과 발전에 기여하는 도구가 된다. 그렇기 때문에 평가는 서열을 정하거나 점수로 평가받는 것이 아니라 질적 성장을 도모하는 방향으로 가야만 이러한 필요성을 달성할 수 있다.

4) 정책적 필요

프로그램은 공공성의 증진에 기여해야 하며, 특히 정부로부터 재정지원을 받는 프로그램이나 외부 재원을 주로 사용할 경우 이는 더 중요하게 다루어져야 한다. 공공성의 증진은 사회복지의 정책적 정당성과 정부 예산 확보를 위한 도구가 될 수 있으며, 정책적으로도 이를 확인하기 위한 사회복지시설 및 프로그램 평가를 수행하고 있다.

프로그램의 평가는 정책과 현장을 연결하는 가교로 역할을 할 수 있다면 금상첨화가 될 것이다. 현장의 경험들을 모을 수 있는 중심체가 필요하지만, 정책결정의 중요한 데이터가 되어야 한다.

5) 이론적 필요

프로그램 평가는 끊임없이 이론적 타당성을 의심하고, 검증하고 더욱 정교한 이론체계를 구축하는 도구로 사용되어야 한다. 프로그램의 토착화가 충분히 이루어졌는가에 대한 답을 내릴 만큼 우리나라 사회복지 실천의 이론화는 아직 덜 이루어졌다. 다른 나라의 관점에서 구축된 사회복지 실천의 방식들이 우리에게도 타당하게 적용될 수 있는지 검증하는 것을 넘어서 우리 환경에 가장 적합한 실천 이론을 구축해 가야 한다.

프로그램 평가의 결과는 공유와 확산을 통하여 현장의 역량을 강화하는 도구로 사용해야 한다. 사회복지 실천은 공공재원을 통한 공익의 활동이므로 사유화되거나 특정 조직만 독점하는 것은 가치적으로 올바르지 않다. 만약 세금이나 후원금이 아닌 자기 스스로의 자본만으로 하는 경우는 예외일 것이지만.

4. 프로그램 평가의 이론적 접근

프로그램 평가의 이론적 접근은 다양하게 제시되지만, 여기서는 두 분류를 중심으로 살펴볼 것이다. 첫 번째는 정무성 · 정진모(2001)의 내용을 토대로 실험적 접근, 목표 지향적 접근, 의사결정 중심적 접근, 이용자 지향적 접근, 반응적 접근의 다섯 가지 모형이다.

① 실험적 접근(experimental approach)은 실험집단과 통제집단의 사전-사후 변화 비교를 통한 엄격한 실험설계 평가방법을 적용하는 평가방법이다. 이는 뒤에 자세히 기술한다.

② 목표 지향적 접근(goal-oriented approach)은 성과 평가와 같이 사전 설정된 프로그램의 목표의 달성 여부를 평가하는 것으로, 목표달성에 집중함으로써 평가가 명확해지지만, 목표 정의의 수준에 따라 폐쇄적이거나 좁은 측면을 다루게 될 가능성도 있다.

③ 의사결정 중심적 접근(decision-focused approach)은 평가를 통해 얻어진 정보는 프로그램 수행관리를 위한 의사결정도구로 사용된다. 따라서 개방적이며, 평가수행을 위한 다양한 정보 수집과 의사결정은 자유롭게 이루어진다. 평가 관련 정보를 어떻게 수집하고 분석하는가에 따라 평가 수준이 좌우될 수 있다.

④ 이용자 지향적 접근(user-oriented approach)은 클라이언트 중심의 관점에서 평가를 수행하는 접근 방법이다. 클라이언트는 직접 평가에 관여하거나

영향을 미치게 되며, 만족도 조사와 같은 방식이 활용된다. 수혜자의 경우 부정적으로 평가하기 어려운 것처럼 사회복지조직과 클라이언트와의 관계가 어떻게 형성되어 있는지에 따른 영향력이 존재한다.

⑤ 반응적 접근(responsive approach)이다. 이 방법은 이용자 지향적 접근과 의사결정 중심적 접근을 결합한 것으로, 이해당사자들의 다양한 관점이나 반응으로부터 정보를 얻는다. 대부분 질적 정보를 개별화된 자료로 활용한다.

하우스(House, 1978, 최종혁, 2002 재인용)는 평가모델로 체계분석 모델, 행동 중심 모델, 의사결정 모델, 탈목적 모델, 예술비평 모델, 인증평가 모델, 반론 중심 모델, 의사교류 모델 등 8가지를 제시하였다. 최종혁(2002)은 패튼(Patton, 1990) 등의 글을 인용하여 체계분석 모델과 행동 중심 모델은 양적 평가가 중심이며, 인증평가 모델과 예술비평 모델, 그리고 반론 중심 모델은 전문가의 주관적 관점이 중요하나 상황에 따라 질적 평가에 적용할 수 있는 모델로 분류하였다. 그리고 의사교류 모델, 탈목적 모델, 의사결정 모델도 질적 방법에 적합한 것으로 제시하였다.

① 체계분석 모델(systems analysis model)은 프로그램을 투입 → 수행 → 산출 → 성과의 흐름을 갖춘 체계로 이해하며, 산출과 성과를 중심으로 프로그램의 결과를 양적인 방식으로 평가한다. 따라서 목표 지향적 접근과 유사하며, 프로그램에 대한 포괄적인 평가를 한다.

② 행동 중심 모델(behavioral objective model)은 클라이언트의 행동 변화 측정 같은 임상 분야에서 많이 사용하는 평가모델이다. 표준화된 척도나 행동변화지표를 이용하여 평가를 수행한다. 개입에 따른 클라이언트의 행동변화라는 가설이 사전에 설정되어야 하며, 변화량을 측정하기 때문에 양적 평가의 방법을 주로 활용한다.

③ 인증평가 모델(accreditation model)은 사전에 체계적인 평가준거와 평가원

칙을 설정하고, 프로그램의 자료분석, 비형식 면담, 현장방문관찰 등을 이용하여 평가를 수행한다. 정보의 수집 절차는 체계성이 떨어지지만, 사전 준거에 의한 현장 평가가 이루어져 객관성을 높이려 한다.

④ 예술비평 모델(art criticism model)은 예술작품에 대한 전문가의 감정과 비평을 활용하는 감정 평가 방식이다. 프로그램의 과정과 상황을 분석하는 과정은 개인의 전문성에 의존하게 되거나, 전체보다는 특정 분야에 집중하는 경향이 있다.

⑤ 반론 중심 모델(adversary model)은 평가결과로 예상되는 답(클라이언트의 성공적 변화)을 미리 규정한 후 이를 증명하는 팀과 반론을 제시하는 팀으로 구성하여 평가를 수행한다. 두 팀의 정보를 조합하고 반론에 대한 반응을 통하여 균형 잡힌 평가를 시도한다.

⑥ 의사교류 모델(transaction model)은 반응적 접근처럼 개별화된 사례 중심의 평가모델이다. 평가자는 대상자를 관찰하고, 그들의 반응을 자료로 수집한다. 비공식적인 상호작용을 통해 가치 있는 결과를 밝히고, 다시 대상자로 하여금 이에 대한 반응을 확인하면서 평가자가 주관적으로 평가를 수행하는 질적 평가이다.

⑦ 탈목적 모델(goal-free model)은 목적이라는 제한성을 넘어선 광범위하지만 실제적인 의미를 갖는 평가 정보를 수집한다. 목적이나 특정 가치에 의한 편견을 탈피하고, 예기치 못한 다양한 상황을 파악하면서 평가자의 객관성과 독립성을 유지하려 한다. 평가자는 프로그램의 실재에 대한 포괄적인 질적 평가를 수행한다.

⑧ 의사결정 모델(decision-making model)은 의사결정 중심 접근과 유시한 개념으로 평가자가 의사결정을 위한 다양한 평가 정보를 수집하고 분석한다.

이상 살펴본 여러 가지 모델들은 유사한 개념이 다른 용어로 사용되는 경우도 있지만, 무엇보다 중요한 것은 평가모델의 적용에 있어서 평가자 스스로 전문성을 확보하는 것이다. 앞으로 살펴볼 평가방법이나 구체적인 기법을 익하고 적용하고자 할 때에도 다양한 관점에 따른 평가의 방식을 활용하는 것이 필요하다.

5. 프로그램 평가방법

무엇을 어떻게 평가할 것인지를 정하는 것이 평가방법의 핵심이다. 이는 방법론이나 기술적인 측면 모두가 연결되어 있는 것이다. 아래와 같이 단순화하는 것은 선입견을 동반하지만, 프로그램 평가방법의 이해를 돕기 위하여 몇 가지 기준을 제안해 보고자 한다.

대표적인 평가의 방법은 질적 접근과 양적 접근이다. 또한 실험설계 방식과 성과 평가 방식도 대립구도가 서구에서는 크게 나타난다. 어떤 목적이나 방식에 의하여 수행할 것인지에 따라 여러 가지로 나누어 볼 것이며, 이들 중 몇몇은 중요한 내용을 구체적으로 정리하여 다시 설명할 것이다.

1) 평가도구 유형에 따른 평가방법

평가 기준을 어떻게 구성하는가에 따라 표준화된 척도를 이용한 평가와 조작적 정의 척도를 이용한 평가로 크게 구분할 수 있다.

(1) 표준화된 척도를 이용한 평가

표준화(standardization)된 척도를 이용한 평가는 기존 연구자들에 의하여 신뢰도, 타당도가 있다고 인증된 척도를 이용하여 프로그램을 평가하는 방법이다. 표준화된 척도는 이미 만들어져 있기 때문에 바로 활용할 수 있는 편리성을 갖추고 있으며, 항상 그런 것은 아니지만, 측정도구 자체의 오류가 대체로 적기 때문에 안정성이 뛰어난 편이다. 자존감 척도나 기능수준척도(LOF : Level Of Function), 대인관계 척도 등 많은 척도를 활용할 수 있다.

표준화된 척도 사용 시 놓치지 말아야 할 것은 프로그램 성과를 평가하는 데 표준화된 척도가 정말 그 프로그램에 적합한지를 확인하는 것이다. 제9장의 실험설계 평가에서 자세하게 다루겠지만, 측정도구의 내용이 사회복지사가 수행하는 프로그램의 세부 내용과 일치하는지를 확인해야 하고, 프로그램의 중요한 특성들이 표준화된 척도를 통해 평가 가능한지도 점검해야 한다. 표준화된 측정도구와 프로그램 평가 내용의 불일치가 생긴다면 정확한 평가는 어려워진다.

우리가 사용하는 대부분의 척도는 다른 문화적 배경에서 만들어진 것을 번안해 사용하는 경우가 많다. 그렇기 때문에 사회복지 현장의 다양성을 담아내지 못하는 경우가 종종 발생한다. 현장에서 자아존중감 척도나 사회성 척도 등을 아동이나 노인이나 가리지 않고 사용하는 경우가 있는데, 이 경우 대상별 차이점이나 특성을 표준화된 척도에서 고려하기 어렵다. 또한 기존의 표준화된 척도라도 일정 시간이 지나면 사회적 변화를 반영하게 되어 또다시 바꿔야 하는 상황이 발생하게 된다. 통계적 검증을 통한 신뢰도와 타당도의 검증 능력이 부족하면 표준화된 척도의 활용도는 떨어지게 된다.

(2) 조작적 정의 척도를 이용한 평가

조작적 정의 척도를 이용한 평가는 프로그램의 목적과 목표 등에 따라 프로그램 수행자가 효과성이나 의미 등을 평가할 수 있는 기준을 만들어 평가하는 방법이다. 사회복지 실천 현장에서는 프로그램을 평가하는 데 적절한 표준화된 척도를 구하지 못하는 경우가 많다. 임상 영역에서의 표준화된 척도들이 비교적 많기는 하지만, 지역사회 기반이나 주민 대상 프로그램에 적용 시 적합하지 않거나 심지어 문맥이나 의미전달이 어려워 측정이 어려운 경우도 생긴다(특히 어르신이나 아동). 만약 프로그램의 목표가 독특하면 표준화된 척도 자체가 없을 수 있다. 그렇다 해서 사회복지사가 표준화된 척도를 스스로 만드는 것은 현실적으로 쉽지 않은 환경이다. 이와 같이 표준화된 척도를 사용할 수 없는 상황이라면 오히려 조작적 정의에 의한 평가가 더 적절할 수 있다.

조작적 정의를 이용한 평가는 프로그램의 목적과 목표의 달성 정도를 표준화된 척도로 측정하는 것이 아니라 클라이언트 종결상태나 특정한 변화의 상태를 정의하고 그것을 조작적 정의로 규정하여 평가하는 것이다.

만약 은둔형 외톨이를 위한 프로그램에서 정기적으로 만나거나, 카톡을 하거나, 밥을 함께 먹거나 하는 친구의 존재 여부, 그 수와 빈도, 그리고 동아리 활동 등에 정기적으로 참여하는지 여부를 평가 기준으로 하는 경우이다. 은둔형 외톨이가 친구도 만나고, 동아리 활동도 정기적으로 한다면 더 이상 은둔형 외톨이라고 할 수 없는 상태가 된다. 이것이 조작적 정의에 의한 평가 척도의 활용이다.

조작적 정의에 의한 평가는 프로그램의 목표와 특성, 대상에 따라 다른 기준이 적용된다. 또한 측정 과정에서 신뢰도를 확보할 수 있는 다양한 방법, 예를 들면 증거의 삼각 측정 방식을 활용한다. 삼각 측정 방식은 관찰 기록, 인터뷰, 일지 등의 여러 자료로부터 같은 내용을 추출하여 증명의 빈도를 증가시켜 신뢰도를 높이는 방법이다. 조작적 정의 척도에 의한 평가 기준을 사회복지사가 얼마나 논리적이고 적합하게 만드는가와 평가 기준에 따른 다양한 방법을 통해 일관된 정보를 획득하는지에 따라 그 수준이 결정된다. 따라서 임의대로 하기보다는 슈퍼바이저나 외부전문가로부터 충분한 자문과 지도를 받아 만드는 것이 좋다.

조작적 정의 평가 척도는 내용 타당도를 다양한 전문가로부터 확인하거나, 측정의 신뢰도를 높이는 노력이 중요하다. 만약 그렇지 않다면 불확실하고, 모호하고, 의미 없는 평가 척도가 만들어질 가능성이 높다.

2) 가치 평가와 실적 평가

사회복지의 실천과 평가는 객관적이고 체계적이어야 하지만, 클라이언트의 욕구 해결 혹은 존엄성 실현의 증명 같은 가치 지향성을 가진다. 다양한 활동의 결과들은 실적 평가의 정보가 되지만, 그것만 가지고는 사회복지 프로그램의 가치성을 이루었는지 확인하기 어렵다.

실적 평가는 대외적인 홍보 자료나 자금의 효율적 사용 분석 등에 유리한 면이 있다. 숫자로 나타나는 높은 활동의 결과들은 시각적인 효과뿐만 아니라 신뢰감을 형성하는 데도 긍정적인 영향을 미친다. 20명이 목표인 프로그램에 열두세 명이 참석한 결과라면 긍정적 평가를 내리기 어렵다. 그러나 동일 프로그램에 25명이 참석하고 100% 출석을 했다는 결과가 나왔다면 이는 목표의 초과달성을 설명하는 효과적인 도구가 된다. 그럼에도 불구하고 사회복지 프로그램은 단순한 활동 내용의 규모, 참여인원, 회의 횟수와 같은 요소들이 결국 클라이언트의 긍정적인 변화나 효과적인 영향을 미치지 못한다면 아무리 높은 실적도 그 의미나 가치가 크게 떨어진다.

클라이언트의 욕구를 규정하거나 존엄성을 실현하는 방법, 지향점은 사회복지사마다 다를 수 있다. 그러나 보이는 실적이나 활동 내용보다 실천의 방향이 더 중요한 사회복지 프로그램에서 '가치성'은 아무리 강조해도 지나치지 않다. 가치 평가에서 중요한 것은 사회복지사가 혹은 사회복지조직이 어떤 미션과 비전으로 사회복지를 실천하고 있는지, 그에 따라 실천한 프로그램이 가치적으로 타당한지를 진단하는 것이다. 사회복지조직의 미션과 비전은 대체로 규정된 경우가 많으나 사회복지사 스스로에게도 정체성과 전문성을 확인하고 점검하는 것이 필요하다.

사회복지사 개인의 관점에서 보더라도, 노인 분야에서 일하다 청소년 분야로 일터가 바뀌더라도 가치 평가의 기준은 사회복지사에게 내재되어 있는 요소이기 때문에 바뀌지 않는다. 다만, 실천의 과정에서 성숙하거나 성찰의 기회를 통하여 바뀔 수도 있겠지만, 대부분의 경우 그대로 유지된다. 그래서 가치 평가는 사회복지사 자신의 가치를 스스로 규정하고, 실천과정에서 스스로 확인할 수밖에 없다.

'나는 왜 사회복지사가 되었는가?', '나는 무엇을 해야 하는가?', '나는 사회복지사로서 어떤 존재여야 하는가?' 등의 존재론적 질문들을 우리 자신에게 해야 한다. 나의 존재가치가 일정 부분이라도 규정되지 않는다면 우리가 사회복지사로 클라이언트와 사회복지를 바라보는 관점이 불분명해지고, 그렇다면 현장성의 명료함은 사라진다. 사회복지 현장의 근무 환경이 최고라고 할 수 없는 상황이 많기 때문에 사회복지사의 자기 정체성이 모호하면 금방 소진에 빠지고, 회복도 어려워진다. 물론 현장 환경과 조직 문화도 매우 중요하다. 따라서 클라이언트를 위한 사회복지사로서 그 자리를 지키고 현실의 문제를 개선해 나가야 한다. 이것은 클라이언트뿐만 아니라 환경도 함께 변화시켜 가야 하는 사회복지사의 숙명 같은 것으로 이 과정은 결국 사회복지사로서의 자기 평가이자 존재론적 자기 증명의 과정이다.

3) 과정 서술 평가와 결과 서술 평가

우리나라의 사업계획서에서는 목적과 목표를 최종적 결론보다 과정 혹은 중간 단계를 목표로 규정하는 경우가 많이 발견된다.

산의 정상에 서는 것이 목표라면 이를 이루기 위해 정상을 향해 올라가야 한다. 그러면 올라가는 행위는 과정이며, 정상에 서게 된 것은 결과이다. 올라간다는 것은 나의 위치를 높이는 행위이다. 즉, '나의 고도를 높이 올린다'와 같은 과정을 서술한 목표가 된다. 가정의 화목을 증진시킨다, 대인관계 능력을 강화한다, 지역사회 안전망을 구축한다, 도시락 서비스를 제공한다와 같은 표현들은 과정을 서술한 목표에 가깝다. 가정의 화목한 결과의 모습은 무엇인지(예 대화, 함께하는 활동과 시간의 증가와 상호 신뢰를 갖는), 대인관계 능력이 강화된 모습은 무엇인지(예 친구를 사귀고 동아리 활동을 하는), 안전망이 구축된다면 지역사회에서 어떤 변화가 생길 것인지(예 통합사례관리를 함께하거나 마을 축제, 공동사업을 함께하는), 도시락이 잘 제공되면 어떤 결과가 나타날 것인지(예 규칙적인 식사를 하도록 하는)의 결과를 생각하고 목표를 정해야 한다.

다른 예로, 은둔형 외톨이 청소년을 위한 프로그램을 생각해 보자. 목표가 대인관계 점수 10% 향상인 경우 최종 목표인 은둔형 외톨이가 아닌 상태, 즉 클라이언트 상태 종결이 목표가 아니라 개인의 대인관계 점수만 향상시키고 끝난다. 즉, 대부분의 프로그램에서 사회복지사는 대인관계 점수만 향상시키는 프로그램만 하고 종결하는 것이다. 대인관계 점수가 10% 향상되었다고 해서 클라이언트는 더 이상 은둔형 외톨이가 아니라고 확정지을 수 없음에도 종결된다. 그렇기 때문에 단기적으로 끝나는 사업보다 중장기적 관점에서 한 발 한 발 수행할 수 있는 사업 역량을 갖추어야 하고, 이를 정당화할 수 있는 것이 프로그램 평가를 통한 반성적 성찰이다. 이를 위해 단기성과뿐만 아니라 중기·장기성과를 적용한 논리모델을 이용한 평가와 같이 긴 호흡으로 결과를 이룰 때까지 수행할 수 있는 사회복지 프로그램이 필요하고, 이를 평가를 통해 단계별로 체계화하여야 한다.

4) 질적 평가와 양적 평가

평가에서 획득하는 정보가 질적인 정보인지, 양적인 정보인지에 따라 평가의 접근방법을 구분할 수 있다. 질적 평가(qualitative evaluation)는 그냥 관찰하고 기록하는 것만으로는 부족하다. 사회복지사와 클라이언트, 클라이언트와 환경, 그리고 클라이언트 간의 상호작용과 행동을 기록하고, 그로부터 파생된 변화와 파급효과의 의미를 사회복지사의 관점에서 의미부여하는 설명이 필요하다. 이 설명은 목적과 목표의 달성 여부를 주관적이지만 최대한 객관적 관찰 근거를 통해 논리적으로 분석하여야 한다. 이에 더하여 사회복지 가치와 클라이언트의 긍정적인 이미지 구축, 즉 SRV를 실현했는지, 혹은 그에 기여했는지를 진단하게 된다. 이러한 과정은 점수화하여 분석하는 것이 매우 어렵기도 하다.

양적 평가(quantitative evaluation)는 실적, 척도, 설문지 그리고 계량화된 측정 기준을 이용하여 수집된 수량적 결과들을 통한 평가가 중심이 된다. 양적 평가의 상당수는 통계적 · 확률적 이론 검증을 통해 그 결과의 타당성을 판단하거나 기술적인 해석을 통하여 프로그램의 성과를 진단한다.

양적 평가이든 질적 평가이든 이를 제대로 활용하기 위해서는 많은 훈련과 노력이 필요하다. 단지 통계를 배우기 어렵다고 질적 연구로 전환하거나, 질적 연구가 추상적이어서 양적 연구를 우선시하는 행동들은 적절하지 않다. 또한 사례관리의 과정이나 프로그램 진행 과정을 일일이 양적 도구를 이용하여 평가하는 것도 프로그램의 효율적 운영을 크게 저해한다. 질적 평가에서 맥락을 이해하고 클라이언트의 이미지를 분석하는 것은 어렵기도 하지만, 양적 평가에서 정확한 통계적 설계와 적용을 하는 것 또한 쉽지 않다. 특히 질적 평가는 평가하는 사회복지사에 따라 동일한 사항도 다른 결과가 나올 수 있을 만큼 객관화하는 것이 더 어렵다. 그러나 맥락을 이해하고 설명한다면 양적 평가가 절대 가질 수 없는 생생함을 전달할 수 있다. 질적 평가와 양적 평가는 상호 보완적이므로, 다른 방법을 폄하하는 도구가 되어서는 안 된다.

5) 설계 방식에 따른 평가

설계 방식에 따른 평가는 실험설계와 비실험설계로 크게 나눌 수 있다. 실험설계 방식은 전통적인 프로그램의 효과성 검증 방식으로 통상 실험실에서 실험집단과 통제(비교)집단으로 나누어 개입의 효과성을 비교하는 방식이다. 비실험설계에 의한 평가는 실험설계 방식 이외의 평가방법들을 통틀어 지칭하는 방식이다.

(1) 실험설계 평가

실험설계(experimental design) 평가는 전통적이고 오래된 사회복지 프로그램의 효과성 검증방법의 하나이다. 실험설계가 가지는 장점은 인과관계를 중시한 모형으로 프로그램의 효과성을 증명하기 위한 논리적 구조(내적 타당성)가 높은 장점이 있다. 난선화(random)에 의한 실험집단과 통제집단의 구성(통제), 프로그램에의 참여와 같은 독립변수의 차이(조작), 그리고 사전-사후 변화량의 측정(변화) 등의 요소들은 클라이언트의 변화의 유무 및 그 변화가 프로그램의 개입에 의한 것인지를 확인할 수 있는 뛰어난 논리 구조를 가진다.

실험설계를 적용하기 위해서는 인과관계와 집단구성에 있어서의 유의할 사항들을 충분히 점검하여야 한다. 이를 제대로 준비하지 못한다면 실험설계는 실패하거나 논리적 증명에 치명적인 오류를 가지게 될 가능성이 높기 때문이다. 실험설계에서는 여전히 윤리적인 문제가 제기된다. 특히 통제집단으로 구성된 클라이언트 혹은 인위적 분류 등에 따르는 서비스의 보류와 같은 문제는 늘 지적된다. 또한 일부의 경우 사전-사후 측정만으로 평가함으로써 클라이언트가 실험실의 동물과 같은 객체로 격하될 수 있는 우려가 있다.

(2) 비실험설계 평가

비실험설계 평가는 실험설계 방식이 아닌 평가방법을 통틀어서 칭하는 표현이다. 그동안 사회복지 현장의 평가는 실험설계 방식이 우위를 점하여 왔다.

프로그램 평가의 흐름에서 밝혔듯이 실험설계가 가지는 현장의 실용성이나 프로그램의 질적 발전에 기여하기 위해서는 철저한 실험 방식의 진행과 과정평가 등을 겸하는 등 복잡한 과정을 거쳐야 한다. 그럼에도 그동안 사회복지 현장에서는 실험설계의 실무적 적용결과가 얼마나 타당한지를 성찰해 본 경우는 거의 없다.

비실험설계 평가는 프로그램의 고유 목적과 목표의 달성, 그 파급효과, 혹은 프로그램의 상호작용과 변화의 과정, 클라이언트의 만족도 등에 더 관심을 가지고 있다. 이를 통하여 프로그램의 효과성이나 효율성, 품질, 상호작용의 역동성 또는 어떤 가치의 실현 등에 대한 진단을 수행하고, 프로그램의 장점과 단점 등에 대하여 분석한다. 따라서 프로그램의 개선과 발전에 유용한 정보들을 얻어낼 가능성은 실험설계 평가에 비하여 높다. 또한 사회복지사의 창의성에 따른 새로운 방식의 개발과 적용도 용이하다.

비실험설계 평가는 실험설계 평가보다 대상자 선정 및 구성에서 보다 자유롭다. 또한 통제집단의 필요성도 더 낮으며, 사전-사후 변화량의 검증에서 자유롭다. 이는 프로그램 평가에 있어서 실무자들이 어려운 통계를 배우지 않아도 되며, 클라이언트의 변화나 질적인 프로그램의 정보 등에 보다 더 집중하게 하는 효과가 있다. 케클러 등(Kuechler, et al., 1988)의 의견처럼 '평가결과의 활용'에 초점을 둔 것으로, 통제연구의 기술적 측정보다는 현장 중심의 평가를 더 중요하게 함으로써 실무적 활용과 프로그램의 질적 성장을 더 중요하게 다룬다. 비실험설계 평가의 장점은 '발전적 실용성'이다.

6) 프로그램 구성체계에 따른 평가방법

프로그램 구성체계에 따른 평가는 체계적 관점과 수행적 관점에서 살펴볼 수 있다. 이들은 종횡처럼 서로 프로그램의 구조를 이루는 유형, 무형의 요소들이다.

(1) 체계적 관점의 평가

체계적 관점에 입각하여 프로그램을 구성하는 요인들을 구조화하고, 구조화된 요인별로 각각 혹은 통합적으로 평가를 하는 방법이다. 구성하는 요인은 클라이언트와 사회복지사 및 이 둘을 연결하는 프로그램이 기본 구성 요인이 된다. 기본 구성 요인을 둘러싼 환경 체계가 다음의 평가 대상이 된다. 사회복지조직, 지역사회, 문화와 이미지 등의 외부 요인에 대한 평가라고 볼 수 있다. 외부적 요인은 정치적인 요소가 많이 작용되는 공간이기도 하며, 프로그램뿐만 아니라 사회적 맥락 속에서 프로그램의 속성들을 다양하게 이해할 수 있는 도움을 제공한다. 반면에 체계적 관점에서는 정치적 관점이 어디에 있는지, 혹은 사회적 맥락 속에서 평가의 중심점을 어디에 두는지에 따라 프로그램 자체의 평가가 크게 달라질 수 있다.

(2) 수행적 관점의 평가

프로그램의 수행적 관점에서는 프로그램의 진행과정을 구조화하고, 구조화된 과정별로 평가하는 방법이다. 구조화된 과정은 일반적으로 프로그램의 준비 단계, 진행 단계, 종결 단계, 사후 단계로 구성하며, 이 과정에서 파생되는 다양한 의미와 상호작용과 파급효과를 통해 성과를 측정하는 방식이다. 프로그램 자체의 내부적 역동성에 관심을 가지며, 프로그램의 진행과정에서 사회복지사와 클라이언트의 세밀하고 구체적인 역동성에 초점을 둔 과정 평가와 질적 평가가 주로 활용된다. 이 경우 사회적 맥락이나 환경적 요소를 평가하는 데 부족한 측면이 발생할 수 있다.

7) 과정 및 종결의 의사결정에 따른 분류

타일러 등(Tyler, et al., 1967)이 제시한 형성 평가(formative evaluation)와 총괄 평가(summative evaluation)는 프로그램 과정 중 의사결정에 따른 분류이다. 형성 평가는 중간 혹은 과정 평가라는 의미로 사용되며, 프로그램 운영 도중에 이루어지는 평가로, 따라서 프로그램의 개선이나 수정, 발전을 위하여 수행하는 평가이다. 총괄 평가는 종결 혹은 결과 평가라는 의미로 사용되며, 프로그램 종결 후 프로그램의 지속 혹은 종결 여부 등의 정책적 판단을 내리기 위하여 수행하는 평가이다. 물론 하나의 프로그램 평가에서 이 둘을 모두 활용할 수 있으며, 회기별로 이루어지는 프로그램이 아닌 경우 명백한 구분이 어려운 경우도 종종 발생된다.

(1) 형성 평가

형성 평가는 프로그램을 형성하는 데 사용되고, 기관의 직원들로부터 보다 양질의 서비스를 이끌어 내기 위해서 수행하는 것이다(김통원, 2003). 형성 평가에서는 우선 프로그램이 어느 정도까지 제시된 지침, 목표에 따라 진행되고 있는가를 진행과정 중에 평가하며, 프로그램의 수정 및 보완을 주 목적으로 하는 평가이다. 따라서 프로그램이 원래의 목적과 목표에 따라 진행되는지, 예측하지 못한 돌발 상황의 발생이나 문제가 있는지, 중간 점검과 환류(feedback)를 통하여 보다 나은 프로그램으로 발전하기 위한 방안을 모색하기 위한 것이다. 이러한 특성 때문에 과정을 분석하고 진단하는 성격이 강하다.

(2) 총괄 평가

총괄 평가는 최종적인 결과성과, 산출된 실적들, 파급효과의 분석 등이 포함되며, 프로그램의 전반적이고 최종적인 결과를 토대로 수행하는 평가이다. 따라서 프로그램의 운영이 끝날 때 수행하게 되며, 앞으로 프로그램의 지속성 여부를 판단하는 정책결정의 종결 평가이다. 총괄 평가에서는 프로그램의 목적과 목표달성의 증거와 프로그램의 유의미성이나 기대효과가 얼마나 달성되었는지, 그에 따라 프로그램의 존속의 가치가 어떻게 평가되는지에 관심을 가지게 된다. 이러한 특성 때문에 총괄 평가는 정책결정을 위한 종결 평가의 성격이 강하다고 볼 수 있다.

종결 평가로서의 성격은 거시적 체계의 비중이 상대적으로 중요한 것이다. 또한 프로그램의 존폐를 결정하는 과정은 다양한 이해관계의 정치성에 의하여 영향을 받을 가능성이 커진다. 이는 프로그램 체계 이외의 외부체계, 즉 외부 평가자나 이해관계자와의 역동성이 더 중요해진다는 의미이다.

8) 기타 평가의 방법

앞에 제시한 평가의 방법들 외에도 다양한 시각에서 도출된 평가방법들이 있다. 이를 간략하게 살펴보도록 하겠다.

(1) 평가주체에 따른 분류

누가 평가자인가에 대한 평가주체에 따른 분류는 내부 평가(internal evaluation)와 외부 평가(external evaluation)로 크게 나눌 수 있다.

내부 평가는 프로그램을 직접 수행한 사회복지사나 수행기관, 혹은 프로그램의 영향력이 직접 미치는 대상이 프로그램을 평가하는 방식이다. 따라서 프로그램의 내용이나 맥락을 포함한 흐름에 대하여 경험적 자료를 통하여 인식할 수 있으며, 정보 접근성도 비교적 폭넓다. 반면에 팔이 안으로 굽는 것처럼 프로그램의 단점을 축소하거나(특히 외부 지원을 받는 경우 더 정치적이 된다), 객관적인 접근보다는 주관적이고 감정적인 평가가 이루어질 가능성이 크다.

외부 평가는 프로그램 수행과 직접 관련이 없는 외부인이나 제3자에 의한 평가이다. 이 경우 내부 평가보다 객관적인 평가가 이루어질 가능성은 높아진다. 특히 관련 분야의 전문가라면 풍부하고 전문적인 슈퍼비전도 가능할 것이다. 외부 평가는 제3자의 시각에서 바라보므로 객관적인 평가를 지향하는 경향성이 커진다. 물론 사회복지조직의 영향력으로부터 독립적이지 않다면 기관 취향에 맞는 평가가 될 가능성이 있다. 반면에 제3자라는 장점은 동시에 단점으로 부각되는데, 프로그램에 대한 충분한 이해가 부족하거나 상황적 맥락의 파악이 어려운 경우 프로그램 평가라는 배가 산으로 갈 수 있다. 특히 평가대상이 되는 사회복지사나 기관과의 관계형성이 어떻게 되는가에 따라 정보접근성의 제한은 물론, 갈등적 위치에 놓이게 될 수 있다.

(2) 평가시점에 따른 분류

평가시점은 프로그램을 평가하는 시점이 언제인가에 따라 구분한 평가방식이다.

사전-사후 평가는 주로 실험설계 방식의 프로그램 평가에서 많이 사용하는 방식이다. 프로그램을 시작하기 전에 클라이언트의 문제 상태나 해결 과제의 수준을 측정한 후, 프로그램이 종결된 후 재측정한다. 그리고 사전 측정과 사후 측정 결과의 차이를 검토함으로써 변화량이 통계적으로 차이가 있는지를 분석한다. 따라서 변화량의 차이를 비교적 명백하게 확인할 수 있는 장점이 있다. 이 경우 사전-사후 측정도구의 반복사용에 따른 간섭효과에 유의해야 한다.

과정 평가는 프로그램 진행과정에 대한 평가로, 주로 질적 연구에 많이 사용된다. 과정 평가는 형성 평가의 성격을 많이 가진다. 따라서 프로그램 진행과정에 대한 장단점이나 개선사항 등을 중심으로 평가된다.

사후 평가는 프로그램이 종결된 시점에 평가를 수행하게 되는데, 주로 성과 평가와 같이 목표 지향적인 평가에 적합한 방식으로 활용된다. 사후 평가를 위한 기준은 프로그램 계획 단계에서 준비해야 하며, 프로그램 수행 이후에 달라진 상황이나 돌발 상황을 반영하기가 조금 더 어렵다.

시계열 평가는 프로그램의 평가가 시간의 흐름에 따라 반복되어 수행된다. 사후 평가 후 일정 기간이 지난 후 재조사를 통해 2차 사후 평가(추후 평가)를 수행하거나 매 회기(session)마다 평가를 반복하여 수행하는 평가, 단일사례설계 등이 있다. 시계열 평가는 평가 자체가 번거롭고, 평가과정이 클라이언트에게 지속적인 영향을 줄 위험이 상대적으로 높다. 반면에 프로그램의 효과성의 검증을 시간의 흐름에 따라, 즉 지속적인 개입(자원 투입)의 결과에 따라 나타나는가를 검증하고자 할 때 유리하다.

6. 평가의 기준

프로그램을 평가하는 데에는 여러 가지 기준들이 있다. 프로그램의 평가는 좁은 의미로는 효과성만을 분석하는 것이지만, 여러 가지 기준들이 조작적 정의에 의하여 사용되는 것이 일반적이다.

1) 효과성(Effectiveness)

프로그램이 이루고자 하는 목적과 목표가 실제로 달성된 정도를 측정하거나 클라이언트에게 의도했던 변화가 어느 정도 일어났는지, 클라이언트가 종결 상태가 되었는지를 평가한다. 즉, 프로그램의 성공적 수행을 목표 달성의 관점에서 평가하는 것이다. 효과성은 프로그램 계획 단계에서부터 얼마나 목표가 구체적이고 측정 가능한지, 그리고 타당한 가치 지향성을 가지고 있는지에 따라 측정의 용이성과 타당성이 결정된다. 금연 프로그램의 경우 프로그램을 통하여 금연하게 된 클라이언트의 수가 효과성의 기준이 된다. 만약 100명을 금연시키기 위한 프로그램이었는데 80명이 1년 이상 금연하였다면 효과성은 80%라고 할 수 있다. 효과성은 통상 실험설계를 이용한 평가, 결과성과 평가의 적용, 가치 평가 등으로 확인할 수 있다.

2) 효율성(Efficiency)

효율성은 프로그램의 결과로 얻어진 실적이며, 프로그램에 투입된 자원과 대비하여 최소의 노력으로 최대의 산출을 얻어내었는지를 평가하는 기준이다. 가장 일반적으로 산출 대비 투입으로 분석하게 되는데, 효과를 비용으로 나누어 분석하면 비용효과분석(cost-effectiveness analysis)이 되며, 비용에 따라 발생된 이윤을 대상으로 분석할 경우 비용편익분석(cost-benefit analysis)이 된다. 이를 통해 얻어진 결과는 비용효과의 단위가 된다. 만약 청소년 성교육에 50명이 참여했으며, 100만 원이 소요되었다면 1인당 2만 원의 비용이 소요된 것이며 2만 원은 비용효과의 효율성 단위가 된다.

3) 품질(Quality)과 만족성(Satisfaction)

품질은 프로그램의 질적 수준이 어느 정도인지에 대하여 클라이언트 입장에서 하는 평가이다. 프로그램 제공자가 평가하는 것이 아니라, 프로그램의 대상자나 수혜자가 평가를 하게 되므로 서비스의 질적 요소에 따라 영향을 받는다. 그러나 품질이라는 측면은 추상적인 특성이 크며, 동일한 프로그램도 클라이언트에 따라 다르게 반응할 경우도 있기 때문에 유의해야 한다. 품질의 측정이 어렵기 때문에 클라이언트 만족도(CS : Client Satisfaction)를 이용하여 평가한다. 즉, 높은 품질이 제공된다면 클라이언트의 만족도가 높아지는 논리에 따른 것이다.

4) 대응성(Correspondence)

클라이언트의 욕구나 문제에 대하여 얼마나 적절하게 대처하였는지를 진단한다. 사전에 체계적인 욕구의 분석이 전제되어야만 가능한 평가이다. 대응성은 클라이언트의 욕구에 맞는 프로그램이 적절하게 제공되어 욕구와 제공된 프로그램 간의 일치성이 있는지 등을 평가한다. 만약 경제적으로 어려움을 겪는 클라이언트에게 후원금 지원과 자립 지원 프로그램을 제공하여 자립하였다면, 이는 대응성을 충족시킨 것이다.

5) 노력성(Effort)

프로그램의 수행을 위해 혹은 목표달성을 위해 얼마나 많은 노력을 기울였는지를 평가한다. 프로그램 수행 및 목표달성을 위해 필요한 인적·물적 자원 등을 기준 이상으로 얼마나 투입하였는지가 주 관심이다. 만약 A단체가 수행하는 농촌체험 프로그램에서 시로부터 지원받은 금액이 1,000만 원인 경우, A단체가 외부의 자원을 개발해 추가로 1,000만 원을 더 투입했다고 가정해 보자. 반면 B단체는 동일한 사업에 동일 액수를 지원받는데, 추가 투입금이 전혀 없다고 가정해 보자. 이 경우 A단체의 노력성은 B단체의 노력성보다 높다고 평가한다.

6) 형평성(Balance)

필요한 대상에게 프로그램에 참여할 기회나 그로부터 얻어진 혜택이 적절하게 분배되는지와 같은 분배 가치의 실현에 초점을 둔다. 즉, 프로그램의 과정에서 클라이언트에게 미치는 영향력이 편애되거나 한쪽에 치우치지 않아야 한다. 형평성은 대상자 선정이나 프로그램의 제공 등에 대한 자격기준이 명료하고, 자격 결정과정이 공개될 때 더욱 명확해진다.

7) 적법성(Lawfulness)

프로그램의 준비, 수행, 마무리가 합목적적으로 적법하게 진행되는지, 혹은 사회복지조직의 가치와 목적(정관 등)을 준수하며 진행되는지에 대하여 진단한다. 프로그램의 수행에 있어서, 특히 예산집행에 있어서의 적법성의 준수는 매우 중요하다. 또한 혜택이 많은 프로그램의 경우 대상자 선정 비리나 제공되는 서비스의 사취 등의 문제도 모두 적법성의 위배이다.

8) 접근성(Access)

프로그램에의 참여나 활동에 있어서 클라이언트의 접근이나 이용기회의 제공에 있어서 특정 대상에게 제한되어 있거나 왜곡 또는 차별이 있는가를 진단하는 것이다. 한 예로, 생활편익시설을 이용하는 데 장애인들이 편리하게 이용할 수 있는지, 혹은 A지점에서 B지점까지 이동하는 데 얼마나 쉽게 이동할 수 있는지의 정도를 측정하는 것은 물리적 접근성을 측정하는 것이다. 또한 정보접근성과 같이 비물리적 접근성을 평가할 수도 있다. 경우에 따라 형평성과 유사한 개념으로 사용된다.

9) 적절성(Appropriateness)

클라이언트에게 제공되는 프로그램이 클라이언트의 상황이나 특성, 제공되는 기관의 특성을 고려하여 적절하게 제공되고 있는가를 평가한다. 클라이언트의 경우 대응성과 유사한 개념이나, 사회복지조직이나 사회복지사의 차원에서도 적절한지를 평가하기 때문에 조금 더 포괄적인 특성을 갖는다.

Chapter 7

가치 평가

1. 사회복지 실천과 가치 평가

사회복지의 실천과 평가는 객관적이고 체계적이어야 하지만, 클라이언트의 욕구 해결 혹은 존엄성의 실현 등의 가치성을 가진다. 단순한 활동 내용의 규모, 참여인원, 회의 횟수와 같은 요소들도 결국 클라이언트를 위한 것이 아니면 존재 가치를 상실한다. 클라이언트의 욕구를 규정하거나 존엄성을 실현하는 방법은 사회복지사마다 다를 수 있다. 그러나 속도가 아닌 방향이 더 중요한 사회복지 실천에서 '가치성'을 빼버린다면 정당성은 존재할 수 없다.

몇몇 복지관에서 흔히 볼 수 있는 사례가 있다. 김장철이 다가오면 많은 복지관에서 김치를 담그고, 배달한다. 김치를 받지 못한 일부 클라이언트가 복지관에 와서 항의하는 일이 벌어진다. 자신이 더 가난하기 때문에 김치는 자기에게 우선적으로 주어야 한다는 주장이다. 어떤 사회복지사는 이들을 비난한다. 그러나 본질은 다른 곳에 있다. 이런 복지관의 **이미지는 '자판기'**이다.

남들보다 더 불쌍해야 서비스가 나오는 형태로 이미지가 굳어졌고, 그것이 사람들 생각의 프레임을 지배한다. 자기가 불쌍하다고 생각하면 당당히 요구하고 그것을 권리로 포장한다. 존중과 배려가 없을 뿐만 아니라, 불쌍함을 큰 목소리로 포장하니 싸움이 된다.

제2장의 밑반찬 사례에서 강점에 기초한 참여로 긍정적인 역할을 수행한 어르신을 생각해 보자. 그분은 자기가 불쌍해서 밑반찬을 받는 것이 아니라 자원봉사에 대한 사회복지사의 감사 표현으로 밑반찬을 선물로 받는다. 존중과 배려는 물론, 이웃과 지역사회에 당당할 수 있는 긍정적 역할이 있다.

프로그램의 평가는 단기적으로 사업의 결과로 평가될 수 있지만, 중장기적으로 클라이언트가 진정한 존중을 경험하고, 주인의 삶을 살고, 지역사회 안에서 공생하며 공동체의 구성원으로 당당하게 살아가는지를 평가해야 한다. 사회복지사의 열정적 헌신이 때로는 자판기 프레임을 더욱 강화시키고, 클라이언트는 존중감을 잃어버리고 가치절하의 상황을 만들 수 있다. 그것은 '방향'의 부재로 인한 것이다. 사회복지사의 실천의 방향은 결국 가치의 현상화이다.

흔히 조직의 미션과 비전, 사회복지사의 성실함으로 가치 평가를 할 수 있다. 그러나 그 안에 담겨 있는 이미지와 프레임을 제대로 평가하지 못한다면 가치 평가는 왜곡될 가능성이 커진다. 가치 평가는 사회복지사 스스로만이 자신의 가치를 성찰하고, 분석하고, 다시 실천에서 확인할 수밖에 없다. 함께하는 동료와 공유하며 성찰하고 돌아보는 것도 좋다.

'나는 왜 사회복지사가 되었는가?', '나는 무엇을 해야 하는 사회복지사인가?', '나는 사회복지사로서 어떤 존재여야 하는가?' 등의 존재론적 질문들을 자신에게 해야 한다. '지역주민은 진정 존중받는 존재가 되었는가?', '지역주민은 스스로 주인으로서의 삶을 살고 있는가?', '지역주민은 지역사회의 공동체를 위하여 함께 소통하고 참여하는가?', '자신의 강점 실현을 통해 긍정적인 역할을 수행하는가?' 등을 프로그램 과정과 그 후의 살핌을 통해 성찰해야 한다.

나의 존재가치가 조금이라도 규정되지 않는다면 사회복지의 실천을 바라보는 관점이 불분명해지고, 중장기적인 전략도 제대로 구축할 수 없다. 사회복지 현장의 근무 환경은 아직까지 최고가 아니지만, 사회복지사의 가치가 불분명하고 자기 정체성이 모호하면 소진에 금방 빠질 뿐만 아니라 회복되기 어려울 수 있다. 따라서 통상의 급여를 목적으로 한 worker와는 다른 차원의 Social Worker(사회적 가치 지향 노동자)로서의 자기 정체성에 대한 스스로의 답을 찾는 성찰과 고민의 과정이 선행되어야 한다.

사회복지 프로그램에 대한 가치 평가의 방식은 사람의 수만큼 많을 수 있다. 개별성과 다양성이 커질수록 그럴 것이다. 어떤 사회복지사는 종교성을, 다른 이는 기관의 미션과 비전을, 또 다른 이는 수익률과 효율성을 더 중요하게 선택할 수 있다. 어떤 것은 옳고 어떤 것은 틀리다고 쉽게 재단할 수 없다. 그러나 사회복지사로서의 자기 정체성에 기초한 자기만의 실천 가치를 형성해 나가기 위한 노력은 (평생 걸릴지도 모르지만)계속 해야 한다.

책무성에 기초하여 평가를 수행하거나 조직의 미션과 비전에 따라 가치 평가를 해볼 수도 있다. 만약 조직의 비전 중에서 '다양성의 존중을 통한 통합공동체'가 있다면, 다양성의 존중, 통합, 공동체가 가치평가의 주요 키워드가 될 수 있을 것이다. 프로그램의 운영 중에는 빈부, 성별, 연령, 국적, 피부색 등과 상관없이 다양한 사람들이 참여하여 함께 할 수 있는 활동들을 포함하고, 프로그램 종결 후에는 서로 친밀하고 상호 교류가 이어지고, 자치적이고 자발적인 협동 활동이 이루어지고 있다면 가치평가에서 긍정적인 측면으로 평가할 수 있을 것이다.

가치평가의 가치성을 무엇으로 규정하는지에 따라 다양한 평가가 이루어질 수 있을 것이다. 여기서는 욕구기반 가치 평가와 이미지 평가 그리고 한덕연 선생님의 '사회사업 평가'를 중심으로 살펴볼 것이다. 욕구기반 가치 평가와 이미지 평가 그리고 사회사업 평가가 갖는 공통점과 차이점을 분석하고, 자신의 사회복지 가치와 비교해 보기를 권한다. 사회복지 실천 가치는 무엇보다 자기 자신에게 내재된 고유의 가치에 기반해야 존재의 의미가 생긴다.

"Der Vogel kämpft sich aus dem Ei. Das Ei ist die Welt. Wer geboren werden will, muss eine Welt zerstören. Der Vogel fliegt zu Gott. Der Gott heisst Abraxas."

'새는 알을 깨고 나온다. 알은 (자신의)세계이다. 태어나려는 자는 누구든지 (자신의)세계를 파괴하여야 한다. 그 새는 신에게 날아간다. 그 신은 아브락사스이다.'

– 데미안, 헤르만 헤세(H. Hesse, 1919)

2. 가치 평가의 기본 가치의 이해

실천의 원형은 보수적인 자선조직협회(COS)와 우애방문 활동, 진보적인 인보관 운동과 3R 활동 두 축으로 크게 나눌 수 있다. 3R 활동은 빈민과 함께 거주하며(Residence), 빈곤의 원인을 연구하며(Research), 사회 개혁을 도모하고자(Reform)하는 지역사회조직활동의 두 축으로 크게 나누어 볼 수 있다.

자선조직협회와 우애방문은 당시 자본가와 귀족들을 중심으로, 중복 지원으로 인한 낭비를 줄여 효율적인 자선활동을 독려하고, 도움 받을 가치가 있는 빈민과 그렇지 않은 빈민을 사정하여 원조를 하거나 노역에 보내기도 하였다. 이들의 활동은 주도자인 전문가 중심 활동과 시장에서 스스로 생계를 유지할 수 없는 이들에 대한 사정과 분리, 그리고 선별적 지원을 통해 사회기능적인 역할을 수행하도록 하였다. 이는 자본주의 사회에서 생기는 부작용은 게으름과 나태 등 개인의 미성숙과 무지의 문제로 보고, 교화와 계몽 그리고 협력을 통해 사회에 해가 되지 않도록 이끄는 기능주의적 가치에 근거하여 이루어진 활동이다.

이러한 활동은 1980년대 사회복지관의 건립 확장과 함께 초기 재가복지 서비스로, 후에 사례관리로 진화하였다. 2010년 이후 현 국민의힘의 전신인 한나라당의 김문수 경기도지사의 무한돌봄으로 정책화되었다가 박근혜 정부의 읍면동 허브화 정책으로 확장되었다. 복지심사 기준에 탈락한 위기대상인 복지사각지대를 발굴하고, 찾아가는 서비스와 경제 중심의 통합서비스를 제공하고자 한다. 이는 시장주의 정책을 중심으로 사회복지 서비스는 선별적(맞춤형)으로 적용하고, 국가인 공공부문의 사회복지 확장보다는 민간(민영화)을 통한 서비스 전달체계를 강조하는 것이다.

이러한 제도적 토대 내에서는 사회복지사 역할은 전문가로서, 클라이언트를 사정하여 분리(선별)하고, 차별화된 서비스를 욕구에 맞춰 제공하고자 하는 업무를 수행하게 된다. 또한 자발적인 주민 참여보다는 '소외 계층'과 같이 도움이 필요한 이들만을 선별하여 서비스를 제공하는 형태로 차별화된다. 그렇기 때문에 민간 사회복지 기관의 자율성은 점진적으로 축소된다. 또한 피터 드러커(1995)에 의하면, 원조 중심에 의한 당사자들의 의존적이고 무기력한 문화를 만들게 되어 더욱 더 많은 원조의 필요만 증가하게 만들게 되는 악순환에 빠지게 되므로 유의해야 한다.

인보관 운동과 3R 활동의 경우 마을만들기의 원형에 가까운 형태로 발전한다. 초기 인보관 운동은 기독교 사회주의자들이 가졌던 '모두가 하나님 앞에 평등한 천국의 실현'을 이 땅에서 이루고자 했던 활동에서 출발하였다. 활동 중 요절한 토인비 목사의 이름으로 지어진 최초의 인보관은 지금의 지역사회복지관의 정신을 공동체(community)에 담으려는 가치를 담고 있다. 그래서 빈민의 문제는 개인의 책임이 아닌 사회 구조적 요인에 의한 것이기 때문에 주민들의 자발적이고 자주적 참여 역량을 키우는 활동과 사회개혁을 통해 지역사회 문제를 해결하고자 하였다. 그래서 빈곤지역으로 들어가 그곳 주민들과 소통하고, 이웃과 동료로 지내며 생활환경 개선 교육과 연대 등을 통한 사회개혁에 주력하였다.

이러한 가치는 1970년대 가톨릭과 개신교가 주도하는 빈민활동으로 이어졌으며, 지방자치의 활성화 및 사회복지관 증가와 맞물려 점차적으로 한국사회에서 나타나기 시작하였다. 특히 1997년 녹번종합사회복지관의 녹색가게운동을 필두로, 방아골종합사회복지관의 도봉사랑 작은 축제, 볼런토피아 운동(이상 1999년), 생명지기, 두레비전학교(이상 2000년) 등, 춘의종합사회복지관의 2000년부터 살기좋은 마을만들기 사업 등 주민참여, 주민주도의 마을공동체를 만드는 지역사회 조직화사업이 점차 확산하기 시작하였다. 특히 더불어 민주당의 박원순 서울시장이 취임한 2011년 이후 주민참여와 자치를 위한 마을공동체 사업을 지원하고, 마을지향 사회복지관사업을 널리 권장하였다. 이러한 기반 하에 찾아가는 동주민센터 사업을 통해 모든 60세 고령 가정을 방문하여 보호서비스를 제공하는 등 보편적 접근을 강화하였다. 이는 다시 문재인 정부 들어 공공서비스 플랫폼을 통해 풀뿌리 민주주의와 민관의 협력적 거버넌스와 마을공동체, 찾아가는 동주민센터 사업을 결합한 통합적 접근을 추구하였다.

이러한 제도적 토대 내에서는 사회복지사 역할은 촉진자이자 동역자로서, 지역주민들 모두가 참여할 환경을 만들고, 주민들 스스로가 마을의 주인이자, 평등한 주민으로서 소통과 협력을 통한 마을문제 해결에 사회복지관과 함께 참여하도록 하였다. 마을만들기는 누구나 참여할 수 있는 보편성을 가지고 있었으며, 궁극적으로는 환경, 안전, 법률 등의 일상생활에서의 서비스 보강과 풀뿌리 민주주의의 토대를 구축하는 말 그대로 통합적인 지역사회 공동체를 지향하였다. 즉, 자신의 권리를 스스로 찾을 힘과 역량을 갖추는 역량강화의 가치를 가장 잘 구현하며, 적극적인 당사자 중심, 인권 중심적인 사회복지 실천이 가능하도록 하였다.

우리가 사회복지 실천을 하는 데 있어서 전문가가 주도하고, 주민들은 수동적 관리의 대상이고, 돌봄의 대상이며, 사회복지사의 도움이 필요한 존재로 보는 관점은 기능주의적 관점이며, 시장주의 가치에서 구현되는 선별적 복지의 구조 속에 위치한다. 반면에 주민들의 주체적이고 민주적인 참여에 기초해 스스로의 문제를 해결할 수 있는 권한과 공동체의 힘을 키우며, 사회복지사는 이를 촉진시키고 함께하는 존재로 보는 노력은 적극적인 인권 관점이며, 모든 주민과 같은 보편적 복지를 바라보는 가치를 토대로, 시장보다는 사람이 더 중요한 가치에 기반하고 있다.

그럼에도 가치지향성이 뚜렷한 사회복지사에게 이는 절대적이지 않은 측면이 있다. 동일한 사례관리라 하더라도 전문가주의 혹은 당사자주의 중 어느 방향을 사회복지사가 더 중요한 가치로 생각하고, 지향하는지에 따라 프로그램 계획, 실천, 평가의 방향은 크게 달라질 수 있기 때문이다. 즉, 당사자 중심의 사례지원체계로 재구성할 수 있으며, 이에 따라 마을주민들이 서로 소통하고, 서로 도움을 주는 공동체 지향성을 가질 수 있도록 실천의 방향을 이끌 수 있다(김세진, 2018). 바로 사회복지 가치의 차이에 의한 것이기 때문이다.

이러한 사회복지의 가치성을 조금 더 깊게 살펴볼 수 있는 것으로 빅 조지와 폴 윌딩이 쓰고, 남찬섭이 번역한 『이데올로기와 사회복지』(2016), 마이클 샌델 교수가 쓰고 김명철이 옮긴 『정의란 무엇인가』(2014)와 같은 도서를 추천한다.

3. 욕구기반 가치 평가

욕구기반 가치 평가는 매슬로우의 욕구에 담겨진 가치가 프로그램을 통해 이루어지는지를 평가한다. 매슬로우의 욕구 중 안전의 욕구는 사회보장으로, 생리적 욕구는 의식주의 요소이기 때문에 제외하고 상위 욕구들을 중심으로 살펴볼 것이다.

자아실현의 욕구는 자유롭고 주체적인 인간의 실현이다. 프로그램을 통해 확인할 수 있는 가치는 자기결정권이다. 클라이언트 스스로 프로그램을 계획하고, 실천하고, 평가하는 주체로서의 힘을 사회복지사로부터 보장받을 때(empowerment) 실현 가능성이 높아진다. 사회복지사는 촉진자(facilitator)의 역할을 수행한다. 따라서 평가의 대상은 클라이언트의 자기결정권[1]의 수준, 성장, 주도적 권한

---

1) 자기결정권과 자기선택권은 차이가 있다. 자기선택권은 제한된 틀에서의 결정권을 갖는다. 예로 커피전문점에 갔다면 메뉴에 있는 커피류만 주문할 수 있지만, 김밥이나 자장면은 주문할 수 없다. 자기결정권은 커피전문점을 갈지, 김밥집을 갈지, 중국요리집을 갈지(지불 포함) 결정할 수 있는 권한이 있는 것이다. 밑반찬 서비스라는 틀이 정해졌고, 클라이언트는 받을지 말지를 결정해야 한다면, 이는 자기선택권이다.

의 수행 정도를 판단하며, 사회복지사의 경우 촉진자의 역할 수행을 잘 했는지를 평가한다.

존중의 욕구는 인정의 욕구 충족이 포함되며, 타자로부터의 존중을 통한 평등의 가치 실현이 핵심이다. 이를 위해 강점에 기초한 긍정적 역할 수행(SRV)을 가치 평가의 대상으로 삼는다. 클라이언트의 강점이 무엇인지 찾고, 그 강점을 점진적으로 성공시키고, 그 성공을 타자와 공유하게 함으로써 존중받는 역할을 수행한다는 경험을 갖는 것이다. 사회복지사는 가치절하된 클라이언트를 지역사회, 가족으로부터 옹호하여 권익을 지켜주고, 긍정적인 역할에 도전하고 성취할 수 있도록 지지해 주는 역할을 한다. 따라서 평가의 대상은 클라이언트로부터 발견한 강점, 강점의 실제 실현 여부, 그에 따른 타자(지역사회)로부터의 인정 여부이다. 더 나아가 긍정적인 이미지의 구축이다. 사회복지사는 옹호자, 지지자의 역할을 잘 했는지를 평가한다.

소속과 사랑의 욕구는 소통, 신뢰 관계를 통한 공동체의 형성과 유지이다. 클라이언트와 사회복지사는 소통을 통한 신뢰관계를 구축하고 프로그램 수행 후에도 유지할 수 있어야 한다. 또한 클라이언트 사이에도 소통과 신뢰 관계를 구축해야 한다. 그리고 그 관계가 하나의 작은 공동체 혹은 마을과 같이 유지되는 관계여야 한다. 이는 응집력으로 표현된다. 사회복지사는 관계를 매개해 주고 응집력을 강화해 주는 중개자이자 갈등을 중재하는 역할을 한다. 따라서 평가의 대상은 클라이언트가 소속된 유무형의 공동체(마을)의 참여 유지, 신뢰할 수 있는 이웃(친구)의 존재, 협력적이고 도움이 되는 이웃의 존재 등이다. 사회복지사는 중개자와 중재자로서의 역할을 잘 했는지를 평가한다.

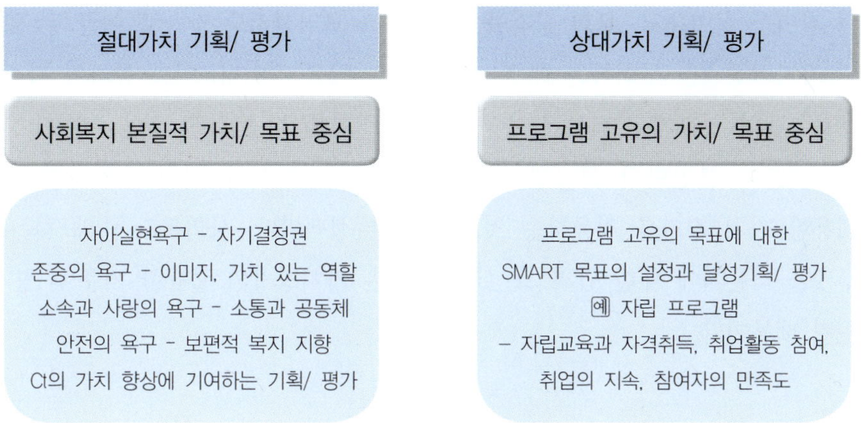

|그림 7-1| **가치 평가의 예 - 욕구기반 가치 평가**

| 그림 7-1 | 을 보자. 만약 사회복지사가 클라이언트의 자립 프로그램을 진행하였다고 한다면, 클라이언트의 자립을 통한 소득의 지속으로 안정적인 생활을 유지하는 것이 목표가 된다. 그러나 여가 프로그램을 담당한다면 안정적인 생활은 적용할 수 없는 목표이다. 이는 프로그램마다 상대적으로 존재하는 프로그램 고유의 목표이다. 반면에 어떤 프로그램을 담당하는 그 안에서 클라이언트의 자기결정권을 훈련시키고, 강점에 기초한 긍정적인 역할을 하도록 하고, 소통과 신뢰를 쌓아 프로그램 후에도 프로그램 참여자들이 공동의 활동을 지속시켰다고 한다면, 이 방식은 모든 프로그램에 적용할 수 있는 사회복지사 개인의 절대적 가치의 실현이다. 결국 가치 평가는 어떤 프로그램을 하든, 어느 대상이 클라이언트이든 상관없이 적용된다.

앞의 53쪽의 밑반찬 서비스를 생각해 보자. 어르신들은 대학생들을 가르치는 선생님이자 가이드, 말벗 자원봉사자와 같은 긍정적 역할을 수행하였기에 존중의 욕구를 경험할 수 있었을 것이다. 또한 이웃과 친해지고, 사회복지사와 상호주체적이며, 협력적인 관계가 형성되어 소속과 사랑의 욕구에도 부합한다. 추후 어르신들이 스스로 메뉴도 짤 수 있도록 돕고, 동네 다른 어르신들

의 참여를 끌어내고, 교회 공간을 빌려 자조 모임까지도 스스로 이끌 수 있다면 자기결정권을 구현하는 데 더 다가갈 수 있을 것이다. 이를 통하여 자신의 프로그램의 성과에 사회복지 욕구 가치의 평가를 적용할 수 있을 것이다.

여러분이 **본인만의 고유한 사회복지 실천 철학이나 가치**가 있다면 이를 적용한 가치 평가를 적용하는 것도 훌륭한 선택이다. 사회복지를 왜 하는지, 무엇을 하는지에 대한 답과 그 실현 과정은 가치평가의 훌륭한 기준이 될 수 있기 때문이다.

4. 이미지 평가

1) 이미지 평가

이미지는 앞서 살펴본 것처럼 우리의 생각과 행동을 통제한다. 사회적 역할 가치화에 내재된 이미지 분석을 통하여 프로그램의 가치를 평가하는 것은 본질적인 변화를 지향하는 힘을 갖는다. 프로그램을 통해 관찰된 상황, 사회복지사, 클라이언트의 모습 속에서 해석되는 이미지가 프로그램 목표에 대한 적합성뿐만 아니라 클라이언트의 사회적 가치를 향상시키는 데 기여하는지를 분석하는 것이 핵심이다.

이미지는 클라이언트의 가치에 대한 프로그램 평가의 투영이자 일반화된 문화적 배경이다. 사회복지사가 클라이언트를 대하는 말투나 생각 속에 녹아 있는 무의식적인 태도, 클라이언트에 대한 역할의 기대, 가치향상을 위한 프로그램의 적절성, 사회적 이미지의 향상과 사회통합, 더 나아가 프로그램 수행환경이 정상화 가치에 얼마나 적절한 배경인지를 판단하는 것도 중요하다(PASSING 참조). 가치 평가를 위한 개념들을 살펴보자.

(1) 무의식의 이해

이미지는 무의식 작용의 산물이다. 어떤 프로그램에 대하여 좋다, 나쁘다는 진단을 하는 이면에는 첫인상의 평가와 같이 무의식(직관)의 작용이 의식적 작용에 우선된다. 이러한 무의식적인 역동성이 이미지에 어떻게 투영되고 있는지를 분석해 내는 것이 우선 필요하다. 무의식적인 역동성은 우리의 행동이나 태도를 통제할 수 있을 만큼의 영향력을 행사할 수 있으며, 이는 곧 프로그램을 규정짓는 조건으로 작용할 수 있다.

> 정상화를 위한 노력이 적절하게 이루어지기 위해서는 대인 서비스에서 무의식에 영향을 미치는 역동성을 이해할 필요가 있다. 이러한 역동성은 첫째, 서비스를 전달하는 방법을 지배하는 이데올로기이다. 둘째, 서비스가 수행하려고 하는 기능이다. 셋째, 대인 서비스에서 이루어지는 많은 일들은 부정적이라는 사실이다. 왜냐하면 대인 서비스 기관들은 실제 하기는 하지만 소모적인 욕구를 다루는 과업을 수행하며, 클라이언트보다는 욕구를 강조하기 때문이다. 이러한 이유 때문에, 특히 사람들이 의식적으로 선호하는 상위의 가치나 이상에 맞지 않는 경우에 불유쾌한 현실은 무의식 속으로 거부(denial)되거나 억압(repress)된다. 이러한 거부와 억압은 개인적 · 개별적 차원에서뿐만 아니라 체계적(또는 사회적, 조직적)으로 발생한다. 더 나아가 서비스 기관, 서비스 전문가, 서비스 영역 심지어는 전체 사회와 같은 전체 체계가 그들이 하고 있는 중요한 일들의 대부분을 완전히 무의식 상태에서 수행하게 될 수도 있다. 따라서 SRV의 핵심적인 전략 중의 하나는 무의식적으로 지각되는 내용을 의식 차원으로 고조시키는 것이다(김용득 외, 1998).

이미지 평가는 무의식적 역동성을 평가하는 데 관심을 기울인다. 특히 프로그램을 둘러싼 사회적 맥락의 이해에는 이러한 무의식의 관점에 더욱 주의를 기울인다. 만약 장애인을 위한 직업 재활 프로그램 교실이 산 속의 시설에 있는 것과 주택가에 있는 것과 상업지역에 있는 것 중 어디가 가장 적절한 것인가? 이런 의문은 우리의 무의식을 분석하는 실마리가 될 수 있다. 프로그램이 클라이언트의 가치를 향상시키는 의도가 충분하게 포함되어 있는지를 확인해야 한다.

(2) 클라이언트에 대한 역할기대와 역할 순환성

클라이언트에 대한 이미지는 일반적으로 게으른 자, 낙오자, 지저분한 자, 수혜자, 도움이 필요한 대상과 같이 부정적 역할들이 더 많다. 일탈을 만드는 것이 역할기대와 그로 인한 역할의 순환에 따라 이루어지는 낙인이론에 의하면 이러한 낮은 수준의 역할기대(가치절하)는 당연히 클라이언트에게 그러한 행동을 강제하는 낙인효과를 유발한다. 그리고 그로부터 벗어나고자 하는 클라이언트에게는 사회적 편견과 같은 부정적 낙인이 작동한다. 그러면 클라이언트의 가치는 더 가속해 하락하며, 그 가치 하락은 다시 클라이언트의 가치절하를 강제하는 순환적 낙인작용이 이루어진다. 이 고리를 끊어내지 않는다면 클라이언트에게 제공되는 프로그램은 비굴하거나 존중감이 사라진 비주체적 클라이언트를 양산하게 된다.

> 특정한 개인이나 집단이 다른 사람의 행동이나 잠재능력에 대하여 특정한 역할기대를 가지게 되는 경우, 이러한 기대를 갖고 있는 개인이나 집단은 다른 사람에게 기대하는 행동에 부합하는 환경이나 조건을 제공하게 될 것이다.
>
> 다른 사람에 대한 역할기대가 전달되는 방식은 다음의 다섯 가지로 요약할 수 있다. 그것들은 개인의 물리적 환경의 구조, 개인에게 제시되는 행동, 개인에게 또는 개인에 관하여 사용되는 언어, 개인과 유사하다고 비유되는 사람, 사회적 메시지를 전달하는 혼합적이고 복합적인 이미지와 상징 등이다. 이러한 모든 요인들은 기대되는 방식으로 행동하는 경향이 있는 역할기대의 대상이 되는 개인과 집단으로부터 추출된 것들이다. 일단 개인 또는 집단이 기대된 대로 행동하게 되면 그 기대는 또 다른 사람들에 의해서 공유되고, 다시 이런 여러 사람에 의해 강화된 기대가 개인으로 하여금 기대에 더욱 일치되게 만들게 된다. 이렇게 하여 결국은 기대된 행동이 매우 강력하게 스며들게 된다(김용득 외, 1998).

이미지 평가는 프로그램에서 클라이언트의 역할기대가 얼마나 긍정적이고 주체적인지 혹은 반대로 수동적이거나 의존적이거나 약한 이미지로 형성되어 있는지 분석한다. 클라이언트에게 강점에 기반한 긍정적인 역할을 부여하고,

그러한 역할을 수행하도록 기대하는 분위기는 클라이언트의 적극적인 행동을 유발할 수 있다. 그리고 프로그램 수행과정과 그 이후의 결과에서도 클라이언트의 긍정적 역할기대가 얼마나 현실적으로 투영되었는지, 부정적 역할기대를 얼마나 제거하였는지 분석한다.

(3) 가치향상과 성과 분석

가치절하 상태에 놓인 클라이언트는 비판적 평가와 실패와 같은 부정적 경험에 매우 취약하다. 가난한 클라이언트는 '빈곤'이라는 단어에 더 민감하고, 자신의 학력이 낮은 클라이언트는 '무식하다'라는 표현에 더 화를 낸다. 그리고 한 번의 실패는 좌절을 더욱 강하게 끄집어내 금방 무력감에 빠지게 한다. 이러한 취약성(vulnerability)은 클라이언트에 대한 낙인효과로 악순환을 만든다. 그래서 자신을 더욱더 가치절하 상태로 몰고 간다. 이러한 프로그램이 클라이언트의 취약성을 예방하거나 긍정적으로 전환하는 역할을 의도적으로 클라이언트에게 부여했는지를 확인해야 한다.

클라이언트의 행동은 모방의 과정을 통하여 학습되고, 사회화된다. 가치절하 상태의 클라이언트들이 모여 있다면 모방의 부정적 형태가 나타난다. 반대로 긍정적 모방의 대상을 만나고, 자신들도 긍정적 행동을 모방하고, 더 나아가 강점을 발견하고 강점을 성취하여 긍정적 모방의 대상이 되는 과정을 의도적으로 만들어야 한다. 선행 프로그램에서 은둔형 외톨이를 벗어난 청소년이 다음 프로그램의 멘토가 되거나, 다문화 자녀들이 이중 언어 선생님이 되거나 혹은 해외 배낭여행 시 자기 나라에서 가이드 역할을 하는 것과 같이 가치 있는 행동모델이 주어져야 한다. 행동 모델과의 긍정적 상호작용이 일어나도록 행동모델과 클라이언트를 동일시시키며, 프로그램은 이를 의도적으로 만들어 낸다.

클라이언트의 취약성을 극복하고, 긍정적인 강화를 통하여 클라이언트의 능력 강화가 가능하도록 하며, 적절한 행동모델을 통한 발전적 동일시를 유지하도록 하는 의도적 개입들이 충분하게 프로그램 속에서 반영되어 있는지를 평가하는 것은 이미지 분석에서 프로그램의 성과를 위한 판단 자료가 된다.

(4) 사회적 이미지의 향상과 사회통합

오랜 시간 형성되어 온 클라이언트에 대한 부정적 인식들은 교육과 사회화 과정에서 재생산되고 있으며, 그 과정에서 클라이언트에 대한 차별을 끊임없이 만든다. 책가방을 멘 장애인 친구를 도와주고 싶은 '선한 마음'을 가진 학생들의 의도하지 않은 차별 같은 것이다. 많은 시설들이 산 속에 깊이 있거나, 시내에 생기는 사회복지시설에 지역주민들이 소송까지 걸며 반대하는 현상은 사회적 이미지의 힘을 보여준다. 결국 낮아진 사회적 이미지는 사회통합을 저해하는 요인으로 작용하며, 이의 반복은 더 낮은 사회적 이미지를 재생산시킨다. 이러한 의미에서 사회복지 프로그램은 단기간에 끝나는 것이 아니다. 사회복지사는 자기의 현장에서 클라이언트의 긍정적 역할 수행을 타자들이 인지하고 수용하여 인정할 수 있도록 하는 의도적인 사회화 과정을 만들어 내야 한다. 사람들을 서로 존중하고, 인정하며, 배려하는 긍정의 문화들을 자기의 현장에서 끊임없이 만들어 가야 한다.

사회적으로 가치절하를 받는 사람들과 연상되는 상징과 이미지는 계속적으로 부정적인 요소를 생산해 낸다. 이러한 상징의 예들은 야수성, 질병과 죽음, 무력함, 악, 범죄, 무가치, 무능력, 하찮음, 조소 등이다. 이러한 이미지의 연상은 무의식적으로 일어나지만, 그럼에도 불구하고 사람들의 역할기대와 사람들에 대한 가치 평가에 큰 영향을 미친다. 실제로 가치절하를 받고 있는 특정 사람들에 대한 많은 이미지 연상은 오랜 세대를 통하여 전승되어 온 것이다. 이러한 예들은 맹인 거지와 검은 안경, 게으른 빈민, 수염을 깎지 않은 추한 범죄자 등이다. 이러한 이미지의 작용으로 인하여 한 번도 전형적인 범주의 사람을 보지 못한 사람의 경우에도 실제와 같은 연상을 한다(김용득 외, 1998).

사회적 이미지와 사회통합은 매우 장기적인 평가의 과제이다. 프로그램 수행뿐만 아니라 그 후에도 지역사회에서 클라이언트가 강점과 긍정적 역할을 유지할 수 있도록 지원하고, 사회복지사 또한 일상에서 클라이언트를 존중하는 말투와 태도를 유지해야 한다. 수천 년 동안 유지해 온 지금의 차별 시스템이 금방 해결되지는 않을 것이다. 그러나 앞의 밑반찬 어르신 사례처럼 도움만 받던 분들이 밑반찬 배달 봉사자가 되고, 독거하는 이웃과 말벗 서비스를 해주는 봉사자가 된다면, 이웃이나 주변의 시선도 조금씩, 점진적으로 달라질 수 있을 것이다. 특히 올해 훌륭한 자원봉사자 상 같은 명예로운 일을 경험하게 한다면, 지역사회의 인식과 사회적 이미지를 바꾸어 가는 데 더욱 더 선한 영향력을 미칠 수 있을 것이다. 커다란 변화는 작은 물결부터 시작한다는 것을 잊지 말자.

5. 한덕연 선생님의 가치 평가[2)]

사회사업 평가[3)]

1. 개요

1) 평가는 따져보고 성찰하고 헤아려 보는 행위입니다

기획이 그럴듯한지 적절한지 괜찮은지 따져보고, 제대로 실행하고 있는지 잘하고 있는지 성찰하고, 성과를 헤아려 보는 겁니다.

---

2) 저자의 관점으로 내용을 수정할 경우 진의가 왜곡될 수 있어 전문을 싣습니다. 다만, 하이퍼링크와 편집 형식은 수정하여 사용합니다. 평가를 포함한 전체의 내용과 흐름은 사회복지정보원 홈페이지 www.welfare.or.kr의 '복지요결-사회사업 원론'을 꼭 읽기를 적극 권합니다. 또한 본문 중 참조의 내용은 모두 사회복지정보원 홈페이지에 있습니다.

3) 사회사업 평가 전문 서적으로 공부하시고 이 글을 참고하시기 바랍니다.

2) 사업을 만들 때, 실행하는 동안에, 사업을 마칠 때 평가합니다

① 사업을 만들 때, 기획이 그럴듯한지 적절한지 괜찮은지 따져봅니다.[4] 근본과 현실을 헤아려 명분과 실리를 따지는 겁니다.

② 실행하는 동안에, 제대로 하고 있는지 잘하고 있는지 성찰합니다. 명분과 실리에 맞게 하고 있는지 정합성을 챙기는 겁니다.

③ 사업을 마치고는, 얻은 명분과 실리를 헤아려 그 성과를 나누고 함께 기뻐하며 서로 감사합니다.

외부 평가라면 사후에라도 기획이 타당했는지 과정이 적절했는지 따져볼 수 있겠습니다. 다만, 내부 평가에서 사후에 이렇게 따지는 건 민망합니다. 내부 평가라면 사업을 만들 때나 실행하는 동안에 명분과 실리를 꼼꼼히 따져서 챙기고, 마치고는 그렇게 챙긴 명분과 실리를 꼼꼼히 찾아내어 자랑 칭찬 축하 감사하고 배움과 희망을 나누는 편이 좋습니다.

2. 정합성 평가

1) 외부 정합성

① 사회사업 가치 이상 철학 같은 근본과 기관 정책이나 정체성에 들어맞는지 평가합니다. 사회사업 실제가 여기에 들어맞아야, 사회사업 제대로 한다, 제대로 했다, 할 수 있습니다.[5]

② '당사자의 삶, 지역사회 사람살이'를 이야기하는가? '복지사업'을 이야기하는가? 어느 쪽을 빛내는가? 이로써 평가합니다. 복지를 이루는 당사자와 지역사회가 자랑스럽고 당사자와 지역사회에 칭찬 감사 돌아가야, 사회사업 잘한다, 잘했다 할 수 있습니다. 복지를 이루는 '당사자의 삶,

4) 그럴듯한지 적절한지는 적극적 기준과 원론적 기준, 괜찮은지는 소극적 기준으로 따지는 물음입니다. 참조 : 복지팡세 '원칙과 변통' 편

5) 이상과 철학에 맞게 나아가고 있음을 확인 확신할 수 없다면, 정체성에 맞게 제구실 잘하고 있음을 확인 확신할 수 없다면, 당사자가 좋아하고 남들이 칭찬한들 어찌 스스로 만족할 수 있겠습니까?

지역사회 사람살이' 그 모습 그 이야기에 감동하여 '그래 이래야 사람이지, 이런 게 사람 사는 거지~' 하게 될 때, 사회사업 정말 잘한다, 잘했다 할 수 있습니다. 사회사업 최고의 평가는 '사람 사는 것 같다.' 바로 이것입니다.

2) 내부 정합성

사업계획서에 밝힌 목적 목표 원칙대로 했는지 평가합니다.

① 목적, 목표, 원칙이 명확하고 합리적이어야 합니다. 모호하거나 불합리한 목표를 기준으로 하는 평가는 무익합니다.

② 목표 수치의 근거가 허술하거나 달성 수치의 의미를 해석할 수 없으면 '목표 대비 실적 평가'도 무익합니다.
측정할 수 있게 목표를 계량화하라? 글쎄요. 목표를 왜 그렇게 세웠는지 설명할 수 있을까요? 그만한 실적이면 잘한 건지 못한 건지 해석할 수 있을까요? 목표 대비 실적이 높으면 잘했다 할까요? 목표를 잘못 설정했다 할까요? 괜히 초과 달성해서 평지풍파 일으킨다 할까요? 얼마쯤이면 잘했다, 못했다, 괜찮다 할 수 있을까요?

③ 사전-사후 비교 평가도 뜻을 찾기가 쉽지 않습니다. 사전-사후 차이를 어떻게 해석할까요? 그만한 시간, 예산, 인력 들여서 이 정도밖에 좋아지지 않았냐고 할까요? 이 정도면 잘했다고 할까요? 이것 때문에 좋아졌는지, 인과관계를 입증하기도 어렵습니다. 같은 시간 예산 인력을 다른 사업에 투입하거나 다른 방식으로 했을 때와 비교하기도 어렵습니다. 어떤 사업 어떤 방식이든 대개 사후에 좋아졌다고 하니, 좋아졌다는 사실만으로는 별 뜻이 없습니다.

④ 수치에서는 감동은커녕 의미를 찾기도 어렵습니다. 숫자놀음에 그치기 쉽습니다. 복지사업 자랑하듯 인원 횟수 점수나 늘어놓는다면 이는 남우세스러운 평가, 민망한 보고서입니다.

⑤ 정합성의 증거는 '이야기'입니다. '당사자의 삶, 지역사회 사람살이' 그 모습에 감동하게 되는 이야기, 사회사업가의 뜻과 방법이 드러나 다른 사회사업가에게도 실익을 주는 이야기, '이야기'입니다.

참조 : 복지팡세 246쪽 '사회사업 기록'

3. 실리 평가, 감사 평가

사후 평가회, 내부 평가회는 실리 평가 감사 평가를 위주로 합니다. 다음과 같이 추억 사례 배움 강점 희망 감사를 나눕니다.[6)]

먼저 전체 직원에게 평가회에 대해 설명하고 잘 준비하게 돕습니다. 주제마다 몇 줄 또는 몇 낱말이라도 써 오게 부탁하고 사전에 한두 번 점검해 봅니다.

참조 : 221쪽 '평가회 준비'

인원이 많으면 부서나 업무가 고루 섞이게 몇 명씩 조를 짜서 나눕니다. 조에서 나눈 이야기 가운데, 특히 사례나 배움 가운데, 몇 가지를 전체 앞에서 다시 나눕니다.[7)][8)]

참조 : 87쪽 '**경청**'[9)]

---

6) 추억 사례 배움 강점 희망 감사, 여섯 가지 주제를 평가회에서 다 나누기 어려우면 평가회에서는 몇 가지만 나누고 나머지는 온라인으로 공유합니다.

7) 부서나 업무가 다른 사람들이 모여 나누면 상승효과가 있습니다.
조의 크기는 4~7명쯤이 적당합니다. 조 구성원이 적으면 편안하게 말할 수 있습니다. 한 주제에 준비해 온 이야기가 여러 가지이면 우선 각각 한 가지씩 나눕니다. 말할 기회를 고르게 하는 겁니다.

8) 조별 나눔과 전체 나눔을 한날에 다 하기 어려우면, 조별 평가회를 따로 먼저 하고 며칠 뒤에 전체 평가회를 합니다. 이와 같이 조별 평가회를 따로 할 경우, ① 전체 평가회를 하기 2주쯤 전에 임시 조장들을 선임하고 조를 편성합니다. 부서나 업무가 골고루 섞이게 조를 편성합니다. ② 임시 조장이 조 모임을 소집합니다. 정식 조장, 장소 담당, 식사·다과 담당, 기록 담당을 나누어 맡고 조별 평가회 때와 곳을 정합니다. ③ 조별 평가회에서 추억 사례 배움 강점 희망 감사를 나눕니다. 그 가운데 전체 평가회에서 발표할 이야기를 몇 가지 고르고 발표할 사람을 정합니다.

9) 동료가 발표할 때는 비판이나 조언을 삼갑니다. 이전 발표와 비슷하거나 이미 알고 있는 내용이라도 진지하게 경청합니다. 이로써 다양한 관점을 배우게 됩니다. 동료의 성장을 돕게 됩니다.

1) 추억

즐거웠던 일, 그리워지는 일, 아름다운 풍경 낭만 정취, 재미있는 일화 사진 동영상을 나눕니다. 이렇게 즐겁고 아름다웠다고 이렇게 잘 누렸다고 자랑합니다.

추억을 전체 앞에서 부서별로 발표한다면, 부서원 가운데 이야기를 재미있게 잘하는 사람이 발표하고 동료들이 맞장구치거나 보태줍니다.

2) 사례

자기 사업에서 잘된 사례를 하나 이상 나눕니다. 그 사업의 계획서, 서식, 기록, 사진이나 영상, 보고서, 참고문헌, 공부 노트 같은 관련 자료를 모두 가져와서 동료들에게 보여줍니다.

동료들은 잘 듣고 적극적으로 반응해 줍니다. 보았거나 느낀 것을 보태어 맞장구쳐 줍니다. 그 사례의 의미를 찾아 세워줍니다. 사회사업 가치 이상 철학이나 기관 정책이나 사업 목적에 비추어 정합성의 작은 단서라도 민감하게 알아주고 함께 기뻐하는 겁니다.

발표자를 안아주며 칭찬 감사합니다. 수고했다고, 잘했다고, 축하한다고, 고맙다고, 참~ 귀하다고, 나도 그렇게 해보고 싶다고… [10]

10) 평가회에서 잘못한 점, 부족한 점, 고칠 점을 이야기하면 기운 빠지거나 분위기 나빠지기 십상입니다. 이런 위험을 감수해야 할 만큼 실익이 있는지 의문입니다. 잘되지 않은 점은 대개 담당자 스스로 압니다. 이미 받은 지적 책망 잔소리 비판이 족할 수도 있습니다.
잘못한 점, 부족한 점, 고칠 점, 이런 걸 꼭 평가회에서 다루어야 할까요?
고쳐줄 의무나 자격이나 권한이나 능력이 없다면, 대안이 없거나 새로울 게 없다면, 손해를 상쇄하고도 남을 만큼 충분한 실익이 없다면, 사랑이 아니라면, 아예 이야기하지 않는 편이 낫습니다. 평가회에서는 더욱 그러합니다.
사업을 마치고 하는 평가회, 1년에 한두 번 하는 정기 평가회, 기관 내부 평가회에서는 비판이나 조언을 삼갑니다.
비판이나 조언은 사업을 기획 실행할 때, '그때 했어야지' 이제 와서 할 이야기가 아닙니다. 하려면 평가회 끝나고 따로 하든가 다음에 기획 실행할 때, '그때 해야지' 지금 할 이야기가 아닙니다.
평가회에서는 비판 충동을 꾹 누르고… 자랑하고 공감하고 알아주고 함께 기뻐하며 칭찬 감사로 화답함이 좋습니다.

3) 배움

보았거나 들었거나 체험하여 얻은 지식 기술 지혜, 절차탁마해 온 지식 기술 지혜, 발전 숙련 심화한 지식 기술 지혜, 이런 배움 가운데 특히 중요하게 생각하는 것 두어 가지씩 나눕니다. 실제로 적용하여 체득한 것, 자기 이야기가 있는 배움을 위주로 나누면 더욱 좋습니다.

4) 강점

잘 발휘되었거나 새로 발견한 자신의 강점 가능성을 이야기합니다. 동료와 기관과 복지 당사자들과 지역사회의 강점 가능성까지 이야기하면 더욱 좋습니다. 자신을 격려하고 동료를 세워주고 기관과 당사자와 지역사회를 품는 겁니다. 그 강점 가능성으로 미래를 상상해 봅니다.

5) 희망

추억 사례 배움 강점을 살려 희망이나 구상을 이야기합니다. 평가회에서 새롭게 그려지거나 다듬어지는 희망 구상까지 반영하여 이야기합니다. 동료들이 안아주며 응원 축복합니다.

6) 감사

서로 고마운 일을 이야기하며 감사합니다. 관심, 배려, 친절, 수고, 희생, 섬김, 도움, 나눔을 기억하고 알아주는 겁니다. 꾸민 말이나 이벤트로 하지 않고 그저 진심을 담아 '소박하게' 표현함이 좋습니다. 고마웠던 일 그 구체적 이야기로써 표현함이 좋습니다.[11]

참조 : 222쪽 '수필'[12]

---

11) 엽서에 고마운 일 '이야기'와 사진을 넣어 선물하면 어떨까요?

12) 평가회 끝 순서로는 수필 한 편씩 나눔이 좋습니다. 그간의 일들과 소회를 이야기하는 수필, 어떻게 배

평가회는 잔치입니다.

평가회를 이렇게 하면 평안하고 재미있습니다. 눈물 나게 행복합니다. 사랑과 감동이 넘칩니다. 지식이 더하고 지혜가 깊어집니다. 자기 일에 보람을 느끼게 됩니다. 잘하고 싶은 의욕과 희망과 용기가 생깁니다. 자신과 동료와 기관을 이해하게 되고 사랑하게 됩니다.

처음으로 이렇게 하는 평가회는 나누는 내용이 부실할 수 있습니다. 그래도 이렇게 한번 해보면 다음 6개월이나 1년 동안, 다음 사업을 하는 동안, 다음 평가회에서 나눌 내용을 만들어 가지 않겠습니까? 윗사람도 직원이 자기와 함께 일하는 동안 잘 배우고 누리고 성장하게, 다음 평가회에서 나눌 이야기가 풍성해지게, 노력하지 않겠습니까?

적어도 1년에 한 번은 이렇게 하면 좋겠습니다. 한 해를 돌아보고 새해를 구상한다는 명분으로 하루나 이틀쯤 문 닫고 해도 되지 않을까요? 평가 여행을 떠나는 겁니다. 소박하게…

부서별로 한다면 종종 할 수 있을 겁니다. 근사한 찻집에서 저녁부터 밤늦게까지 나누어도 좋겠고, 가까운 펜션에서 다음날 아침까지 나누고 와도 좋겠습니다.

지역아동센터처럼 직원이 많지 않은 곳은 다른 센터와 연합으로 하면 좋습니다. 센터별로 고루 섞어서 조를 만듭니다. 추억, 사례, 배움, 희망은 연합으로 나누고 강점과 감사는 센터별로 나눔이 좋습니다.

우고 누리고 성장했는지, 사회사업적으로나 인간적으로 자신에게 어떤 의미가 있었는지를 이야기하는 수필, 읽고 또 읽어도 좋을 이야기 수필 한 편씩 써서 낭독합니다. 몇 명만 낭독해도 좋습니다.
더하여 부서장은 부서 직원에게, 기관장은 간부 직원 또는 전체 직원에게 각각 그 직원에 대한 추억과 감사 응원 축복의 정을 가득 담아 이야기 편지를 씁니다(그 직원과 함께한 사진도 몇 장 넣으면 좋겠습니다). 한 명씩 읽어주고 안아줍니다. 몇 명에게라도 이렇게 해줍니다.

적 용

사회사업에 관한 한 어느 설이든 교조처럼 따를 게 없습니다. 저마다 나름대로 생각하며 제 길을 갈 따름입니다.

그러니 복지요결에 동조하더라도 여기에 매이지 않고 형편에 따라 변통하거나 각각 그에 맞는 다른 이론 다른 방법을 적용합니다.[13)]

복지요결을 적용하더라도 서두르거나 강요하거나 고집하지 않습니다. 기관의 역사와 문화와 형편을 살피고 사회사업가의 처지와 역량을 헤아립니다. 무엇보다 '사람'을 아낍니다.

자신이 해온 일이든 동료가 하는 일이든 기존 방식에 대해서는 비판을 삼갑니다. 한다면 먼저 그 나름의 성과와 의미를 찾아 긍정 존중하고 대안을 밝혀 신중히 합니다.

대안으로 좋은 사례나 구체적 계획을 내놓기 전에는 기존 방식을 건드리지 않습니다. 새로운 방식의 사례를 하나둘씩 만들어 가면서 그로써 자연스러운 변화를 도모합니다.

참조 : 복지요결 8쪽 '복지요결의 한계' | 복지소학 '시중지의', '수연소위'

---

13) 사회사업 현실이 제각각이고 하는 일이 제각각이고 사람이 제각각인데 모든 경우에 한 가지만 고집한다면 온갖 부작용이 어지러이 일어날 겁니다.
사회사업하는 때와 곳, 사람 사안 상황에 맞게 변통할 줄 모른다면, 다른 이론, 다른 방법을 활용할 줄 모른다면, 요결을 버리느니만 못할 수 있습니다.

Chapter 8

성과 평가 모형

1. 성과 평가의 이해

성과측정은 휴먼서비스 프로그램의 효과성과 효율성, 그리고 품질에 대한 정보를 일정한 규칙에 따라 모아 보고하는 것이다. 성과측정은 프로그램 책임성에 대한 여러 최상의 접근방법 중 하나일 뿐이며 포괄적인 특징으로 효율성 관점, 품질 관점, 효과성 관점의 주요 관점을 포함하고 있다(Kettner & Martin, 2000). 효과성 관점은 결과성과로, 효율성 관점은 산출성과로, 품질 관점은 품질성과로 측정한다.

성과측정의 대상은 프로그램 활동에서 의도한 것으로, 참여한 과정 중이나 그 이후에 나타나는 개인이나 집단을 위한 변화나 유익함이다(Hatry, et al., 1996). 즉, '성과'는 프로그램이 달성하고자 하는 목적과 목표이며 그 과정에 나타나는 모든 활동이 포함된다. 그렇기 때문에 앞의 목표 설정이나 가치 평가에서 살펴보았듯이 목표를 어떻게 규정하는가에 따라 성과는 달라질 수 있다.

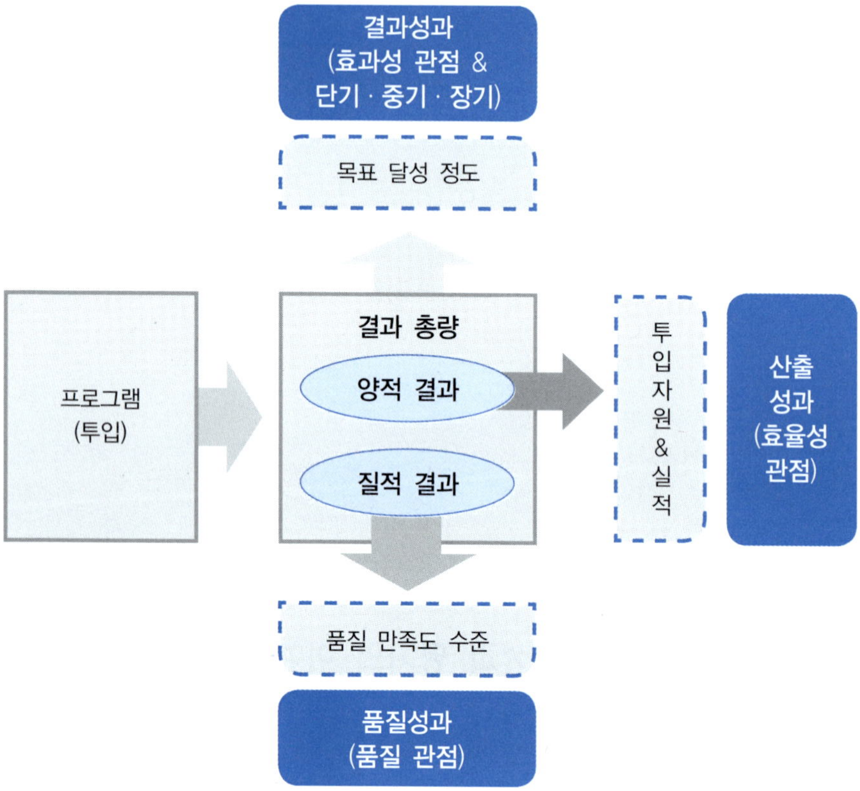

|그림 8-1| 성과 평가의 구조

결과성과는 프로그램이 달성해야 할 목적과 목표이며, 이를 위해 필요한 활동들이다. 따라서 평가를 제대로 수행하기 위해서는 목적과 목표를 프로그램 계획 단계에서부터 구체화하고, 측정이 가능한 수준으로 조작적 정의를 해야 한다. 이를 효과성 관점(effectiveness perspective)이라고 한다. 효과성 관점은 프로그램의 결과와 그 결과가 가지고 있는 유효성에 대하여 평가하는 것으로 결과성과(outcome)를 측정한다. 즉, 프로그램이 의도하고자 했던 목표의 달성 정도 또는 프로그램 계획에서 구체화된 목표와 실제 달성된 목표와의 차이에 대한 평가이다. 따라서 목표달성의 의미와 더 발전적인 목표를 위한 대안의

마련이 중요하게 다루어진다. 여기서는 사실상 투입(input)을 별로 고려하지 않고 프로그램을 통해 얻어진 긍정적 이익이나 변화된 것, 효과를 중심으로 평가(측정)한다.

산출성과는 프로그램에 투입되는 자원과 수행되는 프로그램의 정보, 그리고 프로그램으로 산출된 계량화된 정보들이 평가의 주요 대상이 된다. 이는 효율성의 관점(efficiency perspective)이며, 투입된 예산이나 자원에 비하여 양적 결과물이 얼마나 산출(output)되었는지 관심을 가진다. 프로그램이 생산하는 모든 계량적인 생산물(실적)인 양적 결과물의 수량에 관심을 둔다. 효율성은 동일한 비용의 투입에 따른 더 많은 산출을 생산하는 바에 대한 고려, 더 적은 비용의 소모에 대한 정보를 측정한다. 곧 비용을 어떻게 하면 더 아껴서 사용할 수 있는지의 답을 찾는 것이다.

품질성과는 결과성과와 산출성과의 시각과는 다르게 클라이언트 입장에서의 관점이 중요하다. 프로그램에 참여하거나 영향을 받은 후의 클라이언트가 느끼는 프로그램의 질적인 측면에 대한 입장과 만족도 등이며, 이는 다시 클라이언트에게서 사회복지조직(사회복지사)으로 향하는 영향력을 갖는다. 이를 품질관점(quality perspective)이라고 하며, 프로그램의 질적 결과물이다. 가장 일반적인 품질 측정은 프로그램 참여자 만족도 조사이다. 품질이라는 개념은 TQM(총체적 품질관리, Total Quality Management)의 이론을 확장한 것으로, 프로그램의 생산성은 높은 질을 가진 프로그램이 제공될 때 증가하고 낮은 수준의 프로그램이 제공될 때 감소한다는 것에 기초하고 있다. 이러한 측면에서 적절한 수준 이상의 프로그램 제공, 클라이언트의 높은 수준의 만족감, 지역사회 내의 이미지의 개선 등의 유효한 결과를 가져오기 위해서는 프로그램의 질적 측면에 관심을 갖는다.

결과성과와 산출성과는 사회복지조직 또는 사회복지사의 관점(perspective)과 가치(value)가 프로그램 속에 경험적, 이론적으로 포함되어야 한다. 그리고 클라이언트 관점에서 품질성과가 고려되어야 한다. 그렇기 때문에 프로그램의 결과성과, 산출성과, 품질성과는 단절적으로 존재하는 것이 아니라 서로 영향을 주고받는 상호작용적인 관계로 존재한다. 이 세 가지 성과 평가의 관점 중에서 어느 것을 강조하고, 이를 어느 수준으로 측정하는지에 대한 평가자의 관점이 무엇인가에 따라 프로그램 성과는 큰 영향을 받을 수 있다(김희경 · 성은숙, 2001).

프로그램 성과관리에 관심을 가진 사람들은 구체적인 목표를 설정하고 성취할 수 있도록 하는 목표관리 방법[1]을 지난 수십 년에 걸쳐 발전시켜 왔다. 목표관리는 프로그램의 중심부에 명확한 목표설정(또는 목적)과 그것들의 성취 가능성을 확인하는 것에 관심을 둔다. 명확한 목표의 필요성은 아무리 강조해도 지나치지 않다. 만약 목표에 명확성이 결여되어 있다면 그것을 다섯 명에게 보여줄 경우, 해석이 다양하게 나타날 것이다. 하지만 목표가 명확하다면 이것을 다섯 사람에게 검토케 한 후 의견취합을 해도 단일한 견해가 나올 것이다.

목표를 명확하게 하는 최선의 방법은 그것을 검증할 수 있는 방법으로 진술하는 것이다(Frame, 1995). 즉, 구체적이고, 계량화가 가능하여 검증 가능성이 높은 목표의 설정은 성과 평가를 쉽게 할 수 있는 조건이다. 따라서 성과 평가의 핵심은 목표를 측정 가능한 형태로 기술하고, 진단하는 구체화 작업에 달려 있다. 결국 성과 평가는 사업계획의 단계에서 설정한 목표의 규정에 따라 절대적인 영향을 받는다. 그렇기 때문에 프로그램의 목적과 목표, 실행계획을 수립할 때부터 성과 평가를 염두에 두고 구체적인 달성목표와 계획을 수립해야 한다.

---

1) 성과 평가는 관리적인 입장에서도 유용하다. 그러나 일반적으로 기업에서의 관리적 입장에서 많이 사용하는 BSC(Balanced Score Card : 균형 잡힌 성과 평가)는 성과 평가의 확장된 개념으로 내부 비즈니스 프로세스 관점(internal business process perspective), 재무적 관점(financial perspective), 고객관점(customer perspective), 학습과 성장 관점(learning & growth perspective)이 중요한 성과 평가의 영역이 된다. 학습과 성장 관점을 제외하면 핵심내용은 결과성과, 산출성과, 품질성과 등 성과 평가와 같은 개념이나 평가적 입장보다는 관리자적 관점을 더욱 강조한 것이 차이가 있다. BSC는 성과 평가에 학습과 성장의 관점을 포함한 확장 개념의 성과 평가 혹은 관리기법이다. 사회복지 프로그램도 초기 계획 단계에서부터 이러한 4영역의 측면을 고려한 계획이 이루어진다면 BSC를 통한 관리도 가능할 것이다.

2. 성과 평가의 대상

효과성 관점은 결과성과로, 효율성 관점은 산출성과로, 품질 관점은 품질성과로 측정하게 되며, 이는 곧 프로그램 평가의 대상이 된다. 프로그램 성과 평가의 대상이자 논리적 구성의 내용은 | 그림 8-2 | 와 같다.

투입요소	수 행	품 질	산 출	성 과
프로그램 수행에 사전 준비된 인적·물적 자원의 총체	투입의 실행을 통해 프로그램을 진행하는 과정	클라이언트가 프로그램 참여로 경험한 만족도, 서비스 질적 요소	투입 결과 및 직접 수행에 의한 직접적인 모든 실적과 산출물	클라이언트의 변화 및 종결상태, 의도된 이익이나 변화 정도, 단기/ 중기/ 장기
은둔 청소년 ○○명, 사회복지사 ○명, 자원봉사자 ○명, 예산 ○○○만 원, 차량 ○대, 카메라 ○대 등	자기소개 하기, 공동체 프로그램, 자기 강점 자랑하기, 여행 계획 및 가기 등	프로그램 만족도, 사회복지사 만족도, 환경 요인 만족도, 성과의 자기 평가 등	출석률, 프로그램 수행 횟수, 사용된 자원의 양, 투입 예산, 투입인력 및 비용효과 분석 등	자기표현 및 존중, 서로 좋은 친구가 됨(친구를 사귐), 동아리 활동을 정기적으로 참여함 등

|그림 8-2| **프로그램 평가의 대상**

투입요소는 프로그램에 투입되는 모든 자원을 의미하는 것으로, 프로그램 담당 팀장, 담당 사회복지사, 자원봉사자 등의 인력과 그들의 투입시간, 프로그램에 투입되는 장비와 시설(감가상각비), 기타 기념품이나 제공되는 물품, 프로그램에 소요되는 재정 등이 모두 포함된다. 이러한 투입요소는 산출성과의 중요한 기준이 된다. 경우에 따라 투입요소 자체가 목표가 되기도 한다.

프로그램의 진행과정은 투입을 통하여 이루어지는 프로그램의 진행과 그와 관련된 다양한 관계망들로 이루어지게 된다. 이러한 과정은 성과 평가에서 주로 다루어지지 않으나, 과정수행 평가와 같은 질적 평가 방법이 되며, 프로그램의 품질, 산출, 성과에 영향을 미치게 된다. 성과 평가는 프로그램의 진행과정을 통해 얻어진 유형, 무형의 산출들에 대한 진단이므로 진행과정은 보이는 것 이상으로 중요한 의미를 가지는데, 특히 진행과정의 체계적 기술(description)과 근거자료의 정리 및 축적은 질적 평가뿐만 아니라 성과 평가를 제대로 수행하기 위해서도 매우 중요한 가치를 가지므로 자료의 기록과 보관에 유의하여야 한다.

성과 평가를 수행하는 데 있어서 몇 가지 문제점이 있다.

① 성과 평가, 특히 결과성과는 투입을 하고 수행을 하면 결과들이 도출되는 과정을 제시하는데, 이는 논리적인 인과관계와 행동주의적 관점이 많이 반영되었다. 사람의 인식과 행동의 변화는 통상의 계획된 기간보다 훨씬 더 장기적인 시간을 요한다. 이에 비하여 사회복지 프로그램들의 수행 기간은 너무 짧거나 대체로 짧은 경우가 많다. 정신과 의사도 오랫동안 치유하기 어려운 우울증이나 자아존중감의 형성 같은 것을 사회복지사는 단지 몇 개월 만에, 심지어 몇 주 만에 해결하는 목표를 담은 사업계획서를 만든다. 결국 사업은 성공의 모습을 보여줄 수 없게 된다. 사람의 변화는 점진적이고 많은 단계를 거치고, 긴 시간이 소요되므로 이를 고려한 단기적, 중기적, 장기적 과제의 구분이 필요하다.

② 결과성과는 목표를 분명하게 제시하는 장점이 있지만, 그로 인해 성공에 대한 강압적인 분위기와 방어적인 사회복지사의 태도를 만들기 쉽다. 만약 결과가 달성하기 어려운 요소라면, 예를 들어 진짜 자아존중감과 대인관계 역량이 성장하거나, 안정적인 직업을 갖고 자립에 성공하는 등의 목표 같으면, 평가를 모호하게 하거나, 서비스 제공 과정만 나열하거나, 어설픈 질적 평가결과를 우수한 것으로 제시함으로써 달성 여부의 판단을 어렵게 하는 경우가 생긴다. 따라서 평가의 부담감을 낮추고, 평가 과정이 상호 신뢰와 성장을 위한 것이 되도록 해야 한다. 솔직한 소통과 현실적인 달성 과제를 목표의 단계적 결과성과를 인정하는 문화를 만드는 것이 전제되어야 한다.

③ 성과 평가에서 제시하는 조작적 정의의 평가 기준들은 프로그램별로 상이하다. 사전-사후 평가를 리커트 척도방식으로 할 경우, 등간척도라는 특성으로 인하여 구체적이지 못하다(제4장 목표 세우기 참조). 그렇기 때문에 다양한 성과 평가를 성공적으로 수행한 사례들을 공유하는 노력을 해야 한다. 발달장애인의 디지털카메라(디카)를 이용한 여가활동의 목표로 자기 작품으로 글과 곁들인 사진작품 전시회 열기를 정한 것, 지적장애인 사회성 훈련에서 자신이 이용 가능한 동네의 상점, 약국, 시설 등을 혼자 얼마나 이용할 수 있게 되었는지 지도 위에 활동 영역을 표기해 프로그램 전과 후를 비교하는 것, 아동들이 금요일 오후 자유시간에 자신들의 장기를 친구들에게 가르쳐 주는 선생님 되기 프로그램에서 자신의 긍정적 역할을 수행하는 것 등이 예이다.

3. 결과성과 : 효과성 평가

1) 결과성과의 이해

결과성과(outcome)는 프로그램에 의해 의도된 결과나 급부들이 성취되었으며, 이로 인해 클라이언트가 어떻게 영향을 받았는지, 또는 변화하였는지에 주된 관심을 둔다(Kettner & Martin, 2000). 이는 프로그램의 목표로 설정되는 것이 타당하며, 프로그램이 달성하고자 하는 효과성의 관점(effectiveness perspective)이다. 즉, 효과성 관점은 투입(input)에 대한 성취 혹은 결과(outcome)가 무엇인가를 주로 살펴보며, 사실상 산출(output)의 경우보다는 목표의 달성에 따른 클라이언트의 변화를 중심으로 측정한다.

프로그램의 결과성과는 클라이언트의 문제해결이나 생활의 발전을 기대하기 위한 작업이다. 이때 변화는 클라이언트 상태와 지위, 행동, 기능, 태도, 느낌, 또는 생각들을 바람직한 방향으로 변화시키는 것뿐만이 아니라 바람직하지 못한 클라이언트의 상태와 지위, 행동, 기능, 태도, 느낌 등을 감소시키는 활동을 의미하며, 이를 완성이 바로 '**클라이언트 종결 상태**(Client end status)' 접근법이다. 이때 프로그램의 어떠한 요소들(클라이언트 상태와 지위, 행동, 기능, 태도, 느낌, 생각 등)이 평가되어야 하는지를 규정해야 한다. 이에 따라 요구되는 것은 프로그램의 즉시적 성과뿐만 아니라, 추후 지속적인 효과의 유지를 통하여 클라이언트의 문제를 어느 수준까지 개선할 것인지를 판단하는 것이다. 이에 따라 결과성과를 좀 더 시기적 구분에 따라 구체화하여 단기, 중기, 장기 성과[2] 평가로 구분한다(Hatry, et al., 1996).

단기성과는 클라이언트가 프로그램에 참여함으로써 얻거나 발생하는 이익, 클라이언트의 지식, 태도 또는 기술의 변화를 의미한다. 이것은 클라이언트 자신에게 있어서 최종적인 결과물이 아니라, 그 변화의 시작이며, 자신의 강점과 가능성을 발견하고 확인하는 단계이다. 따라서 프로그램의 수행 완료 직후에 바로 확인할 수 있는 직접적이고, 즉시적인 성과이다. 은둔형 외톨이 청소년의 경우 자기의 이야기를 타인에게 해줄 수 있는 용기를 얻거나, 밖으로 나가 산책하는 여유를 갖는 것, 스스로 하고 싶은 것을 찾아 성공적으로 수행함으로써 성취감을 경험하고, 공감대를 형성한 동료들과 함께 여행도 가고, 아는 사람이 생긴 것을 확인하는 단계이다.

중기성과는 프로그램의 단기성과의 경험에서 얻는 지식, 태도, 관계, 행동의 변화 등을 반복 훈련함으로써 내재화시키는 단계로 프로그램 수행 종결 이후부터 시작된다. 자신들이 프로그램을 통해 직 · 간접적으로 습득한 단기성과들을 기반으로 더 나은 이익이나 변화를 시도하는 추가적이고 지속적인 노력이다. 은둔형 외톨이 청소년들은 자신들의 관심사에 따라 영상제작 동아리를 만들고, 이 동아리 활동을 함께 유지시키는 것이다. 이 과정에서 지속적으로 만

2) 성과의 단기, 중기, 장기적 성과의 구분은 특정 대상에게 적절하지 못한 경우가 있다. 예를 들면, 재가복지 서비스 대상 노인의 경우 고령에 스스로 자립능력이 없는 경우가 많기 때문에 안전한 상태로의 현상 유지가 중요하다고 할 수 있다. 이 경우 클라이언트 종결 상태도 적용하기 어렵다.

나고, 새로운 다른 사람을 만나는 시도를 하도록 하고, 이를 지속적으로 반복하여 유지한다.

장기성과는 프로그램이 클라이언트를 위해 달성하고자 하는 궁극적이고 최종적인 목표이며, 단기와 중기성과의 결과로부터 클라이언트가 가지고 있는 욕구나 문제를 해결하며, 긍정적인 역할 수행(SRV)을 할 수 있는 역량을 상시적으로 유지하는 것이다. 은둔형 외톨이인 청소년들이 매일매일 카톡도 하며, 정기적으로 자주 만나고, 자신들의 영상 작품을 제작해 알리는 것뿐만 아니라 요양원 어르신을 위한 일상생활 영상 만들기 및 영정 촬영, 사회복지조직 홍보물 작성 자원봉사 등을 동아리 활동을 통하여 함께 만들어 가는 것이다. 이 정도 수준이 되면 더 이상 은둔형 외톨이가 아니다!

단기, 중기, 장기성과를 프로그램의 개발 단계에서부터 계획하는 것은 목표관리에서 설명한 것처럼 매우 중요하다. 그러나 성과는 본질적으로 단기나, 중기나 장기간으로 명확하게 구분되는 것은 아니다. 중기성과는 하나의 프로그램에서 다른 이에게 장기성과가 될 수 있다. 그러한 단기, 중기, 장기의 지정은 특별한 프로그램 효과들의 연속성 사이에 연결된 논리적 관계에 의하여 확인된다. 이러한 관계는 "만약 a라면, b가 될 것이다"는 영향과 이익의 연결고리로 생각될 수 있다(Hatry, et al., 1996). 이는 결과성과가 단순히 프로그램의 수행이나 실적에만 관심을 두는 것이 아니라 궁극적으로 이루고자 하는 '클라이언트의 변화'에 중점을 두고 있음을 의미한다.

결과성과는 목표를 무엇으로 정하는지에 따라 평가방식과 내용이 크게 달라진다. 자아존중감이나 심리적 문제 해결로 목표를 정하거나 클라이언트의 게으름이나 나태함을 해결해야 할 목표로 정한 경우, 클라이언트 스스로 자신의 강점을 토대로 주도적인 역할을 수행하며, 그 활동은 공동체에 기여하고, 사회적 관계를 유지하는 것으로 규정하는 경우는 결과성과의 평가 기준이 다르다. 전자의 경우 자아존중감이나 사회성을 척도로 측정할 것이며, 후자의 경우 믿을 수 있는 친구들의 수, 만남 유형과 횟수, 동아리 활동의 참여율과 적극성, 프로그램 후 새로운 만남을 통해 알게 된 친구들 등으로 조작적 정의의 방식으로도 측정한다.

가치 평가나 목표 세우기에서 살펴본 것처럼, 프로그램의 평가는 목표에 의하여 결정되고, 목표의 규정은 사회복지사의 실천 가치에 따라 크게 달라질 수 있다. 실적 위주의 업무환경은 프로그램의 질보다 제공자의 '편리한 프로그램 제공의 가능성'에 더 관심을 가지게 된다. 결과성과는 클라이언트의 변화나 종결 상태보다 제공된 서비스의 횟수나 실적에 더 많은 관심을 가지게 된다. 따라서 목표 자체가 어느 수준의 문제인식과 가치를 담보하고 있는지를 검토하는 것은 결과성과를 평가하는 과정에서 다시 한번 확인해야 한다.

2) 임신한 10대 청소년의 사례

논리모형에 따라 진행된 프로그램을 평가하기 위해서는 몇 가지 점검사항을 검토해야 한다. 이는 본격적인 성과 평가의 측정이 이루어지기 전에 성과 평가가 가능한가를 검증하는 것이라고 할 수 있다. 따라서 단기성과, 중기성과, 장기성과의 내용을 정리한 후, 검증 1, 검증 2, 검증 3을 점검함으로써 성과 사정이 가능한지를 판단한다.

앞의 목표 세우기에서 사례로 나왔던 임신한 10대를 위한 프로그램을 기억해 보자.

〈표 8-1〉 임신한 10대를 위한 프로그램의 성과 평가 타당성 검토

결과성과 평가 기준	다음이 달성되었는지 검증하시오		
	test 1	test 2	test 3
십대들이 출산 전에 자신과 아이를 위한 영양 섭취 방법과 건강관리에 대한 지침을 알고 있다.	Yes No	Yes No	Yes No
십대들이 적당한 보호, 급식, 그리고 자신의 아기, 다른 십대와의 사회적 상호작용에 대해 알고 있다.	Yes No	Yes No	Yes No
십대들이 적당한 영양공급과 건강 안내 지침을 규칙적으로 실행한다.	Yes No	Yes No	Yes No
십대들이 건강한 아기를 출산한다.	Yes No	Yes No	Yes No
십대들이 자기 아기에게 적당한 보호, 음식, 그리고 사회적 상호작용을 제공한다.	Yes No	Yes No	Yes No
12개월 후 아기들이 신체적, 운동적, 언어적, 그리고 사회적 발달 수준이 동년배의 평균 수준 이상을 달성한다.	Yes No	Yes No	Yes No
위 영역에서 Yes가 나온 경우 주요한 영향 요인, No라고 나온 경우 부정적인 요인이나 문제점이 무엇인지 별도로 정리한다.			

test 1 : 성과목표 및 프로그램은 적절한 방법으로 클라이언트 종결상태 혹은 긍정적 변화나 이익 창출의 결과를 달성할 수 있다고 확신하는가?

test 2 : 성과 측정은 프로그램의 성공적 결과 달성을 명확하게 하고, 정확하게 목표를 정하게 하고, 문제나 단점을 설명하는 데 도움이 되는가? 즉, 성공의 결과를 명확하게 확인할 수 있는가? 긍정적, 부정적 요인을 설명할 수 있는가?

test 3 : 프로그램의 성과는 우리 조직의 사회복지적 가치성 혹은 공공성(publics)을 명확하게 보여줄 수 있는가? 기여할 수 있다고 확신하는가?

출처 : Hatry, et al.(1996). Measuring Program Outcomes : A Practice Approach. United Way of America의 내용을 보완함.

성과측정이 가능한지를 점검한 후 단기성과, 중기성과, 장기성과에 따른 성과측정을 위한 지표를 만드는 작업을 수행한다. 그러면 〈표 8-1〉의 점검과정을 통하여 내용 타당도를 높이는 작업을 수행한다. 프로그램이 성과에 적절한 영향을 미치는지를 논리적, 경험적으로 검토하여 타당성을 판단하는 것이 test 1

수준이다. test 2는 프로그램의 성공을 정확하게 측정할 수 있는 내용으로 성과 평가의 기준이 구성되었는지, 그리고 클라이언트 종결 상태를 명확하게 확인할 수 있는 내용으로 구성되었는지 확인한다. 그리고 만약 NO라는 응답이 나올 경우 왜 그런지, 문제나 단점이 없는지를 탐색할 수 있는 내용도 포함되어야 한다.

물론 이 경우 자아존중감, 사회성, 의사소통능력 등의 척도를 활용한 평가도 가능하겠지만, 결과성과에서는 척도사용을 지양하고, 프로그램의 목표인 클라이언트 종료 상태에 가장 최적화된 조작적 정의에 의한 평가척도를 만들어 사용한다. 이를 단기성과, 중기성과, 장기성과에 따라 구성하고, 평가를 수행한다.

〈표 8-2〉 **임신한 10대를 위한 프로그램의 성과 평가 지표**

성 과	지 표
십대 임산부들이 출산 전의 영양과 건강에 대한 안내지침을 알게 된다.	주요 규정에 요구된 좋은 재료의 음식 항목들을 인지한 프로그램 참가자의 수와 비율
십대 임산부들이 적당한 영양공급과 건강 안내 지침을 실행한다.	출산 전 적당한 범위의 몸무게를 유지(획득)하는 참가자들의 수와 비율
	담배를 피우지 않는 참가자들의 수와 비율
	적어도 매일 4종의 칼슘 음식과 매일 각각의 영양공급군 중 음식들을 먹는 참가자들의 수와 비율
	매일 출산 전 비타민을 복용하는 참가자들의 수와 비율
십대 임산부들이 건강한 아이를 낳는다.	몸무게가 적어도 5.5파운드, 그리고 아동성장 척도에서 동년배의 평균 이상을 기록한 유아의 수와 비율

출처 : Hatry, et al.(1996). Measuring Program Outcomes : A Practice Approach. United Way of America.

은둔형 외톨이 청소년을 위한 프로그램의 결과 평가의 기준 및 평가 지표는 어떻게 구성하면 좋을까?

4. 산출성과 : 효율성 평가

1) 산출성과의 개념

산출성과(outputs)는 하나의 체계(또는 사회복지 프로그램)가 생산하는 실적물들의 유형과 양에 대한 정보를 획득하는 것이다(Kettner & Martin, 2000). 모임의 횟수, 상담 시간, 제공된 식사량, 서비스를 받은 클라이언트의 수와 프로그램 출석률 등 프로그램 활동을 통해 얻게 되는 모든 실적들이며, 다른 의미로는 서비스의 단위들이다(Hatry, et al., 1996).

산출성과를 통해 비용의 효율적 사용에 대한 보고가 가능하게 되는데, 클라이언트의 수 및 그들에게 제공된 서비스 단위들과 관련 활동 단위들의 총량 등을 프로그램과 관련된 비용(투입)과 대비하는 비용효과분석을 통하여 단위 비용을 산출하여 효율성을 측정한다.

산출성과는 투입 대비 산출을 계량적 비율로 파악하게 됨으로써 생산성의 수준을 파악할 수 있는 고전적인 평가방식이다. 따라서 효율성의 관점에서는 동일한 비용으로 더 많은 산출물을 얻으며, 더 많은 클라이언트가 더 많은 서비스를 받는 것이 중요한 관심사로 정의된다. 이를 통해 산출성과는 책임성의 증명으로 많이 사용된다. 책임성을 제시하기 위한 기준으로서 효율성은 사회복지 프로그램에 있어서는 환영을 받지 못하는 경우가 많았다(Knapp, 1991, Kettner & Martin, 2000 재인용). 사회복지 프로그램에서는 단순히 서비스가 제공된 횟수나 실적만이 중요한 것이 아니라, 제공된 서비스의 질적 측면과 클라이언트의 욕구나 문제의 실질적인 해결에 기여했는지 등에 의미를 더 크게 두기 때문이다.

산출성과를 분석하기 위해서 필요한 개념이 '서비스 단위'이다. 서비스 단위는 얼마나 많은 서비스가 사회복지 프로그램에 의해 제공되는지를 결정하고 보고하기 위해 사용되는 표준화 측정이다(정무성, 2000). 즉, 측정할 수 있도록 표준화된 방법으로 계량화된 서비스 단위는 사건이나 접촉 단위, 물질 단위, 그리고 시간 단위로 구성되어 있다.

사회복지사가 클라이언트를 1회 만나 국민기초생활보장법에 대한 정보를 제공했다면 접촉 단위가 1건이 되는 것이며, 이 경우 시간보다 접촉 횟수 자체의 중요성에 더 중점을 둔다. 밑반찬 배달이 1건 이루어지는 것과 같이 유형의 서비스나 자원이 포함된 서비스가 제공되었다면 이는 물질 단위의 측정이 된다. 시간 단위는 상담시간이나 교육훈련에의 참여 시간과 같이 시간으로 측정이 가능한 서비스가 제공되었을 경우, 제공된 시간의 양을 측정한다.

현실적으로 동일한 개념의 단위라 하더라도 상대적으로 다르게 적용될 수 있다. 예를 들어, 상담실의 상담 프로그램의 시간측정 단위와 재가복지 상담의 시간측정 단위는 성격이 다르다. 즉, 재가복지 상담의 경우 상담시간 이외에 가정방문에 소요되는 왕복 이동시간이 많게는 30분~1시간 이상 걸리는 경우도 종종 있기 때문이다. 또한 재가복지 상담이라 하더라도 영구임대주택단지는 이동 시간이 매우 짧을 것이지만 산동네나 광역을 담당하는 경우에는 많은 시간이 소요될 수 있다. 만약 여러 프로그램을 동일한 단위로 계산한다면 이러한 외적 요인에 의하여 발생되는 오차를 정확하게 고려하는 것은 거의 불가능하다. 그러나 과거 효율성에 대한 비판에도 불구하고, 효율성이 1990년대 이후 사회복지 프로그램 책임성의 중요한 요소로 간주되고 있는 데는 크게 두 가지 이유가 있다(정무성, 2000).

① 프로그램의 재정 부담자들이 사회복지 분야에서 적격의 클라이언트들을 위해 서비스가 제대로 제공되기 위해 돈이 낭비되지 않고 쓰이고 있다는 것을 확인하고자 하는 욕구가 강해졌다. 즉, 사회적으로 사회복지 재정이 제대로 사용되는지에 대한 관심이 높아진 것이다.

② 프로그램의 관리자 입장에서는 일부 납세자나 기부자들이 생각하는 것과 같이 돈이 낭비되고 있지 않다는 것을 보여줄 필요가 있다. 효율성이나 생산성을 지지하는 입장이 분명히 존재하고 있고, 몇몇 이해당사자

들이 잘못된 오해를 하고 있는 한 프로그램 관리자 입장에서는 이를 불식시키기 위한 근거자료를 제시할 필요가 있는 것이다.

2) 비용효과분석

산출성과는 비용효과의 개념이 중요하다. 이 경우 실적을 프로그램 수행에 따라 나타나게 되는 산출량으로 할 것인가? 아니면 달성하고자 하는 결과성과의 달성 정도로 평가할 것인가에 따라 구분할 수 있다. 즉, 투입과 산출의 비율이 중요하다면 효율성$=\frac{\text{산출}}{\text{투입}}$이 된다. 반면에 효과로 산출된 것이 중요하다면 효율성$=\frac{\text{효과}}{\text{비용}}$이 된다. 비용효과분석(cost-effectiveness analysis)이나 비용편익분석(cost-benefit analysis)은 투입 대비 효과와 편익이 얼마인가를 분석하는 것이다. 이 둘은 용어상의 차이가 있으며, 그 개념의 적용에 있어서는 효과와 편익을 어떻게 정의하는지에 따라 달라진다.

산출성과를 측정하기 위해서는 평가대상으로 선정된 기간 동안 제공된 프로그램의 실적자료 및 근거가 필요하다. 효율성을 평가하기 위해서는 실 제공횟수에 따른 구체적인 수행예산과 이 둘의 비용효과계산인 서비스 단가가 산출되어야 한다. 즉, 실적이 정리된 후에 비용효과분석이 가능해진다.

실적은 어떻게 조합하는가에 따라 다양한 비용효과분석이 가능해진다. 즉, 투입되는 자원을 인력으로 할 것인가? 클라이언트의 수로 할 것인가? 아니면 참여시간으로 할 것인가에 따라 실적당, 혹은 시간당 비용효과분석이 가능해진다. 일반적으로 참여 실적인 인원수를 중심으로 비용효과분석을 많이 하지만 절대적인 것은 아니며, 그 외의 것도 연구자의 판단에 따라 얼마든지 조작적 정의로 사용할 수 있다. 비용효과분석을 사용하는 데 있어서 유의할 사항을 다음의 예를 통하여 살펴보자.

〈표 8-3〉 비용효과분석의 예

<table>
<tr><th rowspan="2">금연
프로그램</th><th rowspan="2">실 적</th><th rowspan="2">예 산</th><th colspan="3">비용효과분석</th></tr>
<tr><th>계 산</th><th>프로그램 단가</th><th>비 고</th></tr>
<tr><td>참가자</td><td>120명</td><td rowspan="2">120만 원</td><td>120명 / 120만 원</td><td>비용편익 1.0
(1인당 단가 10,000원)</td><td>실적 중심
비용편익분석</td></tr>
<tr><td>금연성공자</td><td>30명</td><td>30명 / 120만 원</td><td>비용편익 0.25
(1인당 단가 40,000원)</td><td>성과 중심
비용성과분석</td></tr>
</table>

〈표 8-3〉은 금연 프로그램의 간단한 비용효과 분석의 사례이다. 이때 실적을 중심으로 하는지, 아니면 성과를 중심으로 하는지에 따라 비용효과분석의 결과는 달라진다. 사회복지 프로그램에 있어서는 참가자의 실적보다는 금연성공자라는 성과가 더 중요한 관점이 되므로, 성과 중심의 단가가 더 유용할 것이다. 그러나 통상 성과는 실적보다 낮아 단가는 상승되는 것이 일반적이기 때문에 대외적으로 비용부담이 큰 것으로 나타나 비용효과분석에서는 불리해진다. 참가자 기준으로 비용편익은 1.0이 되지만, 금연성공자 기준으로는 0.25가 된다. 비용이 4배 더 높아지게 된다.

다른 측면에서 본다면 '금연 프로그램의 단가가 40,000원이 높은 것인가?'라는 의문도 생긴다. 만약 동일한 유형의 프로그램이 없는 새로운 형태의 프로그램이라면 단위당 비용이 높은지 낮은지에 대한 판단의 근거를 무엇으로 해야 하는지는 파악하기 어렵다. 높다와 낮다는 기준이 없다면 판단이 어렵기 때문이다. 산출에 의한 효율성 평가는 한 사례만 평가할 경우 의미를 찾기가 쉽지 않다. 따라서 비교대상을 정하여 기준 지표화하여 산출을 비교하거나, 전년도 산출결과와 비교하는 방식이 적절하다. 결론적으로 생산품처럼 생산비 대 이윤과 같이 일정한 비용효과를 규정하는 것이 사회복지 프로그램에서는 상당히 어려울 수 있으며, 적절한지에 대한 판단 또한 합리적 기준을 만들기 쉽지 않다.

5. 품질성과 : 품질 평가

1) 품질성과의 개념

품질 관점은 비용과 실적 중심의 효율성과는 다르게 서비스의 질적인 측면에 관심을 갖는다. 이는 휴먼서비스가 높은 수준의 품질로 클라이언트에게 제공될 때 클라이언트의 문제해결이나 서비스 전달과정에서의 생산성이 증가하고, 저품질의 서비스가 제공될 때는 생산성이 감소한다는 TQM 이론에 근거한 것이다(정무성, 2000).

사회복지 프로그램에서 생산성에 대한 이러한 질적 요소가 의미하는 것은 높은 품질의 서비스 결과로 더 낮은 실패율, 더 적은 문서 작업, 과정에서 더 적은 시간의 투입, 기부자와 클라이언트들에 대한 더 높은 만족도 제공, 더 낮은 비용의 소요, 더 좋은 공공 이미지가 도출된다는 것이다(Kettner & Martin, 2000). 예를 들면, 식사배달 프로그램에서 음식이 식지 않은 상태로 도착하는 것을 강조하거나 교통서비스 프로그램에서 사람을 제시간에 태우러 가는 추가조항을 첨부하는 것이 있다.

만약 식사배달 서비스에서 음식이 찬 상태로 식고 굳어져 도착한다면 이를 먹게 되는 클라이언트의 기분은 유쾌하지 않을 수 있다. 플라스틱 용기인 경우 환경 호르몬에 대한 염려가 생길 수도 있다. 이는 서비스에 대한 불만이 될 수 있다. 따라서 클라이언트에게 가장 최적화된 상태의 식사배달 서비스는 클라이언트의 만족도를 높이고, 서비스의 품질에 대한 신뢰를 갖게 한다.

품질의 개념은 상담치료와 같은 전문임상 서비스, 자원봉사자의 관리 프로그램에도 적용될 수 있는 일반화된 개념이다. 상담의 경우도 '단위 시간 내 더 많은 상담'과 같은 흔히 '왜곡된 효율성의 덫'이라고 불리는 오류를 방지하기 위하여 클라이언트 문제 해결을 위한 보다 '수준 높은 질적 서비스'의 제공을 중요시할 수 있다. 높은 수준의 질적 서비스는 클라이언트의 문제나 어려움을 보다 잘 해결할 수 있게 해주는 원동력이 된다. 따라서 품질은 쉽게 달성되는 영역이 아니라 오랜 경험과 자신의 역할에 대한 애정과 책무성이 어우러질 때 효과적으로 나타난다.

2) 품질성과 측정

품질의 개념은 복합적이고 다차원적이기 때문에, 품질성과 측정의 내용을 무엇으로 정할지 결정할 때에는 클라이언트 관점에서 다양한 품질의 결과들을 도출하고 그중 중요한 것을 결정하는 과정을 거쳐야 한다(Kettner & Martin, 2000). 동일한 밑반찬이라도 받는 사람의 취향과 건강상태에 따라 선호도가 달라질 수 있을 것이다. 어떤 분은 백김치를 선호하는 반면, 어떤 분은 매운 고춧가루가 듬뿍 든 김치를 선호할 수 있다. 이는 품질이라는 관점 자체가 다분히 주관적이기 때문이며, 그로 인해 품질의 측정은 현장 특성에 따라 다르게 구성될 수 있다.

품질 개념과 측정이 주관적이기 때문에 프로그램의 속성과 사회복지사와의 상호 역학관계 등에 따라 결과가 왜곡될 수 있는 단점이 생길 수 있다. 만약 후원금을 받는 수혜자인 경우 서비스 박탈을 우려해 만족도에 부정적인 응답을 하지 않는 경향이 있다. 또한 연령이 높은 어르신, 저학력자 그리고 여성이 만족도에 더 긍정적으로 응답하는 경향이 있다.

품질 관점에서 가장 중요한 관점의 제공자는 클라이언트이다. 서비스의 대상자인 클라이언트가 바로 서비스의 근간이 되기 때문이다(Crosby, 1980, Kettner & Martin, 2000 재인용). 따라서 품질 측정에 있어서 클라이언트의 서비스에 대한 느낌과 인식, 그리고 경험적 의견 등이 중요한 영역이 된다. 결과성과와 산출성과는 일반적으로 서비스 제공자 혹은 외부 평가 시 제3자의 평가자의 입장이므로 클라이언트의 시각과 경험에서 나오는 의견 반영이 어려운 경우가 많다.

품질이 우수한 서비스를 받게 된 클라이언트는 서비스에 대하여 만족할 것이며, 이는 곧 서비스에 대한 신뢰의 증가이다. 품질 관점에서의 클라이언트의 시각을 적극적으로 반영한 것이 '이용자(클라이언트) 만족도 조사'이며, 품질을 측정하는 대표적인 방법으로 활용된다(Kettner & Martin, 2000).

클라이언트 만족도는 프로그램에 참여하거나 서비스를 받은 후 클라이언트가 얻거나 느끼게 되는 주관적 느낌으로, 프로그램의 결과 영역에 속한다. 즉, 프로그램에 참여하기 이전에는 프로그램 만족도를 느낄 수 없다. 프로그램이 모두 종결된 후 최종적인 만족도 평가가 가능하다.

다른 측면에서 만족도의 결과적인 성격은 클라이언트 만족도가 종속변수라는 것을 의미한다. 즉, 만족도에 영향을 미치는 원인들이 존재할 수 있는 가설이 가능하다. 프로그램에 참여한 클라이언트는 왜 불만족하게 되고, 왜 만족하게 되는지, 프로그램의 준비(참여), 진행, 종결과정에서 어떤 요소들이 작용하여 만족도라는 느낌을 형성하게 되는지에 대한 원인의 탐구는 만족도 조사설계의 출발점이다. 결과인 만족도의 원인이 되는, 즉 영향을 미치는 독립변수와 매개변수와 같이 인과관계 구성이 이루어지면, 만족도 조사설계의 완성도를 높일 수 있다(우수명, 2002b). 인과관계에 따라 만족도를 분석할 경우 독립변수가 만족도에 미치는 영향력의 크기를 상호 간 비교할 수 있는 회귀분석이나 경로분석, 아니면 상관관계를 이용하면 더 많은 정보를 얻을 수 있다.

회귀분석 등을 통해 만족도의 영향 요인이 도출된다면, 이는 프로그램 관리의 중요한 자료가 된다. 영향력이 큰 요인은 프로그램 만족도를 위하여 집중적으로 관리할 요인이 되며, 영향력이 작은 요인은 그 원인과 이유를 탐색하여 프로그램의 개선에 필요한 정보를 파악해야 한다. 즉, 프로그램의 개선의 근거를 만족도 분석에서 찾아낼 수 있다.

서구적 관점에서 만족도는 평면적 관점을 강조한다. 그러나 만족도가 결과적 요소를 갖기 때문에 인과관계에 따른 구성은 우리 문화에 더 적합할 뿐만 아니라 다양한 구성요인을 탐구하는 장점이 있다. 이를 각각 살펴보자.

3) 만족도 조사 설계의 두 가지 사례

(1) 프로그램 만족도 설계

품질을 측정하고자 할 때는 다차원적인 관점에서 접근하는 것이 때로는 필요하다. 다차원적 관점은 이용자 만족도 조사의 경우에도 단순히 '만족하느냐?'만을 묻는 것이 아니다. 프로그램의 만족도에 영향을 줄 수 있는 여러 가지 차원들, 때때로 사회복지사, 프로그램 내용, 시설과 환경과 같이 프로그램의 구성요인으로 표현되거나 접근성, 지속성, 감정이입, 안정성 등과 같이 표현되는 다차원에 대한 이해가 중요하다. 우수명(2002b)은 전자의 내용을 정리하였다. 후자는 마틴 등(Martin, et al.)이 정의한 15개의 품질 영역들이며, 〈표 8-4〉와 같다.

마틴 등(Martin, et al.)의 15개의 프로그램의 품질 영역은 프로그램을 수행하는 과정에서 담당자, 또는 전달과정의 구성요소들이 대부분을 차지하고 있다. 여기에는 클라이언트의 존엄과 가치를 인정해 주고, 존중해 주는 가치 혹은 태도에 대한 주의사항에서부터 프로그램은 쉽게 접근할 수 있어야 하며, 적절한 형태까지 갖추어야 한다는 프로그램의 구성 조건까지 상세하게 다루어 프로그램의 품질을 높이는 방안을 구체적으로 제시하고 있다. 이들은 모두 수평적 관계로 제시되어 있으며, 원인론적 탐색이 제한된다. 수평적 방식의 만족도는 많은 영역을 담지만, 프로그램에 따라 적용 편차의 차이가 클 수 있다.

〈표 8-4〉 만족도의 영역

영 역	정 의
접근성 Accessibility	프로그램은 접근하거나 요구하기가 쉬워야 한다.
확신성 Assurance	프로그램 담당자는 친절하고, 신중하며 총명해야 한다.
전달성 Communication	프로그램 정보는 쉽고, 이해 가능한 언어로 제공되어야 한다.

유능함 Competency	프로그램 담당자는 요구되는 지식과 기술을 가지고 있어야 한다.
적합함 Conformity	서비스는 확립된 표준사항을 준수해야 한다.
정중함 Courtesy	프로그램 담당자는 클라이언트에게 존경을 표현해야 한다.
결함 Deficiency	프로그램이 특징이나 요소를 빠트리고 있다.
지속성 Durability	프로그램의 수행이나 결과는 즉시 사라지지 않는다.
감정이입 Empathy	프로그램 담당자는 클라이언트 욕구의 이해와 개별화된 관심을 가져야 한다.
인격성 Humaneness	프로그램은 클라이언트의 존엄성과 자기존중의 느낌을 보호하는 방식으로 제공한다.
수행성 Performance	프로그램은 예정된 목적을 달성해야 한다.
신뢰성 Reliability	프로그램은 언제나 클라이언트와의 사이에서 변동이 최소화되는, 독립적이고 신뢰성 있는 방법으로 수행되어야 한다.
대응성 Responsiveness	프로그램은 적절한 시간에 전달되어야 한다.
안전성 Security	프로그램은 위기나 위험으로부터 안전한 세팅에서 제공되어야 한다.
가시성 Tangibles	프로그램 전달에 관련된 설비, 장비, 인력, 그리고 인쇄물의 형태는 적절해야 한다.

출처 : L. L. Martin, & P. M. Kettner(1996). Measuring the Performance of Human Service Program. SAGE Publication Inc.

(2) 인과관계에 따른 만족도 설계

프로그램 만족도 조사 내용의 구성은 인과관계 설계법을 적용한다(우수명, 2002b). 인과관계 설계법은 원인이 미치는 결과에 대한 영향력에 대한 추정이나 상관성을 분석한다.

인과관계 설계법은 결과(종속변수)에 대한 관심으로부터 출발한다. 즉, 어떤 결과가 발생하게 된 원인이나 사회복지사의 개입이나 조작이 무엇인지를 구체화시키는 작업을 함으로써 원인변수와 결과변수, 그리고 이 둘 사이의 관계를 연결하는 매개변수와 전체적인 영향력을 줄 수 있는 통제변수 등을 규정한다. 이는 가설을 만드는 방법과 유사한 특성을 가지고 있다.

독립변수와 독립변수 또는 독립변수와 매개변수의 관계를 설정해야 한다. 인과관계 설계법의 한계는 연역적 방법이 가지는 한계처럼 인과관계의 구성이 직관이나 기존 가설논리에 의존한다는 것이다. 이는 연역적 방법의 장점인 논리적 타당성을 갖기에 유리한 측면도 있다. 그러나 인과관계 설계법의 문제는 연구자의 시각에 따라 다양한 독립변수나 매개변수들을 선별하는 기준이 다르다는 것이다. 통계적으로 이를 해결하기가 쉽지 않을뿐더러 너무 많은 독립변수나 매개변수가 제시되었을 때 측정도구(설문지)를 만들기도 어렵고, 결과의 해석도 매우 유념해야 한다. 사례를 통해 살펴보자.

> 노인복지관의 운동기능강화실(전 물리치료실)을 이용하는 어르신들을 대상으로 만족도에 영향을 미치는 요인과 문제점을 찾아내어 보다 효과적인 프로그램 운영에 도움이 되고자 한다.
>
> 연구목적 : 1. 운동기능 강화 프로그램에 참여한 어르신의 만족도를 진단한다.
> 2. 만족도에 영향을 주는 요인을 분석하고, 개선 사항을 확인한다.

우선 이 논의의 배경을 살펴보도록 하자. 결과적 요인으로 제시된 것은 어르신들의 **만족도**이다. 만족도는 프로그램 참여 후 나타나며, 종속변수가 된다. 따라서 논리적으로 타당한 독립변수나 매개변수를 규정한다. 경영일반에서 품질 관점으로 측정되는 만족도 조사에서는 일반적으로 다루는 상위 영역은 시설 및 환경, 직원 및 프로그램 담당자, 프로그램의 내용과 특성, 행정 운영 및 관리이다(서울특별시, 2000). 그러나 돈이나 기타 재화를 통해 구매함으로써 얻어지는 일반 소비자 만족도와는 다른 접근이 프로그램 참여자에 대한 만족도 조사에 요구된다. 이를 위한 몇 가지 고려사항이 있다.

일단 만족도 조사의 변수를 정해야 한다. '프로그램에 만족했는지'를 한 문항으로 물을 수 있다. 이런 추상적인 질문은 응답이 쉽지만, 다양한 세부정보를 얻을 수 없다. 프로그램의 구성 요소를 사회복지사(제공자) 관점과 클라이언트 관점 등으로 보다 세분화하여 측정 개념(상위 변수)을 구성해야 한다.

측정 개념이 정해지면, 개념 내에서 다시 하위 측정 개념을 정해야 한다. 사회복지사에 대한 만족도라는 상위 개념은 전문성 변수와 관계성 변수로 나눌 수 있다. 더 세분화하면 전문성 변수는 상담능력, 프로그램 진행능력, 시간 운영능력 등으로 세분화할 수 있고, 관계성 변수는 친절, 배려, 지지, 격려, 능동적 반응 등으로 나눌 수 있다. 너무 세분화되면 응답할 문항이 많아져 클라이언트가 곤란해질 수 있으므로 적절한 선을 결정해야 한다. 마틴 등(Martin, et al., 1998)의 연구 중 인격성, 확신성, 유능함, 정중함, 감정이입 등이 유사한 개념이다.

프로그램 자체의 내용도 만족도에 영향을 줄 수 있는 요소이다. 프로그램의 구성과 질, 내용 수준 등을 포함할 수 있다. 마틴 등(1998)의 연구에서 전달성, 적합함, 결함, 인격성, 대응성 등이 유사하다. 또한 시설과 환경적 요소도 중요한 측면이다. 시설이 쾌적한지, 쉴 공간 등 공간의 적절성은 어떤지 등이 고려될 수 있다. 마틴 등(1998)의 연구에서는 가시성, 안전성 등이 유사하다.

담당 인력의 전문성과 관계성, 프로그램의 내용과 질, 시설과 환경의 적절성 등은 모두 서비스 제공자 관점이다. 그렇다면 클라이언트 관점에서 만족도에 영향을 주는 요인은 있을까? 일반적으로 클라이언트의 욕구가 크면 만족도가 높아진다(우수명, 2002b). 또한 적극적인 참여(출석률) 등도 영향을 미칠 가능성이 크다. 마틴 등(1998)의 연구에서 접근성, 전달성, 적합성 등이 클라이언트의 요소 안에 포함할 수 있는 개념이다.

결과 요인인 만족도는 사후 만족과 결과성과로 구성할 수 있으며, 결과성과는 프로그램의 고유성과와 조직의 고유성과로 다시 나눌 수 있다. 만족도에는 좋은 느낌을 얻음, 참여를 잘한 것, 유용한 시간을 보냄, 다른 이에게 추천함, 다음에 다시 참여함(동일 문제 시) 등과 같이 좋은 결과로서의 느낌 같은 사후 만족이 있다. 다음으로 프로그램 결과 성과가 있는데, 결과성과에는 프로그램의 고유의 성과와 조직의 미션이나 비전같은 조직의 고유성과가 있다. 운동기능강화실의 경우 이용 후 건강에 도움, 통증의 감소, 운동기능의 향상, 거동의 편리함 등에 기여했는지를 물어보는 것은 프로그램 고유 성과에 해당하는 질문들이다. 이는 결과성과 영역이며, 마틴 등(1998)의 연구에서는 대응성, 수행성, 지속성 등이 해당된다. 조직의 미션과 비전, 사회복지사의 가치평가에 적용될 수 있는 질문들을 구성하면 조직의 고유성과 부분에 해당하는 만족도를 확인할 수 있다. 이는 중장기적인 프로그램 관리에 도움이 되며, 조직의 미션과 비전을 이용자들이 어떻게 생각하는지를 확인할 수 있게 해준다.

이를 정리하면 | 그림 8-3 | 과 같다. 만족도 설문지의 사례는 부록을 참조한다.

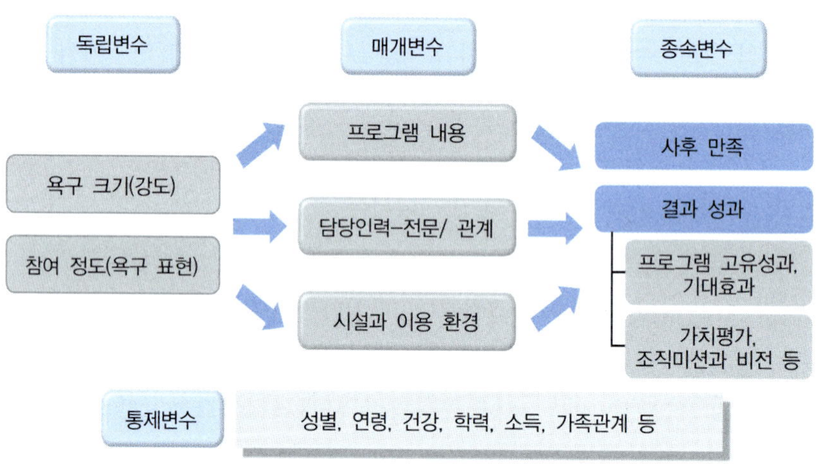

|그림 8-3| 만족도 조사 설계의 구성

클라이언트의 욕구의 크기(강도)와 참여 수준(표현), 프로그램의 내용과 특성, 진행 사회복지사나 자원봉사자 또는 기타 인력, 시설 및 이용 환경, 클라이언트의 만족도와 성과 등의 7개 요인은 사회복지 만족도 조사에서 기본으로 들

어가야 할 공통요인이다. 그러나 경우에 따라 공통요인들을 다르게 구성할 수 있다. 재가복지 서비스 대상자라면 사회복지관의 시설과 이용환경을 묻는 것이 필요 없을 것이다. 소집단 활동을 중심으로 하는 경우 집단 내 응집력은 매개변수에서 고려사항이 된다. 사회교육 프로그램이라면 접수·환불 등의 행정 절차나 홍보 등이 매개변수가 될 수 있다.

각 프로그램들이 가지는 고유한 특성은 프로그램 담당자가 가장 잘 알 것이다. 이 역시 경험적 상상력을 통하여 체계화되어야 한다. 그리고 전문가와 슈퍼바이저를 통해 내용 타당도를 점검하여 사용하는 것을 권장한다. 만약 사회복지사의 통계적 역량이 있다면 구성 타당도를 분석해 더욱 이론화하고 체계화하여 사용하면 좋을 것이다. 자세한 내용은 제13장 사례를 참조한다.

Chapter 9

실험설계 평가

실험설계(experimental design) 평가는 전통적인 프로그램의 효과성 검증 방법의 하나이다. 실험설계 평가가 강조된 것은 피셔(Fisher, 1969)에 의하여 제기된 사회사업 프로그램의 효과성 논쟁과 책무성의 위기에 대응하기 위한 것이다. 이후 단일사례설계와 함께 사회복지 실천 평가의 주요 방법으로 자리 잡았다.

단일사례설계(single case design)나 집단 활동(group work)의 실험 · 통제집단의 사전-사후 검사를 이용한 실험설계 모형은 유의도 검증 및 완벽한 실험설계 조건을 구현하기 어려워 타당도와 신뢰도에 대한 지적을 받는다. 이는 실험실의 이론적 완벽함을 다양성이 기본인 사회복지 실천의 장에 적용하려 했기 때문이다.

실험설계는 인과관계를 중시한 논리성으로 효과 증명을 위한 설명력이 우수하다. 그러나 실험설계는 논리적 타당성이 뛰어남에도 불구하고, 여러 단점을 가지고 있다. 가장 논란이 되는 것은 사회복지 실천에서 사람을 실험 대상으로 하는 것이 윤리 혹은 실천 가치 면에서 적합한지에 대한 논쟁이다. 위기의 클라이언트를 무작위로 선정하는 것과 같은 문제이다. 또한 실무적 유용성에서 의문을 제기하는 경우가 많다. 클라이언트의 변화가 프로그램의 개입에 의한 것인지, 아닌지를 실증할 수 있지만, 실험집단과 동일한 통제집단을 구성하고 사전-사후 측정을 하는 것이 현장에서 쉽지 않기 때문이다. 그리고 실험설계는 대부분 유의미한 변화가 잘 나타나지 않는다. 이는 척도 자체의 문제, 소집단이라는 표본의 제한성, 단기간 프로그램에 적용 가능한 임상 척도의 부재, 문화적 차이 등의 여러 이유들이 있지만, 결과적으로 $p<0.05$라는 확률적 결과가 잘 나타나지 않아 보고서에서 제외되거나 의미가 축소되는 경우가 많다. 마지막으로 공분산분석이나 반복측정 분산분석처럼 적절한 통계 기법을 활용하지 못하는 경우에도 평가결과의 활용성은 떨어지게 된다. 따라서 가치 평가, 결과성과 평가 등의 방법들과 상호 보완적으로 사용하는 것이 적절하다.

1. 실험설계 평가의 준비

1) 실험설계와 인과관계

인과관계를 밝히는 것은 과학적 탐구의 목표가 될 수 있으며, 타당한 논리적 과정을 통하여 이론 기반을 확립하는 주요 근거가 된다. 사회복지 실천 환경은 다양한 주체들과 체계가 존재하고, 상호작용이 이루어지기 때문에 사회복지 실천을 통한 효과 검증이라는 인과관계의 증명이 보다 객관적이어야 할 것을 요구받는다.

인과관계는 선후성, 상관성, 비허위성을 갖출 때 성립된다(우수명, 2007). 갈릴레오는 선행성, 인접성, 불변적 결합의 세 가지가 인과관계의 조건이라고 하였는데(채서일, 2000), 같은 개념이다.

선후성(cause & effect)은 인과관계의 연속성을 의미하며, 원인은 항상 결과보다 앞서며(temporal precedence), 결과는 원인보다 선행할 수 없다는 의미이다. 사회복지사의 프로그램 수행이 선행하면 클라이언트의 욕구가 해결된다는 논리

구조를 갖는다. 선후성의 증명은 다른 요인들이 더 큰 영향을 주지 않거나 미미할 때 가능하다.

상관성(association)은 원인과 결과는 논리적 · 경험적으로 연관성이 있어야 한다는 것이다. 상호 간 연관성이 없다면 그것은 원인과 결과의 연결고리로 인정하기 어렵다. 프로그램의 내용은 클라이언트의 욕구 해결과 밀접한 관련이 있어야 한다는 의미이다.

비허위성(non-spuriousness)은 원인과 결과의 관계가 항상 유지되어야 하며, 조건에 따라 상관성이 달라지지 않아야 한다는 의미이다. 원인과 결과의 불변적 결합(constant conjunction)으로 제3의 요인들을 통제하거나 왜곡 요인들을 제거할 때 보다 명확해진다. 비허위성을 줄이기 위해 솔로몬 4집단 설계나 다집단 설계방식이 적용되기도 하지만, 인간을 대상으로 하는 사회복지 프로그램에서 실용성은 떨어진다. 특히 통제집단이 구성되지 않은 경우 비허위성을 확인하기 어려워지므로 실험설계의 타당성이 떨어지게 된다.

2) 실험설계 요소

프로그램의 효과성이 입증이 되기 위해서는 프로그램으로 인해 클라이언트의 욕구가 해결된다는 인과관계를 증명해야 하며, 이를 위한 논리적 방법으로 실험설계 평가가 자주 활용된다. 이는 실험설계가 갖는 세 가지 요소의 확보를 통하여 가능하며, 실험설계를 통한 평가를 준비하는 경우 이 요소들의 확보에 유념하여야 한다. 경우에 따라 난선화를 별도로 구분하기도 하지만, 여기서는 통제의 요소에 포함하였다.

(1) 통제 : 실험집단과 통제집단의 구성

실험설계의 기본 **분석 대상은 실험집단과 통제집단**이다. 실험집단은 사회복지사의 개입 혹은 프로그램의 참여 대상이 되는 집단이며, 통제집단은 실험집단의 변화에 외부 영향요인이 있는지를 통제하기 위한 비교집단이다. 통제집단이 없다면 클라이언트의 변화가 프로그램에 기인한 것인지 확인하기 어렵다.

실험집단과 통제집단을 나누는 방법은 **난선화**(random, **무작위 선정**) 방식이다. 만약 실험집단과 통제집단을 인위적으로 나누거나 필요에 따라 배치한다면 클라이언트의 변화가 프로그램이 아닌 다른 요인에 의한 변화로 추정될 수 있기 때문이다. 이를 **선택 편의**(selection bias)라고 한다. 예를 들면, 더 적극적인 클라이언트들을 실험집단에 배치할 경우 프로그램의 효과보다 클라이언트 간의 응집력과 상호작용에 의한 변화가 더 클 수도 있다. 또한 외부의 우연한 사건을 통한 영향요인이나 성숙 같은 요인에 의한 변화가 생길 경우 통제집단의 변화량을 통해 확인하고 통제할 수 있다. 실험집단 내 탈락자의 발생이 프로그램 진행 문제인지 외부요인에 의한 것인지의 판단도 통제집단을 통해 가능해진다.

난선화를 적용하기 어려울 경우 사용하는 방법은 **매칭**(matching)이다. 의도적으로 실험집단과 가장 유사한 인구사회학적 특성과 문제 수준을 가지고 있는 통제집단을 배치하는 것이다. 이 경우 실험설계보다 타당성이 한 단계 낮은 준(quasi)실험설계가 된다.

만약 통제집단이 없다면 그 자체로 전(pre)실험설계가 되며, 내적 타당도가 가장 낮다. 통제집단이 없다면 과연 실험집단의 변화가 의미 있는 것인지 판단하기 힘들며, 사전검사가 없다면 처음부터 동일한 집단이었는지에 대한 문제제기를 피할 수 없게 되지만, 윤리적 비판으로부터의 자유로움, 현장에 적용하기 편리함으로 인해 많이 활용된다.

(2) 비교 : 사전검사와 사후검사의 비교

프로그램 시작 전 사전검사가 진행되지 않는다면 사후검사의 결과를 신뢰하기 어렵다. 클라이언트가 프로그램 이전과 이후의 변화된 모습을 확인하는 비교의 절차는 사전-사후 검사를 통하여 이루어진다. 즉, 사전검사의 결과는 프로그램 가치 판단의 기준인 기초선(base line)이 된다.

프로그램 시작 전에 사전검사를 통하여 실험집단과 통제집단의 **동질성을 확인**하는 절차도 중요하다. 만약 그렇지 않다면 공분산분석 등의 기법을 활용하거나 변화량을 비교 대상으로 정하는 것도 보완 방식 중 하나이다. 만약 난선화가 이루어지지 않았다면 사전검사를 통한 동질성의 확인은 더 중요해진다.

사전-사후 검사에서는 측정도구의 간섭현상이 문제가 되는 경우가 많다. 가장 흔한 현상으로는 동일한 측정도구를 사용할 경우 사전검사에서 극단치로 나오는 경우이다. 얼마 지나지 않아 사후검사를 실시할 경우 그 결과가 중간값으로 수렴되는 현상이 생기기도 한다(통계적 회귀). 또한 사전검사의 결과를 기억하거나 학습효과가 생기는 경우도 결과가 왜곡될 수 있다(검사 효과). 만약 동일한 측정도구가 아닌 경우 사전-사후 평가결과의 동질성을 증명하는 것도 어려운 문제가 된다(도구화).

사전-사후 검사를 적용할 경우 어려운 점은 타당한 척도를 확보하는 것이다. 상당수의 사회복지사는 사전-사후 검사가 통계적으로 차이가 나지 않아 당황한 적이 있을 것이다. 클라이언트의 행동이나 태도가 변화했음에도 불구하고, 다양한 척도의 정보들은 통계적으로 유의미하지 않은 경우가 생길 때 평가를 어떻게 하는 것이 좋은지 판단하기 어렵게 된다.

(3) 개입 : 프로그램의 효과

실험집단의 긍정적 변화의 원인은 사회복지사가 수행하는 프로그램, 즉 개입에 의한 것이다. 따라서 개입의 목표와 프로그램 수행 내용을 어떻게 구성하는지는 프로그램의 효과 평가의 주요 기준이 된다.

개입은 클라이언트의 욕구의 해결, 문제의 감소와 직접적 연관이 있어야 한다. 체계적이고 단계적인 개입의 과정을 설계할 수 있는 사회복지사의 숙련도는 무엇보다 중요하다. 특히 사람의 마음을 다루는 경우 더욱 중요하다.

집단 내 구성원 특성도 중요하다. 동일한 프로그램도 아동이거나 지적장애인집단, 혹은 여타의 집단 구성원에 따라 다르게 접근되어야 한다. 프로그램 진행과정에서 보이지 않는 구성원 간의 상호작용과 응집력의 형성은 프로그램 효과의 중요한 축이 되기 때문이다. 따라서 프로그램의 목표와 효과를 높이기 위해 사회복지사는 집단 역동성에 대한 이해와 촉진 능력을 갖추어야 한다.

3) 실험설계의 진행

실험설계는 직접적 인과관계를 증명하는 형태의 조사설계보다는 비교집단이나 사전-사후의 비교를 통하여 간접적인 비교를 통한 증명에 가깝다. 따라서 집단상담 프로그램의 하위 프로그램 중 어떤 요인이 가장 효과적이었는지를 판단하는 것은 쉽지 않다. 이 부분은 클라이언트 관점에서 수행하는 만족도 조사의 분석을 통해 일정 부분 가능하다.

현실적으로 실험실의 상황처럼 완벽한 실험설계방식을 적용하기 힘든 경우가 많다. 위기상황의 클라이언트를 무작위로 나누어 하나는 방치하고, 하나는 집단상담을 하는 것 자체가 윤리적인 문제가 된다. 그렇기 때문에 내·외적 타당도를 다소 희생시키더라도 다양한 응용된 설계방식을 만들어 내었으나, 역으로 내·외적 타당도의 문제는 공격을 받는다.

실험설계의 유형은 기본형인 실험설계를 필두로 의사실험설계, 전실험설계 등으로 나눈다. 단일사례설계를 제외하면, 조사대상의 무작위추출(난선화)에 의한 집단 배분 여부, 실험집단과 통제집단의 구성 여부, 사전-사후 조사 여부 등의 상황에 따라 구분한다.

실험설계는 단일사례설계를 제외하고는 소집단을 대상으로 하는 경우가 일반적이다. 따라서 적절한 규모의 집단을 유지하고, 탈락자를 방지하는 것이 필요하다. 이를 위해 프로그램 초기에 1박 2일 공동체 관계 형성 프로그램 같은 상호 응집력을 강화하는 활동을 배치하는 것이 효과적이다.

실험설계에서 주로 사용하는 통계방법은 독립표본 t-검정(independent samples t-test), 대응표본 t-검정(paired samples t-test). 공분산분석(ANCOVA), 반복측정 분산분석(Repeated Measure ANOVA) 등이 주로 사용된다.

실험집단과 통제집단의 차이를 비교하기 위하여 독립표본 t-검정을 사용한다. 사전 값과 사후 값을 각각 구분하여 사용하는 것이 일반적이지만, 사전-사후 값 간의 차이, 즉 변화량(Δ)을 추출하여 비교하는 것이 조금 더 정확하다. 사전 값을 통제한 후 사후 값의 차이를 비교하는 공분산분석이 가장 정확하다.

대응표본 t-검정은 사전 값과 사후 값의 차이를 살펴보는 것으로, 실험집단과 통제집단을 각각 통제한 후 분석한다. 이 경우 반복측정 분산분석을 통해 정확도를 높일 수 있다.

비모수 통계분석은 측정 값의 평균이 아닌 순위(rank)를 이용하여 분석하는 것이므로 평균과 표준편차를 사용하는 t-검정이나 분산분석보다 정확도가 크게 떨어진다. 물론 표본의 일반화를 염두에 두지 않은 비모수 검정이 갖는 특성은 장점이기도 하지만, 특정 문제를 가진 클라이언트가 실험설계의 대상이 되기 때문에 일반화의 문제에서 보다 자유로운 장점을 가지고 있다. 또한 실험설계를 반복 수행하여 데이터의 표본 수가 증가한다면 일반화 경향이 커지기 때문에 비모수 통계분석을 권장하고 싶지 않다. 일부의 경우 t-검정을 통해 차이가 확인되지 않을 경우 대체 방법으로 사용하는 경우도 있는데, 이는 오십보, 백보같이 $p<0.05$의 확률 게임에만 집착한 행동일 뿐이다. 통계의 원리를 다시 한번 공부해 보길 권한다.

2. 실험설계 평가 진행 시 주의 사항

실험설계를 이용한 평가는 내적 타당도가 높아 효과의 인과관계를 설명하는 데 유용한 논리적 설명력을 갖는다. 그러나 인과관계 또한 개입과 변화의 연관성을 추론하는 것이지, 직접적으로 어떠한 활동이 변화를 가져왔는지는 파악하기 어려운 특성이 있다. 또한 대부분 척도를 이용한 사전-사후 검사를 이용하는데, 이 경우 척도가 갖는 한계성과 유의해야 할 문제들이 발생한다

(제6장 평가도구 유형에 따른 평가방법 참조). 그렇기 때문에 다른 평가기법과 함께 사용하는 것이 좋다.

실험설계에서는 사회복지사의 개입과 집단 구성원들의 상호작용과 응집력을 통하여 변화가 일어난다. 실험설계 분석은 척도의 사전-사후 검사를 통한 결과를 측정하는 데 집중한다. 그렇기 때문에 과정과 클라이언트 개개인의 변화를 주의 깊게 다루지 않는 경향이 크다. 클라이언트 간의 태도와 행동의 변화 분석, 강점 관점과 긍정적 역할 수행을 통한 사회적 역할 가치화(SRV) 등은 관찰과 인터뷰 등의 프로그램 과정은 질적 평가를 통해 분석할 때 더 효과적이다. 질적 평가를 위한 기록은 생각보다 쉽지 않지만, 매 회기(session)의 프로그램 종결 후 바로 기록하는 것이 좋다.

은둔형 외톨이 중 적정한 수준의 친구 관계와 사회적 활동을 유지하는 비율과 같이 결과성과의 목표들, 프로그램 종결 후의 사후 만족도 분석 같은 품질성과 등을 함께 활용하는 것도 중요하다. 척도를 통한 평가가 갖는 타당도와 신뢰도의 한계를 보완할 수 있기 때문이다.

질적 평가나 성과 평가를 실험설계와 함께 적용할 때 집단화되어 있던 클라이언트의 개인별 변화나 개별화된 특성을 구분하여 분석하는 것도 도움이 된다. 그리고 무엇보다 이러한 정보는 반복해서 쌓여 빅데이터(Big Data)로 활용할 수 있다면 사회복지사 스스로의 역사성을 만들어 갈 수 있는 기반이 될 것이다.

3. 실험설계의 유형

집단상담 프로그램을 실시할 경우, 그 프로그램의 효과성을 어떻게 증명할 것인가? 이를 위하여 필요한 두 가지 기본적인 전제는 다음과 같다. 첫째, 집단상담에 참여하기 전의 클라이언트 상태보다 참여한 이후의 클라이언트의 상태가 긍정적으로 향상되어야 한다. 둘째, 집단상담에 참여하는 클라이언트와 동일하게 구성된 통제집단은 프로그램에 참여하지 않고 개입의 영향도 받지 말아야 한다. 셋째, 통제집단보다 실험집단의 긍정적 변화량이 더 커야 한다. 집단상담 참여 이전(사전)과 참여 이후(사후)가 아무런 변화가 없다면, 그 집단상담은 의미가 없다. 또한 향상이 되더라도, 통제집단도 똑같이 향상되었다면 집단상담에 의한 향상보다는 외적인 영향력이 더 컸다는 것을 의미한다. 이 경우 집단상담의 효과성은 의심된다.

다음은 실험설계의 다양한 유형들이다.

1) 실험설계

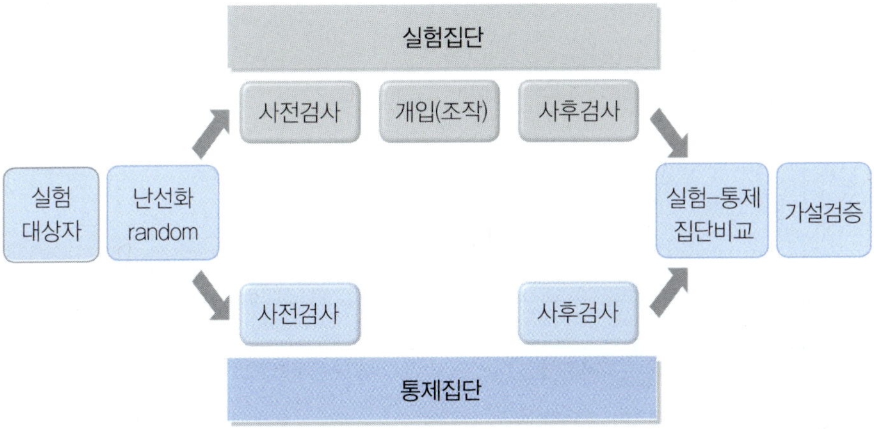

|그림 9–1| 실험설계 : 사전–사후 통제집단 비교 설계

실험설계(experimental design or a pretest/ posttest control-group design)는 전통적인 실험실의 설계방식을 그대로 차용하여 적용한 설계방식으로 기본이 되는 유형이다. 그 외 실험설계 유형은 대부분 실험설계 중 한두 가지 이상의 조건이 부족한 것이다.

실험설계에서 실험대상자를 무작위(난선화, random)로 실험집단(experimental group)과 통제집단(control group)으로 배분하여 구성한 후, 종속변수의 수준을 사전검사를 통해 측정한다. 그리고 실험집단만 독립변수(프로그램으로 인한 개입, 조작)의 조건을 만들고, 통제집단은 조건을 배제한다. 프로그램이 종결하는 시점에 실험집단과 통제집단에서 각각 종속변수를 다시 측정하여(사후 검사), 실험집단과 통제집단의 변화 정도를 프로그램 이전과 이후(사전-사후)에 따라 비교한다. 우수명(2007)의 사례를 통하여 살펴보자.

고등학교의 1학년 학생들 중에서 흡연을 하는 청소년들을 무작위(random)로 실험집단과 통제집단으로 각각 배분한다. 이때 실험집단과 통제집단의 흡연량과 흡연에 대한 인식수준을 파악하여 비교한다. 두 집단의 평균 차이는 통계적으로 유의미하지 않아, 두 집단은 흡연량과 흡연에 대한 인식수준의 차이가 없음을 증명한다.

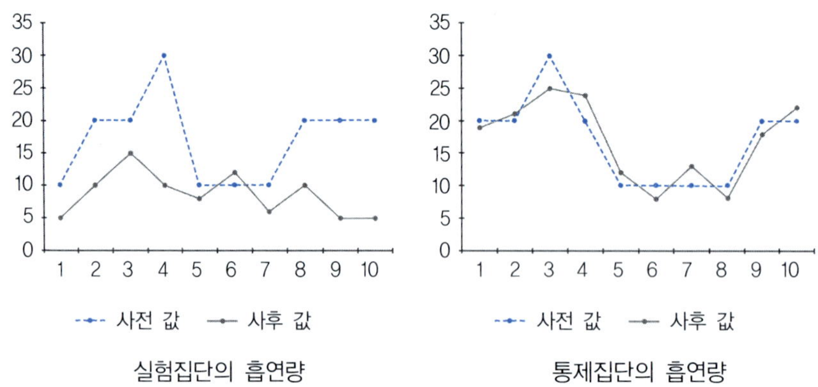

|그림 9-2| **실험집단과 통제집단의 흡연량의 변화 비교**

실험집단은 학교사회복지사가 흡연을 감소시키기 위한 '금연기술 훈련' 프로그램을 매주 2회(session)씩, 총 10주, 20회 참여하지만, 통제집단을 대상으로는 금연기술 훈련을 실시하지 않았다. 이들의 학교 내에서의 생활과 모든 활동은 평상시와 동일하게 진행하였으며, 서로 간에 만나지 않도록 참가자 정보를 공개하지 않았다.

10주가 지나서 금연기술 훈련을 모두 마친 후, 다시 실험집단과 통제집단의 흡연량과 흡연에 대한 인식을 조사하였다. 이 중 흡연량에 대한 변화를 다음의 그래프로 비교하였다(그림 9-2).

실험집단의 경우 금연기술 훈련에 참여하기 이전에는 하루 평균 17개비를 피웠으나, 훈련에 참여한 후에는 하루 8.6개비로 거의 절반 가까이 줄었다. 6번 학생을 제외하고는 모두 흡연량이 줄었으며, 특히 4번 학생은 20개비 이상 줄었다. 일부 학생도 큰 폭으로 줄어들어 어느 정도 훈련의 성과가 있음을 확인하였다(그러나 금연을 성공시키지는 못했다).

통제집단의 경우 역시 사전조사 시 하루 평균 17개비를 피웠으며, 실험집단의 훈련이 모두 끝난 이후에도 여전히 하루 평균 17개비로 거의 변화량이 없는 것으로 나타났다. 실험집단과 동일하게 구성된 통제집단의 경우, 금연기술 훈련에 참여하지 않았기 때문에, 흡연량의 변동이 없었다. 이러한 변화의 요인은 두 집단이 금연기술 훈련을 받은 여부만 차이가 있었기 때문에, 실험집단의 훈련이 효과적이었다고 결론을 내린다.

2) 준실험설계

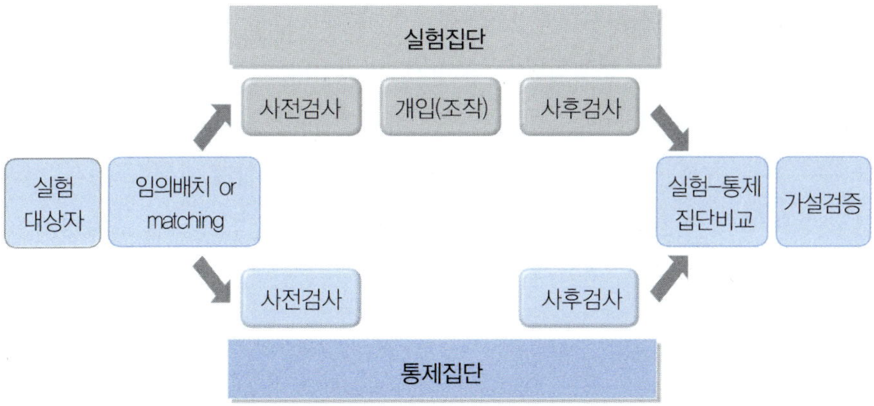

|그림 9-3| 준실험설계 : 비동일통제집단 비교설계

준실험설계(유사, 또는 의사 실험설계, quasi-experimental design)는 일반적으로 실험설계와 그 유형이 동일하며, 검증방법도 동일하지만, 실험집단과 통제집단을 무작위로 배치하지 않고, 임의 혹은 매칭을 통해 배치한 것이 다르다. 이를 비동일 통제집단 비교설계라고 한다. 실험집단과 통제집단은 서로 다른 형태로 구성되어 있는 이질적인 집단이라는 의미이며, 사회복지사의 편의(bias)가 집단 구분에서 나타날 수 있기 때문에 실험설계만큼의 타당성은 부족하다. 따라서 실험집단과 통제집단의 구성원을 최대한 유사하게 임의배치하거나, 실험집단과 인구사회학적 특성 및 문제의 수준이 유사한 통제집단을 매칭하여 구성하기도 한다. 사전검사를 통하여 두 집단 간의 동질성을 확인하여야 한다.

준실험설계는 무작위 배치가 윤리적, 현실적으로 어려울 때 적용하며, 실제로도 사회복지 분야의 집단설계에서 많이 사용하는 설계 방식이다. 더 정밀한 통계결과를 얻기 위해 공분산분석, 반복측정 분산분석을 사용한다.

3) 전실험설계

전실험설계(원시실험설계, pre-experimental design)는 실험설계의 중요 요소 중 난선화와 함께 하나 이상이 결핍된 실험설계이며, 원시실험설계라고도 한다. 통제집단이 없거나, 사전검사가 없거나 혹은 둘 다 없는 실험설계를 의미한다. 사회복지 현장에서는 통제집단을 구하기 어렵거나, 사전검사를 부득이하게 할 수 없을 경우에 사용하는 경우가 많기 때문에 가장 많이 사용하는 방식으로 볼 수 있다. 정적 집단 비교설계, 단일집단 전후비교설계, 1회 후검사 사례연구 등이 있으며, 내적 타당도가 심각하게 손상되므로 프로그램 효과성의 검증 논리는 매우 낮은 수준이 된다.

(1) 정적 집단 비교설계

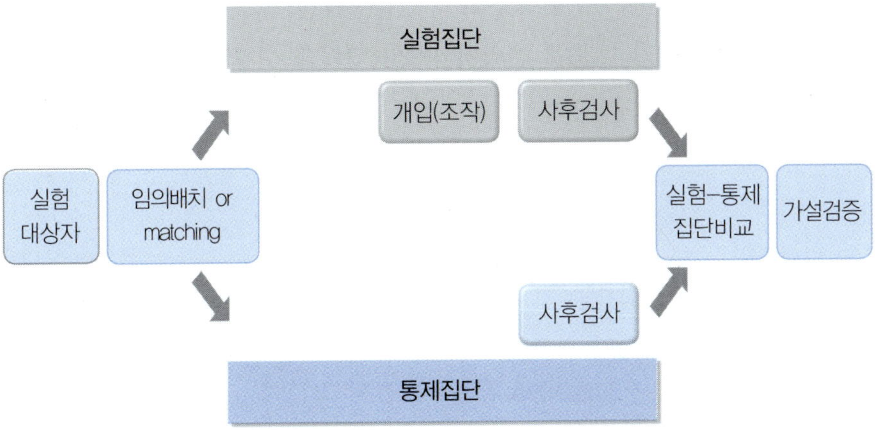

|그림 9-4| **정적 집단 비교 설계**

정적 집단 비교설계(static-group comparison design 두 집단 후 비교설계)는 실험설계의 적용이 어려울 경우에 사용하는 방법으로, 실험집단과 통제집단을 임의로 구성하는 것은 준실험설계와 유사하다. 그러나 사전 값에 대한 측정(사전검사)이 이루어지지 않고, 대신에 사후검사만 실시하여 사후 값만을 가지고 실험집단과 통제집단을 비교하는 방법이다. 통제집단이 부적절할 경우나 독립변수의 조작에 의한 변화의 관찰이 계속적으로 이루어지기 어려울 때 사용한다. 그러나 지금은 공분산분석을 이용하여, 통제집단이 부적절하더라도 사전 값을 측정하고, 그 값을 통제하여 사후 값을 비교하여 사용하기 때문에 이 설계의 경우 관심도가 떨어진다.

(2) 단일집단 전후비교설계

단일집단 전후비교설계(the one-group pre-test post-test design)는 말 그대로 통제집단은 없으며, 오직 실험집단만 존재한다. 사회복지 현장에서는 현실적으로 통제집단을 구할 수 없는 경우가 매우 많기 때문에 이 방식의 설계가 가장 많이 사용된다. 통제집단이 없기 때문에 외적 타당도에 대한 심각한 약점을 가지고 있다. 그러나 외부 영향 요인의 조건을 제외하고, 사전검사의 값과 사후검사의 값을 비교하기 때문에 클라이언트의 변화를 설명하는 논리로 많이 사용한다.

|그림 9-5| **단일집단 전후비교 설계**

(3) 1회 후검사 사례연구

1회 후(後)검사 사례연구(the one-shot case study)는 탐색적 조사에 많이 사용되는 방법이며, 통제집단도 없고, 사전검사도 없으며, 단지 사후검사만으로 프로그램의 효과성을 증명하려고 한다. 따라서 내적, 외적 타당도 모두 심각하게 취약하다고 할 수 있다. 만족도 조사의 경우 이와 같은 설계와 매우 유사하다.

|그림 9-6| **1회 후검사 사례연구**

4) 기타 실험설계류

(1) 솔로몬 4집단 실험설계

솔로몬 4집단 실험설계(Solomon four group design)는 사전-사후 검사를 통한 변화를 추정하는 데 있어서 발생할 수 있는 사전검사로부터 발생할 수 있는 기억효과와 같은 측정의 문제를 해결하기 위하여 4개의 집단을 무작위로 구성하는 방법이다. 이론적으로 매우 타당성 높은 방법이지만, 동시실행, 비용, 사회복지 현장의 성격 등을 고려하면 현실적으로 적용하기에는 매우 어려운 모델이다.

솔로몬 4집단 실험설계에서 두 집단은 실험집단으로, 다른 두 집단은 통제집단으로 구성한다. 이들을 구성하는 데 있어서, 실험집단 하나와 통제집단 하나는 전형적인 실험설계 방식대로 진행하며, 동일한 방식으로 사전-사후 검사를 모두 실시한다. 반면에 또 다른 실험집단과 통제집단은 사후검사만을 실시한다. 이를 통하여 사전-사후 검사와 개입의 상호작용에 의하여 나타나는 효과를 확인하고, 사전검사의 영향력을 확인할 수 있게 된다.

(2) 다집단 실험설계

다집단 실험설계(multiple group experimental design)는 하나의 통제집단과 2개 이상의 실험집단을 가지는 형태로 구성된다. 사회복지 분야보다는 의약실험에서 많이 사용하는 형태이다. 다집단 실험설계는 2개 이상의 실험집단에 대하여, 각기 다른 개입-처방을 실시하게 되어 개입방법에 따른 효과의 차이를 검증하는 데 중점을 둔다. 플라시보 효과를 위한 통제집단 설계는 플라시보 대상집단, 실험집단, 통제집단으로 구성한 다집단 실험설계이다.

예를 들면, 심각한 스트레스 상황에 처한 클라이언트의 문제 해소를 위한 집단 프로그램에서 3개의 실험집단과 1개의 통제집단을 구성하는 것이다. 통제집단은 아무런 개입을 하지 않지만, 실험집단 1은 상담요법만, 실험집단 2

는 약물요법과 상담요법을, 실험집단 3은 가짜약물(Placebo)을 이용한 암시약물요법과 심리요법을 사용한다. 프로그램 종결 후, 심각한 스트레스의 해소 정도를 측정하여, 각각의 개입방법에 대한 효과성을 비교하는 방법이다. 이는 약물요법과 심리요법의 효과성을 각각 검증하는 데 사용할 수 있다.

4. 단일사례설계 평가

단일사례설계(single case design)는 행동수정을 비롯한 사회복지 분야에서 널리 사용되는 효과측정 방법 중 하나이다. 통상 하나의 사례, 한 사례의 소수의 문제, 소수의 사례에 대하여 개입을 실시한 후, 변화가 발생하는지 여부를 관찰을 통하여 기록, 평가하는 방식이다.

단일사례설계는 개입효과를 비교하기 위하여 통제사례(집단)를 만들기가 현실적으로 어려울 때 사용한다. 한 클라이언트와 동일하거나 유사한 클라이언트가 주변에 없을 때, 혹은 있더라도 통계적 검증이 소수의 클라이언트에게 적용하기 어려울 때 사용한다. 일반화의 한계는 어쩔 수 없다 하더라도, 개입의 효과를 증명하기 위하여, 단일사례설계는 시계열 측정방식을 도입하였다. 지속적인 반복측정을 통하여, 개입할 때와 개입하지 않을 때의 변화를 비교하는 방법을 사용하는 것이다. 임상상담 자체가 가지는 대인 중심의 서비스 측면에서 본다면 관찰기록과 함께 단일사례설계의 평가방식을 사용할 경우 효과성 평가를 유용하게 할 수 있다.

단일사례설계에서 유의할 사항들은 앞의 실험설계의 적용에서 제시한 문제들이 포함된다. 다만, 단일사례설계의 경우 변화 대상이 되는 목표가 대체로 관찰하기 좋은 특정 행동이나 표현적인 특성에 중점을 두므로, 척도를 사용하지 않는 경우가 대부분이다. 목표와 평가 기준의 일치가 단일사례설계에서는 매우 중요하다. 결론적으로 프로그램의 변화목표와 평가의 측정기준은 얼마나 명확하고, 상호 간 일치하는지에 따라 평가의 타당성이 달라지게 된다.

1) AB 설계와 ABAB 설계

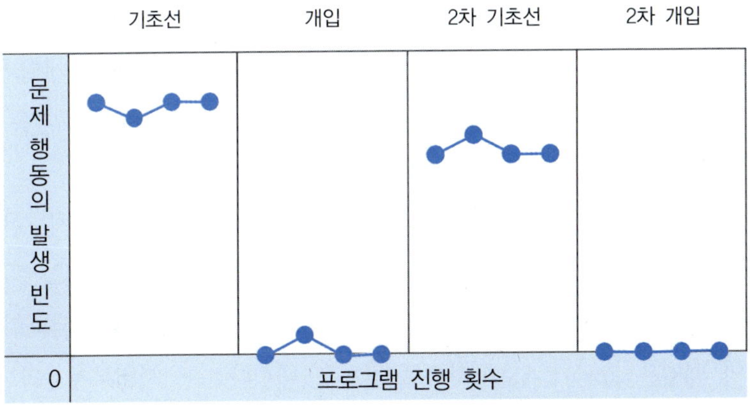

|그림 9-7| ABAB 단일사례설계

단일사례설계는 실험설계의 사전검사에 해당하는 기초선(A)이라는 과정이 존재한다. 이는 대상자의 문제 행동(목표의 대상)의 빈도를 관찰하여 기록하는 것으로, 사회복지사의 개입 효과와 비교하기 위한 기준 지표가 된다. 통상 2인 이상의 관찰자를 두는 것을 권장하는데, 이는 관찰의 신뢰성을 높이기 위한 조치이다. 기초선은 통상 2일에서 5일가량 지속한다.

기초선 과정이 끝나면, 사회복지사는 문제해결을 위한 개입(B, 행동수정 프로그램)을 실시한다. 이 과정에서도 문제 행동에 대한 관찰을 지속한다. 만약 기초선과 비교하여 사회복지사의 개입이 있을 때 문제 행동이 현저하게 줄었다면, 사회복지사의 개입이 효과적인 것으로 잠정 결론을 내린다. AB 설계는 여기까지 해당이 된다.

여기서도 내적 타당도의 문제가 제기될 수 있다. 사회복지사의 개입이 아닌, 성장이나 외적 영향력에 의하여 문제 행동이 감소되는 변화가 나타날 수 있기 때문이다. 그래서 통제와 비교를 위하여 다시 두 번째 기초선(A) 과정을 도입한다. 사회복지사는 다시 한번 일체의 개입을 중단하고, 관찰만 하는 단계인 것이다. 이 경우 대상자의 문제 행동이 이전의 기초선 수준까지 회복되었는지를 관찰한다. 이것을 반전이라고 한다. 만약 회복되었다면, 개입에 의한 영향력이 없어졌기 때문인 것으로 추정할 수 있고, 회복되지 않는다면, 개입과 관련 없는 일이 될 수 있다. 그러나 개입이 확실하였을 때도 회복되지 않을 수 있기 때문에 해석의 문제가 발생될 여지는 있다.

2차 기초선 과정이 끝난 후에 사회복지사는 다시 2차 개입(B)을 시도한다. 이것이 ABAB 설계(중지반전 설계, withdrawal-reversal design)이다. 2차 개입을 통하여 2차 기초선 과정에서 다시 회복되었던 대상자의 문제 행동이 줄어든다면, 사회복지사의 개입은 효과가 있는 것으로 결론을 내린다. 즉, 사회복지사의 개입이 없었던 1차와 2차 기초선 과정에서는 대상자의 문제 행동의 빈도가 높았으나, 사회복지사의 개입으로 인해 대상자의 문제 행동은 현저하게 감소하는 것이 반복적으로 확인되었기 때문에 개입의 타당도와 신뢰도를 확인할 수 있다.

2) 다중 기초선 설계

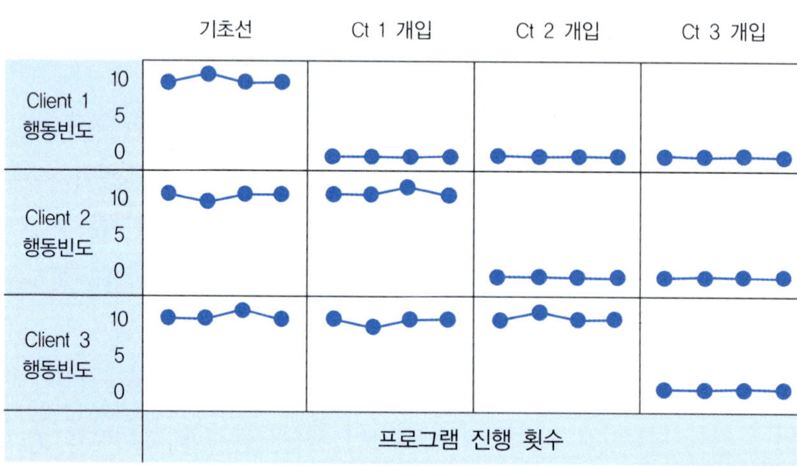

|그림 9-8| 다중 기초선 설계

다중 기초선 설계(multiple-baseline design)는 개입의 대상자가 두 명 이상의 소수이거나, 한 명이라도 두 개 이상, 소수의 문제를 가진 경우에 개입하는 방법이다. 이 경우 인원 또는 문제의 숫자만큼의 기초선 조사가 이루어지고, 개입은 단계적 과정을 거쳐 시차를 두고 실시하여 개입에 따른 변화 발생의 여부를 확인하는 방식을 취한다. 다중 기초선 설계의 특징 중 하나는 해당 대상자 또는 문제 하나에 대하여 기초선과 개입은 각각 1번씩 적용하며, 중지반전 설계를 적용하지는 않는다는 것이다.

다중 기초선 설계의 중요한 논리는 외적 영향에 의한 대상의 변화인가, 아니면 개입에 의한 변화인가를 증명하기 위하여 각각의 대상자 또는 문제에 대한 개입의 시기를 각기 달리한다는 것이다. 만약 개입과 관련 없이 외적 영향에 의하여 대상자 또는 문제가 변화되었다면, 어떤 시점 이후로, 모든 대상자 또는 문제가 해결되는 것이 관찰될 것이다. 반면에 개입이 효과적이었다면, 대상자 또는 문제의 변화는 각 단계별로 개입이 있는 시기에 맞추어 변화가 일어나게 된다.

방과후 아동 교실에서 다른 아이들의 것을 빼앗거나 심하게 때리는 아동 3명에 대한 행동수정 프로그램을 적용하되, 효과 있는 사례를 살펴보자. 2시간에서 3시간에 달하는 방과후 시간 동안 관찰된 기초선은 3명이 거의 유사하다. 만약 개입의 효과가 없다면, 첫 번째 아동에 대한 개입으로, 첫 번째 아동의 행동에 변화가 일어났을 때, 다른 아동들도 변화가 같이 일어날 것이다. 반면에 | 그림 9-8 | 과 같이 개입이 이루어질 때 변화가 나타난다면, 이는 개입에 의한 효과를 증명하는 것이다.

5. 실험설계의 유형별 특성 비교

〈표 9-1〉 실험설계의 유형별 특성 비교 (○ : 가능, △ : 일부 가능, × : 불가능)

	실험설계	유사실험설계	전실험설계	단일사례설계
독립변수 조작 가능성	○	○	○	○
사전-사후 검사 가능	○	○	△ 단일집단 전후비교설계	○ ABAB 설계
무작위추출로 배분	○	×	×	비해당
외적 타당도	대체로 높음	낮음	낮음	낮음
실험 · 통제집단 구성	○	○	△ 정적 집단	△ 기초선 이용
내적 타당도	아주 높음	대체로 높음	대체로 낮음	대체로 높음
현장 적용 가능성	매우 낮음	대체로 높음	매우 높음	높음

실험설계의 특징은 독립변수의 조작을 통한 종속변수의 변화를 실험실의 논리성을 적용하여 평가하는 것이다. 사전-사후 검사와 실험 · 통제집단 비교를 통합적으로 진행할 경우 가장 정확하게 판단할 수 있다. 실험설계가 어려운 경우 유사 실험설계가 가장 근접한 내적 타당도를 갖는다. 전실험설계의 단일집단 전후비교 설계와 단일사례설계도 사전-사후 형식의 측정 체계를 가지고 있어 일정 부분 논리적이다.

실험조사를 제외하고는 대상자를 무작위로 배분하지 않기 때문에, 외적 타당도를 높일 수 있는 가능성은 낮아진다. 실험조사는 무작위 배분으로 일반화의 가능성을 포함하며, 반복된 실험을 통한 사례의 증가는 이를 더욱 촉진시킨다. 실험조사의 일반화(외적 타당도)는 다른 실험설계 방식보다 유리하지만, 사회복지 현장에서 동일 조건하의 비슷한 문제를 가진 많은 수의 클라이언트를 만나는 것이 쉽지 않다.

실험집단과 통제집단을 구성하여 내적 타당도를 높이려고 하는 시도는 외적 영향력을 통제하기 때문에 실험설계의 설명력을 높인다. 실험설계와 유사실험설계만 내적 타당도가 어느 정도 높지만, 유사실험설계는 임의배분 혹은 매칭에 의한 대상 선정으로 인해 편의(bias) 문제로부터 자유롭기 어렵다. 그러나 통제집단이 비교대상의 역할을 수행하기 때문에, 내적 타당도는 실험설계만큼은 아니더라도 높다고 평가한다.

Chapter 10

질적 평가 및 기타 방법들

1. 질적 평가

1) 질적 평가의 개념

질적 평가는 질적 연구방법을 응용하여 프로그램을 평가하는 방법이다. 질적 평가는 양적 평가에서 다루기 어려운 클라이언트 행동의 의미, 태도와 말의 상징성, 다양한 외부체계와의 상호작용(평가 대상)에 대한 면접과 관찰, 영상분석 등을 실시하고(**평가도구**), 이를 통해 클라이언트의 환경적 맥락을 이해하고, 강점의 실현과 이미지의 변화를 분석하여(**평가분석**) 클라이언트에 의도했던 변화인 클라이언트 종결 상태(**목표**)를 성취했는지 여부를 가치 판단(**평가진단**)한다. 이로 인해 질적 평가는 결과적 요소보다 과정적 요소가 더 중요하게 다루어진다.

필자의 경우 중범죄를 저지른 청소년을 대상으로 한 집단 프로그램에서 보조 사회복지사로 참여한 적이 있는데, 프로그램을 통한 변화뿐만 아니라 1년이 지난 후에도 90%의 청소년은 학교에 잘 다니거나 직장 생활을 성실히 하는 등 큰 성과가 있었다. 그러나 자아존중감 및 사회성 향상을 위해 측정한 사전-사후 척도의 결과는 대부분 통계적으로 유의미한 차이가 나타나지 않았다. 표준화된 척도에 의존한 평가는 사회복지사의 관찰 결과와는 다르게 나오는 경우가 종종 발생한다. 현상을 객관적으로 판단할 경우 클라이언트 종결 상태가 분명함에도 척도로 판단할 수 없다면, 질적 자료를 분석하여 프로그램을 평가해야 한다. 특히 사례대상자의 오랜 사례관리 기록이나 관찰기록을 통한 평가는 양적 평가로 충분히 표현하기 어려운 영역들이 많다. 마주치는 클라이언트의 눈빛과 미소의 변화를 양적 평가하는 것은 어렵다.

메이슨(Mason, 1996)은 질적 연구가 획일적인 철학이나 일단의 방법론적인 원칙들로 범주 지어지기 어렵다는 것을 지적하였다. 이 때문에 질적 평가는 풍부하고, 상황적이며, 세부적인 자료를 통하여 완숙한 평가를 가능하게 한다. 그러나 질적 평가는 평가를 수행하는 사회복지사가 **측정도구인 동시에 분석도구**가 되므로 주관적 인식으로부터 자유로울 수 없으며, 사회복지사 스스로 질적 평가를 수행할 만큼의 역량을 확보하지 않는다면 허울뿐인 묘사를 남발하거나 지나치게 긍정적인 평가를 할 수 있다. 더군다나 다수의 평가자가 있다면 서로 다른 평가를 내릴 가능성이 매우 높은 것이 질적 평가이다. 즉, 질적 평가는 일관된 평가기준이 적용된다면 획일화된 평가가 될 가능성이 높고, 질적 평가의 자율성을 강화하면 서로 다른 평가로 인한 타당한 결론을 내리기 어려운 특성이 발생한다. 그렇기 때문에 질적 평가의 일관성과 자율성의 균형을 맞출 수 있기 위한 사회복지사의 노력이 무엇보다 필요한 영역이다.

일반적인 사회과학 연구와 질적 연구는 가치중립적인 것을 요구한다. 그러나 사회복지 프로그램에 적용된 질적 평가는 평가의 수행과정은 동일하게 가치중립적이고 객관적이고 타당한 기법을 적용해야 하지만, 그 결과의 분석에서는 프로그램의 목표의 달성이라는 가치 지향 및 가치판단적인 성격을 가져야 한다. 평가 대상이 클라이언트이기 때문에 우리는 그에 대한 책무성을 가지고 있으며, 문제 제기에서 끝나는 것이 아니라 욕구 해결을 목표로 하기 때문이다.

2) 질적 평가를 위한 이론적 토대

질적 평가와 양적 평가 모두 평가하고자 하는 대상과 기준이 무엇인지를 정하는 것은 중요하다. 이것은 목표로 규정하며, 목표를 판단할 수 있는 타당하고 충분한 정보를 확인할 수 있는지가 프로그램 평가의 성패를 결정한다. 특히 질적 평가는 현상과 상호작용뿐만 아니라 보이지 않는 맥락의 흐름까지 살필 수 있어야 하므로 사회복지사는 인식론적 문제의식을 갖추고 있어야 한다. 또한 기록과 평가기준과의 논리적 연계성을 증명하고, 목표달성에 대한 실체적 증거들을 수집하여 증명해야 하므로 실증주의적 역량(존재론)이 모두 필요하다. 이 둘의 감각과 역량을 모두 갖추고 있다면, 질적 평가의 기술적 방법론이 가지는 한계들을 모두 극복할 수 있다.

인식론과 존재론으로 대표되는 철학적 접근은 질적 평가의 기반이자, 방법론의 기반이다. 루빈과 바비(Rubin & Babbie) 그리고 김영종의 경우 질적 연구의 방법으로 현실기반이론을 제시하고 있다. 이것의 특징은 존재론과 인식론에 근거하는 것이다. 사실 인식론과 존재론은 연역법과 귀납법처럼 상호 보완적인 특성을 가지고 있으며, 해석주의적 접근과 실증주의적 접근의 토대가 된다. 이것은 어떻게 보면 질적 평가와 양적 평가 모두 객관화와 맥락의 해석이 중요한 것이기 때문에 평가자가 늘 고민해야 할 영역이다.

(1) 해석학적 질적 평가

해석학(hermeneutics)적 접근은 질적 연구에 많이 사용된다. 현대 해석학의 창시자인 슐라이어마허(Schleiermacher)는 해석학을 고전, 성서, 법률의 텍스트를 이해하는 기술이라고 정의하였으며, 딜타이(Dilthey)는 이를 자연과학과 정신과

학으로 인간과학에 대한 비교로 발전시켰다(신경림 외, 2003). 칼 마르크스(K. Marx)의 역사적 해석학을 거쳐 프랑크푸르트 학파의 '반성 없이 이해할 수 없다'는 실천 중심적인 비판이론에 이르기까지 발전되어 왔다. 해석학에서의 객관성은 담론(discourse)을 통하여 이루어진다. 해석학에서 맥락의 이해는 주관적이기 때문에 보다 객관화된 해석을 담보해 낼 수 없다(모든 질적 평가가 그렇다). 이 문제를 해결하기 위하여 담론을 통하여 지식과 해석의 상호작용을 시도하며, 이 과정을 통해 해석에 대한 사회적 맥락을 담은 객관화된 지식을 생성한다고 본다.

프로그램 평가에서 해석학적 관점은 성공(결과성과)의 답을 찾기 위한 프로그램 활동체계와 내용(근거)을 분석하고, 해석하고, 여러 지점들을 연결하여 답을 논리적으로 구성하는 것이다. 그래서 프로그램 평가 시에 기록된 모든 기록과 자료, 인간의 행동, 언어적 표현, 상징물이나 결과물 등 모든 요소들이 프로그램의 가치나 의미를 해석하고 분석하는 근거(evidence)가 된다. 프로그램 일부분의 해석은 전체 성과의 맥락 속에 이해되어야 하며, 전체 성과의 맥락 이해는 작은 행위나 프로그램들의 집합에 의하여 근거가 만들어져야 한다. 사회복지사의 태도, 행위 하나하나가 프로그램의 성공적인 결과성과의 달성에 귀결되며, 성공적인 결과성과는 사회복지사의 작은 태도 하나와 연결되어 있다. 이와 같은 인식의 태도는 영화 같은 프로그램을 한 장의 사진으로 판단하려는 우를 범하지 않기 위한 노력이다. 근거이론, 내용분석 평가 등은 모두 해석학에 기반한다.

(2) 현상학적 질적 평가

오래전 인식론의 한 분야인 현상학적 질적 평가방법론이 제기되었다(최종혁, 2002). 최종혁은 학문의 근원은 현실세계에 있음을 강조하는 현상학적 질적 평가방법론은 환경 중심의 자기평가(environment-related self-evaluation)와 프로그램 중심의 자기평가(program-oriented self-evaluation)로 구분하며 적용 가능성을 탐색하였다. 이런 틀이 선험적 지식과 다소 배치되는 측면이 있지만, 현장 평가에서는 유용할 수 있다.

환경 중심의 자기평가는 실천과정 가운데 보다 광범위한 사회적 맥락에 초점을 맞춘다. 사회복지사는 자신이 속한 조직 내 · 외의 환경에 의해서 영향을 받는다. 이러한 차원에서 자기평가를 행하고자 하는 사회복지사는 조직성원들의 인상이나 역할, 활동범위, 혹은 정념(情念) 등을 이해하기 위한 직관의 작용에 주의를 기울여야 한다(최종혁, 2002). 특히 사회복지 조직을 둘러싼 고유맥락을 해명하고, 조직 구성원들 간의 일상적인 상호작용은 평가의 중요한 분석대상이 된다. 또한 지역사회나 정부와의 상호작용도 중요하게 다룬다. 이러한 공간적 개념으로부터 이해의 폭을 넓히려는 사회복지사에 의하여 환경 중심의 자기평가가 이루어진다.

프로그램 중심의 자기평가는 사정, 계획, 개입, 평가 단계로 특정 프로그램이 진행되는 동안, 각각의 단계별 한 시점에서 반성과 투기를 이용한 자기평가가 이루어진다. 반성(反省)은 현상학의 가장 본질적인 방법으로 어떠한 체험에 대해서도 가능하며, 직관을 통하여 확인할 수 있다. 반성은 이미 행동이 지난 후의 유리한 지점에서 경험을 향한 성찰과 깨달음이다. 투기(投企)는 상상하는 것과 같은 막연한 바람이 아니라 실현 가능한 수준에서 미래를 사고하는 예기(豫期)이다(최종혁, 2002). 반성을 통해 프로그램의 목표나 하위목표가 실제 과정에서 어느 정도 도달되었는지 직관을 통해 통찰할 수 있고, 투기를 통해 프로그램의 나아갈 방향을 모색할 수 있다. 현상학적 자기평가를 통해 지식체계와 가치체계가 상호 교류하며 사정, 계획, 개입, 평가의 순환적 과정이 반복적으로 이루어지면 사회복지 전문성이 향상되는 것으로 보았다.

현상학적 평가방법은 다양한 현장 맥락의 이해를 통해 프로그램의 개선점을 찾고, 해결하는 대안을 제시할 수 있는 매우 강력한 방법이다. 그러나 지나치게 직관에 의존하고, 평가의 기준을 사전에 목표로 규정하고 그 달성 정도를 파악하려는 선험적 지식의 중요성이 떨어지기에 프로그램 평가가 쉽지 않다. 또한 직관의 능력은 개인차가 심하고 일정 수준을 이루기 위해서는 많은 훈련이 요구되므로 사회복지 현장에서 범용으로 활용하기에는 너무 어렵다. 또한 직관의 장점은 곧 객관성을 담보하기 어렵다는 단점을 동시에 갖게 되며, 프로그램 평가 체계 자체가 산만하고 비효율적으로 흐를 가능성이 있음을 유의한다.

3) 질적 평가의 수행과정

질적 평가를 수행하는 방법은 질적 연구와 거의 같다. 다만, 주 분석 대상이 클라이언트, 프로그램 그리고 관련 환경체계를 중심으로 바람직한 변화를 이끌어야 하므로 그대로를 강조하는 문화인류학적인 접근을 적용하기 어렵다. 또한 현상학적 접근이나 근거이론과 같이 사전에 형성된 속성을 배제하는 경향이 강한 방식은 프로그램 평가에 적절하지 않은 경우가 생긴다. 평가란 가치 판단의 기준이 제시되어야 하며, 이는 곧 판단의 프레임으로 작용한다. 만약 적절한 프레임이 없다면 평가가 이루어지기 힘들거나 막연한 상황이 될 수밖에 없는 것이 질적 평가가 갖는 어려움 중 하나이다. 현상학처럼 이론적 틀을 버리고 경험으로부터 실천 현장의 고유맥락이나 상황을 이해하려는 노력도 사회복지의 가치성과 충돌할 가능성이 있다. 결국 사회복지 프로그램의 평가는 지향 가치와 목표의 달성이라는 전제로부터 출발해야 한다. 다른 측면에서 프로그램 평가 수행과정 중간에 평가의 기준, 즉 가치 판단의 기준이 달라지면 평가의 신뢰성은 큰 타격을 받게 된다. 경우에 따라 평가결과 자체가 뒤바뀔 수 있다. 계속해서 현상의 코딩을 통한 개념화를 추구해 가는 근거이론은 이러한 평가의 요소에 적합하지 않을 가능성이 크다.

결국 일관성 있고 객관화를 높이기 위한 질적 평가는 평가도구이자 분석도구인 사회복지사의 관점에서 자료를 수집하고, 자료들을 객관화하며, 목표를 전제로 타당성의 근거를 찾는 과정으로 진행해야 한다. 질적 평가는 목적과 목표의 달성에 대한 가치 판단이라는 면에서 양적 평가와 다르지 않다. 다만, 수집되는 데이터의 내용과 표현 방식 그리고 분석 방법이 다른 것이다. 질적 평가의 경우 평가 대상자와의 긴밀한 관계형성이 중요한 경우가 많다. 경우에 따라 평가자의 역할규정을 어떻게 하는가에 따라 획득한 정보의 수준과 평가 결과가 달라진다. 이를 평가 계획, 평가 설계, 평가자 역할 수행, 자료 수집과 기록, 평가결과의 분석의 단계별로 살펴보자.

(1) 질적 평가의 계획

질적 평가를 수행하기 위하여 계획 단계에 고려할 것을 살펴보면, 평가의 가치성, 즉 왜 해야 하는지를 분명하게 인식하는 것이다. 그리고 목적과 목표의 달성 결과를 질적 평가의 결과들이 어떻게 증명할 수 있을지를 고민해야 한다. 이에 따라 평가를 수행할 순서와 방식을 정하는 계획을 세워야 한다.

① 문제인식

질적 평가를 계획하기 위해 첫 문제의식은 '왜 수행해야 하는가?', '질적 정보로 얻을 수 있는 것은 무엇인가?', '사회복지사는 질적 평가를 수행할 수 있는 직관과 통찰력, 그리고 이론을 갖추고 있는가?'와 같은 문제에 대한 고민을 해야 한다. 질적 평가는 양적 평가보다 더 많은 노력, 더 많은 시간, 더 많은 에너지가 투입되는 경우가 대부분으로 이를 감당할 수 있는 수준에서 준비해야 한다.

② 프로그램과 평가의 목표 세우기

질적 평가를 통해 측정하고 분석하고자 하는 대상, 즉 프로그램의 목표가 무엇인지 확인해야 한다. 또한 질적 평가를 선택한 목적 또한 분명해야 한다. 방향성이 구체화되지 않으면 질적 평가는 막연한 관찰 · 면접 기록의 나열 이상의 의미를 갖기 어렵다. 프로그램 평가는 '가치 판단'을 위한 목적의식이 뚜렷할 때 분명해지기 때문에 질적 평가를 통해 무엇을 얻을지, 어떤 내용을 어떻게 평가할 것인지를 구체적이고 명확하게 정리하여야 한다.

③ 평가 수행 자원과 역량의 점검

질적 평가는 질적 연구이므로, 이를 수행할 수 있는 사회복지사의 전문성의 수준을 진단하는 것이 필요하다. 단순히 양적 평가가 어려워 질적 평가를 선호하는 것은 질적 평가의 특성을 전혀 이해하지 못한 행동이다. 질적 평가를 수행하는 능력은 쉽게 얻기 어렵다. 프로그램의 보이지 않는 맥락을 이해하기 위해서는 충분한 경험과 훈련이 필요하다. 특히 클라이언트와의 라포(rapport) 형성 능력은 질적 정보 수집에 절대적으로 중요한 것이다.

(2) 질적 평가의 설계

① 조사 설계

질적 평가의 조사 설계는 질적 연구와 다르게 연역적 방법을 선택한다. 즉, 목표에 따라 규정된 결과성과를 질적 방법을 통해 수집한 정보를 통하여 판단한다. 실험설계 방식보다는 비실험설계 방식이 더 적절하며, 결과성과를 구성하는 다양한 요인들을 구조화하여 프로그램의 성과를 체계적으로 구성하고, 관찰, 면접, 맥락의 분석 등을 통하여 확인하는 계획을 수립한다.

과정이 더 강조되는 현상학적 접근을 제외하면, 프로그램 질적 평가는 목적과 목표의 구성, 프로그램 수행과정에서의 정보 수집, 정보의 내용 분석 및 의미 부여를 통한 성과의 탐색으로 계획을 세우게 된다. 그러나 너무 자세하고 세밀한 계획은 질적 평가의 범위를 축소하거나 제한하게 되므로 주로 반구조화된 방식의 질적 평가 방식을 사용하는 것이 좋다.

반구조화된 방식은 질적 평가를 수행하는 데 꼭 필요한 기본적인 측정 개념의 범위를 정하지만, 세부적인 지침은 구체화하지 않고 사회복지사의 역량에 맡기는 방식이다. 만약 은둔형 외톨이 청소년을 위한 프로그램이라면 소집단 내에서 소통과 관계의 유형, 친구들의 좋은 점, 동아리 활동을 통하여 경험하게 되는 긍정적 요소, 자신에 대한 애정의 변화 등과 같은 내용이 포함될 수 있다. 그러나 세부적인 지침은 정하지 않는다.

다른 방식으로 사용할 수 있는 단계적 접근방법은 상위 평가기준 → 하위 평가기준 → 가능한 면접과 질문 → 지침 및 질문지의 준비와 같은 단계를 거치며 측정 정보의 범위를 정한다. 상위 평가기준은 '은둔형 외톨이 청소년들은 사회적응을 하고 있는가?'와 같이 포괄적 질문이 될 것이다. 그러면 사회적응을 세분화하여 하위 평가 기준을 만들면 친구 만들기 영역에서는 '친구관계를 잘 유지하고 있는가?', '어떤 소통 방식과 관계를 형성하고 있는가?', 사회활동에서는 '어떤 동아리를 선호하는가?', '동아리 활동은 얼마나 하는가?', '동아리 내 사회적 관계는 어떠한가?' 등을 사례와 질문으로 생각할 수 있다. 물론 기본적인 정보가 수집된 이후에 이를 토대로 더 자세한 정보 수집을 할 수 있다. 청소년이 친해진 특정인에 대한 느낌이나 만나서 하는 활동 등을 물어보는 것이다.

하위문제로 구체화하는 과정에서 중요한 것은 사회복지사가 은둔형 청소년에 대하여 어떤 인식을 가지고 있는지 자기성찰을 해야 하는 것이다. 단순히 은둔형 외톨이의 문제가 개인의 문제로만 보는 것이 아니라 사회적 환경의 문제와 관련되어 있으며, 이러한 인식을 클라이언트가 어느 정도까지 수용하도록 유도할 것인지도 결정해야 한다.

② 대상자의 표집과 선택

질적 평가에서 대상자 표집은 프로그램 참여자로 제한되므로 목적표집을 통한 방법이 적용되며, 통제집단을 설정하지 않는 경우도 큰 문제는 없다. 그렇기 때문에 일반화의 문제에 집착하지 않는 것이 좋다(너무 당연한 것에 스트레스 받지 말라). 만약 비슷한 문제를 경험하는 클라이언트가 무수히 많고, 표본을 통하여 성과를 계속해서 증명한다면 일반화의 가능성을 높일 수 있지만, 어디까지가 일반화의 영역인지 정하는 것도 어렵다.

질적 평가는 대상자와 사회복지사 간의 특별한 관계성에 주목해야 한다. 사회복지사가 직접 평가하지 않고 제3자가 평가하는 경우를 제외하면, 사회복지사와 클라이언트 사이의 라포형성 관계에 따라 질적 정보의 수준과 솔직한 평가 가능성은 차이가 생긴다.

질적 평가의 대상이 되는 클라이언트에 대한 사전에 고지된 동의와 인권 정보 보호의 기본 원칙은 사업계획서와 질적 평가 수행 과정 전체에 걸쳐 충분히 보장하여야 한다. 평가는 사회복지사와 클라이언트 모두에게 부담을 주는 것이 분명하다. 그렇기 때문에 평가결과나 내용이 외부로 공개되거나 제3자가 사용하게 될 경우 윤리적 문제가 발생할 수 있다.

어떤 평가든 '클라이언트의 고통'을 유발하거나 '심리적 부담감'을 만들어 낸다면, 그 크기만큼 사회복지 프로그램으로서의 가치를 잃어버리게 될 것이다.

(3) 질적 평가자(사회복지사)의 역할

질적 평가는 제3자가 하지 않는 한 사회복지사가 정보를 수집하고, 분석하고, 평가를 하는 도구이자 주체가 된다. 표준화된 측정도구나 제시된 틀 안에서의 평가를 수행하는 것보다 현장 맥락의 이해와 자료의 수집 및 재해석 능력이 질적 평가를 수행하는 사회복지사에게 중요하다. 그렇기 때문에 체계적이고 폭넓은 훈련, 충분한 지식과 경험, 자신의 능력에 대한 확신과 자신감, 많은 데이터의 부담이나 초기 단계에서 발생하는 애매함을 용인할 수 있는 조건을 사회복지사가 갖추어야 한다(최종혁, 2002).

김영란(2002)은 질적 연구 수행자가 갖추어야 할 요소로 다섯 가지를 제시하였다.

첫째, 주관성(subjectivity)은 질적 평가의 대상이 되는 클라이언트를 의미 있는 존재로 인정하고, 사회복지 실천 가치를 지향하며, 평가결과를 주도적으로 해석하되 편견과 주관성을 가지고 있는 제한적 존재임을 인정해야 한다.

둘째, 사회적 관계 속으로 들어가기(involvement in social relationship)는 질적 평가가 갖는 클라이언트와 사회복지사의 관계성을 중요시한다. 질적 평가는 '새로운 관계 맺음'을 해야 하는 상황 속에 종종 놓이며, 사회복지사는 성숙과 절제를 통해 클라이언트와 신뢰 및 상호작용의 적절한 관계를 유지해야 한다. 특히 프로그램 외부의 사회적 상황이나 실천 환경과의 관계에서도 적절한 신뢰와 상호작용을 유지해야 한다.

셋째, 헌신(commitment)은 질적 평가가 많은 노력과 시간이 소요되는 작업이기 때문에 사회복지사의 소진, 권태, 관심의 이탈과 같은 문제를 극복하기 위해 필요하다. 그러나 헌신이 과해지면 몰입, 왜곡 등이 나타날 수 있으므로 이 또한 유의해야 한다. 결국 물리적 · 정신적 피로를 극복하기 위해 적절한 수준의 헌신적인 태도를 유지해야 한다.

넷째, 관점 유지하기(maintaining perspective)는 객관적이고 공정한 평가 수행이 지속되어야 하는 것을 강조한다. 사회복지사의 지나친 몰입은 방법의 객관성을 저해할 수 있다. 특히 클라이언트에게 감정이입이 많이 되거나 헌신으로 그렇게 될 수 있다. 이를 방지하기 위해 사회복지사는 객관적 시각을 유지하려고 노력하고, 외부조력자의 도움으로 현장에서 지각된 내용들을 다시 살펴보아야 한다.

다섯째, 경계 유지하기(boundary spinning)이다. 질적 평가는 내용상 인권이나 실천의 문제를 민감하게 다룰 수 있다. 이로 인해 다양한 이해관계 집단의 영향력, 다른 사회복지조직의 견제, 정책결정기관(자치단체 등)과의 역학관계 속에 놓인다. 따라서 신뢰의 관계는 필요하지만, 종속되는 관계가 되어서는 안 된다.

(4) 자료 수집과 기록

질적 평가는 주로 면접과 관찰, 2차 자료의 활용을 통하여 자료를 수집하고, 이를 체계적으로 정리, 조직화, 저장, 제시하는 과정으로 이루어진다.

① 면접

사회복지사가 클라이언트를 직접 대면하여 질문, 대화, 관찰 등을 통하여 정보를 수집하는 방법이 면접이다. 목표의 달성에 대한 정보를 직접 물을 수도 있고, 프로그램 과정에서 경험한 것들을 질문할 수 있다. 평가를 위한 면접은 주로 마무리 단계에 많이 하지만, 프로그램 계획을 잘 세운 사회복지사라면 프로그램 전, 과정, 후 등 어떤 때든 활용하여 평가 정보를 수집할 수 있다.

보통 면접을 할 경우 녹취를 하게 되는데, 반드시 클라이언트로부터 사전에 동의를 얻어야 하며, 면접에 기록된 내용의 분석을 통해 프로그램의 성과를 진단할 수 있다. 면접의 내용은 통상 기술(description)을 통해 정리한다. 서술에 사용되는 기술은 단순묘사와 세부묘사, 그리고 평가자의 느낌이나 통찰의 내용을 별도로 구분하여 정리하는 것이 좋다.

② 관찰

사회복지사는 프로그램 진행 전체를 관찰할 수 있는 거의 유일한 존재이다. 만약 사회복지사 혼자서 프로그램을 진행하는 경우라면 정확한 기록을 남기는 것은 매우 어렵다. 사진, 메모, 영상 등의 다양한 방법을 활용하는 것도 좋은 방법이며, 보조 사회복지사와 함께 프로그램 종료 후 바로 중요한 관찰 특성을 기록하는 것도 신뢰성을 높이는 방법이다.

관찰은 매우 구체적이며, 세밀하고, 자세히 이루어져야 하고 그에 따라 기록과 정리도 이루어져야 한다. 클라이언트가 말을 할 때, 표현한 말뿐만 아니라 그 어투와 그때의 동작이나 태도, 표현된 말의 전후 맥락, 그리고 옷차림이나 주변의 배경까지도 자세히 담을 수 있다면 좋은 관찰 기록이 나올 수 있다. 이

때 유용한 방식이 묘사이다.

묘사(描寫)는 어떤 상황이나 내용을 세세하게 그림으로 표현하거나 그림처럼 설명해 주는 것이다. 특히 질적 평가결과를 자료화할 때에도 유용하다. 묘사는 보이지 않는 상호작용의 특성이나 변화와 같은 요소들을 정리하는 데 다소 어렵다. 이 경우 기술과 상호 보완적으로 사용한다.

③ 2차 자료 및 역사적 자료

질적 평가에서는 관찰 외에도 클라이언트의 가족이나 주변인, 과거의 프로그램 이용 자료, 욕구조사 등을 활용하여 분석하기도 한다. 클라이언트의 만족도 조사 결과를 관찰한 결과와 비교해 종합적으로 분석하는 것도 좋은 방법이다. 특히 과거 동일한 프로그램을 진행하였던 선임 사회복지사나 유사 프로그램을 진행한 다른 사회복지사로부터 얻는 정보도 유용하다.

(5) 질적 평가결과의 분석

① 해석

질적 평가의 기초단계에서는 정보를 기록하고 유지하는 것이 중요하다면, 질적 평가를 수행하기 위해서는 평가결과를 해석하고 범주별로 분류하고 의미를 부여하는 작업이 중요하다. 질적 평가의 자료로부터 프로그램 성과와 목표달성의 경험적 근거를 도출하기 위해서는 자료를 정리하고, 의미를 부여하고, 판단하는 해석의 과정이 필요하다. 이 과정을 통해 얻어진 정보 중 유용한 개념들을 뽑아 변수(variable)로 재개념하거나 범주화(category)하는 질적 자료의 조작적 정의를 진행할 수 있다.

재개념화나 범주화할 때 중요한 것은 의미 있는 단위(meaning unit)를 찾는 것이다. 의미 있는 단위는 질적 정보(관찰기록, 인터뷰, 사진 등) 속에서 프로그램 평가와 상관이 있으며, 중요한 가치를 가진 상징이나 표현들 중에서 가시적인 혹은 비가시적인 의미들을 찾아서 평가와 연관된 단어나 짧은 문장으로 정리하는 것이다. 만약 사회복지사가 클라이언트를 대하는 태도를 평가할 경우, 사회복지사의 언어적 표현의 내용에 따라 지시적이거나 강제적인 태도가 많다면 '부정적인 태도'로, 경청이나 부탁의 표현을 쓴다면 '긍정적인 태도'로 해석할 수 있다. 이것은 곧 개방 코딩(open coding)의 과정과 동일하다.

개방코딩된 혹은 범주화한 자료들은 '핵심단어 시각화 기법'인 워드클라우드를 이용하면 해석에 도움이 된다.

워드클라우드 사용법

다음은 워드클라우드의 대표적인 사이트인 'http://wordcloud.kr'의 사용법이다. 사이트 주소를 직접 입력하거나, 구글에서 '워드클라우드 생성기'를 검색하면 찾아갈 수 있다.

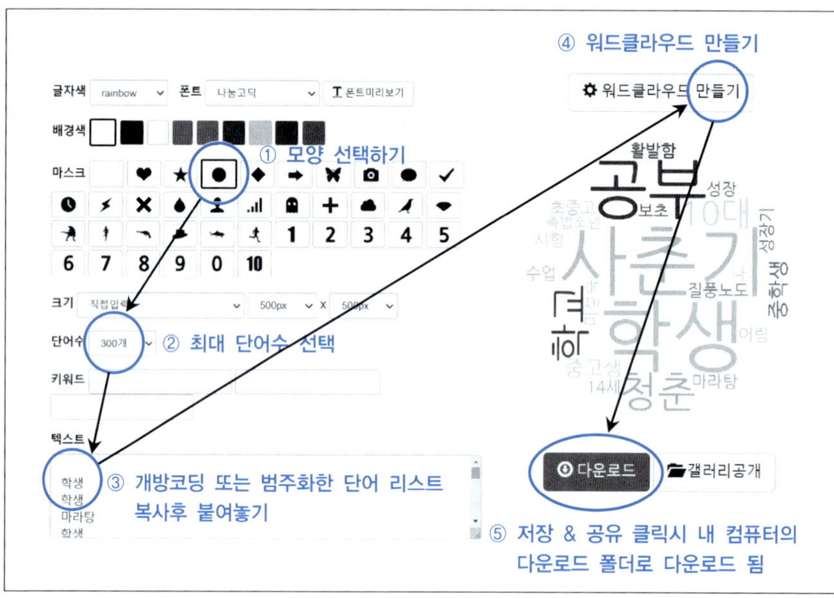

① 범주화 또는 개방코딩 : 응답자가 응답한 주관식 내용을 공통의 개념으로 정리한 단어입니다.

② 코딩하는 단어는 띄어쓰기 없이 붙여서 입력합니다. 띄어쓰게 되면 다른 단어로 인식합니다. '자유시간'과 '자유 시간'은 각기 다른 단어들로 인식합니다.

③ 비슷한 개념은 통일합니다. 예 자유로운 시간, 자유시간, 자유 시간, 자유함, 자유로움 : 이들은 모두 "자유"로 통일합니다.

④ 1차 개방코딩 후 상위 개념으로 범주화하는 작업을 하면 포괄적 이해에 도움이 됩니다. 이때도 워드클라우드 분석을 하려면 띄어쓰기를 하지 않습니다. 예 경쟁, 비교, 학원, 성적, 점수, 등수 : 이들의 공통성을 토대로 청소년의 '억압적인교육환경' 또는 '비인간화' 등으로 본인 사용 의도에 맞게 상위개념화 할 수 있습니다.

② 데이터 가공

데이터 가공은 질적 정보를 조작적 정의 과정을 통해 양적 정보로 전환하는 것이며, 가공과정에 따라 큐(Q) 방법론 혹은 내용분석 방식을 적용할 수 있다. 공통점은 목표의 상황이나 내용에 대한 기술문(description sentence)으로 정리한 후 점수(code)를 부여하고 통계처리하는 방식을 택한다. 점수부여 방식은 이 둘이 차이가 있다.

큐 방법론은 프로그램 참여자가 프로그램의 성과를 정리한 기술문을 카드로 만들고, 기술한 많은 카드들 중에서, 가장 동의할 수 있는 것과 없는 것을 홀수로 구성된 몇 개의 단계를 정규분포 방식으로 분류한다(그림 10-1). 큐 방법론 사례마다 이 단계는 다양하다. 어린이나 노인의 경우 5단계를 적용하는 것이 좋다. 단, 인지 수준이 가능하다면 가장 많이 사용하는 7단계를 사용한다. 만약 7단계라면, | 그림 10-1 | 처럼 양 극단은 2장의 카드만 넣을 수 있고, 다음은 5장, 8장, 중간은 10장 순으로 놓을 수 있는 카드 수의 한계를 지정해 대칭으로 분류한다. 카드의 양은 정규분포성을 갖추면 조절 가능하다. 큐 방법론은 전용 프로그램인 PQMethod이나 퀴널(QUANL)을 이용하여 요인분석[1)]을 실시하여 응답자 간 공통성을 추출하여 분석한다. 이 경우 개인별 분석도 가능하고, 질적인 경향성 분석도 가능하다.

1) 요인분석은 데이터 간 상관관계분석(회귀분석)을 통하여 가장 공통성이 높은 것들을 공통의 요인으로 추출하는 고급통계 방법이다. 자세한 것은 통계 서적을 참고하기 바란다.

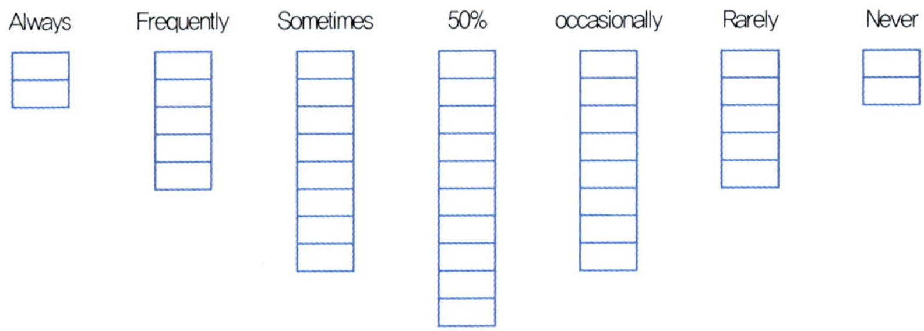

|그림 10-1| Q-sorting

출처 : allpsych.com/researchmethods/researchsoftware/

내용분석은 관찰과 기록을 토대로 프로그램의 성과를 측정할 변수를 정의한다. 만약 프로그램 수행 공간에 대한 분석을 실시한다고 해보자. 프로그램 수행 장소가 적합한지, 쾌적한지, 프로그램 진행을 구조적으로 방해하는 요인이나 안전 저해 요인은 없는지, 시간 사용에 문제가 없는지 등을 생각할 수 있다. 서술의 내용을 토대로 하여, 측정하고자 하는 변수를 다음과 같이 조작적 정의할 수 있다.

〈표 10-1〉 데이터 가공 사례

1. 환경요인의 평가	매우 그렇다	대체로 그렇다	보통 이다	대체로 아니다	전혀 아니다
(1) 프로그램을 수행하는 데 공간적으로 적합한 곳이다.	⑤	④	③	②	①
(2) 프로그램을 수행하는 데 시간적으로 여유가 있다.	⑤	④	③	②	①
(3) 프로그램을 수행하는 데 쾌적한 공간이다.	⑤	④	③	②	①
(4) 프로그램 진행에 방해가 되는 요인들이 존재한다.	⑤	④	③	②	①
(5) 청소년들 안전에 위험을 주는 요소가 존재한다.	⑤	④	③	②	①

2. 저해 요인

(1) 프로그램 진행 방해요인의 구체적 내용 :

(2) 위험요인의 구체적 내용 :

자료분석을 위해 변수화할 때에 고려해야 할 것이 있다.

첫째, 관찰자 및 데이터 가공자의 신뢰도 확보이다. 만약 1명에 의하여 관찰과 데이터 가공이 진행된다면 측정오류가 커진다. 최소한 3명 이상이 요구된다.

둘째, 데이터 가공 과정에서의 오류 최소화이다. 데이터 가공을 수행하는 사회복지사의 역량과도 관계된 것이며, 전문가의 자문을 받아 내용 타당도를 확보하는 것이 좋다.

셋째, 변수화를 통한 정보 손실을 감안한다. 질적 정보가 양화되면 필연적으로 정보의 손실이 발생한다. 따라서 질적 자료와 함께 사용하는 것이 좋다.

이렇게 계량화된 자료는 계속적으로 축적될 경우 통계분석도 가능하다. 프로그램의 특성상 이렇게 자료화하는 내용들은 상이할 수 있기 때문에 프로그램 판단의 기준을 정하는 것이 좋다.

③ 이미지 분석

사회복지 프로그램은 가치 지향적이다. 사회복지 프로그램은 단순히 프로그램의 목표를 초과 달성하거나, 실적을 많이 올렸다고 해서 좋은 프로그램이 될 수 없다. 따라서 가치성을 분석하는 방법 중 하나로 사회적 역할의 가치화(SRV)를 활용할 수 있다. 이와 관련된 내용은 '제1장 1절의 2) 현장성, 현상화, 이미지' 및 뒤의 'PASSING'을 참조한다.

사회복지 프로그램 평가의 가치 지향성은 프로그램을 통하여 클라이언트에 대한 존중이나 SRV가 클라이언트뿐만 아니라 그를 둘러싼 사회체계 속에서 얼마나 실현되었는지에 관심을 가진다. 가치 절하된 클라이언트가 강점을 활용하여 긍정적인 역할을 창출하고, 이를 통해 사회적 인정을 얻었는지, 혹은 그런 역할 수행을 충분히 했는지를 분석해야 한다. 이는 곧 정상화(Normalization)를 의미하는 것이다. 사회복지 프로그램 평가에 있어서 이러한 이미지의 구현이 얼마나 성공적으로 이루어졌는지를 평가하는 것을 잊지 말아야 한다.

④ 결론의 도출

질적 평가이든 양적 평가이든, 평가의 끝은 가치 판단을 통한 결론의 도출이다. 그러나 질적 평가의 경우 결론을 내릴 때 양적 평가보다 더 유의해야 할 점이 있다.

첫째, 질적 평가의 결론이 평가목적에 적합한지, 가설에 적합한지를 기술된 내용에 따라 주관적으로 판단할 수밖에 없다. 평가의 일관성을 구현하기 어렵고, 객관화하기 어려운 경우가 적지 않다. 그러나 클라이언트나 프로그램의 개별적인 고유한 특성을 설명하는 장점을 통해 이를 상쇄할 수 있다.

둘째, 평가하는 사회복지사의 객관성이 잘 유지되었는지 판단한다. 클라이언트의 감정적 반응에 영향을 받았는지, 혹은 평가의 두려움으로 지나치게 긍정적으로 해석한 것은 아닌지, 관찰이나 기록의 근거 없는 평가결과를 내놓았는지, 좋은 정보를 제대로 해석하지 못했는지 등을 살펴서 객관성을 높여야 한다.

셋째, 보이지 않는 영향력, 상호작용에 대한 판단이 필요하다. 질적 평가는 인간의 내면적 상호작용이나 행동원인에도 관심을 가지게 되는 경우가 많기 때문에, 보이지 않는다고 하여 성급한 결론을 내리거나 이로 인한 주변 관계를 잘못 해석하는 오류가 종종 발생한다. 따라서 맥락을 이해하고, 현상의 원인이 된 배경 요인에 대하여 충분히 살펴야 한다.

넷째, 일반화의 가능성이 낮음에 지나치게 위축될 필요는 없다. 결론을 내림에 있어서 생태학적 오류나 개별화 오류, 환원주의의 문제가 발생될 가능성이 언제나 존재할 수 있다. 특히 사례 평가에서 더 많이 발생할 수 있기 때문에 사회복지사는 자신의 제한된 관찰과 평가의 결과를 맹신해서는 안 된다. 그렇다고 일반화나 객관화가 부족하다는 평가에 주눅 들 필요는 없다. 질적 평가 자체가 개별성이 강점이기 때문이다.

다섯째, 평가자의 윤리적 갈등이 발생할 수 있다. 클라이언트에 대한 비밀보장은 특히 유의해야 하며, 외부에 발표, 공유할 때는 사전에 동의를 받는 것도 중요하다. 사회복지 프로그램은 늘 클라이언트가 사회복지사보다 우선이다.

2. 과정분석 평가

질적 연구를 통한 프로그램 평가로 현장관찰 중심의 과정분석 평가(process analysis evaluation)를 활용할 수 있다. 과정분석 평가는 결과 중심적인 성과 평가와 상호 보완이며, 사회복지사가 관찰 기록을 충분히 할 수 있는 훈련만 되어 있다면 사용 가능성이 높아진다.

과정분석 평가는 크게 두 가지로 나누어 볼 수 있다. 먼저 프로그램의 진행과정 중간에 수행하는 평가이다. 이는 과정 평가에 가깝다. 다른 하나는 프로그램 수행과정 자체를 분석 대상으로 하는 평가로 과정을 분석하는 평가에 가깝다.

1) 과정분석 평가의 방법

성과 평가는 성과(outcome), 산출(output), 품질(quality)의 결과를 중심으로 평가한다. 과정 평가는 성과 평가에서 흔히 놓치기 쉬운 프로그램의 중간과정에서 사회복지사의 활동이나 진행, 클라이언트와의 상호작용, 환경 요인 등에 대하여 평가를 수행한다. 따라서 프로그램의 종결 이전에 수행하는 것이 일반적이며, 결과를 예측하고 프로그램의 내용과 방향을 조정할 수 있는 형성 평가의 성격을 갖는다.

과정분석 평가는 계획에 따른 진행 점검 → 현장 관찰 기록 → 해석 → 형성 평가의 단계를 갖는다. 중점을 두는 영역은 다음과 같다.

① 초기 계획한 클라이언트의 참여 여부와 출결 사항을 점검하고, 단계별로 사업이 진행되고 자원이 투입되고 있는지 점검한다. 이를 토대로 프로그램의 중간 점검을 진행하고, 개선점을 찾을 경우 반영하여 진행한다.

② 현장 관찰 기록은 사회복지사와 클라이언트의 상호작용, 그 관계에서 클라이언트의 변화를 프로그램 수행 전, 수행 과정, 수행 후 등의 전 과정의 흐름에 따라 관찰하고 경우에 따라 면접을 진행한다. 관찰 및 면접 결과는 과정은 관찰기록, 일지 등을 통하여 기록으로 남긴다.

③ 정확한 기록을 토대로 객관적이고 논리적으로 추정될 수 있는 프로그램의 목표 달성, 유의미한 내용을 분석하여 기록한다. 이는 2차 분석의 성격을 갖는다. 2차 분석을 통해 프로그램의 맥락에 따른 해석과 의미를 부여하고, 경우에 따라 범주화를 통해 계량적 분석을 실시한다.

④ 형성 평가를 위한 가치 판단으로 프로그램의 과정이 결과에 어떤 영향을 미칠 것인지 예상하고, 그에 따른 장점과 효과는 무엇이며, 단점과 어려운 점은 무엇인지 탐색한다. 수행과정에서 나타난 예상하지 못한 돌발상황, 시행착오, 특수요인에 대한 고찰도 포함한다. 이를 통해 다음 프로그램에서 무엇을 더 개선할 것인지를 찾는다.

성과 평가와 과정 평가는 각기 강조점이 다르긴 하지만, 마치 동전의 양면과 같이 서로 보완적인 특징을 분명하게 가지고 있다. 따라서 일반 프로그램 평가에서도 이런 과정 · 성과 평가 모델을 적용해 보는 것도 의미가 있다.

2) 과정분석 평가의 방법

준비, 진행, 종결 및 그와 상호작용하는 인적, 환경적 요인 등 평가의 대상 영역을 반구조화한 측정 기준에 따라 관찰 · 면접을 통해 기록하고 평가하는 방법이다. 또한 관찰기록을 해석하며, 해석결과에 대한 이미지를 분석함으로써 프로그램의 유의미성을 평가한다. 반구조화된 평가도구는 탐색할 일련의 질문들 혹은 쟁점들에 따라 평가를 진행하나 순서가 특별히 정해진 것은 아니고 평가자가 상황에 따라 순서를 조율하고, 폭넓게 탐색할 수 있는 가능성을 열어둔다. 그러면서 전체적인 일관성을 유지하려고 노력한다(표 10-2 참조). 질적 연구방법을 적용한 관찰 평가와 내용분석이 중심이 된다. 잘 훈련된 평가자(3명 이상 권장)가 관찰과 기록에서 일관성을 유지하도록 노력해야 하는데, 측정오류 감소와 신뢰도 향상에 기여하기 위한 것이다.

〈표 10-2〉 **반구조화된 프로그램 평가 기준의 예**

☐ 1. 현장 상황에 대한 묘사
- ☐ 1) 현장의 전경, 일반적 특성, 구체적 상황의 기술
- ☐ 2) 현장이 주는 프로그램 적합성/ 안전/ 역할가치 향상에 대한 이미지
- ☐ 3) 기타 현장 상황

☐ 2. 참가 클라이언트의 특징
- ☐ 1) 참가자 정보 : 학력, 성별, 참여인원 수, 기타 특징, 사전면접자료
- ☐ 2) 참가자들의 외형적 특징, 참여형태, 태도의 관찰기록
- ☐ 3) 참자가들의 의도, 성향, 기타 인터뷰 기록
- ☐ 4) 기타 참가자와 관련된 사항이나 부가적 정보

☐ 3. 자원봉사자의 특징
- ☐ 1) 자원봉사자 정보 : 학력, 성별, 참여인원 수, 사전교육자료
- ☐ 2) 자원봉사자의 외형적 특징, 참여형태, 태도의 관찰기록
- ☐ 3) 자원봉사자의 의도, 성향, 기타 인터뷰 기록
- ☐ 4) 기타 자원봉사자와 관련된 사항

☐ 4. 사업수행 직원의 특징
- ☐ 1) 사회복지사 및 직원 현황 : 직위 및 인원현황
- ☐ 2) 직원의 외형적 특징, 업무수행 경험, 태도의 관찰기록
- ☐ 3) 직원의 의도, 진행능력, 성향, 기타 인터뷰 기록
- ☐ 4) 기타 직원과 관련된 사항

☐ 5. 프로그램 진행과정
- ☐ 1) 프로그램 준비과정의 기술 - 현상, 상호작용, 과정 등
- ☐ 2) 프로그램 진행과정의 기술 - 현상, 상호작용, 과정 등
- ☐ 3) 프로그램 종결과정의 기술 - 현상, 상호작용, 과정 등
- ☐ 4) 기타 프로그램 진행과정에 대한 특징
- ☐ 5) 성과 달성에 미치는 프로그램의 효과성

☐ 6. 기타 현장방문활동 특징

7. 의견 및 제언

질적 관찰이 평가목적에 적합하며, 일관성을 갖기 위해서는 사업수행 과정을 보다 세분화하여 반구조화 수준으로 질적 관찰 평가 기준을 만들어 사용한다. 이때 관건은 질적 평가 도구의 내용이 프로그램 평가에 적합하도록 구성되는지의 문제이다.

프로그램의 구조분석은 1차로 현상관찰 기록을 수행하고, 이를 토대로 2차 해석에 들어가며, 해석된 결과를 통하여 이미지를 분석하여 의미 있는 평가결과들을 도출한다.

(1) 현상관찰 기록

현상관찰 기록은 관찰될 수 있는 대상과 현상의 특징을 보이는 바대로, 상황과 내용을 있는 그대로 구체적으로 그림을 그리듯이 서술해 기록하는 방식이다. 현상관찰 기록의 대상은 반구조화된 지침에 따라 프로그램의 구성체계에 해당되는 내용들을 구체적으로 서술한다. 관찰기록의 신뢰성과 객관성을 높이기 위한 노력으로 다수의 관찰자, 사진과 영상 등을 활용한다.

현상관찰 기록의 대상은 프로그램의 진행의 장(setting)과 주변의 환경을 기록하며, 담당 사회복지사(자원봉사자)나 클라이언트들이 서로 간, 혹은 다른 대상과 주고받은 대화나, 그들이 보여주는 태도의 방식이나 의사표현의 방법을 포함한 상호작용에 대한 기록, 의도적 개입, 그리고 프로그램 진행과정 자체, 시간별, 공간별 진행과정, 활용된 도구 등 모든 상황이 기술의 대상이 된다. 특별히 프로그램 진행과정, 사회복지사와 클라이언트들 간의 상호작용과 관련된 부분은 다른 부분보다 더욱 중요하다.

(2) 2차 해석

현상관찰 기록의 결과를 토대로 프로그램이 적합하게 진행되었는지, 의도했던 성과나 기대효과가 달성되었는지를 판단하는 성과 분석의 과정이다. 특히 사회복지사와 클라이언트, 클라이언트 간의 상호작용에 대한 해석은 프로그램 평가의 가치를 높일 수 있다. 해석의 일반적 과정은 정보의 해석 → 범주별 분류 → 통합화이며, 경우에 따라 계량적 분석을 수행한다.

① 정보의 해석

관찰 기록과 상황의 정보에 대한 의미를 부여하는 것이다. 캠프 프로그램에 참여하는 자원봉사자에게 다음 계획이 무엇인지 물었을 때 답을 얻는지, 못 얻는지에 따라 해석이 달라지게 된다. 또한 캠프에 참여한 클라이언트의 표정과 태도를 통해 프로그램의 성과를 추측할 정보를 얻을 수 있다.

2차 해석은 프로그램과 클라이언트의 상황을 통찰할 수 있을 때 더 풍부해진다. 맥락을 얼마나 잘 이해하고 있는지에 따라 해석 수준은 달라진다. 만약 노인 프로그램에 익숙한 평가자가 청소년 프로그램의 평가에 참여했을 경우 '되바라진' 청소년들의 행동의 의미를 잘못 해석할 수 있다. 따라서 2차 해석은 단순히 관찰기록에 대한 의미부여 이상의 신중함을 가져야 하며, 프로그램이나 상황의 특수성을 이해하는 노력의 과정이 함께해야 한다.

② 범주별 분류

정보의 해석이 끝났다면, 해석된 정보의 특성에 따라 여러 가지 의미 있는 단어를 부여하여 개념화할 수 있다. 이는 개방코딩(open coding)과 유사하다. 캠프에 참여한 클라이언트의 즐거운 표정, 사회복지사에게 신나게 무언가 자랑하는 행동, 프로그램 후 사회복지사에게 다시 함께하고 싶다는 카톡 등과 같은 정보는 사회복지사의 진행에서 발휘된 '전문성'으로 개념화할 수 있다. 만약에 클라이언트가 어두운 얼굴, 하기 싫은 태도, 부정적인 언행 등으로 행사 진행에 방해 등의 모습을 보였다면 이들에 대한 사회복지사의 클라이언트 참여 '동기화 실패'나 클라이언트의 '낮은 참여 의지'라고 개념화할 수 있다.

관찰기록된 사실과 규정된 개념화는 일관성을 유지해야 한다. 그리고 한번 개념화된 것이라 해서 불변적인 것은 아니다. 전반적인 맥락을 이해하고 프로그램에 대한 인식의 폭이 넓어지면 개념은 바뀔 수 있다.

③ 통합적 해석

개념화된 내용들은 보다 상위의 개념으로 '범주별 개념화'할 수 있다. 개념화된 '전문성'이나 '동기화 성공' 같은 개념화가 많다면 '프로그램의 성공적 수행'이라는 보다 큰 범주별 개념화로 정의할 수 있다. 경우에 따라 하나의 개념화된 단어는 여러 범주에 사용할 수도 있다. 동일한 관찰기록이 여러 가지 관점에서 재해석될 수도 있다. 이 경우 Q-sorting이나 포스트잇과 같은 메모지를 활용하여 범주별 개념화 작업을 수행하면 편리하다.

(3) 이미지 분석

이미지가 프로그램을 통해 얼마나 구현되었는지를 분석하는 것이다. 만약 프로그램이 성공적으로 수행되었다 하더라도, 사회복지사가 주도하고, 클라이언트가 수동적인 참여를 하였다면 이미지 분석에서 긍정적인 클라이언트 이미지인 SRV가 만들어졌다고 보기 어렵다. 반면에 클라이언트가 계획한 것이 프로그램에 반영되고, 자신들이 주도하여 진행하는 경험을 통해 주도성을 배우게 되었다면 SRV에 긍정적으로 기여한 것으로 판단한다. 더 나아가 사회복지사의 클라이언트에 대한 말투나 행동이 클라이언트의 존중감을 얼마나 느끼게 하는지를 분석할 수도 있다. '제1장 1의 2) 현장성, 현상화, 이미지'의 내용을 복습하면 도움이 된다.

제2장의 밑반찬 사례에서 어르신의 강점을 살리고, 적극적인 참여를 끌어내며, 이웃을 위해 봉사하는 긍정적 역할을 창출한 경우를 살펴보자. 이때 어르신은 지역사회 내 존경받는 어르신의 이미지를 구축하는 중요한 긍정적 역할을 한 것이며, '밑반찬과 말벗 자원봉사자'라는 긍정적 이미지를 해석해 낼 수 있다.

3. PASSING

1) PASSING의 이해

PASSING은 Program Analysis of Service Systems' Implementation of Normalization Goals의 약자로 프로그램의 질적 평가를 중심으로 하되 42개 지표를 이용해 계량화하는 평가도구이다. PASSING은 SRV(사회적 역할의 가치화, Social Role Valorization)를 구체적으로 개발하여 평가할 수 있도록 만든 척도이다. SRV는 선언적 수준이었던 '정상화의 원리'를 체계적인 이론으로 정립해 놓은 것이다.

장애인에 대한 대인 서비스의 원칙인 정상화의 원칙을 정교화한 것으로서의 SRV는 사회의 구성원으로 하여금 사회적으로 가치를 평가받는 역할을 수행할 수 있도록 지원하고 평가받는 역할을 창출하는 것에 목표를 두고 있다.

2) PASSING의 대상과 평가과정

(1) 평가대상

PASSING의 적용대상은 대인 서비스 프로그램 또는 기관이라면 제한이 없고 또 어떤 형태의 클라이언트에게도 적용할 수 있지만, 특히 사회적으로 가치절하를 받은 사람들(정신질환, 빈민, 문맹인, 노인, 지체장애인, 지적장애인, 시각 및 청각 장애인, 소수인종, 행동장애인, 전과자, 장기질환자, 말기적 환자 등)을 위한 서비스의 질을 평가대상으로 한다.

(2) 평가과정

PASSING의 실행방법은 3명 이상의 평가자로 구성되는 팀에 의하여 실시된다. 팀은 PASSING 훈련을 받은 지도자나, 감독자에 의하여 평가를 실시하되, 특히 다음의 7가지에 영역의 42개 하위 평가항목에 대하여 점수화한다. 각 평가항목은 점수화할 수 있기 때문에 평가팀의 성원이 모두 모여 가장 적절한 평가점수를 찾는 조정의 과정을 거치고, 팀의 대표가 평가된 서비스에 대한 보고를 한다.

① 도보나 차편으로 서비스가 소재하고 있는 주변 환경을 둘러본다.
② 서비스 시설의 내부와 외부를 둘러본다.
③ 기관장이나 이사진을 대상으로 한 심층적 인터뷰를 실시한다.
④ 서비스 전달 실무자와 인터뷰를 실시한다.
⑤ 프로그램이 운영 및 전달되는 과정을 관찰한다.
⑥ 프로그램에 관련된 문서(정책자료, 사업목적, 클라이언트 개별기록, 개별 프로그램 계획서, 활동시간표, 활동기록표, 규정, 업무분담표, 홍보용 문건 등)를 분석한다.
⑦ 클라이언트, 클라이언트의 가족이나 옹호인, 서비스의 주변 이웃들과 이야기한다.

3) 네 가지 범주의 평가내용

(1) 네 가지 범주의 이해

이미지는 인간 의사소통의 강력하고 일반적인 형식이며, 사람들의 행동에 강력한 영향을 미친다. 그 때문에, 특히 가치절하된 사람들과 관련되는 경우, 정상화는 이미지를 전달하는 대인 서비스의 모든 측면이 서비스를 받는 클라이언트들의 사회적 지위, 역할, 가치 있는 사회 구성원들과의 유사성, 능력, 속성 등에 관한 긍정적인 메시지를 가능한 한 많이, 성실하게 전달해야 한다. 그리고 사람들에 관한 부정적인 이미지를 불필요하게 전달하는 것을 삼간다. 이를 위해 대인 서비스 수행 과정에서 클라이언트에 관한 이미지를 긍정적으로 전달할 수 있는 방법들을 알아야 한다. PASSING의 목적을 실현하기 위하여 서비스의 클라이언트들에게 이미지를 투사할 수 있는 서비스의 특색들과 행동들을 네 가지 범주로 분류하였다. 각각을 간략하게 소개하면 다음과 같다.

〈표 10-3〉 PASSING 평가 척도 분류표

영 역 \ 범 주	1. 사회적 이미지 향상과 관련 있는 프로그램 요소	2. 클라이언트의 능력 향상과 관련 있는 프로그램 요소
01. 서비스의 물리적 위치	11개 항목의 척도/ R11로 시작	6개 항목의 척도/ R21로 시작
02. 서비스 구조에 의한 집단화와 타인과의 관계성	7개 항목의 척도/ R12로 시작	6개 항목의 척도/ R22로 시작
03. 서비스 구조에 의한 활동과 기타 시간 활용	3개 항목의 척도/ R13으로 시작	3개 항목의 척도/ R23으로 시작
04. 기타 서비스 언어, 상징, 이미지	6개 항목의 척도/ R14로 시작	평가척도 없음

① 물리적 세팅들과 특색들

물리적 세팅의 수많은 특성들이 그 세팅과 연관된 클라이언트들의 이미지에 영향을 미칠 수 있다. 세팅의 역사, 세팅 인근의 다른 세팅들과 장소들(sites)이 전달하는 이미지, 세팅이 인근의 다른 세팅들과 어울리는 정도, 그리고 세팅 겉모양의 수많은 다른 차원들이 이것에 포함된다. 예는 다음과 같다. 장애인이 생활하는 공간은 보통의 사람들처럼 자기 책상, 자기 사물함이 자기 방처럼 독립되고 보호된 공간에 있어야 한다. 생활 환경의 장식(decor)은 생활하는 장애인의 연령대와 맞아야 한다. 성인 발달장애인의 방을 아기와 같이 꾸며서는 안 되는 것 등이 있다.

② 다른 사람들과의 집단구성과 프로그램

대인 서비스 및 클라이언트와 관련된 사람들은 다양한 방식으로 클라이언트를 이미지화한다. 서비스 담당자가 클라이언트들에게 투사하는 이미지(예 담당자의 겉모양과 정체성), 사람들이 무엇을 가지고 클라이언트들에게 서비스를 제공하는지, 서비스 제공자가 접촉하는 클라이언트들에게 투사하는 이미지는 어떤지, 그들은 긍정적으로/ 부정적으로 이미지화되었는지 그리고 서비스와 다른 파트에서 제공하는 다른 서비스의 이미지 등이 포함된다. 예를 들면 다음과 같다. 장애인 거주를 위한 시설은 주거지에 있어야 하며, 장애인 작업장은 공장지역에 있어야 한다. 장애인을 대하는 말투는 연령에 적합한 수준이어야 한다. 클라이언트와 사회복지사 그리고 일반인 간의 상호작용의 역동성을 촉진해야 한다. 클라이언트의 사회적 · 성적 정체성을 반영해야 한다.

③ 프로그램 활동

클라이언트에게 제공하는 활동들, 그리고 클라이언트가 서비스를 받는 시간 등도 클라이언트의 이미지에 영향을 미칠 수 있다. 한 개인의 이미지는 특히 그(녀)가 시간을 어떤 시간대를 사용하는가와 관련이 있다. 특히 낮 시간과 그(녀)가 따르는 일일, 주별, 월별, 연별 일정과 관습 등이 분석대상이다. 예로 클라이언트의 자율성을 보장하고, 권리를 증진한다. 클라이언트의 서비스 욕구가 프로그램에 반영된다.

④ 언어, 라벨, 상징 등

클라이언트들을 소개하고 서술하는 데 사용되는 용어들과 서비스의 명칭 자체도 클라이언트들에게 이미지들을 병치시킬 수 있다. 서비스 재원에 붙은 명칭과 이미지, 서비스 로고, 서비스가 프로그램을 수행하기 위하여 사용하는 재원과 장비 등이 여기에 포함된다. 홍보물에 표현된 장애인이 불쌍한 이미지인지, 당당한 이미지인지 확인한다. 프로그램의 내용과 수준이 클라이언트의 개인적 이미지에 미치는 영향이 어떤 것인지 확인한다.

(2) 척도의 측정 방법

① 사회적 이미지 향상과 관련된 주요 척도(R1)

〈표 10-4〉 사회적 이미지 향상과 관련된 주요 척도(R1)

범 주	척도번호	척도내용	직접면접 요망자
Ⅰ. 물리적 세팅과 특색들	R111	세팅과 인근지역과의 조화	• 서비스 종사자 • 클라이언트 • 지역주민
	R1112	프로그램과 인근지역과의 조화	
	R1121	외부 세팅의 미학	
	R1122	내부 세팅의 미학	
	R1131	외부 세팅의 겉모양과 문화적으로 가치 있는 유사물과의 일치성	
	R1132	내부 세팅의 겉모양과 문화적으로 가치 있는 유사물과의 일치성	
	R1141	외부 세팅의 연령 이미지	
	R1142	내부 세팅의 연령 이미지	
	R1151	세팅의 이미지 투사 – 물리적 근접	
	R1152	세팅의 이미지 투사 – 역사	
	R1153	세팅의 이미지 투사 – 기타 내부의 물리적 특색들	
Ⅱ. 집단구성과 프로그램	R121	프로그램과 프로그램 병렬의 이미지 투사	• 서비스 종사자 • 클라이언트 • 클라이언트 가족 • 친구 • 지역주민
	R122	서비스와 인근지역의 동화 가능성	
	R1231	서비스 내의 클라이언트 집단의 이미지 투사 – 사회적 가치	
	R1232	서비스 내의 클라이언트 집단의 이미지 투사 – 연령	
	R124	이미지와 관련된 기타 통합적인 클라이언트의 접촉과 인간 관계	
	R1251	서비스 담당자에 의해 전이되는 클라이언트의 이미지	
	R1252	서비스 담당자와 클라이언트의 이미지 일치	

III. 프로그램 활동	R131	프로그램 기능의 문화적으로 적절함 분리	• 서비스 종사자 • 클라이언트 • 클라이언트 가족 • 옹호자 • 지역주민
	R132	프로그램 활동과 활동 시간의 이미지 투사	
	R133	클라이언트의 자율과 권리의 증진	
IV. 언어, 라벨, 상징 등	R141	프로그램이 클라이언트의 개인적인 인상에 미치는 영향	• 기관장 • 서비스 종사자 • 클라이언트 • 지역주민
	R142	이미지와 관련된 개인 소유물	
	R1431	개인에게 붙여진 라벨의 이미지 투사	
	R1432	기관, 프로그램, 시설, 위치의 명칭	
	R144	서비스 재원의 이미지 투사	
	R145	서비스의 기타 측면들의 이미지 투사	

② 능력 향상과 관련된 주요 척도(R2)

〈표 10-5〉 능력 향상과 관련된 주요 척도(R2)

범 주	척도번호	척도내용	직접면접 요망자
I. 물리적 세팅과 특색들	R2111	세팅 접근성 - 클라이언트들과 가족들	• 서비스 종사자 • 클라이언트 • 클라이언트 가족 • 지역주민
	R2112	세팅 접근성 - 일반인	
	R212	관련된 지역사회 자원의 이용 가능성	
	R213	세팅의 물리적 편안함	
	R214	세팅의 도전과 안전 요소	
	R215	세팅의 개별화 요소	
II. 집단구성과 프로그램	R2211	능력과 관련된 서비스 내의 클라이언트 집단 - 크기	• 서비스 종사자 • 클라이언트 • 클라이언트 가족 • 지역주민
	R2212	능력과 관련된 서비스 내의 클라이언트 집단 - 구성	
	R222	능력과 관련된 기타 통합적인 클라이언트의 접촉과 인간 관계	

	R223	클라이언트, 서비스 종사자, 일반인 사이의 상호작용의 역동성	
	R224	클라이언트의 개별화를 위한 프로그램의 지원	
	R225	클라이언트의 사회적 · 성적 정체성의 증진	
III. 프로그램 활동	R231	클라이언트의 서비스 욕구의 프로그램 반영	• 서비스 종사자 • 클라이언트 • 클라이언트 가족
	R232	활동의 집중도와 시간 이용의 효율성	
	R233	능력과 관련된 개인 소유물	

4) PASSING의 측정

PASSING은 사회적 이미지와 클라이언트의 능력향상을 위하여 프로그램이 얼마나 적절하게 구성되고 수행되어 있는지를 분석한다. PASSING은 42개의 측정척도, 7개 범주를 기준으로 평가를 수행하게 되는데, 각각의 기준에 대하여 매우 세세한 측정조건과 상황에 대하여 점수를 부여하는 방법이 있다. 이러한 기준의 서술은 매우 구체적이며, 상황적인 예를 제시하고 있으나 이미지에 대한 충분한 이해가 전제되지 않는다면 정확하고 신뢰성 있게 측정하기 어려운 척도이다. 즉, PASSING이 지향하는 정상화의 가치와 SRV를 충분하게 이해하며, 사회적 이미지와 클라이언트의 능력향상에 대한 자기철학이 명백하게 형성되어 있어야 한다.

PASSING은 각 범주별 총화평점에 대하여 가중치를 부여하여 분석하게 되며(예 R111의 총 평점에 16을 부여함), 총 1,000점 만점이 나오도록 구성된다. 또한 이들 7개 범주들은 서로 간의 상관성이 있어 일부 척도의 경우 충분한 훈련과 신중한 평가를 하지 않으면 잘못된 평가를 수행하게 될 가능성이 매우 높아진다. 이외의 PASSING을 측정하는 구체적인 사례는 울펜스버거(Wolfensberger, 1983)의 『PASSING-Normalization Criteria and Ratings Manual(2nd Edition)』을 참고하기 바란다.

4. 조작적 정의에 의한 평가

조작적 정의에 의한 평가는 평가자가 프로그램 평가에 필요한 기준들을 인위적 혹은 기존의 기준들을 재구성하여 만든 후, 이 기준으로 평가하는 방법이다. 보통 사회복지조직 평가나 공동모금회의 프로그램 평가보고서와 같은 경우 평가하는 기준 및 그 내용의 규정은 사전에 연구자들의 조작적 정의에 의하여 만들어진 것이 대부분이다.

조작적 정의에 의한 평가는 평가 기준들에 대한 이해가 선험적으로 필요하며, 성과 평가나 과정분석 평가, 혹은 여타의 평가 기법들도 활용하면 효과적이다. 조작적 정의에 의한 평가는 보통 다수의 프로그램에도 적용 가능한 경우가 많기 때문에 평가결과를 일반화시키는 데 유리한 기법이라고 할 수 있다.

1) 사례를 통한 살펴보기

다음은 필자가 수행한 '서울특별시 민간위탁 청소년 프로그램 평가'를 위한 조작적 정의의 기준과 그 예이다. 다음의 평가기준에 따라 측정하는 평가표가 만들어지며, 그 기준을 이용하여 현장 평가 및 최종보고서를 이용한 평가를 수행한다.

(1) 전체 평가 기준의 구성

〈표 10-6〉 전체 평가 기준의 구성

개별영역	내 용	구성내용
사업성과	100점 만점	청소년, 사업목표 달성, 프로그램 계획, 비용편익분석, 이용자 성과
사업수행	100점 만점	수행주체, 진행요원, 진행과정, 참여인원, 시설장비
이용자 만족도	100점 만점	고유성과, 담당자, 프로그램, 응집력, 사후만족도

평가기준은 종합점수와 개별 영역별 점수로 구분되어 있다. 사업수행 및 이용자 만족도 평가는 프로그램을 수행하고 있는 현장에서 이루어지며, 전자는 질적 평가 방식으로, 후자는 양적 평가 방식으로 이루어진다. 사업성과는 현장 평가기록과 사업수행단체에서 제출한 평가보고서를 토대로 종합적으로 분석한다.

(2) 각 영역별 평가 기준의 구성

〈표 10-7〉 각 영역별 평가 기준의 구성

	영 역	적용방식	주요 내용
사업성과	청소년	결과성과 · 사업수행평가 · 단체 자체 보고서	사업계획서와 진행과정의 일치가 가장 중요한 요소로, 실질적인 결과성과(outcome)가 평가의 핵심이 된다. 단체의 사업계획서와 최종보고서가 매우 중요한 자료이다.
	사업목표 달성	결과성과 · 사업수행평가 · 단체 자체 보고서	
	프로그램 계획	결과성과 · 사업수행평가 · 단체 자체 보고서	
	비용편익분석	산출성과	비용편익분석을 통하여 사업의 효율성을 점검한다.
	이용자성과	품질성과	결과성과 달성을 청소년이용자 시각에서 평가한다.
사업수행	수행주체	결과성과 · 사업수행평가	사업계획서에 명기된 수행 주체에 대하여 확인한다. 전문 수행능력을 어느 정도 갖추었는지 파악한다.
	진행요원	산출성과 · 단체 자체 보고서	참가 청소년 대비 직원 및 자원지도자로 단체의 노력성을 판단할 수 있다.
	진행과정	사업수행평가 · 단체 자체 보고서	사업 수행과정의 핵심으로 계획서를 근거로 하며, 진행과정상의 문제와 상황에 대한 분석이다.
	참여인원	산출성과 · 단체 자체 보고서	단체 보고의 신뢰성 영역을 판단하는 기준으로 활용한다.
	시설장비	사업수행평가 · 단체 자체 보고서	수행에 필요한 시설장비가 갖추어졌는지에 대한 평가이다.

<table>
<tr><td rowspan="5">이용자 만족도</td><td>고유성과</td><td>품질성과</td><td rowspan="5">이용자의 관점이 중요하다.
회귀분석을 통한 요인 간 영향력을 분석하여 프로그램의 사후만족도에 영향력을 분석하고 개선방안을 마련한다.
응집력의 경우 캠프교류사업같이 참여자 간 관계 형성이 중요할 때 평가한다.</td></tr>
<tr><td>담당자</td><td>품질성과</td></tr>
<tr><td>프로그램</td><td>품질성과</td></tr>
<tr><td>응집력</td><td>품질성과</td></tr>
<tr><td>사후만족도</td><td>품질성과</td></tr>
</table>

각 영역별 평가기준은 앞서 제시한 성과 평가 이론과 과정분석을 근거로 만들었다. 산출성과의 비중이 상대적으로 낮은 것은 산출성과 자체가 이론적 배경에서도 살펴보았듯이 휴먼서비스 분야에 적합하지 않기 때문에 최소화하였다. 질적 서비스 영역이 중요한 청소년문화사업에 있어서도 단순히 참여인원의 실적이나 행사 횟수만으로 사업을 평가한다는 것은 위험하다. 또한 평가의 본래 취지에 걸맞지 않은 요인이 될 수 있다.

이를 보완하기 위하여 성과 평가의 품질 영역에 속하는 것이지만, 이용자 만족도 평가를 별도의 영역으로 독립하여 구분하였다. 또한 과정수행분석과 민간위탁 수행단체의 자체 작성 사업보고서를 평가기준으로 활용하여 객관성을 높이도록 하였다.

사업수행단체의 최종보고서를 적용하는 데 있어서 문제가 된 것이 일부 불성실한 단체의 허위보고였다. 대표적인 것은 인원과 관련된 실적으로 지나치게 부풀리는 것이다. 따라서 평가 영역 중 사업수행에 있어서 참여인원은 단체의 신뢰도를 확인하는 기준으로 사용하였다. 즉, 평가단이 현장에서 실시한 참여인원과 단체의 최종보고서에 있는 인원의 오차율을 계산하여 적용한 것이며, 이는 참여인원이 영향을 미치는 비용편익분석 등에 가중치로 사용하였다.

평가단의 경우 현장방문 시 여러 시점별로 참여인원을 각각 평가원이 개별적으로 기록한다. 기록 후 서로 비교하여 최대치로 측정된 값을 사용하기 때문에 기본적으로 단체에 유리하다고 할 수 있는 것이다. 단체와 실적이 일치된 경우에는 단체와 일치된 결과를 사용하거나 가장 근사치를 사용하였다. 따라서 오차율이 적게 나타나야 하는 것은 당연하다고 할 수 있다.

오차율의 한계치를 20%로 한 것은 평가단이 실수할 수 있는 오차의 범주를 최대한 계산하였기 때문이었다. 일반적으로 성실한 단체의 경우 오차율이 크게 나타날 수 없다. 그럼에도 불구하고 일부 단체의 경우 상당한 오차율을 보였는데, 이는 단체의 보고 자체도 신뢰할 수 없다는 것을 의미하며, 심각한 문제로 볼 수 있다.

야외나 거리행사의 경우 어떤 식의 접근을 하는가에 대한 논란이 있을 수 있다. 평가단의 경우 그냥 스쳐 지나가는 사람은 계산하지 않았으며, 프로그램에 직접 관심을 보이고 참여한 이들을 중심으로 계산하였다. 따라서 야외나 거리행사에서의 오차율은 타 프로그램에 비하여 클 수 있다. 그러나 그 외 프로그램의 경우 대부분 제한된 인원이 참여하므로 오차율이 크게 나온다는 것은 실적을 부풀려 신뢰성 없는 보고를 하고 있다는 것이다.

평가 영역은 상황에 따라 사회복지사가 구성할 수 있다. 조작적 정의에 의한 평가는 결과성과 목표를 구성하고, 측정하는 능력을 키우기 위하여 강화되어야 할 부분이다. 창의적이고, 프로그램의 개별 상황이나 환경에 맞게 만드는 능력이 필요하다.

Chapter 11

프로그램 평가 관리

1. 평가의 과정

프로그램 평가 과정도 또 하나의 프로그램이다. 곧 체계적인 계획과 준비를 해야 하며, 수행과정과 그 결과의 도출을 통해 마무리되는 일련의 과정을 거치기 때문이다. 본 장은 프로그램 평가를 수행하는 데 유의해야 할 지침서 같은 내용이다. 지침서는 기본적인 원칙이나 방향을 결정하는 데 유리하지만, 모든 사례에 들어맞는 것은 아니다. 프로그램 평가를 준비하고 수행하는 데 발생할 수 있는 시행착오를 줄이며, 그동안 익혀왔던 프로그램 개발과 평가의 전 과정을 복습하는 의미로 정리할 것이다.

정무성 · 정진모(2001)는 프로그램 평가의 과정을 8단계의 순차적 과정으로 제시하였다. ① 평가목적 확인, ② 평가목표 진술, ③ 평가설계 선정, ④ 평가도구 선택, ⑤ 평가자료 수집, ⑥ 평가결과 분석, ⑦ 평가결과 보고, ⑧ 평가결과 활용이 그것이다.

미국의 공동모금회(United Way of America, 1996)의 평가 수행도 8단계로 구성되어 있지만, 구성내용은 다소 다르다. 다음 〈표 11-1〉을 보면, 평가 수행의 8단계에 따라 진행과정을 초기준비 단계, 시범수행 단계, 완성 단계로 구분하였다.

〈표 11-1〉 **프로그램 평가 수행 과정**

	초기준비							시범수행				완성	
	개월수							개월수				개월수	
단 계	1	2	3	4	5	6	7	8-?	?+1	?+2	?+3	?+4	?+5
1. 준비 단계	X	X											
2. 측정할 성과 선택			X	X									
3. 성과측정지표의 구체화					X								
4. 지표 관련 자료수집						X	X						
5. 성과측정체계의 수행								X→					
6. 평가결과의 분석과 보고									X	X	X		
7. 성과측정체계의 개선												X	
모든 척도의 완성													X→
8. 평가결과의 활용									X	X	X	X	X→

출처 : Hatry, et al.(1996), Measuring Program Outcomes. United Way of America, p. 28.

초기준비 단계에는 ① 준비 단계, ② 측정할 성과 선택, ③ 성과측정지표의 구체화, ④ 지표 관련 자료수집까지 포함되는데, 여기는 실질적인 평가를 수행하는 데 필요한 인력과 예산을 구성하고 평가 계획을 세우며, 무엇을 어떻게 평가할지를 구체화시키는 단계이다.

다음은 시범수행 단계로 ⑤ 성과측정체계의 수행, ⑥ 평가결과의 분석과 보고이다. 이 과정에서 평가결과를 활용하여 다시 환류(feedback)를 받는 ⑧ 평가결과의 활용 단계가 평가결과의 분석 및 보고과정에서부터 같이 시작되는 것이 독특하다. 이는 프로그램 평가체계를 완성하고 활용하기 이전의 사전조사(pre-test)의 성격을 가지는 단계로 평가 측정도구의 현장적응성을 검증하여 보완함으로써 실제 평가를 제대로 수행하도록 한다.

완성 단계는 시범수행 과정을 통해 평가 측정도구가 프로그램에 맞도록 개선·보완하는 실질적인 마지막 평가수행체계이다. 여기서는 ⑦ 성과측정체계 개선(모든 평가척도의 완성), ⑧ 평가결과 활용으로 구성된다. 최종적인 평가체계를 완성하며, 그에 따른 평가를 수행하고, 그로부터 얻은 평가결과의 활용은 지속적인 환류를 통하여 평가결과의 활용도를 높이도록 하는 데 초점을 맞추고 있다.

본 서에서는 프로그램을 평가하는 과정을 ① 평가준비 단계, ② 평가도구 구성 단계, ③ 평가수행 단계, ④ 평가결과의 분석 및 활용 단계의 4단계로 구성하여 살펴볼 것이다.

평가준비 단계는 프로그램을 평가하는 목적과 목표를 구체화하고, 이에 따라 프로그램의 이해를 높이고, 정보나 관련 자료를 수집하고, 인력 및 자원 투입 등을 포함한 평가설계를 만드는 단계이다. 모든 준비단계가 그러하듯 첫 단추를 어떻게 하는가에 따라 그 결과는 큰 영향을 받을 수 있으므로, 더욱 신중해야 할 과정이다.

평가도구 구성 단계는 평가설계에 따라 평가하고자 하는 대상을 제대로 측정해 내기 위한 가치 판단의 기준들을 실제 측정할 수 있는 수준으로 구체화하는 단계이다. 물론 질적 평가인 경우 평가를 수행할 인력을 훈련시키는 과정이 핵심이 될 것이다. 평가도구가 만들어지면, 반드시 사전검사를 통해 평가도구가 평가과정에서 적절하게 작동하는지, 혹은 적합한지를 점검하며, 평가수행 과정에서 생기는 문제나 부족한 부분을 보완하는 작업을 한다. 이 과정을 통하여 평가도구는 최종적으로 구체화된다.

평가 단계는 계획된 평가설계에 따라 프로그램의 과정 중이나 종결시점 등 적합한 시점에 평가도구를 실제 적용하여 평가하는 단계이다. 이 과정에서는 평가로부터 얻어진 정보나 자료들을 어떻게 수집하고 관리하는지에 따라 평가결과가 크게 달라질 수 있기 때문에 평가자가 편견이나 왜곡됨 없이 객관적이고 과학적으로 평가를 수행할 수 있도록 한다.

평가결과의 분석 및 활용 단계는 프로그램 평가로부터 얻어진 결과들을 재가공하거나 유의미한 내용들을 도출하여 프로그램 평가를 위한 정보들을 확정한다. 이렇게 확정된 정보는 프로그램 수행자나 타 평가자가 이해하기 쉬운 형태로 보고하며, 그 과정에서 환류를 통한 의견이나 보완사항 또는 발전적 정보들을 취합하여 프로그램을 개선하면 좋다.

2. 평가준비 단계

1) 문제의식의 출발

평가를 준비하기 위하여 무엇을 어떻게 시작해야 하는가? 이를 위해 먼저 확인해야 할 사항들로 평가와 관련된 사전준비 단계의 문제의식 형성이라고 할 수 있다. 마틴과 케트너(Martin & Kettner, 1996)는 휴먼 서비스 프로그램을 관리하기 위하여 다음의 8개 영역의 질문을 명백히 해야 한다고 제안하였다.

- 누가 클라이언트인가?
- 클라이언트의 인구통계학적 특징은 무엇인가?
- 클라이언트의 사회적 혹은 현재 문제는 무엇인가?

- 클라이언트는 어떤 서비스를 받고 있는가?
- (투입된) 총량은 얼마인가?
- 서비스 품질의 수준은 어떤가?
- 어떤 결과가 달성되고 있는가?
- 비용은?

이 질문은 프로그램 평가를 준비하는 데 유용한 문제의식이다. 앞의 네 가지는 프로그램을 진행하고 있다면 바로 응답할 수 있는 수준이다. 반면에 그 다음인 투입된 총량, 품질, 결과 달성, 비용 등의 문제는 프로그램 평가의 핵심으로, 프로그램을 통해 도출된 질적, 양적 모든 결과물과 파급효과를 이해할 때 제대로 답을 할 수 있다.

총량은 프로그램에 소요된 모든 인적 · 물적 자원을 의미한다. 이들은 투입의 요소로 프로그램 평가를 위해서는 사전에 어떤 것들이 준비되었는지를 확인한다. 서비스의 품질의 수준은 사회복지사의 전문성과 업무수행능력을 포함해 프로그램 전달과정까지도 고려한다. 결과 달성은 성과이며, 프로그램의 효과성으로 목적과 목표가 명확해야 측정할 수 있는 영역이다. 마지막으로 비용은 산출이며, 프로그램의 효율성으로 단위비용이 얼마나 절약되어 최대한 성과를 끌어냈는지를 살핀다. 이 내용은 성과 평가의 핵심이자 프로그램의 가치를 확인할 수 있는 기본적인 정보이다.

프로그램 평가는 우리가 프로그램 수행을 통해 얻어진 것 중 무엇을 알고 싶은지를 먼저 명확하게 해야만 제대로 방향을 잡을 수 있게 된다. 이런 의미에서 오스틴(Austin, et al., 1982)의 〈표 11-2〉 프로그램 평가를 위한 근거 점검표는 또 다른 관점에서의 문제의식을 제시한다.

〈표 11-2〉 프로그램 평가를 위한 근거 점검표

a= Effort; b= Effectiveness; c=Efficiency

선택된 이슈	사회복지사	슈퍼바이저	행정가	참여자	중요도 순위
1. 클라이언트의 욕구가 충족/ 해결되는가?(b)					
2. 목표를 달성하기 위한 충분한 자원이 있는가?(a)					
3. 프로그램이 너무 비싸지 않은가?(c)					
4. 프로그램이 확장 또는 축소되어야 하는가?(a)					
5. 프로그램이 진정한 효과를 제공하는가?(b)					
6. 예산 사용 결정은 프로그램 평가 데이터에 근거하는가?(c)					
7. 직원 에너지를 최고로 사용하게 만드는가?(a)					
8. 평가 데이터가 프로그램 소요 비용의 비교에 사용될 수 있는가?(c)					
9. 무엇이 지역사회 여론 형성에 효과적인가?(b)					
10. 클라이언트의 만족도 수준은 어떠한가?(b)					

출처 : Austin et al.(1982). Program Evaluation. SAGE의 내용을 보완함.

근거 점검표는 프로그램 수행 및 평가와 관련된 이슈(issue)가 노력성, 효과성, 효율성의 세 가지 관점에서 어떻게 적용되는지를 다룬다. 또한 세 가지 관점에 대하여 사회복지사, 슈퍼바이저, 행정가, 참여자 등 프로그램의 이해관계 집단이 각각 평가할 수 있는 공간을 만들어 놓은 것은 다양한 관점의 수용, 혹은 평가 속에 내재된 정치성을 이해하는 데 도움이 된다.

중요한 이슈로 선택된 내용을 살펴보자. 노력성에는 ① 프로그램의 규모 및 확장성, ② 목표달성을 위한 자원동원 능력, ③ 직원의 성장과 전문성 발휘 등 3개 영역이 포함되어 있다. 효과성에는 ① 프로그램의 효과성, ② 클라이언트의 만족도, ③ 클라이언트 욕구 충족, ④ 지역사회 여론 형성에 효과적 등 4개 영역이 포함되어 있다. 효율성에는 ① 프로그램 수행의 비용, ② 예산결정 근거의 타당성, ③ 소요비용의 상대적 효율성 평가 등 3개 영역이 포함되어 있다.

중요한 이슈는 프로그램을 관리하는 데 늘 경험하는 고민들이다. 특히 노력성의 관점은 하나의 프로그램을 수행하는 데 단순히 현재의 자원이나 인력으로만 수행하려는 의식에 그치는 것이 아니라, 보다 적극적으로 의미를 확대하여 프로그램 수행자 스스로의 책임성을 강조한다. 즉, 프로그램이 가치가 있다면 보다 확대되어야 하며, 목표달성을 위해서는 사회복지조직 이외의 자원동원도 가능해야 한다. 다른 한편으로는 사회복지재원의 대부분을 담당하는 정부 책임을 줄이는 도구가 된다.

효과성에서는 클라이언트의 만족도뿐만 아니라 욕구 충족의 두 가지 관점에서 균형 있게 접근한다. 단순히 만족도라는 단기적 처방에 골몰하는 것이 아니라 클라이언트의 문제나 욕구가 진정으로 해결되었는지에 대한 좀 더 포괄적인 시각도 잊지 않기 때문이다. 지역사회 여론 형성에 효과적이어야 하는지는 사회복지조직이 지역사회와 떨어질 수 없는 불가분의 관계임을 의미한다.

효율성에 있어서도 단순히 비용효과분석만을 의미하는 수행비용만을 따지지 않는다. 예산 결정의 근거가 객관적이고 타당한 데이터를 통해 제시되는지를 묻는 것은 행정 부분이 취약한 사회복지조직에서 유의할 사항이다. 예산 사용의 합리성을 강조하는 것도 중요하다. 또한 예산 사용의 결과에 있어서 유사한 타 프로그램의 예산 사용과 비교할 수 있을 만큼 체계적인 관리를 요구하는 것도 중요하다.

결론적으로 프로그램을 계획할 때에도 마찬가지지만, '왜 우리가 평가를 해야 하는가?'에 대한 보다 명백한 성찰과 인식이 필요하다. 이 내용은 아마도 똑똑한 독자라면 이 책 전체에서 의문을 가질 수 있을 것이다. 평가가 왜 필요하고, 왜 사회복지직의 전문성을 향상시키고, 실천 가치를 달성하기 위한 가장 효과적인 방법 중 하나인지를 이해하였다면, 평가를 시작하기 위한 충분한 준비가 된 것이다.

2) 평가팀의 구성

프로그램 평가에 익숙하지 않은 사회복지사 혹은 기관의 경우, 프로그램 평가를 어떻게 수행해야 할지 종종 난감함에 빠진다. 평가가 프로그램의 구성요소 중 하나로 일상적으로 이루어지는 수준까지 성장하기 위해서는 전문적 지원체계가 필요하다. 이 경우 내부인력의 학습과 성장을 도모하며, 시행착오를 최소화할 수 있는 방법으로 외부 전문가로부터의 도움을 받는 것도 좋다. 이를 위해 필요한 것은 실무자, 책임과 권한이 있는 관리자, 그리고 외부 전문가 등 이론과 실무를 겸할 수 있는 구성을 토대로 평가팀(task-force team or work group)을 구성한다.

평가팀의 활발한 토론과 역동성을 보장하기 위해서 평가를 잘 이해하며, 적극적으로 참여할 수 있는 구성원들을 갖추는 것이 가장 중요하다. 규모도 통상 4~5명 수준이 적절하며, 인원이 많을수록 집중도는 떨어질 가능성이 크다. 조금 큰 프로그램을 위해서는 한두 명이 더 있을 수 있지만, 7명보다 큰 팀은 활동적인 토론과 알맞은 결정을 내리기에는 너무 많은 인원이다. 대신 부족한 인력이나 정보를 보완하기 위한 자원이나 연계망을 충분하게 갖추어야 한다. 특정한 관점에서의 전문성이나 데이터 통계분석과 같은 전문적인 기술을 갖춘 인력의 지원을 받거나 포함시키는 것도 필요하다.

평가팀이 해야 할 주요한 역할은 다음과 같으며(Hatry, et al., 1996의 내용을 조정함), 이는 곧 프로그램 평가의 과정이다. 이 중 성과 평가나 논리모델 등이 기억나지 않는다면 앞 장을 다시 공부해야 한다.

① 어떤 프로그램을 먼저 평가할 것인지를 결정한다.
② 평가계획 일정을 구체화시켜야 한다.
③ 측정하기 위한 성과를 구체적으로 확인해야 한다.
④ 평가를 위한 논리모델을 구성해야 한다.
⑤ 평가를 위한 성과측정지표들을 구체적으로 확인해야 한다.

⑥ 데이터 수집도구가 준비되었는지, 데이터 수집계획이 개발되었는지, 그리고 모든 측정도구와 계획이 사전에 준비되었는지 확인해야 한다.
⑦ 시험적인 과정을 모니터링하고 준비하기 위한 계획을 세워야 한다.
⑧ 데이터 분석을 관찰하고, 보고할 준비를 해야 한다.
⑨ 사전 조사된 결과를 평가하고, 필수적으로 바꿔야 할 부분들을 결정해야 한다.

평가팀이 잘 운영되기 위해서는 정보를 관리하고 통제할 수 있는 슈퍼바이저가 필요하다. 특히 측정 지표들을 결정하거나, 평가결과를 통해 얻어진 개선 의견들이 논란을 야기하거나 혼란스러울 때는 이를 결정하고 조정하는 역할을 슈퍼바이저가 해야 한다.

프로그램 평가에서 측정의 대상이 되는 프로그램을 설정할 때는 모든 프로그램보다는 주요 프로그램으로 제한을 두는 것이 초기 단계에서는 더 효율적이다. 가장 대표성 있고, 의미가 큰 프로그램을 사례로 선택하여 평가한 후, 평가기술이 향상되면 점차 확대시키는 것이 바람직하다. 이를 위하여 평가팀은 충분한 이론적 검토를 시작해야 하며, 프로그램의 평가가 가능한 프로그램이 무엇인지에 대하여 고민을 해야 한다. 또한 프로그램 중 어떤 요인에 중점을 두고 평가할 것인지에 대해서도 논의를 해야 한다.

3) 평가 계획하기

평가계획에서는 구체적인 평가계획 짜기와 평가모형 만들기가 가장 중요한 과제가 될 것이다. 평가의 목적과 목표, 대상, 평가의 방법 및 평가도구, 자료수집방법, 측정과정, 분석 및 해석방향 등의 일련의 평가과정에 대한 체계적인 계획을 수립하여야 하는데, 이는 평가계획서를 통하여 보다 구체화된다. 즉, 평가단계에 대한 실행지침서가 되는 것이다. 평가계획서는 추후 평가의 평가, 즉 메타평가의 기본 자료로도 활용할 수 있다.

프로그램의 목표를 어느 정도까지 달성하였는지를 실증적으로 분석하기 위한 평가모형을 작성해 보는 것이 좋다. 이는 성과 평가에서 살펴본 논리모형과 같은 것이다. 이는 프로그램의 계획 단계의 목표와 현재의 조건과 상황에 따른 실현성의 간격을 줄이기 위한 전략들을 설정하여, 그 프로그램이 정상적으로 진행되었는지 또는 좀 더 광범위한 규모로 효과가 나타는지 판단하는 기초자료가 된다.

다음은 평가를 준비하는 데 있어서 앞에서 제시되었던 문제의식들을 보다 구체화하여 질문형식으로 만들었다. 다음 사항들에 대하여 점검함으로써 프로그램을 평가를 계획할 때 어떠한 점들이 고려되어야 하는지를 구체적으로 확인할 수 있게 된다.

(1) 프로그램 준비 영역

① 프로그램의 목적과 목표의 설정이 사회복지 가치에 입각하여 합목적적이고, 타당한 것인가?

② 프로그램의 목적과 목표가 실제로 달성될 수 있는 것인가? 그 근거는 타당한가?

③ 프로그램의 목적과 목표를 달성하기 위한 프로그램의 내용은 어떻게 구성되어 있는가?

④ 프로그램의 목적을 달성하기 위한 목표는 측정-관찰 가능한 수준으로 구체적이고, 명확한가?

⑤ 프로그램의 목적을 달성하기 위해 투입되는 정규 · 비정규 인적자원은 타당하고, 충분한가?

⑥ 프로그램의 목적을 달성하기 위해 투입되는 물질 · 비물질적 물적자원은 타당하고, 충분한가?

⑦ 프로그램의 목적을 달성하기 위해 투입되는 전문지원 및 슈퍼비전 체계가 타당하고, 충분한가?

(2) 클라이언트 영역

① 누가 클라이언트인가? 구체적으로 표적대상이 설정되었는가?

② 클라이언트의 욕구, 개입해야 할 상황이나 문제는 근거에 의하여 타당하고, 객관적으로 규정되었는가?

③ 클라이언트는 자신의 욕구, 상황에 대하여 얼마나 인식하고 있는가?

④ 욕구 등의 해결에 클라이언트가 주체적으로 참여할 수 있는가? 그리고 이를 보장하는가? 성장시킬 수 있는가?

⑤ 클라이언트의 욕구 등의 해결을 위한 해결 대안과 프로그램의 목표와 내용이 일치하는가?

⑥ 클라이언트의 욕구 등의 해결이 실질적으로 본 프로그램을 통하여 가능하게 될 것인가?

⑦ 클라이언트의 변화는 어느 정도인가?(욕구, 결과성과 등) 근거는 무엇이며 타당하고 신뢰할 만한가?

⑧ 클라이언트는 프로그램에 대하여 만족하는가? 그 근거는 무엇인가?

⑨ 클라이언트의 주도성과 사회적 이미지는 얼마나 향상되었는가? 그 근거는 무엇인가?

(3) 계획에 따른 달성 평가

① 프로그램의 수행은 무리 없이, 지체됨 없이, 적절하게 수행되었는가?

② 프로그램의 목적과 목표가 어느 정도 달성되었는가?

③ 프로그램의 목적과 목표 달성 정도를 어떻게 구체적으로 측정(관찰)할 수 있는가?

④ 프로그램에 의하여 파급되는 효과는 어떻게 확인될 수 있는가? 그것이 유효한가?

⑤ 프로그램에 투입된 정규·비정규 인적자원은 어느 정도이며, 예정된 계획과 어느 정도 일치하는가?

⑥ 프로그램에 투입된 물질·비물질적 물적자원은 어느 정도이며, 예정된 계획과 어느 정도 일치하는가?
⑦ 프로그램에 투입된 전문지원 및 슈퍼비전 체계의 도움 정도는 어느 정도이며, 예정된 계획과 어느 정도 일치하는가?
⑧ 자원동원 혹은 지역사회에의 파급효과는 어떻게 예측하며, 가능한가?

(4) 프로그램 비용 분석

① 프로그램의 각 관항목별로 사용된 계획된 예산과 사용된 예산 현황은 정리되어 있는가?
② 프로그램의 비용효과 분석은 가능하고 어느 정도 현실적으로 타당한가?
③ 프로그램의 비용은 진행된 사업에 비추어 타당하고 적합하였는가?
④ 기관 이외의 자원동원은 어느 수준에서 이루어졌는가?

(5) 프로그램 평가 분석

① 프로그램은 계획된 일정대로 진행되었는가? 돌발변수가 있는가?
② 프로그램의 준비과정은 체계적으로 준비되었는가?
③ 프로그램의 내용은 물론 준비, 시작, 과정, 종결, 환류 과정은 어떻게 이루어지고 그에 관한 정보는 어떻게 정리되고 관리되는가?
④ 프로그램의 구성체계 중 어느 요인이 프로그램의 목표달성에 영향을 미치는가?
⑤ 사회복지사, 자원봉사자, 슈퍼바이저, 클라이언트 등 다양한 관점에서 평가되었는가? 그 근거는 무엇인가?

(6) 사후 분석

① 프로그램의 중장기적 파급 효과와 그 전망의 근거는 무엇인가?

② 프로그램은 앞으로 계속되어야 하는가? 수정되어야 하는가? 폐기되어야 하는가?

③ 프로그램 및 프로그램 평가가 실무자의 학습과 전문적 성장에 어느 정도 기여하였는가?

④ 프로그램 평가에 실무자가 즐겁고 편리하게 참여할 수 있는 구조인가?

⑤ 어떻게 하면 더 좋은 프로그램이 만들어질 수 있는가? 그 근거가 명료하게 도출되었나?

3. 평가도구 구성 단계

평가도구 구성 단계는 평가계획에 따라 평가를 수행할 수 있는 가장 핵심적인 평가도구를 만드는 혹은 결정하는 단계이다. 평가도구가 만들어지면, 반드시 사전검사를 통해 평가도구가 평가과정에서 적절하게 작동하는지, 혹은 적합한지를 점검하며, 평가수행 과정에서 생기는 문제나 부족한 부분을 보완하는 작업을 한다. 이 과정을 통하여 평가도구는 최종적으로 구체화된다.

프로그램 평가도구는 프로그램의 목표를 비롯하여 각종 평가대상을 실질적으로 측정 가능한 변수로 전환시키는 작업(조작적 정의)이다. 아직까지 표준화된 측정도구가 많지 않으므로 현장에서는 정보나 자료의 부족을 느끼며, 결국 조작적 정의에 의한 평가를 해야 하는 경우가 대부분이다.

평가도구를 만들 때 절대적 기준으로 사용할 평가도구인지, 혹은 상대적 기준으로 사용할 평가도구인지 고려해 보는 것이 필요하다. 절대적 기준은 규범적인 것으로 미리 정해놓은 일정한 수준을 기준으로 평가하는 것이다. 예로 참가자 100명을 목표로 하는 경우에 실제 참가자의 인원 비율로 목표달성도를 측정하는 절대적 기준이다. 상대적 기준은 평가대상 프로그램과 타 기관 또는 동 기관의 프로그램과 비교하여 상대적으로 평가하기 위하여 작성된 기준이다. 자아존중감 향상 같은 개념이다.

성과 평가나 조작적 정의에 의한 평가를 위한 평가도구는 양적 평가가 많으므로 평가도구 자체가 수량화된 측정이 가능해야 한다. 자아존중감 등의 특정 척도를 이용한 평가는 평가척도의 하위 내용과 프로그램의 하위 내용이 서로 일치하여 측정의 내용 타당도가 있는지 점검한다. 반면 과정분석 평가와 같이 질적 평가를 수행할 경우 평가를 수행할 수 있는 기본적인 지침만 구성하고, 평가자의 훈련에 신경을 많이 써야 한다. 질적 평가자가 측정도구이자 분석도구가 되기 때문이다.

평가도구의 구성 단계는 평가를 위한 판단기준으로 계량적 접근을 중심으로 할 것인지 아니면 질적 결과물을 얻는 데 주력할 것인지 결정한다. 이 둘을 다 사용하는 것이 가장 이상적이지만, 질과 양의 결과물이 일치하지 않는다면, 사회복지사는 더 신뢰할 만한 것이 무엇인지 결정해야 한다. 질과 양 어떤 평가방법이 우월하거나 다른 평가를 압도하는 경우는 없다. 서로 다른 기능을 가지고 있기 때문이다. 그렇기 때문에 평가자는 자신이 잘 사용할 수 있는 방식을 정해야 하며, 사용할 능력을 반드시 갖추고 있어야 한다.

다음은 평가도구의 내용을 구성하는 데 생각해 보아야 할 사항들이다(우수명, 1999를 재수정).

① **활동** : 목표 → 프로그램(활동) → 성과의 논리적인 인과관계를 규명할 수 있는지 판단한다.

② **기준** : 평가에 필요한 요소들, 즉 효과성, 효율성, 품질 등 적합한 기준들인지 확인한다.

③ **우선순위** : 많은 척도 중 핵심 평가 영역이나 우선 평가 영역을 결정한다.

④ **중심가치** : 클라이언트 중심의 가치실현, 사회복지사 자신의 가치 실현, 조직의 미션과 비전의 실현에 적합한 척도인지 분별한다.

⑤ **변수** : 척도는 구체화되어 변수(variable)가 된다. 프로그램 내용과 척도의 변수는 일치해야 한다.

⑥ **모델화 & 전문성 축적** : 평가도구는 프로그램 평가 모델에 적용될 수 있는지 검토하지만(연역적 방식), 사회복지 현장의 경험을 통해 모델을 제시할 수 있다(귀납적 방식). 이 모든 작업은 현장의 전문성을 향상시키는 학습과 성장의 기회가 되어야 한다.

⑦ **지향점** : 프로그램의 장단점을 분석하는 데 유리하고, 대안 탐색이 가능한 경우의 수를 알 수 있는 것이 좋다.

다음은 평가도구를 결정하는 데 유의해야 할 내용들이다.

① 프로그램을 평가할 수 있는 측정도구는 준비되어 있는가?

② 질적 평가인가? 혹은 양적 평가인가? 어느 방법이 우리 프로그램에 적합한가?

③ 프로그램의 평가를 위한 측정도구가 실제로 유용한가? 성과 및 장단점에 대한 실질적인 정보를 제공하는가?

④ 프로그램의 내용과 이를 평가하는 측정하는 측정도구가 내용상, 형식상 충분하게 일치하는가?

⑤ 프로그램 평가 측정도구가 실무에서 편리하게 사용할 수 있는 수준인가?

⑥ 프로그램 평가 측정도구가 클라이언트에게 불편함, 부담, 인격적 침해, 강압 및 여타의 불이익을 끼치는 것이 있는가?

⑦ 지역사회 혹은 그 이상의 파급효과를 분석할 수 있는 내용이 포함되어 있는가?

4. 평가수행 단계

평가수행이란 프로그램 평가의 진행으로 평가기준에 따라 자료(정보)를 수집하거나 조사 등을 통하여 획득하는 과정이다. 평가의 수행은 질적 평가와 양적 평가가 상당히 다른 양상으로 진행된다. 질적 평가는 프로그램 진행과정에 주로 관여하며, 양적 평가는 프로그램 종결단계에 주로 관여하기 때문이다. 여러 회기(session)인 프로그램을 양적 평가로 매회 측정하더라도 이는 각 회기별 프로그램이 종결될 때에 이루어지는 경우가 많다.

평가를 수행하는 과정의 핵심인 정보를 수집하는 방법으로는 크게 기존 프로그램 기록을 재검토하거나 자기기입 설문지를 이용하여 조사를 수행하거나, 면접, 혹은 훈련된 관찰자가 평가하는 방식 등 크게 네 가지의 방법이 있다(Hatry, et al., 1996, 표 11-3 참조).

〈표 11-3〉 주요 평가정보 수집방법의 비교

		평가정보 수집방법			
		프로그램 기록의 재검토	자기기입 질문지	면 접	훈련된 관찰자에 의한 평가
특징	비 용	낮음	적당함	얼마나 관리되는가에 의하여, 적당함부터 높음까지	당사자가 아닌 경우 비용이 높음
	데이터 수집을 위한 훈련 양	약간	얼마나 배포되는가에 따라 없음부터 약간까지	평가자의 이전 경험과 조사의 복잡성에 따라, 적당함부터 높음까지	복잡성, 관찰의 미묘함에 따라 적당함부터 높음까지
	완결되는 시간	필요한 데이터의 양에 따르지만, 대체로 짧음	얼마나 배포되는가에 따라 적당함부터 긴 시간까지	긴 시간	짧음부터 적당함까지
	반응률	만약 기록이 필요한 데이터를 포함한다면 높음	얼마나 배포되는가에 따라 다름	일반적으로 적당함부터 좋은 수준까지	높음
	측정방법	양적 평가, 질적 평가가 어려움	양적 평가, 내용에 따라 질적 평가 가능	질적 평가, 조작적 정의 방식으로 일부 양적 평가 가능	질적 평가, 조작적 정의 방식으로 일부 양적 평가 가능

출처 : Hatry, et al.(1996). Measuring Program Outcomes. United Way of America, p. 88을 보완함.

면접이나 훈련된 관찰자 평가의 경우 주로 질적 평가가 될 수 있으나 구조화된 측정도구인 경우 양적 평가가 될 수 있다. 반면에 기존 프로그램 기록의 재검토나 자기기입 질문지의 경우도 주로 양적 평가이나 질적 평가로도 활용한다. 따라서 프로그램 평가도구가 어떻게 구성되는지 다양한 경우의 수를 살펴야 한다.

프로그램 기록의 재검토는 사전에 충분한 정보 및 기록관리가 프로그램 수행 시에 이루어져야만 가능하다. 특히 재가복지 서비스는 사례관리의 과정 기록의 재검토만으로도 훌륭한 평가가 가능하다. 프로그램 기록만 잘 되어 있다면, 몇 시간도 지나지 않아 평가 결과를 확인할 수 있다. 클라이언트의 욕구사정 결과와 제공된 서비스의 매칭 결과를 파악하여 분석하면 클라이언트 욕구에 대한 대응성을 쉽게 분석할 수 있다. 그러나 사례관리 대상자의 욕구사정이나 서비스 제공 기록이 빠져 있다면 대응성의 평가는 어렵다. 자세한 사례는 제13장을 참조한다.

자기기입 질문지는 클라이언트 혹은 사업수행자가 스스로 기록하는 프로그램 평가방식이다. 대표적인 것이 이용자 만족도 조사 혹은 사회복지공동모금회의 사업수행 후 제출하는 평가보고서 등이 있다. 자기기입식 평가는 평가자가 필요로 하는 정보를 토대로 구성하며, 현장을 직접 찾아가지 않아도 되기 때문에 시간이 단축될 수 있다. 반면에 평가자가 요구하는 사항이 많으면 평가가 오래 걸리고, 정직하지 않은 경우 확인하기 어렵다. 또한 자기기입 방법을 잘 설명하지 못할 경우 기입자가 이해하지 못하여 평가의 질이 낮아질 수 있기 때문에 암시나 강압이 되지 않으면서 자세하게 설명하는 안내가 필요하다.

면접은 프로그램 수행자 혹은 클라이언트와 직접 대면하고 질의응답을 가지는 방식을 통하여 프로그램의 가치를 평가할 수 있다. 양적 평가에서 얻기 힘든 현장 중심의 경험이나 맥락을 포함하여 다양한 정보들을 얻어내는 데 유리하다. 평가자와 피평가자 사이의 라포형성의 수준에 따라 얻어지는 정보가 달라지므로 신뢰성 있고 정직한 상호작용이 중요하다. 면접은 피면접자의 표현에 많이 의존하게 되므로 왜곡된 정보를 얻게 될 가능성도 크다. 또한 외부 평가자가 클라이언트를 직접 면접하게 되는 경우에는 정보 노출이나 인권 보호와 관련하여 신중해야 한다.

훈련된 관찰자에 의한 평가는 제3자적 입장을 견지할 수 있어 객관적인 질적 평가를 수행하는 데 유리하다. 특히 사회복지사가 프로그램의 진행에 집중함으로써 전반적인 흐름에 대한 정보를 제대로 얻어내지 못할 경우가 많은데, 이 경우 관찰평가자는 한 발자국 떨어져 프로그램의 진행과정과 그 속의 상호작용을 폭넓게 관찰할 수 있다. 그러나 관찰평가자를 어떻게 훈련시키고 관리하는지와 관찰과정에서 프로그램 진행에 미치는 영향력에 따라 결과가 크게 차이 난다. 또한 제3자적 위치라는 것 자체가 프로그램에 대한 전문적 식견이 없는 한 피상적 관찰이 이루어지는 위험이 있다.

평가정보 수집방법의 네 가지 방식은 하나의 방법이 절대적 위치를 점하고 있지 않으며, 따라서 프로그램을 평가하는 데 있어서 비용, 데이터 수집을 위해 요구되는 훈련의 양, 평가가 완결되는 데 필요한 소요시간, 피평가자(대상)로부터 얻어지는 정보의 반응률 등을 고려하여 적절한 방법을 혼용하여 사용한다.

평가정보를 수집하는 데 있어서 또 다른 고려사항은 누가 평가할 것인가이다. 면접이나 관찰평가자도 사회복지조직의 내부 인력을 이용하여 수행할 수 있지만, 외부 인력을 활용하여 평가할 수 있다. 내부 평가자는 정보접근성에 유리하지만 평가결과가 유리한 경향성을 가질 가능성이 높다. 외부 평가는 객관성을 확보하는 데 유리하지만, 프로그램과 평가와의 단절 가능성이 높아질 수 있다.

5. 평가결과의 분석 및 활용 단계

1) 평가결과의 분석

평가결과의 분석은 평가를 통해 얻어진 정보들을 재가공해서 의미 있는 결과로 도출하는 작업이다. 이 과정은 어떤 평가모델을 적용하는지, 어떤 분석기법을 사용하였는지에 따라 크게 달라지지만 분석능력에 대한 훈련은 꼭 필요하다. 양적 분석이면 간단한 비율계산[1]부터 고급통계까지 가능하다. 질적 분석은 연구자의 통찰력과 인식 수준을 토대로 문맥과 문맥 사이에 연결고리들을 찾기, 코딩, 개념화, 이미지 분석 등을 통해 의미를 도출할 수 있어야 한다.

평가결과를 재해석하고 의미를 부여하는 일은 무엇보다 중요하다. 아무리 통계를 잘할지라도 재해석과 의미부여는 그 분야에 대한 전문성, 충분한 현장 경험 속에서 나오는 통찰력이 없다면 어려움에 직면하게 된다. 평가팀은 이럴 때 유용하다. 평가결과에 대한 냉철하고 깊은 토론과 슈퍼바이저로부터 배우는 경험을 통해 평가의 객관성과 타당성을 높일 수 있다.

2) 평가결과의 활용

평가결과의 활용을 위해 고려되어야 할 측면은 다음과 같이 정리될 수 있다.

(1) 책무성의 수행에 얼마나 기여하였는가?

평가결과의 효과는 결국 클라이언트의 긍정적 이미지 창출과 강점에 기초한 역량강화를 통한 사회복지 책무성을 얼마나 구현하였는지에 따라 달라진다. 평가 자체가 프로그램을 정죄하는 것이 아니라 프로그램 과정의 일부이기

---

1) 간단한 비율계산도 매우 중요하다. 참여자 만족도 조사에서 평균과 표준편차만으로도 많은 정보를 얻을 수 있다. 평균의 높낮이 비교를 통한 판단, 표준편차의 크기에 의한 일치된 반응 여부의 판단이 가능하며 이를 통해 프로그램의 여러 상황을 예측할 수 있다.

때문이며, 평가의 목적도 프로그램의 목적에 수렴되는 것이 타당하다. 이를 위해서는 프로그램의 과정으로서 평가를 인식하고, 클라이언트 중심의 지향점을 잃지 말아야 하며, 프로그램 평가를 솔직하고 정직하게 할 필요가 있다. 이는 실무적 관점에서도 타당한데, 평가결과의 활용이라는 개념 자체가 프로그램 과정의 개선이라는 관점에서 이해되기 때문이다. 또한 책무성 향상을 위해서는 프로그램을 둘러싼 구성원(지역사회 혹은 그 이상을 포함해) 모두가 참여하거나 서로 간의 협력을 통한 사회통합이 이루어지도록 노력해야 한다.

(2) 형성 평가인가? 혹은 총괄 평가인가?

형성 평가 혹은 총괄 평가 중 어떤 것을 지향했는가에 따라 활용도는 크게 달라진다. 형성 평가 자체가 프로그램의 개선에 초점을 둔 반면, 총괄 평가는 프로그램의 개폐를 결정하는 정책과정에 더 초점을 두기 때문이다.

형성 평가는 프로그램 과정 중에 끊임없이 프로그램(혹은 사회복지사)과 상호작용이 이루어지며, 프로그램의 궁극적 지향점을 강화시키도록 해야 효과가 있다. 즉, 평가가 바로 프로그램에 반영되며, 그 결과가 다시 평가로 반영되는 순환적 성격이 강화되어야 제대로 활용하는 것이라고 볼 수 있다.

총괄 평가는 새로운 변화의 모색을 추구할 때 유용하다. 프로그램의 전체적인 가치와 성과를 판단하여 프로그램의 종결 혹은 유지를 결정하기 위한 의사결정을 수행한다. 형성 평가도 마찬가지지만, 총괄 평가가 종결 여부를 결정하는 것은 프로그램과 클라이언트뿐만 아니라 둘러싼 환경 체계의 영향을 고려하기 때문이다. 이때의 판단 근거는 클라이언트가 최우선이며, 일선 사회복지사가 그 다음이 되어야 한다.

일반적인 사회복지조직에서는 총괄 평가보다는 형성 평가에 더 초점을 두겠지만, 공동모금회와 같은 곳은 총괄 평가가 중심이 된다.

(3) 내부용인가? 혹은 대외용인가?

한 사회복지조직에서 평가결과 보고서를 내부용 보고서로 사용할 때와 외부에 공개(제출)하고자 할 때의 내용은 크게 달라지는 경우가 많다. 가장 좋은 평가보고서는 내부용과 외부용이 일치되는 솔직하고 당당한 보고서라고 할 수 있다. 사회복지 재원의 공공재적 성격을 다룰 때도 강조하였지만, 사회복지실천 및 모든 활동의 결과물은 사적으로 소유되어서는 안 된다.

상대적으로 사회복지조직 내부에서 활용하기 위한 평가서는 솔직한 부분에서 더 자유로울 수 있다. 그러나 평가가 상벌의 계기로 사용될 때는 더 심각한 은폐나 조작의 가능성이 나타날 수 있다. 이는 평가가 어떤 관점에서 수행되는 것이 필요한지에 대한 고민을 던져주게 된다.

사회복지조직의 외부로 발표되거나 제출되는 평가서는 형식 면에서는 더 철저할지 몰라도, 내용에 있어서는 상대적으로 정제되기 때문에 평가자의 관점에서 핵심적인 정보가 생략될 수 있다. 특히 많은 예산을 외부에 의존하고 있는 사업의 경우 좋은 점을 일부러 부각시키며, 부족한 점을 제외시키는 경우는 흔하게 발생된다. 이는 사회복지조직이 독립적이고 주체적이어야 하나 그렇지 못할 때 많이 발생한다.

3) 메타평가

평가결과가 제대로 분석되고 활용되는지를 확인하기 위한 방법이 메타평가(meta evaluation)이다. 메타평가는 평가를 평가하는 것으로 평가자가 선택하는 방법과 도구, 평가자의 개인적 배경, 전문적인 훈련과 경험 등이 상이함으로 인해 발생하는 평가의 편이(evaluation bias)를 방지하고 평가가 본래 의도했던 결과를 달성하기 위해 필요한 절차이다. 평가를 사정(assessment)함으로써 평가를 더욱 유용하고 실행 가능하며 윤리적인 방향으로 이끄는 것이 메타평가의 목적이다(Worthen, et al., 1997, 정선욱 · 김진숙, 2000 재인용).

메타평가는 Joint Committee가 개발한 "The Program Evaluation Standards"로 30개의 기준으로 이루어졌으며, 건실하고 공평한 평가가 갖춰야 할 유용성, 실행 가능성, 윤리성, 정확성 등의 특성에 따라 네 집단으로 분류된다. 네 가지 기준을 자세히 살펴보면 다음과 같다(Sanders, 1994, 정선욱 · 김진숙, 2000 재인용, 표 11-4 참조).

유용성에 해당하는 기준들은 평가가 유익한 정보를 제공하고 시기적절하며 영향력을 미칠 수 있도록 만드는 것들이다. 즉, 유용성 기준은 평가가 정해진 참여자의 실질적인 정보 욕구를 충족시키는지 여부를 밝혀낸다. 유용성에 해당하는 기준은 7가지이다.

실행 가능성에 해당하는 기준들은 평가를 실험실과 같은 인위적인 세팅이 아닌 자연적인 현장에서 실시될 수 있도록 설계해야 하고, 자원을 의미 있게 소비하는 것과 관련된다. 평가 문항을 다루는 데 필요한 것 이상으로 자원, 재료, 인력, 시간을 낭비해서는 안 된다. 이에 해당되는 기준은 3가지이다.

윤리성에 해당하는 기준들은 평가가 다양한 방식으로 많은 사람들에게 영향을 미친다는 사실을 전제로 평가에 의해 영향을 받는 개인들의 권리 보호와 관련된다. 윤리성 기준은 평가자들의 비합법적, 비도덕적, 비윤리적 그리고 부적절한 행동에 대한 민감성과 주의를 촉진한다. 여기에 해당되는 기준은 8가지이다.

정확성에 해당하는 기준들은 평가가 평가 대상의 가치 혹은 장점에 대한 충분한 정보를 도출해 내었는지를 결정하는 것이다. 즉, 평가자는 평가 대상의 가치 혹은 장점을 사정하는 데에 근거가 되는 중요한 특성 자료를 포괄적으로 수집해야 한다. 덧붙여 정보는 기술적으로 적절해야 하며 그 결과를 통해 내려진 판단은 자료와 논리적으로 일관성이 있어야 한다. 정확성에 해당되는 기준은 12가지이다.

이상의 유용성, 실행 가능성, 윤리성, 정확성 기준들을 정리하면 다음 〈표 11-4〉와 같다. 평가자는 평가를 수행하는 과정에서 이 기준들을 주의 깊게 반영해야 한다. 이 기준들의 상대적 중요성은 상황마다 다를 수 있다.

〈표 11-4〉 Joint Committee의 메타평가 기준

<table>
<tr><th>기준</th><th>개 념</th><th>하위요소</th><th>판단 기준의 설명</th></tr>
<tr><td rowspan="7">유용성</td><td rowspan="7">평가는 의도된 사용자(intended users)들의 정보 욕구를 충족시켰는가?</td><td>1) 평가대상자의 확인(이해당사자)</td><td>평가에 의해 영향을 받을 사람 혹은 평가에 관여되는 사람의 욕구를 다루기 위해, 그들의 욕구를 확인한다.</td></tr>
<tr><td>2) 평가자 신뢰성</td><td>평가결과에 대한 신뢰와 수용을 최대한 얻기 위해 평가 수행자는 신뢰할 만한 능력을 갖춘다.</td></tr>
<tr><td>3) 정보의 범위와 선택</td><td>수집된 정보는 프로그램과 관련된 문제를 다루기 위해, 폭넓게 선택해야 하고, 특정 이해당사자와 클라이언트의 욕구 · 관심의 반응을 수집한다.</td></tr>
<tr><td>4) 가치 명료화</td><td>가치 판단 기준을 분명히 하기 위해, 평가 결과를 해석하는 데 사용하는 가치 관점, 절차, 합리적 근거들을 주의 깊게 서술한다.</td></tr>
<tr><td>5) 보고서의 명료성</td><td>필수 정보를 제공하고 이해하기 쉽게 평가된 프로그램의 맥락, 목적, 절차, 결과를 세부적으로 기술한다.</td></tr>
<tr><td>6) 보고서의 시기적절성과 배포</td><td>의미 있는 중간 결과와 평가 보고서는 적시에, 적절하게 사용할 수 있도록 유저(user)들에게 제공한다.</td></tr>
<tr><td>7) 평가의 영향</td><td>평가의 활용 가능성을 높이기 위해 이해당사자의 후속 행동(follow-through)을 촉진하는 방식으로 평가를 계획, 수행, 보고한다.</td></tr>
<tr><td rowspan="3">실행 가능성</td><td rowspan="3">평가는 현실적이고 신중하며, 교섭에 능하고(diplomatic) 검소한가?</td><td>1) 실용적 절차들(practical procedures)</td><td>필요한 정보를 얻는 과정에서 발생하는 혼란을 최소화하기 위해, 평가절차는 실용적이어야 한다.</td></tr>
<tr><td>2) 정치적인 실행 가능성(political viability)</td><td>이해 집단이 평가 공정을 단축하거나 결과를 잘못 적용하려는 시도를 막고, 이해 집단들 간의 협조를 얻기 위해 이해 집단들의 상이한 입장을 예견하면서 평가를 계획 · 수행한다.</td></tr>
<tr><td>3) 비용 효과성</td><td>평가에 사용된 자원의 정당성을 확보하기 위해 평가는 효율적이고 충분히 가치 있는 정보를 만든다.</td></tr>
</table>

윤리성	평가결과에 의해 영향을 받는 사람들뿐만 아니라, 평가에 참여한 사람들의 복지를 충분히 고려하였는가? 평가는 합법적 · 윤리적으로 수행되었는가?	1) 서비스주의	조직이 대상으로 삼은 참가자들의 전반적인 욕구가 효과적으로 충족되도록 평가를 설계한다.
		2) 공식적 합의	평가에 대한(언제, 누가, 무엇을, 어떻게 평가할 것인가?) 공식적인 담당자들의 책무는 서면으로 합의해야 한다. 그래서 모든 당사자들은 합의된 모든 조건을 준수하거나 합의된 조건을 공식적으로 지킨다.
		3) 인권	평가는 인간의 권리와 복지를 존중하고 보호하도록 설계 · 수행한다.
		4) 사람들 간의 상호작용	평가 관계자들이 위협받거나 해를 입지 않도록 하기 위해 평가자는 평가와 관련된 타인과의 상호작용에서 인간의 존엄성과 가치를 존중해야 한다.
		5) 철저하고 공정한 평가	평가대상 프로그램의 강점과 약점을 철저하고 공정하게 탐색 · 기록한다. 그래야만 강점을 주장하고 문제 영역을 처리할 수 있다.
		6) 평가결과의 공표	평가에 참여한 공식적인 당사자들은 평가의 영향을 받는 사람들과 평가결과를 획득할 법적 권리를 가진 사람들이 평가결과를 언제든 볼 수 있도록 보장한다.
		7) 이해 갈등	이해 갈등은 공개적이며 정직하게 다루어야 한다. 그래야만 이해 갈등으로 평가 과정과 결과가 절충되는 것을 막을 수 있다.
		8) 재정적 책임감	평가자는 자원 배분과 지출에서 철저한 책임성 절차를 지킨다.
정확성	평가는 평가 대상 프로그램의 가치 혹은 강점과 관련된 특성들에 대한 정보를 기술적으로 충분히 밝혀내고 드러내고 있는가?	1) 프로그램 문서화	평가 대상 프로그램은 명확 · 정확하게 기술하고 문서화한다. 그래야만 프로그램을 명확히 확인할 수 있다.
		2) 맥락 분석	프로그램이 존재하는 맥락이 프로그램에 미치는 영향을 확인하기 위해, 맥락을 자세히 살펴야 한다.
		3) 목적과 절차의 기술	평가의 목적과 절차를 확인하고 사정하기 위해, 평가의 목적과 절차를 점검 · 기술한다.

	4) 변호할 수 있는 정보원	정보의 정확성을 사정하기 위해, 프로그램 평가에 사용된 정보원을 자세히 기술한다.
	5) 타당한 정보	정보 수집 절차를 통한 해석이 (의도한 용도에 비추어 볼 때) 타당하도록 선택, 개발 그리고 실행되어야 한다.
	6) 신뢰할 수 있는 정보	정보 수집 절차는 이를 통해 얻어진 정보를 (의도한 용도에 비추어) 신뢰할 수 있도록 선택, 개발 그리고 실행되어야 한다.
	7) 체계적 정보	평가에서 수집, 처리, 보고된 정보를 체계적으로 점검하고 발견된 오류를 수정한다.
	8) 양적 정보 분석	양적 정보를 적절히 그리고 체계적으로 분석한다. 그래야만 평가 문제에 효과적으로 대응할 수 있다.
	9) 질적 정보 분석	질적 정보를 적절히 그리고 체계적으로 분석한다. 그래야만 평가 문제에 효과적으로 대응할 수 있다.
	10) 정당화될 수 있는 결론	평가의 결론은 분명하게 정당화될 수 있어야 한다. 그래야만 이해당사자들이 평가 결론을 사정할 수 있다.
	11) 공정한 보고	평가에 대한 당사자의 개인적인 감정 혹은 편견에 의해 보고 절차가 왜곡되지 않도록 유의해야 한다. 그래야만 평가 보고가 평가결과를 공정히 반영할 수 있다.
	12) 메타평가	평가 자체는 관련된 기준에 비추어 형성 · 총괄적으로 평가가 이루어져야 한다. 그래야만 평가 행위가 적절히 이루어지고 평가를 종료했을 때 이해당사자들이 평가의 강점과 단점을 면밀히 검토할 수 있다.

출처 : Worthen, et al.(1997). Program Evaluation-Alternative Approaches and Practical Guidelines(2nd ed.). pp. 442-446, 정선욱 · 김진숙(2000) 재인용.

Part 3

사업계획서 작성 및 평가 사례

Chapter 12. 공동모금회 사업계획서 작성법

Chapter 13. 성과 평가의 사례 - 효과, 효율, 품질 평가

Chapter 12

공동모금회 사업계획서 작성법

1. 사업계획서 작성 준비

사업계획서(proposal)는 프로그램 수행을 위한 세부 실천 내용 및 운영 계획(지침)을 담은 문서를 의미하며, 대내외적으로 인증(authenticate)받기 위한 근거자료이다. 내부적인 인증은 기관장, 운영위원회나 이사회로부터 사업승인과 함께 필요한 예산 및 인력, 또는 후원금 등의 자원 투입을 승인받는 것이다. 보통 약식의 계획서를 사용한다. 대외적인 인증은 외부 재원으로부터 사업비를 교부받기 위한 근거로 만들어지며, 정부로부터는 사업승인을, 사회복지공동모금회(이하 공동모금회)로부터는 공모사업 선정 등과 같은 다양한 형식으로 이루어진다. 공동모금회 등의 경우 약식계획서인 배분신청서와 실무용 세부 사업계획서로 구성하며, 일부 재단의 경우 심사는 약식계획서를 통해 진행하고, 이후 선정될 경우 세부 사업계획서를 제출하는 경우도 있다. 어떤 상황이든 분명한 프로그램의 지향점과 수행 근거를 논리적, 객관적으로 제시하여야 하며, 의사전달을 충분하게 제시할 수 있어야 한다. 이를 위해 몇 가지 유의할 것이 있다.

① 설득력 있는 사업계획서를 작성해야 한다. 사회복지사는 현장성에 기초한 자신들의 문제의식, 클라이언트와의 만남을 통한 그들의 강점과 욕구를 토대로 실제 클라이언트의 긍정적인 변화에 영향을 주고, 지역사회에 긍정적인 영향을 미칠 수 있는 내용의 아이템을 발굴하여 사업계획서를 구성해야 한다. 또한 프로그램의 제목과 내용이 긍정적인 이미지를 창출해야 한다. 일회성으로 사업, 행사성(event) 사업, 거창한 사업성과와 다른 부실한 내용의 사업, 일관성 없는(불일치하는) 목표와 사업내용, 필요성을 설득하지 못하는 주관적 주장 등은 사업계획서로서 적절하지 않다.

② 성과와 평가방법을 분명하게 제시하여야 한다. 사업의 성과가 모호하거나 불분명한 경우, 사업계획서상의 사업수행으로 달성할 수 없는 경우, 불특정 다수를 대상으로 한 성과 예측이 매우 어려운 불분명한 사업 등은 불리하다.

③ 시점과 대상에 따른 구분을 분명히 한다. 최근 공동모금회는 1년 단위 사업계획서로 '성과중심형', 3년 단위 사업계획서로 '성과확산형', 실적에 기초한 비교적 단순한 사업계획서로 '산출중심형', 기능보강사업계획서 등의 4개 영역으로 구분하였다. 성과중심형과 성과확산형은 시점에 따른 차이가 있으며, 산출중심형과 성과중심형은 사업 대상에 따른 차이가 크다. 결국 사업 대상과 시점이 분명해야 사업계획서의 초점을 맞출 수 있다.

④ 차별성과 강점이 분명해야 한다. 사업계획서를 통해 클라이언트의 강점의 실현, 욕구의 분명한 해결, 시기적으로 적절함, 특수한 상황과 조건 등이 분명한 사업계획서는 더 유리할 것이다.

공동모금회의 2021년 배분 기준의 주요 내용을 살펴보면 다음과 같은 특징이 있다.[1)]

① 배분사업은 신청사업, 기획사업, 긴급지원사업, 지정기탁사업으로 크게 구분한다. 신청사업은 사회복지 증진을 위한 자유주제 공모 사업이다. 기획사업은 공동모금회가 특정한 공모 주제를 지정하거나 시범적이고 특별한 공모사업이다. 긴급지원사업은 재난구호 및 긴급구호, 응급지원 등 긴급한 지원이 필요한 공모사업이다. 지정기탁사업은 기부자가 배분 지역이나 배분대상자 또는 사용용도를 지정한 경우에 따라 지원하는 배분사업이다.

② 공동모금회의 심사기준은 기관평가와 사업평가로 나눠진다. 기관평가는 기관의 신뢰성과 사업수행 능력을 중심으로 살핀다. 사업평가는 사업내용 및 추진전략의 적절성, 예산편성의 합리성, 사업의 필요성, 목표 및 평가의 타당성, 사업종료 후 지향점의 적정성, 사업계획의 일관성 및 체계성을 살핀다.

③ 심사과정은 예비심사, 서류심사, 면접심사, 현장심사로 진행되며 전 단계에서 탈락한 경우는 후 단계 심사는 제외되며, 사업 특성에 따라 일부 과정을 추가되거나 생략할 수 있다. 예비심사는 주로 신청 자격 등의 기초 심사를 하게 된다. 서류심사는 제출한 배분신청서(사업계획서)와 신청기관 관련 서류를 근거로 사업평가와 기관평가를 하는 것이다. 서류심사 통과 시 면접 혹은 현장 방문을 통한 해당 기관의 사업내용 및 수행능력을 실사하게 된다.

④ 신청사업은 통상 연간 3천만 원 이하이며, 사회복지사업을 하는 법인, 기관, 단체 및 시설(개인 신고시설)이 신청할 수 있다. 기간은 통상 7월부터 8월 사이에 모집한다. 기획사업은 사업내용, 신청기간, 배분한도(지원)액

---

1) 사회복지공동모금회의 2021년 배분사업안내 내용을 토대로 구성함.

등은 상황에 따라 다르나 수천만 원에서 수억 원대로 다양하다. 사업기간도 통상 3년이 많은 편이다. 긴급지원사업은 수시로 신청할 수 있으며 개인의 긴급지원은 500만 원 이하, 비영리 법인, 기관, 단체, 시설 등은 2천만 원 이하이다.

⑤ 배분사업은 성과중심형, 성과확산형, 산출중심형의 프로그램 사업과 기능보강사업으로 크게 구분한다. 성과중심형은 성과목표 달성을 통해 사업 참여자의 의미있는 변화를 꾀하고 지역사회 변화의 기초를 다지는 주로 단년도 사업이다. 성과확산형은 2년 이상 계획하는 다년도 사업으로 사업 참여자의 변화뿐만 아니라 지역사회, 나아가 우리 사회에 파급력(impact)을 미치는 것을 지향하는 사업이다. 산출중심형은 현재 당면한 지역사회 이슈 및 개인(가족)의 문제 해결을 위한 지원사업으로 성과목표 달성보다 사업수행 과정에 중점을 두는 사업으로 긴급지원사업 같은 것이다.

〈표 12-1〉 **공동모금회 표준 심사기준**

※ 제시된 심사기준은 표준심사양식으로 사업의 특성이나 내용에 따라 일부 항목이 가감되어 사용될 수 있음을 안내드립니다.

구 분			주요 내용
심사	기관 평가	신뢰성	• 모금회와 사업수행 경험이 있으며 사업수행결과는 양호한가 • 이사진 구성(혹은 운영위원회)은 적절한가
		사업수행 능력	• 제안한 사업내용과 유사 혹은 동일한 사업 수행 경험이 있는가 • 사업 관련 담당자(혹은 수퍼바이저)의 지식과 경험이 사업을 수행하기에 충분한가 • 조직, 인력, 예산 등 제반여건을 고려할 때 제안한 사업을 책임성을 가지고 수행할 능력이 있는가

심사	사업 평가	사업내용 및 추진전략의 적절성	• 참여자 및 선정기준, 모집방안은 적절한가 • 목표 달성을 위한 프로그램이 충분하게 구성되어 있는가 • 수행사업의 시행 방법, 시기, 횟수 등의 구성은 적절한가 • 연계협력기관 등 지역자원의 활용 방안을 적합하게 제시하고 있는가
		예산편성의 합리성	• 사업비 및 인건비 구성과 투입비용 수준은 적절한가(타당한가) • 예산 항목의 각 요소가 구체적으로 서술되어 있는가 • (자부담이 필수인 경우)자부담 비율은 적정하며 타당성이 있는가
		사업 필요성	• 참여자의 욕구 및 문제분석을 위한 사전조사 등 경험적 기반에 의한 문제의식이 명확한가 • 문제 해결을 위한 기관의 노력 및 사업기획이 유사시설과 차별성이 있는가 • 해당사업에 대하여 신청기관의 사업수행이 반드시 필요한가
		목표 및 평가의 타당성	• 사업주제에 부합하는 목표가 설정되어 있는가 • 목표는 실현 가능하게 설정되어 있는가 • 목표 측정 시기 및 평가 방법이 구체적이고 타당한가
		사업종료 후 지향점의 적정성	• 사업의 기대효과 및 활용계획이 구체적으로 서술되어 있는가 • (성과확산형의 경우) 사업종료 후 사업 지속 · 유지 전략은 적절한가
		사업의 일관성 및 체계성	• 사업계획 내용이 일관되어 체계적으로 작성되었는가 • 사업계획 내용이 구체적이며 실현 가능한가

2. 한 장 사업계획서 작성[2)]

공동모금회의 배분신청서는 사업개요와 같은 전형적인 One Page Proposal(한 장 계획서)이다. 전문가 그룹은 한 장 계획서를 보고 전체적인 프로그램의 중

2) 사업계획서 작성 실무는 사회복지공동모금회(공동모금회)의 사업계획서 양식을 토대로 살펴볼 것이다. 공동모금회의 사업계획서 초안은 1999년 공동모금회의 의뢰를 받아 HS Research Center에서 제작, 제출하였으며, 이후 공동모금회에서 보완하여 사용하고 있다. 이 양식은 2018년에 크게 바뀌어 새로운 양식으로 구성되었다. 그러나 이 양식도 과도기적 성격이 보인다. 앞으로 사업계획서 양식(형식)이 달라지더라도 기본기가 충실한 사회복지사의 경우 큰 문제는 없을 것이다.

요성과 지원 여부에 대한 결정을 거의 할 수 있다. 따라서 한 장 계획서는 프로그램의 외부인증에서 가장 중요한 얼굴과 같은 역할을 한다. 삼성복지재단도 이와 비슷한 방식이다.

라일리(Riley, 2002)는 '매우 바쁜 하루를 보내는 정책결정권자 입장에서 두툼한 계획서나 계획안이 올라오면 과연 꼼꼼히 살펴보겠는가?'라는 의문을 제기하면서 강력하고 간결한 한 장 계획서의 중요성을 강조하였다. 그가 '가장 쉬운 결정'의 법칙이라고 부르는 것은 의사결정자가 여러 가지 결정을 내릴 상황에서 가장 쉬운 것부터 결정을 내린다는 것이다. 많은 정보가 중요한 것이 아니라 상황에 최적화된 정보가 중요한 것이다. 이를 배분신청서와 같은 한 장 계획서에 담아내야 한다. 한 장 계획서는 사회복지사 스스로 계획한 사업에 대한 충분한 이해도를 갖추고, 가장 중요한 핵심을 요약하여 제시해야 설득력을 갖는다. 한 장 계획서와 같이 작은 단위에서 분명할수록 아이디어도 분명해진다.

한 장 계획서는 단순히 양이 많은 사업계획서를 줄여놓은 것이 아니라 그 자체로 완전한 하나의 서류가 되어야 한다. 경륜을 갖춘 사회복지사에게 한 장 계획서는 충분한 사업계획서이다. 그렇기 때문에 형식을 이루는 요소를 다 사용해야 한다. 그렇지 않다면 그것은 계획서가 아니라 짧은 보고서에 불과한 것이다(Riley, 2002).

사업명, 사업 참여자(수혜자의 긍정적 표현), 수행기간, 성과목표, 사업 내용, 예산 등을 일반적으로 포함한다. 사업명은 사업의 방향과 내용을 설명하는 중요한 요소이며, 성과목표는 프로그램이 달성하고자 하는 내용으로 SMART한 결과 중심적인 목표를 제시하는 것이 좋다. 사업 내용은 가장 핵심적인 세부사업 내용을 서너 개 정리하여 사업의 명칭과 내용을 간략하게 정리한다. 그리고 각종 소요비용과 예산을 정리한다.

한 장 계획서는 프로그램 선정의 첫인상을 결정하는 얼굴이다. 일상에서 타인을 볼 때의 첫인상이 그 사람에 대한 이미지를 결정하듯이, 한 장 계획서를 통해 프로그램의 내용과 방향에 대한 긍정적이고 호의적인 첫인상을 어떻게 만드는지 고민해야 한다.

〈표 12-2〉 사업개요인 약식 사업계획서 사례

배분신청서

<table>
<tr><td>기관명</td><td colspan="3">ㅇㅇ종합사회복지관</td><td>고유번호
(사업자등록번호)</td><td colspan="2">82-X-XXXXXXXX</td></tr>
<tr><td>사업명</td><td colspan="6"><대상+목적+방법 : 부제></td></tr>
<tr><td rowspan="3">사업
기본 정보</td><td>연 차</td><td colspan="5">__① 1년차 __② 2년차 __③ 3년차 __④ 기타( )</td></tr>
<tr><td>대상 지역</td><td colspan="2"></td><td>사업수행 인력</td><td>명</td></tr>
<tr><td>사업 기간</td><td colspan="5">년 월 일 ~ 년 월 일 (총 개월)</td></tr>
<tr><td rowspan="2">사업
참여자</td><td>참여자 구분</td><td colspan="5">__① 아동 · 청소년 __② 노인 __③ 장애인 __④ 여성/ 다문화
__⑤ 위기가정 __⑥ 지역사회 __⑦ 북한/ 해외/ 기타</td></tr>
<tr><td>핵심참여자</td><td colspan="2"></td><td>인원수</td><td>명</td></tr>
<tr><td>사업
구분</td><td colspan="6">__① 기초생계 지원 __② 교육/ 자립 지원 __③ 주거/ 환경 개선 __④ 보건/ 의료 지원
__⑤ 심리/ 정서 지원 __⑥ 사회적 돌봄 강화 __⑦ 소통과 참여 확대 __⑧ 문화/ 격차 해소</td></tr>
<tr><td>성과목표</td><td colspan="6">해당사항이 없을 경우에는 공란으로 표기</td></tr>
<tr><td rowspan="4">주요
사업 내용</td><td>세부 사업명</td><td colspan="5">주요 내용</td></tr>
<tr><td></td><td colspan="5"></td></tr>
<tr><td></td><td colspan="5"></td></tr>
<tr><td></td><td colspan="5"></td></tr>
<tr><td>사업비</td><td>총 사업비</td><td colspan="2">원</td><td>신청금액</td><td colspan="2">원</td></tr>
<tr><td rowspan="2">신청금액
세부내역</td><td rowspan="2">사업비</td><td>천 원</td><td rowspan="2">인건비</td><td>천 원</td><td rowspan="2">관리
운영비</td><td>천 원</td></tr>
<tr><td>%</td><td>%</td><td>%</td></tr>
<tr><td rowspan="2">담당자</td><td>성 명</td><td></td><td>직통전화</td><td></td><td>E-mail</td><td>@</td></tr>
<tr><td>직 위</td><td></td><td>휴대폰</td><td></td><td>FAX</td><td></td></tr>
</table>

위와 같이 2022년도 사업을 신청합니다.

2021년 월 일

기관대표자 : (인)

사회복지공동모금회장 귀하

3. 사업계획서 작성하기[3)]

1) 사업명

1. 사업명 : ___대상___ ___목적___ ___방법___

• 대상, 목적, 방법과 관련된 정보를 담은 사업명을 적어주십시오. (슬로건은 부제(副題)로 병기해 주세요)

사업계획서의 중요한 첫인상은 사업명이 결정하므로 정확하고 핵심적인 내용으로 구성한다. 사업명은 프로그램의 제목과 부제(副題)를 포함하며, 사업의 참여 대상자, 목적(기대효과), 방법을 한 줄로 짧게 보여준다. 특히 3년 동안 지원하는 사업의 경우 일회성이나 단기간 가능한 사업보다는 지속적으로 성장하는 모습을 암시할 수 있어야 한다. 부제는 상징성을 통한 프로그램의 이미지를 긍정적으로 전달하는 것이 좋다. 부제는 희망적이면서 전문성을 강조하거나, 시대적 이슈를 반영하는 아이디어가 포함될 때 더 눈에 잘 띄게 된다.

사업명은 전체 사업의 흐름과 방향을 보여주는 가장 중요한 사업계획서의 첫 인상이자 첫 단추이다. 심사자는 이를 통하여 사업의 의미나 가치 혹은 도전적인 요소들을 판단할 수 있다. 또한 성과목표나 사업내용의 방향성을 평가하는 기준으로도 활용한다. 그렇기 때문에 정확한 제목을 사용하는 것이 좋다(사회복지공동모금회, 이하 공동모금회, 2021). 사회복지공동모금회 배분사업 안내(2021)에 의하면 '색다른 문화공감, Rainbow' 등과 같이 제목만으로 누구에게 어떤 프로그램을 진행하는지 알 수 없는 경우를 피해야 할 제목의 예로 제시하였

3) 사회복지공동모금회의 2021년 배분신청서 중 '성과중심형'을 기초로 작성 방법을 제시하고, 그 다음에 '성과확산형' 중 중복되지 않는 부분의 작성 방법을 정리하였다.

는데, 이를 참고하여 대상과 목적과 방법이 명확하게 제시된 분명한 제목과 이를 상징화시킬 수 있는 부제를 작성하여야 한다. 성과확산형 사업의 경우 다른 사업유형에 비해 규모나 지향하는 가치, 성과 면에서 차이가 있을 수 있다. 보다 거시적이고 사회에 대한 울림을 가져올 수 있는 사업이라는 점을 염두에 두고, 사업 전체를 아우를 수 있는 사업명을 제시하여야 한다(공동모금회, 2021).

종로노인종합복지관의 '노인 사회참여 확대를 위한 대학로 노인연극인 양성 프로그램 「대학老愛 – 대학로를 사랑하는 노인들」'을 예로 살펴보자. 문화소외 노인을 대상으로 문화예술 활동에 기초한 사회참여 활동을 이루기 위해 노인연극활동을 매개로 사용하는 프로그램이다. 대학老愛와 대학로라는 단어를 통해 연극과 문화예술 1번지로 손꼽히는 대학로의 이미지를 상징적으로 사용하였으며, 동시에 대학로 인근에 있는 노인복지관의 지리적 이점을 강조한다.

녹번종합사회복지관의 '이주외국인의 한국 사회적응 능력 향상을 위한 교육 및 자조모임 만들기 사업 – 좋은 이웃, 색(色) 다른 나의 둥지 은평'이라는 프로그램은 우리나라에 정착하는 이주외국인의 통합을 돕기 위하여 이주외국인의 역량을 강화하고 이들을 지원하는 사업이다. 부제의 경우 '좋은 이웃과 색 다른'이라는 단어를 사용하여 다문화적 사회통합을 상징적으로 보여준다. 아래의 사업계획서 작성 사례는 특별한 언급이 없다면 '좋은 이웃, 색 다른 나의 둥지 은평'의 내용을 복지관의 허락하에 인용하여 작성한다.

2) 사업 내용 및 추진 전략

(1) 사업 참여자 정의하기

(1) 참여 대상 및 인원

핵심참여자	
주변참여자	

- 누가 이 사업에 참여합니까?
  - **(핵심참여자)** 성과를 측정하게 되는 대상은 누구이며, 인원은 몇 명입니까? (이 사업에 참여하게 함으로써 누구의 변화를 이끌어 내려고 하는 것입니까?)
  - **(주변참여자)** 성과측정 대상은 아니지만 핵심참여자의 변화를 이끌어 내는 데 중요한 역할을 하는 사람은 누구이며, 인원은 몇 명입니까?

사업 참여자를 명확하게 하는 것은 사업 수행 시 집중력을 향상시켜 효과성과 효율성을 높인다. 참여자는 당자자 중심의 주도성을 강조하고 자기결정권 지향의 '주체적인 참여자'(공동모금회, 2021)의 관점을 갖는다. 사회복지 현장에서 가치 관점이 반영된 것이다.

참여자가 불특정 다수이거나 모호한 프로그램은 대부분 일회성이나 행사성 프로그램이 되어, 선정 가능성을 떨어뜨린다. 반면에 참여자가 구체적이라면 그 대상이 가지고 있는 욕구나 문제도 함께 구체적이 되므로, 수행해야 할 목표를 명확하게 인지하도록 돕는다.

공동모금회 양식의 변화 중 가장 반가운 부분[4]이다. 현장에서 파악하기도

4) 공동모금회의 의뢰로 저자가 처음 사업계획서 양식 폼을 제안했을 때 단순한 형태로 참여자를 정했다. 그러나 사업계획서 양식 확정을 위한 공청회에서 많은 이론가들은 위험집단, 표적집단이 반드시 있어야 한다고 주장했고, 결국 미국형의 양식으로 만들었다. 20년이 지난 지금, 실용성과 현장성을 높인 형태로

어렵고 의미도 떨어지는 위험집단, 표적집단이 빠지므로 클라이언트에 더 집중할 수 있게 되었다.

핵심참여자는 프로그램에 직접적으로 참여는 당사자이며, 프로그램의 결과를 통해 성과를 달성하는 주인공(공동모금회, 2021)이다. 만약 결혼이주 여성과 자녀 간의 관계를 위한 프로그램인 경우 누구를 통해 프로그램의 변화를 주도하는지에 따라 핵심참여자는 달라진다. 통상 보호자가 대상이 되므로, 결혼이주 여성 00명이 핵심참여자가 될 것이고, 자녀 00명이 주변참여자가 될 것이다. 그러나 둘 다 공동의 참여와 균형적 접근이라면 둘 다 핵심참여자가 될 수 있다.

주변참여자는 성과목표 달성이나 핵심참여자의 변화에 매우 밀접하고 중요한 주변인이다(공동모금회, 2021). 자녀 00명 혹은 남편 00명과 같이 기술할 수 있다. 이들 중 중요한 핵심 인물들을 추려 인원수와 함께 제시한다.

전통적인 참여자 구분 방식은 일반집단, 위기집단, 표적집단, 클라이언트로 참여자를 구분한다. 일반집단은 프로그램 참여자와 같은 전체 인구집단으로 은평구에 거주하는 전체 결혼이주 여성과 외국인노동자 가족이다. 위기집단은 욕구나 문제가 있다고 추정되거나 확인된 집단으로 결혼이주 여성 중 가족과 사회 적응으로 인해 어려움을 겪는 이들이다. 표적집단은 프로그램의 지원이 없으면 위험에 빠질 수 있는 대상으로 위기집단 중에서 즉각 서비스가 필요한 대상이다. 한국어를 못하거나 대인관계에 문제가 있는 이주여성이 예이다. 클라이언트 집단은 본 프로그램에 직접 참여하거나 서비스를 직접 받는 대상이다. 핵심참여자와 유사한 개념이지만 보호와 수동적 관점으로 바라본 것은 큰 차이이다.

참여 대상자가 구성된 것은 반가운 일이다. 아쉬운 것은 사업계획서 제안 폼의 편집 완성도와 사용 용어(예 집행 전략)의 편의성을 더 보강하면 좋을 것이다.

(2) 참여자 선정 기준

- 어떤 기준을 세워서 참여자를 모집하게 됩니까?

전통적 참여자 구분 방식은 일반집단에서 클라이언트 집단으로 구체화하면서 선정 기준이 자연스럽게 제시된다. 새로운 양식에서는 참여자를 선정하는 구체적인 기준으로 욕구에 대한 대응을 중요시하므로(공동모금회, 2021), 다양한 문제를 고려하여 판단한다. 과거에는 수급권자에게 우선 지원하였으나 공모사업은 욕구의 중요성이 커져 조금 더 자유롭다. 예를 들면, 결혼이주 여성의 경우 한국 사회에 적응해야 하는 상황에 직면하는데, 이때 이주한 기간이 짧은 이들이 어려움을 겪을 가능성이 크다. 또한 스스로 참여를 통한 의지가 강한 경우 성공화의 모델 가능성이 높다. 이는 욕구가 크고, 문제 직면 가능성이 큰 대상이다. 또한 다양한 기준을 제시할 수 있다. 다음 〈표 12-3〉의 예는 욕구의 크기가 크고, 변화 가능성이 높으며, 정부 제도적 지원을 받지 않는 경계선급이다. 물론 이 조건을 무조건 따지기보다 상황에 가장 적합한 기준을 제시하는 것이 좋다.

하나 더 염두에 둔다면 선정의 투명성과 공정성을 높이기 위하여 별도의 선정위원회를 다양성에 기초하여 구성하고, 절차적 정당성을 확보하는 방향으로 제시하는 것이 좋다. 마지막으로 내부 회의를 통해 최종적으로 참여자가 어떻게 선정되었는지를 제시하는 것이 좋다. 예를 들면, 이주 여성을 위한 프로그램에서는 다음 사례와 같이, 한국에 거주한 기간이 짧을수록, 한국어 구사능력이 떨어질수록, 참여의지가 높을수록, 소득 수준이 낮을수록, 가족의 지지와 협력이 높을수록 우선순위로 배치한다. 앞의 순위에 더 중요한 가중치를 두어 선정하는 방식이다. 중요한 것은 사업목적과 성과목표에 적합한 대상을 선정하는 타당한 기준을 제시하는 것이다.

〈표 12-3〉 **참여자 선정 기준 사례**

순 위	선정 기준	선정 사유
1순위	한국에 이주한 기간(역점수)	이주 기간이 짧음으로 인한 한국 사회 적응 어려움이 큼. 이주 기간을 산정하여 역점수화함
2순위	한국어 구사 능력(역점수)	의사소통이 어려우면 한국 사회 적응 어려움이 큼. 한국어 면접이나 기존에 한국어 시험 결과 등을 활용함
3순위	참여 의지(신청서)	참여자의 욕구의 크기에 따라 프로그램, 멘토 활동 등의 참여와 변화에 성공 가능성이 높아짐
4순위	소득 수준(역점수)	경제적 어려움으로 인한 다양한 사회참여 활동이 위축될 수 있음
5순위	가족의 지지와 협력 수준	참여자의 프로그램 활동 시 가족 간의 갈등을 예방하고 가족의 지지를 통한 변화 효과를 증대할 수 있음

(3) 참여자 모집 방안

- 기준에 적합한 참여자를 어떻게 모집할 예정입니까?

참여자를 모집하는 다양한 방법을 정한다. 프로그램의 대상과 홍보를 통해 참여를 유도할 대상은 동일해야 한다. 이때 적극적으로 홍보하고, 발굴하고, 참여를 이끌 수 있는 능동적인 방안을 제안해야 한다. 특히 잠재적 대상자와 참여 가능성이 높은 지역에 대한 적극적인 수요창출이 필요하다. 앞의 사례인 결혼이주 여성 사업의 경우 지역사회 외국인 자조모임 및 외국인 단체 리더와 연계한 참여자 발굴, 마을 신문 및 복지관 홈페이지를 통한 홍보, 지역사회 관련 조직으로부터의 추천 및 공동 발굴, 인근 외국인 대상 프로그램을 하는 단체에 추천 의뢰, 외국인 커뮤니티 사이트 등을 통한 발굴 등을 제안할 수 있다. 이때 사업신청 조직이 가지고 있는 지역사회 네트워크 조직 등을 활용하는 방안도 좋다.

(2) 사업 내용 및 사업 집행 전략

2) 사업 내용 및 사업 집행 전략

- 아래 내용을 모두 포괄하되, 자유롭게 (질문 순서에 상관없이) 표현해 주시기 바랍니다.
  - 전체 사업을 몇 개의 세부 사업으로 분류한다면 어떻게 구성될 수 있습니까?
  - 사업을 어떻게 추진할 것인지에 대하여 세부 사업별 시행방법, 시행 시기 및 횟수, 사업 진행 일정 등 구체적인 정보를 담아서 기술해 주시기 바랍니다.

사업 내용 및 사업 집행 전략은 목적과 목표를 달성하기 위하여, 참여자에게 제공하는 프로그램의 활동계획과 방향을 제시하는 것으로 가장 중요한 실천지침이자 구체적인 매뉴얼이다. 따라서 목표를 달성하기 위해서 어떠한 프로그램들이 언제, 누구에 의하여, 어떤 방식으로 이루어지는지 구체적으로 정리해야 한다. 이때 사업을 통한 목표 달성이 충분히 가능한지 살피고, 세부 프로그램들 하나하나가 목표와 목적 수행에 단계적이고 논리적으로 연계되어 하나의 사업이 수행되고 있음을 보여주어야 한다.

세부 사업들은 상위 동일한 범위의 사업 개념 안에 있어야 하며, 여러 사업들은 특정 하위 목표들을 이루기 위하여 구성한다. 하위 목표들을 성취하면 목적을 이룰 수 있는 논리적, 피라미드 구조를 구성해야 한다. 이들은 논리적, 경험적, 이론적 연관성으로 구성하여 설득력이 있어야 한다. 사업이 바뀌면 방향과 결과인 목적과 목표도 영향을 받을 수 있기 때문이다. 동일한 목표를 지향해도 세부적인 사업은 다양하게 표현할 수 있다. 이주여성의 한국생활 적응을 한국어, 한국요리, 건강생활 관리로 프로그램을 구성할 수 있다. 또한 한국생활 적응을 자신의 거주지역의 다양한 이웃들인 마트, 세탁소, 골목식당을 자유롭게 이용하고 주인들과 친해지기, 옆 이웃들과 인사하고 친해지기를 프로그램으로 정할 수도 있다. 이에 대하여 지역사회 동호회 활동이나 자조조직을 만들어서 참여하기와 같은 프로그램을 추가할 수 있다.

공동모금회 양식에서의 아쉬움은 사업 내용 및 사업 집행 전략은 사실 목적과 목표 다음에 나오는 것이 더 적절한 것으로 보인다. 그러나 공동모금회의 지침에서는 양식을 굳이 제한하지 않는다. 그러나 주어진 예산과 시간적 제약 아래서 실현 가능한 핵심 사업을 제시하여야 한다. 이때 중요한 것은 무엇을 언제, 누구에게, 언제부터 언제까지 몇 회를, 누가 수행하는지와 함께 홍보 계획을 제시하여야 한다(공동모금회, 2021). 만약 3년간 진행할 '성과확산형 사업'의 경우 사업 추진 일정은 1년차만 작성한다.

▶ 사업 목표별 주요 사업 내용과 추진 전략

〈표 12-4〉 **사업 목표별 주요 사업 내용과 추진전략**

상위 사업	세부 사업	추진 방향
1. 한국생활 적응능력 향상	1-1 결혼이주 여성의 한국어 의사소통 능력 향상 프로그램	주 2회 결혼이주 여성 60명에 대한 한국어 교육을 제공하여 한국어 구사 능력 강화
	1-2 한국 요리 적응 프로그램	결혼이주 여성 40명에게 가정식 음식 만들기를 통한 생활 능력 강화
	1-3 건강한 생활 유지 및 관리 프로그램	연 4회 결혼이주 여성 40명에게 건강생활 유지를 위한 건강 및 자기관리 교육 강화
	1-4 다문화가정 사례관리 프로그램	개인별 맞춤 사례관리를 통한 위기개입 경로 확보 및 생활 안정 지원 확대

2. 가족 구성원들의 개인별 역량강화	2-1 이주여성의 강점 활용 프로그램	결혼이주 여성 20명에게 통역가 양성교육 제공 및 80% 수료, 통역자원봉사 참여 지원
	2-2 미취학 자녀 보호 프로그램	주 3회 15명 미취학 자녀에게 보육 서비스 제공을 통한 안전한 주간 보호 제공
	2-3 다문화가정 초등자녀의 학업 관리 프로그램	주 3회 초등학생 자녀 20명에게 학습지도 서비스를 통해 성적 향상 지원
	2-4 부모 및 가족교육 프로그램	연 6회 이주여성 및 남편들에게 부모역할교육 제공을 통해 가족 내 역할 수행
3. 심리, 정서적 안정 도모	3-1 이주여성의 정서적 안정 및 우울증 완화 프로그램	연 12회 이주여성 20명에게 정서적 안정을 위한 우울증 완화 및 예방교육 제공
	3-2 결혼이주 여성 자조모임 프로그램	연 10회 이주여성 40명에게 자조모임 참여기회 제공을 통해 정서적 지지 및 심리적 안정 도모
4. 사회적 지원체계 구축	4-1 실무자 간의 네트워크 형성 지원 및 협력 활동 강화 프로그램	연 7회 유관기관 실무자 50명에게 정기모임 및 역량강화 교육, 세미나 참여기회 제공

▶ 세부 사업 수행 계획서

〈표 12-5〉 **세부 사업 수행 계획서**

성과목표	프로그램	활동(수행방법)	시행 시기	수행 인력	참여 인원	시행 횟수 시간
결혼이주 여성의 한국어 의사소통 능력 향상	한국어 교실	- 첫걸음/ 초/ 중/ 고급반으로 담임제 운영(총 4학급) - 말하기/ 듣기/ 읽기/ 쓰기능력 향상 교육 실시 - 각 5개월씩 진행(연 2학기 운영)	1~12월	사회복지사 1명 한국어강사 2명	반별 15명/ 총 60명	반별 주 2회 (회당 2시간)

가정식 음식 만들기 능력 향상	요리교실 (요리 cook 조리 cook)	- 가정식 음식 만들기 반 2기수 운영 - 1기 2개월 과정으로 운영	1기 : 4~5월 2기 : 9~10월	사회복지사 1명 요리강사 1명 자원봉사자 4명	1기수 20명씩/ 총 40명	주 1회, 2개월 과정 (회당 3시간)
결혼이주 여성 자조모임을 통해 정서적 지지 및 심리적 안정 도모	자조모임 운영	- 자조모임 2개 모임 구성 및 운영(신규 1모임 추가운영) - 월 1회 정기모임 진행 - 테마활동을 통한 자조적 운영 권장	1~10월	사회복지사 2명 모임 구성원 전체	1모임 15명 제한/ 총 30명	연 10회 (활동별 시간 차등)
결혼이주 여성 및 가족의 건강한 생활유지 및 관리법 습득	건강증진 교실 (보건소 join)	- 연 4회 운영 - 출산 및 육아교육법 - 여성질환 및 스트레스 관리 - 무료 건강검진 - 웃음치료 외	연중	사회복지사 1명 보건소 인력 1명 교육별 강사 다수	1회당 30명	연 4회 (회당 2시간)
미취학 자녀 전문보육 및 일시보호	무지개 공간	- 미취학 자녀를 위한 보육활동 운영 - 단순케어/ 놀이/ 건강체크/ 간식제공 등	7~12월	사회복지사 1명 보육교사 1명 자원봉사자 다수	15명	주 3회 (회당 5시간)
다문화가정 초등자녀의 학업 성취도 상승	다솜누리 방과후 교실	- 교과과정 학습지도 및 문제풀이 - 외부 체험활동 및 문화 제공 - 이중언어 습득기회 제공	1~12월	사회복지사 1명 학습봉사자 10명	20명	주 3회 (회당 2시간)
다문화가정의 위기대처 및 개별 사례관리를 통한 생활 안정 및 삶의 질 향상	위기예방 및 개입 서비스 (아웃리치-사례관리)	- 위기가족 조기발굴 실시 - 위기가족 지원시스템 구축 - 개인별 사례관리 시스템 구축 및 개인별 욕구에 따른 지원	1~12월	사회복지사 2명	15명	수시

실무자 간의 네트워크 형성을 통한 사업의 효과성 증대 및 개인별 역량강화	실무자 Network 및 역량강화 사업	〈정기모임〉 - 연 4회 분기별 운영 - 다문화가족지원사업 참여기관 네트워크 구축 및 공동프로그램 추진	1~12월	사회복지사 2명	15명	연 4회 (회당 2시간)
		〈역량강화 교육 및 세미나〉 - 연 2회 운영 - 다문화가족지원사업 실무자를 대상으로 세미나 개최	6월, 10월	사회복지사 2명 해당 강사 다수	30명	연 2회 (회당 5시간)
		〈Network 공동사업〉 - 타 기관과의 연계사업으로 지역축제 및 인식개선 사업 공동진행 예정	추후 확정 예정	사회복지사 2명 자원봉사자 다수	제한 없음	연 1회
이주여성의 정서적 안정 및 우울증 완화	이주여성 우울증 예방 프로그램 (정신 건강센터 join 예정)	- 2그룹(약 10명)을 대상으로 우울증예방 집단활동 진행(6회기) - 은평구정신건강센터의 오픈으로 join 예정 - 자가진단 및 우울증예방교육 및 활동	연중	사회복지사 2명	1그룹 10명/ 총 20명	연 12회 (회당 2시간)
다문화가정의 가족 구성원으로서의 올바른 역할 수행능력 강화	가족 구성원별 역할교육	〈어머니학교〉 - 다문화가정의 어머니로서의 역할 교육 및 훈련 - 마음치유, PET 등 활용 - 총 4회기 교육진행 〈아버지학교〉 - 다문화가정의 아버지로서의 역할 교육 및 훈련 - 총 2회기 교육진행	5월	사회복지사 2명 해당강사 다수	1그룹 10명/ 총 20명	연 6회 (회당 2시간)
이주여성의 강점을 활용하여 통역가로서의 자질 향상	통역가 양성교육 및 지원사업	- 기초과정(1그룹), 보수과정(1그룹) 운영 - 기초과정 : 통역이론, 법률, 의료, 실무자와의 만남, 행정실습, 역할훈련 등 교육(총 10회기) - 보수과정 : 실습 및 역할훈련, 기록작성교육 외(총 7회기)	보수과정 4월~ 기초과정 9월~	사회복지사 2명 전문강사 5명	1그룹 10명/ 총 20명	연 17회 (회당 3시간)

〈표 12-6〉 **사업 추진 일정**

기간 내용		1월	2월	3월	4월	5월	6월	7월	8월	9월	10월	11월	12월
한국어 교실	홍보 및 참여자 모집	▶	▶										
	강사 준비 미팅		▶			▶				▶	▶		
	한국어 교실 수업			▶	▶	▶	▶	▶	▶	▶	▶	▶	▶
	한국어 시험 참여				▶			▶			▶	▶	
	사업 평가												▶
요리 교실	홍보 및 참여자 모집	▶	▶										
이하 생략													

3) 기관 연계협력 전략

- 위의 사업 집행 전략과 관련하여, 지역사회 내(또는 그 범위를 넘어서) 어떤 기관들과 유기적인 협조관계를 가질 것인지에 대하여 아래 내용을 포함하여 기술해 주시기 바랍니다.
  - 협력기관이 세부 사업에서 어떤 역할을 담당하게 되는지, 그때 신청기관의 역할은 무엇인지, 이러한 협력체계는 어떤 절차를 통해 진행되는지 등

지역사회 내 유사한 활동을 하고 있는 유관기관과의 네트워크를 위한 방향을 제시한다. 특히 자체 수행 능력이 부족한 조직일수록 지역사회 다양한 참

여 조직들과의 연계 협력의 경험과 역량을 제시하는 것은 효과적이다. 네트워크 협력은 금방 만들어지기 어렵기 때문에 평상시에 다른 조직과 협력적 네트워크를 구축하는 노력을 지속하며, 활동의 결과들을 공모사업 신청 조직의 강점으로 적극 제시하는 것이 좋다. 다른 기관의 역할이나 운영 방법 등을 조사하여 제시하면 어떤 협력을 해야 할지가 더 분명해진다. 다음은 은평구에서 다문화가족을 지원하는 사업을 운영하는 타 기관과의 연계협력 전략이다. 결혼이주 여성과 관련이 있는 다양한 조직들과의 협력 방안을 모색하여 정리한다. 만약 네트워크 관련 조직들이 많을 경우 가장 중요한 핵심 연계 조직을 서너 개 정도 정리해 주는 것이 좋다.

〈표 12-7〉 타 기관과의 연계협력 전략 사례

구 분	○○종합사회복지관	주민자치센터	△△△사랑나눔회 (시민단체)
유사사업	결혼이민자지원사업 (결혼이민자 위주 사업진행, 가족단위 통합지원으로 확대 예정)	한국어교실 4개소 운영	외국인근로자 한국어교실
본 기관과 연계협력 계획	* 본 기관 : 대상자 추천 요청 및 정보 제공, 자문 요청 * 협력 기관 : 자문 제공, 협력적 통합사례관리, 자조모임 지원, 사업 홍보	* 본 기관 : 한국어 강사 연계 및 지원 * 협력 기관 : 한국어 교육 자문, 한국어 교실 이용자 네트워크를 통한 홍보 및 참여 협력	* 본 기관 : 복지서비스 및 관련 정보 제공 * 협력 기관 : 이용자 네트워크를 통한 홍보 및 참여 협력

3) 예산 편성

3. 예산 편성

(단위 : 원)

목	세목	세세목	계	산출근거	예산조달 계획				
					신청금액	비율 (%)	자부담	비율 (%)	자부담 재원
총 계									
인건비									
	소 계								
사업비									
	소 계								
관리운영비									
	소 계								

- 사업에 직접 투입되는 비용을 인건비, 사업비, 관리운영비로 구분하여 작성해 주시기 바랍니다.
  - (인건비) 해당사업을 직접적으로 수행하는 인력에게 투입되는 비용
  - (사업비) 프로그램 수행에 필요한 직접비용
  - (관리운영비) 프로그램의 수행에 필요한 간접비용(사업관리에 필요한 비용)
  - 예산 수립 시 예산편성 기준표를 참고하여 주시기 바랍니다.
- 세목은 세부 사업별로 구분하고 단위가 큰 경우 세세목으로 구분하여 작성하시기 바랍니다.
- 산출근거는 실제 단가, 수량, 인원수, 건수, 횟수 등을 구체적으로 기록해 주시기 바랍니다.

사업수행 예산은 사업계획서 심사 시 매우 중요한 항목이 된다. 전체 사업의 흐름을 단번에 파악할 수 있으면서 개별사업의 중요도도 예산 비중에 의해 추정할 수 있기 때문이다. 목표나 수행사업 내용과 논리적 연관성도 중요하기 때문에 사업 내용에는 있으나 예산이 부재한 경우나 그 반대는 감점요인이 된다.

자부담은 사업수행 복지기관의 노력성을 평가할 수 있는 항목이 되지만 실제 집행할 수 있는 능력과 의도가 분명해야만 효과적이다. 또한 담당인력의 사회보험료와 같이 직접 투입되는 비용은 자부담에 포함하는 것이 좋다.

사업예산을 평가할 때 흔히 나타나는 것 중 하나는 본 사업 선정 시 예산 삭감될 것을 염두에 두고 지나치게 많은 예산을 편성하거나 필요 없는 예산을 많이 계상한 경우이다. 이때는 심사자로부터 부정적인 평가를 받을 수 있기 때문에 실용적이고 적합한 예산 계획을 수립하는 것이 중요하다.

사업수행 예산은 인건비, 사업비, 관리운영비의 3개 영역으로 크게 나눈다. 신청금액은 공동모금회에 지원을 요청한 금액이며, 자부담은 사회복지조직 스스로 마련하는 예산을 정리한다. 자기능보강사업이 아닌 한, 컴퓨터, 캠코더 등의 시설장비 구입비는 지양하는 것이 유리하며, '성과확산형' 사업인 경우 3개년 총괄 예산 편성표를 통하여 전체 예산을 한눈에 볼 수 있도록 제시한다.

(1) 인건비

인건비 지원이 가능한 공모사업의 경우 담당사회복지사 및 파트타임 담당자 등 전담인력의 인건비로 직접 지출할 비용과 4대 보험과 같이 갹출될 비용을 구분하여 정한다. 경력산정에 따른 지원이 가능할 경우 사회복지 시설종사자 인건비 지급 기준을 검색해 호봉 등의 경력을 반영한다.

인건비 산정에서는 수행인력을 구분하는 것이 중요한데, 전담인력으로 오직 본 사업수행 관리와 행정운영을 담당하는 인력은 인건비에 계상(計上)하여야 한다. 인건비는 보건복지부에서 매년 발표하는 '사회복지시설 종사자 인건비가이드라인'을 참고하여 산정한다. 그러나 복지기관 소속 내부인력 및 외부강사 등은 인건비를 지급하면 안 된다.

심리치료사, 한국어 강사, 요가 강사 등 외부에서 온 강사나 자원봉사자 등은 많은 시간을 담당한다 하더라도 인건비에 해당하지 않고 사업비에 계상해야 한다. 만약 사회복지관에 상담센터가 있고, 4대 보험이 적용된 상담센터 소속 비정규직 치료사가 있다면, 내부 인력이 되므로 인건비나 강사비가 지급되어서는 안 된다. 내부인력에는 복지기관장, 부장, 과장, 팀장 및 기타 소속인력이며, 이들은 이미 고용되어 복지기관으로부터 급여를 받고 있기 때문에 인건비, 사업비 및 강사비 지급을 해서는 안 된다.

4대 보험료의 경우 전담인력의 급여에서 갹출되는 국민연금, 의료보험(장기요양보험 포함), 실업급여는 예산에 포함하지 않으나, 기관 부담으로 감당해야 하는 국민연금, 의료보험, 실업급여 및 고용안정 · 직업능력개발사업 부담금, 산재보험은 전담인력의 규모에 따라 자부담에 계상하여야 한다. 이때 전담인력의 급여에 따른 4대 보험 부담액을 산출할 때, '4대 보험 계산기'를 인터넷 검색하여 사용하면 편리하다.

(2) 사업비

사업비는 프로그램에 직접 수행에 소요되는 필수 비용이다. 계획한 프로그램에 따라 강사비, 자원봉사자 관리비, 자문비, 회의비, 행사진행비, 홍보물품 구입, 프로그램 준비물 구입, 사업결과 보고서 및 결과물 제작 등으로 구성된다(사회복지공동모금회, 2021).

만약 한국어 교실을 한다면, 안내 브로슈어 제작, 교재구입, 강사비, 운영비(다과, 회의비 등)의 항목이 구성된다. 이들은 한국어 교실이라는 사업 수행 요소들이다. 만약 참여자들 간의 소통과 관계를 통한 응집력 강화 계획이 포함되어 있다면, 공동체 훈련, 친목 다지기 등이 포함된다. 그렇기 때문에 산출근거는 사업 내용을 기준으로 명확하게 제시되어야 한다.

사업비의 경우 신청기관이 해야 할 역할은 거의 없지만, 외부 심리치료나 이벤트 회사 등에 위탁을 많이 하여 이들의 비중이 높은 사업이 많으면 좋지 않다. 또한 캠코더, 컴퓨터, 책상, 프린터 등의 기자재 구입은 꼭 필요한 경우가 아니면 지출하지 않는 경우가 좋다. 장비구입이 너무 많으면 감점 요인이다. 강사비의 경우 등급에 따른 지급비의 차이가 있기 때문에 초청 강사의 등급을 확인하여야 한다. 예를 들면, 대학 조교수 이상이나 사회복지시설 · 기관장, 활동 경력 20년 이상의 전문직 종사자는 1시간 최대 25만 원이며, 초가 시간당 최대 15만 원 지급이 사용한도로 제시되어 있는 등 강사 등급에 따른 사용한도를 확인해야 한다. 또한 실기실습을 돕는 보조강사는 1시간 최대 5만 원에 초과 시간당 3만 원이 배정된다. 식사비 기준은 1인당 1만 5천 원이다. 그 외 다양한 인건비 기준은 '사회복지공동모금회 홈페이지의 사업 메뉴에서 ○○년도 배분사업 안내'를 찾아 관련 자료를 확인하여야 한다.

(3) 기타

토너, 인쇄용지 등과 같은 관리운영비에 속하는 각종 소모품은 지출이 가능하다.

인건비와 관리운영비의 합산 금액이 신청금액의 30%가 넘지 않도록 주의해야 한다.

〈표 12-8〉 **사업예산서 사례**

관	사업비								
항	공동모금회 다문화가족지원 사업비								
목	세목	계	산출근거		예산조달 계획				
					신청금액	비율(%)	자부담	비율(%)	자부담 재원
인건비	인건비	19,890,000	전담인력	1,500,000원×12개월	18,000,000	36.1			
	기관부담 4대보험		국민연금	810,000			810,000	11.7	
			건강보험	720,000			720,000	10.4	
			고용산재	360,000			360,000	5.3	
	소 계	19,890,000			18,000,000	36.1	1,890,000	27.4	
사업비	홍보비	500,000	브로슈어	500,000원×1회	0		500,000	7.2	
	한국어 교실	14,500,000	교재비	10,000원×60명×2권	0		1,200,000	17.4	
			강사비	20,000원×16시간×10개월×4명	12,800,000	25.7			
			운영비	50,000원×10개월	500,000	1.0			
	요리교실	3,520,000	재료비	150,000원×16회	2,400,000	4.8			
			강사비	70,000원×16회	1,120,000	2.2			
	자조모임	3,000,000	진행비	150,000원×10개월×2그룹	3,000,000	6.0			
	무지개 공간	4,680,000	운영비	100,000원×3개월	300,000	0.6			
			보육교사	730,000원×6개월	4,380,000	8.8			
	자녀 방과후 학습지도	1,200,000	운영비	100,000원×12개월	1,200,000	2.4			
	건강증진 교실	400,000	운영비	100,000원×4회	0		400,000	5.8	
	위기예방 프로그램 & 사례관리	850,000	교통카드	50,000원×2장	100,000	0.2			
			사례관리	50,000원×15명	750,000	1.5			
	실무자 정기모임 & 세미나	2,600,000	정기모임	100,000원×4회	400,000	0.8			
			역량강화	600,000원×2회	1,200,000	2.4			
			공통사업	1,000,000원×1회	0		1,000,000	14.5	

	통역가 양성교육	1,700,000	강사비	200,000원×5명	1,000,000	2.0			
			진행비	50,000원×10회	500,000	1.0			
			교재비	10,000원×20권	200,000	0.4			
	이주여성 우울증 예방 프로그램	1,400,000	강사비	150,000원×6회	0		900,000	13.1	
			재료구입	100,000원×2회	200,000	0.4			
			활동비	50,000원×6회	300,000	0.6			
	가족 구성원별 역할교육	1,100,000	강사비	150,000원×4회	600,000	1.2			
			운영비	50,000원×6회	300,000	0.6			
			교재제작	10,000원×20권	200,000	0.4			
	사업 평가회	100,000	평가회	50,000원×2회	100,000	0.2			
	사업 보고서	1,000,000	인쇄비	1,000,000원×1회	0		1,000,000	14.5	
	소 계	36,550,000			31,550,000	63.3	5,000,000	72.6	
관리운영비	소모품비	300,000	문구류	300,000	300,000	0.6			
	소 계	300,000			300,000	0.6			
총 계		56,740,000			49,850,000	100.0	6,890,000		

4) 문제 의식

4. 문제 의식(사업 필요성)

1) 사업 계획 배경

- 왜 이 사업을 기획하게 되었습니까?
  - 귀 기관이 관심을 가지기 전에는 어떤 상태에 있었는지, 인근 다른 지역에도 유사한 상황이 있다면 어떻게 대응하고 있는지에 대해서도 서술해 주시기 바랍니다.

사업 필요성에는 사업수행이 왜 필요한지, 목표의 달성이 왜 중요한지를 알리기 위한 객관적이고 논리적인 근거 자료들을 제시한다. 이들은 목표의 설정이라는 의사결정을 하게 된 근거들이기 때문에 사업의 목적 및 사업내용과의 논리적 일관성을 갖추는 것이 필요하다. 사업의 목적과 목표가 필요한 배경과 근거의 논리적 전개이므로, 이론적 근거와 사회복지사와 참여자의 경험적 이야기(story)도 매우 중요하다. 특히 사업 필요성에는 신청기관의 문제를 바라보는 관점이 드러나 있으므로 사업 지원 여부를 결정하는 심사자가 유의 깊게 보는 부분이다.

사업 필요성과 사업 목표와 사업 내용 그리고 사업 예산은 모두 내용이 일치해야 한다. 기존에 검증된 이론을 이용한 사회문제 제기, 지역사회 조사와 욕구조사를 통한 필요성 제기, 다양한 공식 통계자료의 활용 등을 통하여 제시하는 것이 일반적이다. 사업의 필요성을 서술해 가는 방식으로는 참여대상자의 문제 및 욕구가 무엇인지, 경험적 근거를 중심으로 객관화된 자료를 제시한다. 이를 통하여 욕구와 문제해결에 적격인 프로그램의 장점을 부각시키고, 사업 필요성을 논리적으로 설득한다. 특히 성과확산형 사업의 경우 3년 뒤에 나타날 성과를 성취할 것임을 명확하게 인식하고 도전하는 취지가 드러나는 것이 좋다(공동모금회, 2021).

▶ 녹번복지관의 '좋은 이웃, 색 다른 나의 둥지 은평' 사업의 필요성

① 결혼이민자 현황 및 서비스 대상 규모

본 복지관이 위치한 은평구는 여성 결혼이민자가 1천 명 이상 거주하는 자치구로서, 서울시에서 일곱 번째로 결혼이민자가 많이 거주하는 구이다. 결혼이민자는 총 1,290명이고 이 중 여성 결혼이민자는 전체의 81%로 총 1,051명이며, 중개업체를 통해 중매결혼으로 이주해 온 여성들이 많다.

현재 지방자치단체(은평구)에서의 복지서비스 수혜 대상으로 외국인가정을 취합해 볼 때, 한국국적으로 귀화한 가정의 현황만을 가지고 있으며, 약 400

가정 정도로 대부분 조선족 가정이 많다(그림 12-1). 그렇기 때문에 정보제공 및 다양한 복지 서비스 제공의 경우 많은 부분 공적인 전달체계를 통해 지원되는 것은 매우 제한적이며, 한정적이다.

은평구는 재정자립도가 매우 낮은 구에 속하며, 저소득층이 밀집한 지역 중 하나로, 여성 결혼이민자 가정의 경제적 수준도 낮은 경우가 대부분이다. 이러한 지역적 특성을 고려했을 때, 다문화가족지원사업은 개인 역량강화를 통한 경제적 자립 및 교육지원 그리고 문화지원 등을 주로 하고 있으며, 개별 가정마다의 사례관리를 통한 지원을 강화하여야 한다.

2018년 다문화가족지원사업(3차년도)은 ① 개인 강점을 부각시킨 역량강화를 통해 경제적 자립기반을 마련할 수 있는 기술 프로그램, ② 정서적 지지 및 공감을 통한 자조집단 조직 및 운영, ③ 가족 구성원으로서의 역할 수행능력 향상 프로그램(신설) 등을 운영하고자 한다. 또한 지속적인 사업 참여(2016년~현재)로 시간 흐름에 따른 변화에 반응할 수 있는 사업(정착주기별)도 운영하고자 한다.

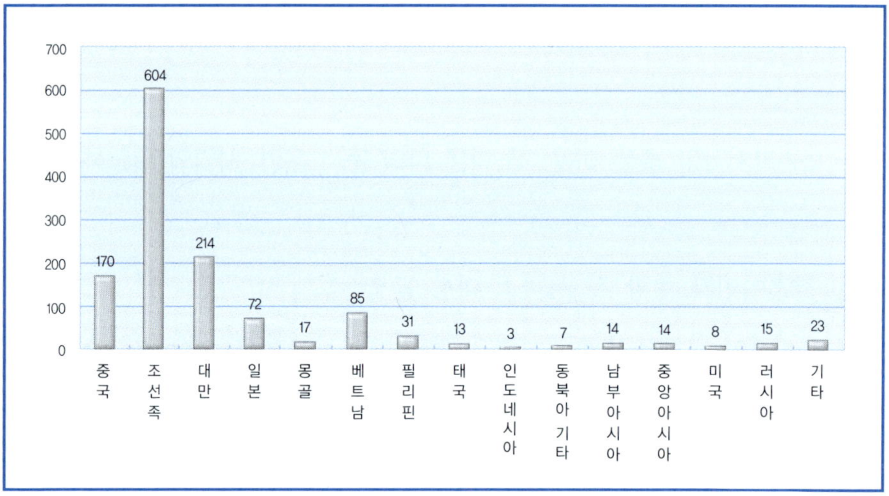

|그림 12-1| 은평구 결혼이민자 국적별 현황

② 1, 2차년도 사업을 토대로 한 경험적 근거

본 복지관은 다문화가족지원사업을 1~2년차 진행하면서 사업 목표를 결혼이민자들의 한국 생활 정착지원 및 개인별 역량강화 그리고 지역사회 내 다문화가정을 위한 안전망 구축으로 하였다. 그에 따른 성과는 개인별 역량강화를 통한 한국 생활 정착지원은 매우 긍정적인 변화가 보이지만, 지역사회 내 안전망 구축은 아직 미흡하며, 추후 더욱 보강이 필요하다.

2018년(3차년도) 사업에는 개인별 역량강화를 위한 사업은 유지하되, 장기적으로 지역사회 내 안전망을 구축하기 위한 유관기관과의 네트워크 및 지역이해사업 그리고 다양한 기관 간의 역할인지 등을 위한 실무자 연대모임 및 인식개선, 지역 차원에서의 기관 간의 협력 등을 강화할 계획이다.

본 기관은 현재 2년 이상 운영한 기관으로 기본 사업 및 기관의 특화사업이 어느 정도 구분되는 시점에 도달하였다. 3차년도에는 기본사업과 선택사업, 특화사업으로 사업을 구분하고 특화사업을 진행함에 있어 더욱 전문적인 시스템을 갖추기 위해 노력하려고 한다.

> 2) 기존 유사사업과의 차별성
>
> • 기존의 시각이나 접근방식과 다른 점은 무엇입니까?

기존 유사사업과의 차별성은 프로그램이 생산적이고 도전적이며, 적극적인 시도를 하고 있다는 것을 보여줄 수 있는 영역이다. 특히 앞에 기술한 기관 연계협력 전략에서 다른 기관의 사업 유형을 분석한 결과와 비교하여 차별성을 부각시키는 것도 유용한 방법이다. 앞의 사례로 설명하면 다음과 같다.

첫째, 통합적 관점을 통한 접근이다. 한국어 교실이나 가족지원과 같이 산발적으로 이루어지는 다른 사업에 비하여 교육, 문화, 가족, 자조모임, 경제적 자립 지원 등 통합적 관점으로 핵심참여자의 사회적응을 보다 효과적으로 달성할 수 있다.

둘째, 핵심참여자의 강점 기반 실천을 적용한다. 핵심참여자 스스로 참여 프로그램을 선택할 수 있도록 지원하며, 그들의 강점인 외국어 능력을 적극 활용하여 통역 자원봉사 및 후배들을 위한 멘토로서 역할을 수행하여 지역사회에 기여할 수 있도록 한다. 이를 통하여 지역사회에 인정받는 기회를 만들어 긍정적인 이미지를 형성한다.

셋째, 다양한 사회적 지지체계를 구축한다. 자조모임을 통한 핵심참여자의 미시적 지지체계를 구축하는 것뿐만 아니라, 지역사회 협력기관과의 네트워크를 통하여 위기관리 및 협력 사업을 통한 지역사회 지지체계를 구축하여 효과적으로 핵심참여자의 문제에 대응하는 체계를 구축한다.

기존 유사사업과의 차별성이 없다면, 같은 사업의 반복이기 때문에 식상한 느낌을 준다. 반면에 늘 차별성을 만드는 것이 용이하지 않은 고민도 따라온다. 그렇기 때문에 다른 기관에서 수행한 사업도 신청기관이 갖는 참여자의 특수성이나 지역사회 환경의 요소들이 다르다면 그것도 좋은 차별성의 요인이 될 수 있다. 즉, 차별성이라는 사업의 방법론적인 특성뿐만 아니라 접근방식의 차별성, 지역사회 환경이나 참여자의 특수성 등 다양한 관점에서 접근할 수 있다. 또한 과거의 경험에서부터 도출된 한계나 문제점을 극복하는 것도 차별화의 좋은 요소가 될 수 있다.

3) 신청기관의 강점

- 이 사업을 신청기관에서 수행해야 하는 이유에 대해 사전조사 내용, 관련 분야 수행 경험 등을 포함하여 기재해 주시기 바랍니다.

신청기관이 사업을 충분히 잘 수행할 수 있는 역량을 보여주는 부분이다. 조직의 역사와 경험적 근거, 실무자의 역량과 경륜, 조직 내부의 강점과 외부 환경적 강점을 정리하여 제시한다. 다음은 위 사례에 대한 예이다.

첫째, 유사사업을 오랫동안 실시했던 활동 역사적 경험을 갖추고 있다.

둘째, 실무자의 경험적 역량을 통해 우수한 사업 수행 능력을 확보하고 있다.

셋째, ○○종합사회복지관 내 기관장의 전폭적인 지지와 타 부서와의 협력적 분위기로 사업의 효과를 높일 수 있는 내부 환경을 갖추고 있다.

넷째, 오랫동안 지역사회 연대 활동에 적극적으로 참여하여 구축한 지역사회 지원 네트워크를 통해 협력적인 외부 환경을 갖추고 있다.

5) 목표 및 평가

5. 목표 및 평가

1) 산출목표

세부 사업명	산출목표	모니터링 방법

• 성과목표를 달성하기 위해 이끌어 내야 하고 모니터링해야 하는 산출목표는 무엇입니까?

산출목표는 프로그램 과정에서 얻어진 대표적인 실적물이며, 성과목표 달성에 기여하는 데 필요한 수단적 성격의 목표이다(공동모금회, 2021). 산출목표와 성과목표는 표를 하나로 묶으면 사업계획서 작업이 편리하겠지만, 현장에서는 아직도 산출과 (결과)성과를 구분하지 못하는 경우가 종종 발생한다. 산출목표는 사업예산서에 제시된 산출근거와 같은 실적으로 제시하여 일관성을 유지한다.

산출목표는 활동으로 기재한 사업내용을 실제로 수행한 결과물로, 출석유지율(출석율)은 대표적인 산출성과이다. 통상 횟수 중심 혹은 참여인원 중심으로 기록한다. 둘 다 사용할 수 있으나 공동모금회는 횟수 중심을 더 선호하는 듯하다.

〈표 12-9〉 프로그램 산출목표의 작성 예

목 표	세부 사업명	산출목표	모니터링 방법
1. 한국생활 적응 능력 향상	1-1 결혼이주 여성의 한국어 의사소통 능력 향상	결혼이주 여성 60명*2시간*주 2회*40주, 총 80회 한국어 교육 실시 횟수 중심 주2회*40주=80회 인원 중심 60명*주 2회* 40주 = 4800명	신청서, 출석부, 사진 자료
	1-2 가정식 음식 만들기 능력 향상	결혼이주 여성 40명*2시간*16주 가정식 음식 만들기 교육 실시	신청서, 출석부, 사진 자료
	1-3 결혼이주 여성 및 가족의 건강한 생활 유지 및 관리법 습득	결혼이주 여성 40명*연 4회 건강생활 유지 교육 실시	신청서, 출석부, 사진 자료
	1-4 다문화가정의 위기대처 및 개별 사례관리를 통한 생활 안정 지원	결혼이주 여성 가정 15cases*2회 방문*10개월, 총 300회 방문 실시	사례관리카드의 기록 내용
2. 가족 구성원들의 개인별 역량강화	2-1 이주여성의 강점활용 통역가 성장 지원	- 결혼이주 여성 20명*2시간 *10회 통역가 양성 교육, 수료율 80% - 자원봉사 활동 참여율 50%	신청서, 출석부, 사진 자료 VMS 및 활동 자료
	2-2 미취학 자녀 전문보육 및 일시보호	미취학 자녀 15명*주 3회*12주, 총 36회 보육서비스 실시	신청서, 출석부, 사진자료
	2-3 다문화가정 초등자녀의 학업성취도 상승	초등학생 자녀 20명*주 3회*50주, 총 150회 학습지도 서비스 실시	신청서, 출석부, 사진자료
	2-4 다문화가정의 가족 구성원으로서의 올바른 역할수행능력 강화	결혼이주 여성 가족 20가정*연 6회 부모역할교육 실시	신청서, 출석부, 사진 자료

3. 심리, 정서적 안정 도모	3-1 이주여성의 정서적 안정 및 우울증 완화	결혼이주 여성 20명*2시간*12개월 우울증 관리, 예방교육 실시	신청서, 출석부, 사진자료
	3-2 결혼이주 여성 자조모임을 통해 정서적 지지 및 심리적 안정 도모	결혼이주 여성 40명*연 10회 자조모임 활동 지원	신청서, 출석부, 사진자료
4. 지역기관 네트워크 지지체계 구축	4-1 실무자 간의 네트워크 형성을 통한 사업의 효과성 증대 및 역량강화 지원	– 실무자 정기모임 50명*연 7회 – 실무자 연수 50명*연 1회 – 사업평가회 100명*연 1회	MOU 수, 출석부, 사진자료

2) 성과목표 및 평가방법

성과목표	평가 도구 및 방법	측정 시기

- **(성과목표)** 성과목표와 관련하여 아래 내용들에 대해 작성해 주시기 바랍니다.
  - 핵심참여자의 어떤 부분을 어느 수준까지 변화시키는 것입니까?
  - 작성하고자 하는 성과목표가 이후에 기술되는 평가방법을 통해 달성 여부를 알 수 있게 됩니까?
  - (성과라고 강조하고 싶은데) 양적으로 드러내기(수치화하기) 어려운 성과목표가 있다면 무엇입니까?
  - 앞서 기술하신 사업내용과 성과목표를 논리적으로 연결하여 작성해 주십시오.
- **(평가 도구 및 방법/ 측정 시기)** 성과목표 달성 여부와 정도를 어떻게 평가하실 건가요?
  - 성과목표 달성 여부와 정도를 판단하기 위해 어떤 성과지표를 설정하실 건가요?
  - 제시된 성과목표에 대한 평가계획(자료수집 방법, 측정시기 등)은 어떠한가요?
  - 수치화하기 어려운 성과목표가 있다면 어떤 평가방법을 통해 변화의 수준과 의미를 드러내실 건가요?

성과목표는 인적 · 물적 노력과 시간을 조직 · 투여하여 최종적으로 달성하고자 하는 목표를 말한다(공동모금회, 2021). 궁극적으로는 클라이언트 종결상태를 지향하며, 프로그램 활동의 결과로 나타나는 클라이언트의 역량, 인식, 태도 및 행동의 변화로 SMART 목표 기준에 맞춰 결과 중심으로 작성하는 것이 좋다. 공동모금회의 성과목표의 최정점은 측정 가능한 결과로 구성하는 것이다(공동모금회, 2021). 그러나 어떤 성과목표들은 오랜 시간이 필요할 수 있으며 사업 제목, 성과목표, 사업 내용 그리고 평가도구는 논리적, 경험적으로 일치하는 내용으로 구성하여야 한다. 또한 공동모금회 척도집을 활용한 양적 평가나 조작적 정의에 의한 평가 방식 등 다양하게 적용할 수 있다.

평가방법의 제시는 프로그램 수행 후에 평가를 어떻게 할 것인지에 대한 구체적인 기준과 도구 그리고 방법들을 제시하는 것이다. 평가방법에는 질적 평가나 양적 평가 중 어떤 방법들을 구체적으로 어떻게 사용할 것인지를 제시한다. 만약 측정하기 어렵거나 질적인 접근이 현실적인 경우 질적 평가도 적용할 수 있다. 그러나 이를 객관화하기는 쉬운 문제는 아니다(조작적 정의 척도 참조). 수치화하기 어려운 성과목표의 경우 관찰 기록, 면접, 핵심참여자의 자기평가 기술, 사업 후 소감문, 레이더 차트[5] 등 다양한 방법을 활용할 수 있다.

평가방법은 조작적 정의 척도가 더 명확하더라도 꼭 표준화된 척도를 이용한 사전-사후 검정을 넣어 복합적으로 평가하도록 하자. 아직까지 문화적 영향력으로 인하여 다수의 심사위원들은 표준화된 척도의 사전-사후 검정을 더 선호하기 때문이다. 그러나 조작적 정의 척도를 결과 성과로 추가하는 것을 권장한다. 클라이언트 종결상태를 단계적으로 세분화하고, 이를 성취해 가면서 프로그램의 효과성을 명확하게 제시해 줄 수 있기 때문이다. 특히 3년차 사업의 경우 연속성을 갖는 시계열 자료의 가치를 잘 활용할 수 있으면 더욱 좋을 것이다.

---

5) 레이더 차트의 사용 예는 본 장 4. 사업계획의 완성 및 검토를 참조할 것.

자료수집은 질적 방법과 양적 방법을 혼용할 수 있다. 과정평가로서의 질적 방법을 적극적으로 활용해야 하는데, 이는 조작적 정의 척도 중심의 평가 문제를 보완하는 데 효과적이기 때문이다. 프로그램의 진행과정과 그 안에서 이루어지는 사회복지사와 참여자 간의 긍정적 상호작용이 결과 성과와 변화에 어떠한 영향을 미치는지를 관찰하고 체계적으로 정리하면 좋다.

〈표 12-10〉 **프로그램 성과목표의 작성 예**

목 표	성과목표	평가 도구 및 방법	측정 시기
1. 한국생활 적응 능력 향상	1-1 결혼이주 여성의 한국어 의사소통 능력 향상	- 일기 쓰는 참가자 비율 100% - 한국어 능력시험 50% 합격	- 한국어교육 종결 시 - 시험 연 6회
	1-2 가정식 음식 만들기 능력 향상	- 자기평가 : 요리 가능한 한국 음식 10개 이상 - 과정분석평가 : 요리 만들기	- 요리교육 종결 시 - 교육 과정 중 수시
	1-3 결혼이주 여성 및 가족의 건강한 생활 유지 및 관리법 습득	- 자기평가 : 위생관리 점검표	위생교육 종결 시
	1-4 다문화가정의 위기대처 및 개별 사례관리를 통한 생활 안정 및 삶의 질 향상	- 사례관리카드 기록 내용 분석	사업 종결 시
2. 가족 구성원들의 개인별 역량강화	2-1 이주여성의 강점활용 통역가 성장 지원	- 통역시험 합격자 수 (10명) - 통역 자원봉사자 참여자 수 및 시간(VMS 및 자체 기록)	사업 종결 시
	2-2 미취학 자녀 전문보육 및 일시보호	- 활동자료 관찰 및 사진 - 학부모 만족도 평가	사업 종결 시
	2-3 다문화가정 초등자녀의 학업성취도 상승	- 학생 성적 향상 성취도 - 학부모 만족도 평가	사업 종결 시
	2-4 다문화가정의 가족 구성원으로서의 올바른 역할수행능력 강화	- 가족 공동 모임/ 활동 실시한 가정 수 및 시간(나들이, 여행 등)	사업 종결 시

3. 심리, 정서적 안정 도모	3-1 이주여성의 정서적 안정 및 우울증 완화	- 우울증 및 스트레스 점수 감소	사업 수행 전 및 사업 종결 시
	3-2 결혼이주 여성 자조모임을 통해 정서적 지지 및 심리적 안정 도모	- 자조모임의 활동 유지 여부 - 자조모임 참여율 - 자조모임 만족도 및 자기평가	사업 종결 시
4. 지역기관 네트워크 지지체계 구축	4-1 실무자 간의 네트워크 형성을 통한 사업의 효과성 증대 및 역량강화 지원	- 공동 협력사업 실시 유무 및 횟수, 대상자 의뢰 유무 및 횟수, 공동사업 참여 조직의 수 변화 - 교육 및 연수 참여 만족도	사업 수행 전 및 사업 종결 시
5. 전체 총괄	참여자 전체의 만족도 평가	- 참여 만족도	사업 종결 시

6) 사업종료 후 지향점

6. 사업종료 후 지향점

1) 사업 수행으로 인한 기대 효과

- 이 사업이 성공적으로 수행된다면 기대되는 효과는 무엇입니까?

사업의 성공적인 결과는 목적의 달성이며, 클라이언트 종결 상태를 이루거나 기대하는 변화를 이끌어 낸 상태를 의미한다. 즉, 가장 이상적으로 사업이 완수되었을 때 긍정적인 참여자와 지역사회의 변화상을 정리하고, 그를 통한 클라이언트 문제의 해결이나 삶의 질의 개선의 의미들을 정리하면 좋다. 특히 기대효과는 사업목적과 논리적으로 연결되어 있어야 한다. 만약 3년간 수행한 사업의 마지막 시행년차라면 공동모금회 지원이 종결된 이후의 독자적인 재정확보 방안이나 자립화 방안을 모색하여야 한다. 내부적으로 자체 인력과 예산을 배정하거나, 별도의 출구전략을 마련하여 점진적 종료를 추진할 수 있다(이는 윤리적 논란이 될 수도 있다). 대외적으로는 지방자치단체 등 공공기관이나 다른 지원기관으로부터의 예산확보가 있을 수 있다. 단, 공공기관의 경우 통상 다음

해의 예산이 당해 여름이 가기 전에 확정되는 경우가 많기 때문에 미리미리 준비하여야 한다.

위의 사례를 예로 정리하면 다음과 같다.

첫째, 결혼이주 여성의 한국사회 적응 능력 향상을 통하여 본인 스스로 행복하고 즐거운 생활을 만들어 갈 수 있다.

둘째, 위생적이고 건강한 생활을 통하여 가족 간의 갈등을 줄이고, 화목한 가정생활에 도움이 된다.

셋째, 통번역 자원봉사 활동을 통하여 새로 이주한 이들을 돕고, 지역사회에 좋은 이미지를 만들 수 있다. 이를 통해 지역주민들이 결혼이주 여성에게 가지는 낮은 기대 수준이나 편견을 줄일 수 있다.

넷째, 결혼이주 여성들의 자조모임 활동을 통하여 상호 지지할 수 있는 친구를 만들며, 지역사회 적응에 큰 도움을 제공할 수 있다.

다섯째, 지역사회 기관 간의 협력적 네트워크를 통해 도움이 필요한 결혼이주 여성을 통합적으로 지원할 수 있는 사회안전망을 강화해 나갈 수 있다.

2) 사업 결과의 활용 계획

- 사업의 효과로 나타난 결과를 어떻게 활용할 계획입니까?
- 사업 결과를 통해 유사기관이나 지역사회에 꼭 알리고 싶은 이야기가 있다면 무엇입니까?

사업 수행 후 나타난 결과를 통해 얻는 다양한 변화가 다시 지역사회에 긍정적인 영향을 미칠 수 있는 활동으로 이어지기를 기대하는 내용들을 정리한다. 사업 결과의 활용 계획에서 사업 결과를 모델화해서 다른 지역, 기관에서도 벤치마킹할 수 있도록 확산시킬 수 있는 계획도 제시하면 유리하다. 그 외에 핵심참여자의 소감, 감동적인 이야기 등을 정리하는 것도 효과적이다.

결혼이주 여성의 사례에서는 한국어에 능숙한 이들이 다시 새로 온 결혼이주 여성을 가르치는 선생님의 역할을 수행하고, 지도하는 멘토로 참여하는 긍정적인 모습(SRV)을 제시할 수 있다.

통역 전문가들의 활동과 자원봉사 활동을 통해 아직 한국어에 익숙하지 못한 이들을 위한 프로보노 활동에 함께 참여할 수 있다. 긴급한 위기가정에 대한 개입에도 함께하는 등 준사회복지사의 역할로 성장할 수 있으며, 이들을 통한 사회복지 서비스의 질을 향상할 수 있다.

자조모임은 지역사회를 위해 기여할 수 있는 글로벌 문화 교류 활동, 이중언어 및 이중 문화 교육 등의 활동을 지원하여 마을 활동 수준으로 확장시킬 수 있다.

지역사회 네트워크를 통하여 지속적으로 협력적인 통합 사례관리 체계를 구축하는 데 도움을 제공할 수 있고, 다양한 공동사업을 통한 네트워크 효과를 증대하는 활동을 지속할 수 있다. 이를 통하여 지역사회 지지체계를 유지, 발전시켜 나가야 한다.

4. 사업계획의 완성 및 검토

사업계획서가 완성되었다면, 원하는 바대로 작성했는지 검토해야 한다. 검토 방식은 다수 전문가의 회람을 통하여 타당성을 검토하는 내용 타당도 방식, 브레인스토밍과 같은 내부 회의를 통해 점검하는 자유토론 방식, 다양한 강점과 약점의 수준을 진단하여 레이더 차트(radar chart)로 표시하여 분석하는 방식 등 다양하게 활용할 수 있다.

레이더 차트는 원 둘레로 평가해야 할 다양한 기준 또는 지표들을 제시하고, 각각의 지표들이 어느 정도 달성되었는지(가능한지)를 패턴화해 보여주는 방식으로 사업계획서를 검토할 수 있다. 사업계획서의 검토 기준은 사회복지 조직이나 프로그램의 특성, 기획의도에 따라 얼마든지 달라질 수 있다.

레이더 차트에서 평가해야 할 기준의 예는 책무성, 비전과 목적, 사업의 필요성, 목표달성 정도, 실현 가능성, 외부로부터의 공인(선정) 가능성, 인력 및 자원 동원 여력, 비용 투입 여력 등을 평가할 수 있다. 이때 가장 안쪽에 있는 중심 원은 거의 달성할 수 없는 수준을 의미하며, 중간 원은 충분하지는 않지만 달성할 수 있는 수준으로, 외부 원은 충분하게 달성할 수 있는 수준이며, 이에 대한 프로그램 계획자 및 슈퍼바이저 등이 논의하여 평가한다. 사업계획서에 대한 평가가 1차 이루어지면, 문제점을 개선하여 재평가하며, 타당한 수준에 이르면 사업계획서를 수행할 수 있는 행정 절차를 진행한다.

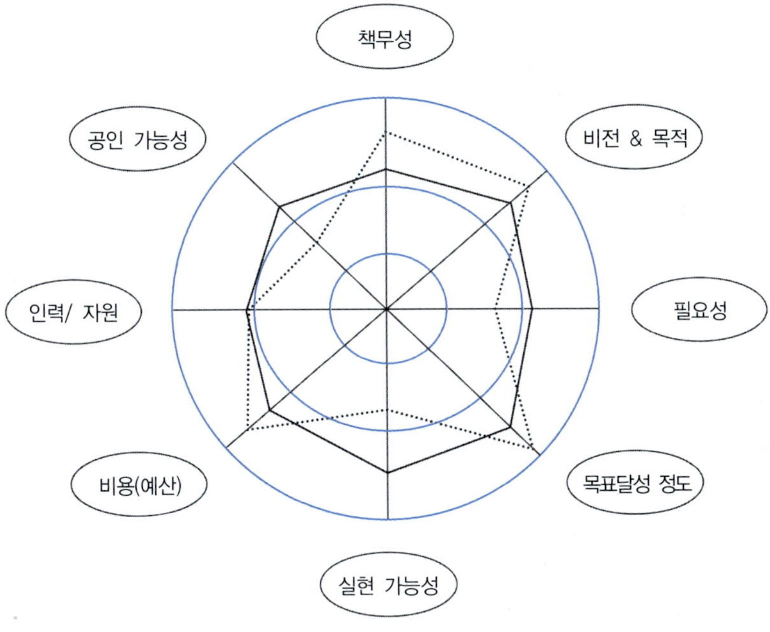

——— : 수정된 계획
·········· : 초기의 계획
외부 원 : 충분하게 달성할 수 있음
중간 원 : 충분하지 않지만 달성할 수 있음
중심 원 : 달성하기 어려움

|그림 12-2| **레이더 차트를 통한 사업계획서의 검토**

Chapter 13

성과 평가의 사례 – 효과, 효율, 품질 평가

우수명(2002a)의 성공회대학교 대학원 석사학위논문인 「재가복지 서비스 성과 평가 모형 연구」의 내용을 수정하여 사례로 소개한다. 오래된 자료이지만, 평가의 기본에 충실한 포괄적인 연구이다. 본 평가는 사례관리 대상자와 제공된 서비스를 토대로 프로그램 제공에 대한 효과성, 효율성, 품질을 평가한 사례이다. 전통적으로 사례관리 대상자에 대한 평가는 개인을 분석단위로 한 사례 평가가 주를 이루었다. 이 방식은 개인에게 제공된 서비스를 통한 변화를 보여주는 데 효과적인 방법이지만, 사례관리 서비스를 단위 프로그램으로 하여 포괄적으로 평가하기 어려운 문제가 있다. 본 평가의 사례는 개인을 분석단위로 하지 않고, 재가복지 서비스[1] 전체를 분석단위로 한다.

1) 필자가 본 연구를 수행한 2002년에는 사례관리라는 표현을 집합적으로 사용하지 않았으며, 재가복지 대상자에게 제공된 사례관리의 방식을 서비스로 표현하였다. 평가의 구조는 지금의 사례관리와 차이가 없기 때문에 평가 사례로 적합하다고 판단하여 본 장에서 사용하였다.

1. 평가대상 및 방법

본 평가 사례에서는 문헌연구, 2차 자료 분석과 설문조사를 통한 종합적 평가를 실시하였다.

문헌연구는 평가의 필요성과 성과 평가 모형의 개념 정의를 하였으며, 이를 근거로 하여 재가복지 서비스 평가의 기본 모형을 조작적 정의 과정을 통하여 구성하였다.

2차 자료 분석은 재가복지봉사센터의 사례관리 카드를 분석하였다. 사례관리 카드는 대상자의 초기면접(intake)에서부터 욕구사정, 서비스 계획 및 계약, 제공된 서비스 현황, 서비스 종결 등의 과정이 기록된 대상자 관리카드이다. 이를 통하여 대상자의 욕구와 제공된 서비스에 관한 일체의 정보를 얻게 되며, 이는 결과성과 평가와 산출성과 평가의 기본 정보가 된다.

설문조사는 품질성과 평가 측정을 위하여 클라이언트의 서비스 만족도 조사를 실시하였다.

1) 평가대상

서울시 은평구에 위치한 종합사회복지관의 재가복지봉사센터의 서비스 수혜자가 대상자이다. 평가는 사전에 고지되지 않고 불시에 진행하였다. 따라서 총 120명의 대상자 중에서 욕구 사정과 제공된 서비스 기록이 정확하게 남아 있어 분석 대상이 된 사례는 64명인 53.3%에 불과하였다. 이는 사례관리 카드 관리 운영의 비율로 평가할 수 있다.

2) 평가방법

(1) 결과성과 평가

결과성과 평가는 앞에서 살펴본 바와 같이 재가복지봉사센터의 계획에 따른 서비스 제공의 비율과 클라이언트의 욕구에 부합하는 서비스 제공의 대응성을 파악하였다. 우선 계획된 바대로 서비스가 제공되었는가는 사업계획서와 사업실적 보고서를 비교 분석하여 파악한다. 다음으로 대상자 욕구사정에 따른 성과 산출과 제공된 서비스의 유형 산출을 통하여 산출된 성과와 제공된 서비스 유형과의 일치도 검증을 실시하여 욕구에 부합하는 서비스의 제공 정도를 평가한다. 이의 구체적인 방법은 다음과 같다.

첫째, 사례관리 카드를 분석하여 대상자의 욕구와 서비스 계획을 정리한다. 대상자의 욕구해결과 서비스 계획의 실현 확인이 성과 평가의 측정대상이다.

둘째, 사례관리 카드와 각 서비스 제공 기록지에 기록된 정보를 토대로 대상자에게 제공된 서비스를 정리한다.

셋째, 대상자의 욕구와 제공된 서비스와의 일치도 분석을 통하여 욕구해결에 어느 정도 대응하였는지, 어느 정도 누수되었는지를 분석 · 평가한다.

(2) 산출성과 평가

산출성과 평가는 대상자에게 제공된 서비스의 종류와 유형별 계산된 총량, 즉 실적을 의미하여, 이를 사례관리 카드와 각 서비스 제공 기록지 분석을 통해 산출해 낼 수 있다. 실적보고서를 같이 활용해도 좋다. 이 결과를 예산으로 나누어 단위당 비용을 산출하였다.

(3) 품질성과 평가

품질성과 평가는 대상자 입장에서 느끼는 서비스의 질적 측면으로 일반적으로 클라이언트 만족도 조사를 통하여 평가한다. 서비스의 품질이 높을수록 만족도가 높다는 것을 의미한다. 만족도 조사는 대상자의 관심과 참여 정도, 사회복지사에 대한 평가, 재가복지 서비스에 대한 평가, 그리고 이를 통해 얻게 되는 도움과 만족도에 대한 영역으로 구성되어 있다. 단, 이 당시에는 결과성과의 영역을 만족도에 포함하지 않았다.

2. 성과 평가 기준

재가복지 서비스 특성상 별도의 평가지침이 없는 경우 프로그램의 특성에 따른 조작적 정의가 필연적이다. 여기서는 사회복지 프로그램의 대표적인 재가복지봉사센터의 서비스의 성과를 측정하는 평가도구를 개발하는 과정을 설명하고자 한다. 여기서는 결과성과를 파악하기 위한 정보의 조작과 재구성에 초점을 맞추도록 한다.

1) 결과성과의 규정

(1) 목표의 확인

재가복지 서비스의 성과에는 대응성의 개념이 포함되어 있다. 대응성은 클라이언트의 욕구, 문제에 대하여 제공된 서비스가 적절하게 대응되었나를 평가하는 것으로, 사전에 클라이언트의 욕구 사정은 욕구조사 또는 초기면접(intake) 과정에서 수행해야 한다.

재가복지 서비스의 성과를 규정하는 중요한 관점 중 하나는 전통적인 성과 규정의 방법에 따라 제공하고자 계획된 서비스를 계획대로 제공했는지를 확인하는 것이다. 다음으로는 제공된 서비스가 클라이언트의 욕구에 적절하게 대응하였는지를 확인하는 것이다. 특히 욕구에의 직접적인 대응성을 확인하는 평가는 단기 결과성과의 핵심과제이다. 중장기 결과성과는 이러한 서비스 제공과정을 통하여 클라이언트가 자신의 강점을 발휘하거나 사회복지사의 개입을 통해 욕구를 해결한 상태이다. 본 연구에서는 중장기 결과성과는 측정하지 못하였다.

(2) 욕구 대응성의 정의

사례관리 카드의 정확한 기록은 사례관리 업무 중 중요한 한 가지이다. 그러나 사회복지사가 평소 사례관리의 기록을 제대로 남기지 못했다면 대응성 평가를 할 수 없다. 우선 욕구 대응성의 기본 구조를 살펴보도록 하자.

| 그림 13-1 | 에서 보는 바와 같이, 경제, 의료, 심리정서, 생활가사 서비스의 영역은 일반적인 욕구 사정 영역을 반영하는 것이다. 재가복지 서비스는 이들 4개 서비스 영역과 1개의 기타 영역을 포함한 5개 영역에 대한 정확한 욕구사정이 이루어졌는지가 중요하다. 욕구사정에 따라 서비스 계획이 이루어지게 되면, 이에 대응하는 재가복지 서비스가 제공될 것이다. 이때 욕구에 적합하게 대응하였는지가 중요한 분석 대상이 된다.

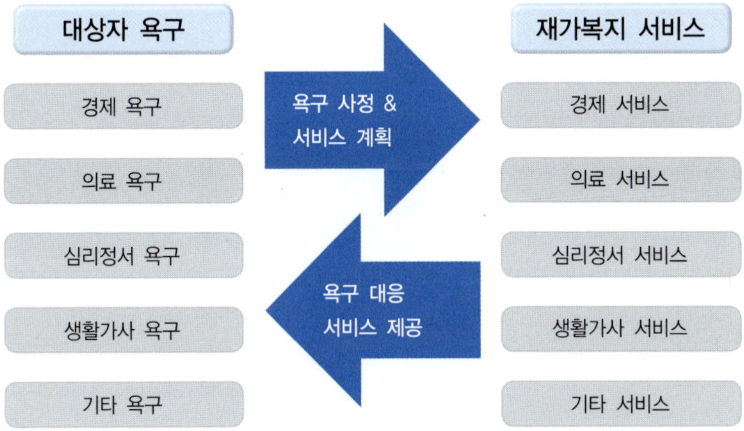

|그림 13-1| 클라이언트 욕구 대응성의 성과 평가 과정

욕구 대응성을 측정하기 위해서는 우선적으로 상위 분류기준을 사용할 것인지 또는 구체적 분류 기준(하위기준)을 사용할 것인지, 아니면 이 둘의 혼합

형을 사용할 것인지를 결정하여야 한다. 즉, 욕구 대응성의 평가 범주를 어디까지 정하는지의 문제이다. 대응성의 수준을 아주 구체적으로 한다면 '생활비 부족에 의한 경제적 욕구에 대응하는 생활비를 후원금으로 제공하기'와 같이 평가할 수 있다. 규칙적 식사 욕구에 대응하는 규칙적 밑반찬 제공 서비스도 같은 맥락이다. 실제 평가 시 사회복지사에게는 특정 영역을 세분화하여 분석해 보기를 권한다. 여기서는 포괄적인 욕구에 대응하는 포괄적인 서비스로 범위를 정하고 분석할 것이다. 이 경우 구체성은 떨어지지만 대상자 욕구 범주 거의 전부를 평가할 수 있다.

다양한 비교분석을 위하여 클라이언트에 관련된 부가 정보, 즉 성별, 연령, 종교, 학력, 국민기초생활보장법 대상 여부, 지역, 서비스를 제공받은 기간, 제공받은 서비스의 양 등을 변수로 지정하여 추가로 입력하여 활용할 수 있다.

〈표 13-1〉 **욕구 및 서비스 범주의 분류 사례**

구체적 분류 기준			상위 분류 기준	
코드	욕구 분류 기준	서비스 분류 기준	코드	분류 기준
1	경제적 어려움, 정기적 후원금	정기적 후원금 제공	1	경제 영역
2	비정기적/ 일시 후원금품	비정기적/ 일시 후원금품 제공		
3	전문의료 : 간호, 간병 등	전문 의료서비스 제공	2	의료 영역
4	기타 의료지원 : 병원동행, 의료기관 안내, 약수발 등	기타 의료지원 서비스 제공		
5	전문 심리정서 지지의 필요 : 전문상담, 지속적 말벗 서비스	전문 심리정서 서비스 제공	3	심리정서 영역
6	단순 심리정서 서비스 필요 : 생일나들이, 노인위로행사 등	단순 심리정서 서비스 제공		
7	지속 생활가사 서비스 필요 : 밑반찬, 도시락 등의 지속적 제공	지속 생활가사 서비스 제공	4	생활가사 영역
8	일시 생활가사 서비스 필요 : 김장, 일회성 밑반찬 등 욕구	일시 생활가사 서비스 제공		
9	기타 서비스 욕구	기타 서비스 제공	5	기타 영역

(3) 대응성 성과 평가의 구성

대응성은 클라이언트 욕구에 부응하는 서비스의 비율로, 욕구에 따라 적절한 서비스가 제공되거나 욕구가 없는 것으로 사정되었을 때 제공되지 않는 서비스의 비율이다. 이를 전체 대응성과 누수율로 조작적 정의를 하였으며, 대응성의 한 영역으로 욕구 대응성을 구성하여 각각 조작적 정의를 하였다.

① 전체 대응성

'전체 대응성'은 전체 클라이언트 중에서 욕구 대응성에 포함되는 클라이언트의 비율과 욕구가 없는 클라이언트에게 서비스가 제공되지 않는 대응성의 비율을 합하여 구성하는 것으로 정의된다. 이는 전체 클라이언트 중에서 얼마나 많은 클라이언트가 자신의 욕구에 부응하여 적절한 서비스를 받는지를 알려준다. 욕구가 있으면 받고, 욕구가 없으면 받지 않아야 하는 비율이 각각 얼마인지를 확인하는 것이다.

② 욕구 대응성

어떤 특정의 욕구가 있는 클라이언트만을 대상으로 하며, 이 욕구에 부합하는 서비스가 제공될 경우, 이는 욕구에 직접적으로 대응하였으므로 이를 '**욕구 대응성**'이라고 정의할 수 있다. 따라서 욕구 대응성은 욕구가 있는 클라이언트 중 욕구에 부응하는 서비스를 받은 클라이언트의 비율이다. 경제적 욕구가 있으며, 경제적 서비스를 받은 클라이언트의 비율이며, 욕구 대응성은 경제, 의료, 생활가사, 심리정서, 기타 등의 각 욕구의 개별 단위별 비율을 분석할 수 있다. 이들을 모두 합하면 전체 대응성이 된다.

'욕구 대응성'을 통하여 욕구가 있는 클라이언트에게 얼마나 집중적으로 서비스가 제공되었는지를 확인할 수 있으며, 서비스의 제공의 일차적 효과성을 확인한다. 이 비율은 높을수록 단기성과가 달성된 것으로 판단한다. 중장기성과는 클라이언트의 욕구/ 문제와 이의 해결 여부를 매칭하는 것이다.

③ 누수율

누수율은 전체 클라이언트 중에서 대응성에 부합하지 않는 클라이언트의 비율로 정의한다. 즉, 특정 욕구가 없는데 서비스를 받은 클라이언트나, 특정 욕구가 있는데 서비스를 제공받지 못한 클라이언트의 비율이다. 전자는 과다(낭비된) 누수율로, 낭비된 서비스일 가능성이 높음을 의미한다. 후자는 과소(부족) 누수율로, 자원의 부족이나 욕구 충족의 부족으로 볼 수 있다. 누수율은 서비스 자원관리가 비체계적이거나, 욕구에 적절하게 대응하지 못한 것을 의미하며, 대응성과 누수율의 합은 100%로 한쪽이 증가하면 다른 쪽은 감소하는 역의 관계이다.

2) 산출성과의 평가기준

산출성과는 효율성의 관점으로 비용효과의 개념이 중요하며, 따라서 실적-산출(outputs)이 중요하다. 투입과 산출의 비율을 나타내는 것으로 효율성=산출/ 투입, 혹은 효율성=효과/ 비용으로 비용-효과(cost-effectiveness) 혹은 비용-편익(cost-benefit)으로 분석할 수 있다.

산출성과를 측정하기 위해서는 평가대상으로 선정된 기간 동안 제공된 재가복지 서비스의 실적 자료가 필요하다. 효율성을 평가하기 위해서는 실 제공 횟수에 따른 구체적인 수행예산과 이 둘의 비용효과계산인 서비스 단가를 산출해야 한다. 만약 밑반찬 서비스가 100명에게 100회 제공되었는데, 총 비용이 1천만 원이 들었다면, 실인원 1인당 제공 단가는 10,000,000원/100명 = 100,000원이며, 연 인원 1회당 제공 단가는 10,000,000원/10,000회 = 1,000원이 나오게 된다. 이러한 효율성의 관점은 다른 기관의 동일 서비스 또는 (물가인상률을 고려한) 다른 연도와 비교할 경우 의미가 더 커진다.

3) 품질성과의 평가기준

품질은 클라이언트 입장에서 재가복지 서비스를 평가하는 것이므로, 만족도 조사로 대부분 대체된다. 이 경우 다른 만족도 조사와 다르게 재가복지 서비스에서는 시설·환경적 요인이 거의 의미가 없으므로 이 부분을 제외하는 것이 타당하다. | 그림 13-2 | 에서 보는 바와 같이 만족도에 영향을 미치는 독립변수는 클라이언트의 욕구수준과 제공된 서비스의 양으로 구성하며, 매개변수는 사회복지사와 제공된 서비스에 대한 클라이언트의 평가로 구성하였다. 독립변수와 매개변수가 종속변수에 미치는 영향력의 관계는 경로분석을 통하여 확인한다.

일반적 특성에서 고려해야 할 것은 개인적 특성과 가족적 특성, 그리고 사회적 관계망 등에 대한 정보가 포함되어야 하며, 아파트나 단독주택과 같은 여러 조건을 결정지을 지역별 특성을 고려한 문항들이 필요하다.

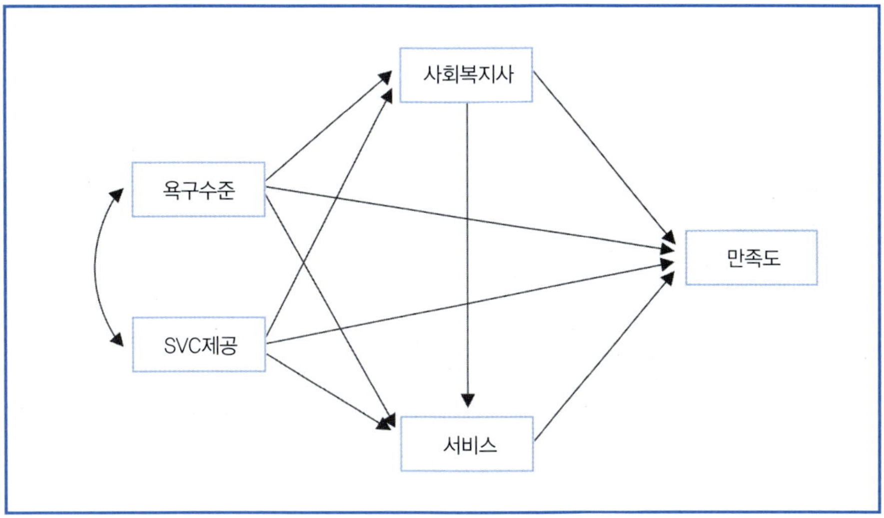

|그림 13-2| 이용자 만족도 설계 구성

3. 결과성과 평가 결과

1) 서비스 계획 달성 평가[2)]

재가복지봉사센터가 계획한 사업계획서상의 서비스 제공 계획량과 실제로 제공된 서비스의 제공량의 비율을 토대로 재가복지 서비스의 목표량 달성률을 계산한 것은 〈표 13-2〉와 같다.

목표 달성률이 100% 미만으로 나타난 서비스는 경제적 서비스의 결연후원(64.3%)과 일시후원(80.6%), 정서적 서비스의 말벗 서비스(58.0%), 생활가사 서비스의 김장 서비스(86.7%), 기타 서비스의 W'er 가정방문(62.7%), 주거환경 개선(25.0%)으로 나타났다. 150% 이상의 목표 달성률을 보이는 서비스 영역은 현물후원(262.0%), 병원동행 지원(192.0%), 이미용 서비스(325.0%)로 나타났다. 이러한 결과가 가지는 특징을 정리하면 다음과 같다.

첫째, 경제적 서비스 분야의 목표달성이 취약하다. 경제적 서비스의 제공은 계획된 목표량을 달성하지 못한 영역이 2개 분야이며, 이는 모두 현금이 지급되는 후원서비스로 나타났다. 후원서비스가 부족한 이유는 클라이언트에게 제공되는 후원금 모금 및 후원활동이 상대적으로 취약하였기 때문이다.

둘째, 필요한 지역사회 자원개발이 취약하다. 말벗 서비스의 경우 사회복지사가 담당하는 영역보다는 자원봉사자들이 주로 담당해야 하는 영역이다. 특히 지속적인 자원봉사활동이 이루어져야만 말벗 서비스가 효과적인데, 이는 클라이언트와의 라포(rapport) 형성이 이루어지지 않는다면 단순한 안부 이상의 서비스 제공이 어렵다. 사회복지사의 말벗 서비스도 중요한 것이나, 이에 치중될 경우 보다 전문적인 활동을 효율적으로 하는 데 지장을 받을 것이 명확하므로 사회복자사가 중심이 된 말벗 서비스는 상대적으로 비중이 낮아지는 것이 좋다.[3)]

---

2) 연인원으로 실인원과 다소 차이가 있을 수 있다.

〈표 13-2〉 서비스 제공 실적의 목표 달성 평가

상위 서비스	하위 서비스명	계획된 횟수 (연 인원)	실제공 횟수 (연 인원)	달성률* (퍼센트)	비 고
경제적 서비스	결연후원	720	463	64.3	
	일시후원	62	50	80.6	
	현물후원	100	262	262.0	ㅇㅇ텔레콤
의료적 서비스	의료기관 연결	20	29	145.0	
	병원동행 지원	12	23	192.0	
정서적 서비스	생일 나들이	400	483	120.8	
	카네이션	100	100	100.0	
	말벗 서비스	300	174	58.0	
생활가사 서비스	밑반찬 서비스	3,360	3,640	108.3	
	사랑의 빵	4,080	4,952	121.3	ㅇㅇ도너츠
	김 장	150	130	86.7	
기타 서비스	W'er 가정방문	450	282	62.7	사례관리
	이미용	12	39	325.0	
	주거환경 개선	60	15	25.0	

*주) 달성률 = 실제공 횟수 ÷ 계획된 횟수

셋째, 사회복지사의 사례관리를 위한 가정방문이 적은 편이다. 사례관리를 위한 사회복지사의 가정방문은 282건으로 목표량 450건의 62.7%에 불과하였다. 3인의 사회복지사가 연 450건의 가정방문을 실시하는 것은 1인당 평균

3) 말벗 서비스에서 사회복지사가 차지하는 비중에 대한 정보는 체계적으로 정리되어 있지 못하며, 측정도구에서도 다루지 않은 영역이다. 만약 이 부분의 역할분담, 즉 자원봉사자의 말벗 서비스 참여율이 높아지도록 목표를 설정하였다면, 이도 성과로서 측정이 가능하게 될 것이다.

150건이나, 실제로는 1인당 94건에 불과한 것이다.[4]

넷째, 낮은 목표는 쉽게 달성된다. 계획된 목표치가 매우 낮은 서비스의 경우, 즉 이미용(12명), 의료기관 연결(20명), 그리고 병원 동행(12명) 등의 서비스 영역은 예정된 목표치가 매우 낮았기 때문에 쉽게 목표량을 초과한 것으로 판단된다.

다섯째, 재원이 안정된 단순 서비스의 달성률은 높게 나타난다. 계획된 목표량을 무난히 달성한 서비스들, 즉 생일 나들이(120.8%), 카네이션 달아드리기(100.0%), 밑반찬 서비스(108.3%), 사랑의 빵 배달 서비스(121.3%) 등은 비교적 안정적 재원을 확보하고 있는 것이다. 이들 서비스의 특징은 사랑의 빵 배달 서비스를 제외하면 정부로부터 안정적인 예산지원을 받는 서비스, 단순 반복되는 서비스라는 특징이 있다. 물론 사랑의 빵 배달 서비스도 같은 구에 위치한 ○○도넛 공장으로부터 주 2회 계속적으로 빵을 공급받기 때문에 비교적 안정적이다.

분석결과가 함의하는 것을 정리하면 다음과 같다.

첫째, 안정적인 서비스는 현상유지를 중심으로 한다. 밑반찬이나 차량지원과 같이 지속적인 자원공급이 안정되고, 재가복지봉사센터 자체인력으로도 관리가 용이한 단순 서비스 제공영역은 목표량을 무난히 달성하고 있다. 이러한 서비스들은 중장기적으로 지속적인 자원확보계획이 필요하며, 현상유지를 중심으로 서비스를 제공하면 무난할 것이다.

둘째, 전문적인 서비스를 강화해야 한다. 후원이나 자원봉사자와 같이 새로운 자원개발이나 지속적인 인력관리 등 보다 전문적이고 체계적인 활동이 필요한 서비스 제공영역은 목표 달성률이 매우 낮게 나타난다. 특히 사회복지사에 의한 가정방문은 보다 체계적인 사례관리를 위하여 반드시 필요하다.

셋째, 목표 자체가 낮게 설정된 서비스는 달성률이 매우 높게 나타나 현실적인 목표설정이 필요하다.

4) 본 연구자가 재가복지봉사센터의 사회복지사로 일할 당시의 가정방문 횟수는 연 190회 정도이었음에 비추어 본다면 많다고는 할 수 없는 수이다.

이러한 결과가 나타나는 가장 큰 이유는 재가복지봉사센터에서 상당히 많은 서비스[5]가 단 3명의 인력에 의하여 진행되기 때문이다. 많은 서비스를 적은 인원이 담당하면 과부하가 걸리고, 전문적인 활동은 줄어들 수밖에 없다.

적은 인력의 과중한 업무는 궁극적으로 클라이언트의 욕구사정에 따른 체계적인 서비스 계획을 세우는 데에도 부정적인 영향을 미치게 된다. 서비스 계획이 체계적이지 못하다면 제공되는 재가복지 서비스 또한 비전문적이 되므로, 이는 다시 업무과중과 효과성과 효율성이 떨어지는 서비스 제공의 악순환을 불러일으키게 될 것이다. 의료서비스의 경우, 실제 계획에 대한 목표는 초과하여 달성하여 제공되었으나, 계획량 자체가 매우 적은 것이기 때문이다. 이는 클라이언트 중 85.9%가 의료서비스를 가지고 있다는 것에 비추어 매우 적은 비율이다. 즉, 서비스 계획이 클라이언트 욕구에 근거하여 체계적으로 세워지지 않은 것이다.

2) 욕구에 대응하는 서비스 제공 평가

(1) 클라이언트의 욕구 · 문제 분석[6]

〈표 13-3〉은 사례관리 카드의 욕구사정 결과 나타난 클라이언트의 욕구를 다중응답 분석(multiple responses)을 한 것이다. 욕구사정의 경우 복잡한 클라이언트의 경우 재가복지팀의 사례회의를 통하여 결정되며, 그렇지 않은 경우 담당 재가복지사에 의하여 결정된다.

전체 64명의 클라이언트 중 욕구로 분석된 것은 164개로, 이는 1인당 평균

5) 지역 결식어르신을 위한 경로식당(주 6일 운영), 저소득 실직자 자활지원사업 등은 본 서비스 분석영역에서 제외되었다. 이는 작년 중순 또는 올해부터 새로 시작된 사업이기 때문에 실제 제공된 서비스가 확정적이지 않기 때문이다. 또한 재가대상자 서비스 조정모임이나 새로운 대상의 발굴(intake) 등도 간접서비스 영역이기 때문에 본 분석에서 제외되었다. 이러한 서비스 영역을 고려한다면 3명의 재가복지사가 담당하는 업무는 매우 많은 수준으로 법정근무시간을 훨씬 초과하여 일하고 있는 상태이다.

6) 분석결과 중 반응백분율은 클라이언트가 응답한 176개의 결과를 100%로 보았을 때의 각각 변수값에 대한 백분율이며, 사례백분율은 클라이언트 64명을 100%로 보았을 때의 각각 변수값에 대한 백분율이다.

2.56개 영역이었다. 클라이언트 중 의료적 욕구나 문제를 가지고 있는 경우가 분석대상자 중 85.9%로 나타나 가장 높은 비율이었으며, 경제적 욕구도 68.8%로 상대적으로 높았다. 생활가사 영역의 욕구는 45.3%로 나타났으며, 심리정서 영역은 32.8%로 나타났다. 이러한 경향은 의료적 욕구와 경제적 욕구의 비중이 상당히 높다는 것을 반영하는데, 전통적인 노인문제와 크게 다르지 않다.[7] 다만, 이러한 욕구는 지역에 따라 다를 수 있다.

〈표 13-3〉 클라이언트의 욕구 분석

	빈 도	반응백분율	사례백분율
경제(후원 등)	44	26.8	68.8
의료(차량 등)	55	33.5	85.9
생활가사	29	17.7	45.3
심리정서	21	12.8	32.8
복지관PG	2	1.2	3.1
기 타	13	7.9	20.3
합계(64명 분석)	164	100.0	256.3

7) 한 가지 유념할 것은 (당시 기준) 올해부터 국민기초생활보장법 수급권자의 취로사업이 전면 금지된다는 것이다. 이전의 수급권자 중 거동이 가능한 어르신들은 보통 매월 10일에서 20일 정도의 취로사업에 참여할 수 있었으며, 이를 통하여 15만 원에서 30만 원가량의 추가 소득을 더 얻을 수 있었다. 그러나 앞으로는 취로사업에 참여할 수 없게 됨으로써 기대수익이 상실되면서 얻게 되는 경제적 어려움은 물론, 취로사업에 할애하였던 상당한 시간이 여유시간으로 남게 된다. 이들은 오랫동안 익숙했던 노동 중심의 생활방식이 빈곤한 여가 중심의 생활방식으로 순식간에 바뀌게 됨으로써 혼란을 겪을 가능성이 높다. 따라서 이들을 전통적인 여가 프로그램으로 흡수하는 것은 쉽지 않을 것이며, 그냥 방치할 경우에는 삶의 의욕 상실, 스트레스, 경제적 위기감 등 여러 문제들이 발생할 가능성도 없지 않다. 따라서 이에 대한 체계적인 후속연구가 신속히 이루어져야 할 필요가 있다.

(2) 제공된 서비스 분석

〈표 13-4〉 **제공된 서비스 분석**

	빈 도	반응백분율	사례백분율
경제(후원 등)	52	30.1	81.3
의료(차량 등)	24	13.9	37.5
생활가사	42	24.3	65.6
심리정서	9	5.2	14.1
복지관PG	39	22.5	60.9
기 타	7	4.0	10.9
합계(64명 분석)	173	100.0	270.3

〈표 13-4〉는 지난 1년간 제공된 서비스로, 다중응답 분석(multiple responses)을 한 것이다. 응답결과 64명에 대하여 평균 2.70개의 서비스 영역[8)]이 제공되었다.

제공된 서비스 중 후원금과 후원물품 등의 경제적 서비스 영역이 81.3%로 나타났으며, 이는 68.8%보다 더 많이 제공되었다. 생활가사 서비스 영역이 65.6%로 욕구에 비해 더 많이 제공되었으며, 사회복지관 프로그램 이용도 60.9%로 더 많은 서비스가 제공되었다.

반면에 의료서비스의 경우 실제로 서비스를 받은 클라이언트는 37.5%로 욕구가 있는 85.9%의 클라이언트 비율에 비하여 낮은 수준이다. 또한 심리정서

8) 경제 서비스 영역의 경우 후원금과 후원물품이 함께 포함되어 있다. 이는 경제적 욕구를 가진 클라이언트가 후원품에 대한 욕구가 명확하지 않더라도 쌀이나 생필품과 같이 제공된 후원품이 경제적 효과가 있기 때문에 경제 서비스 영역에 포함하였다. 이를 구체적으로 욕구사정을 할 때 구분하여 파악하였다면 성과 평가에서도 구분하여 분석할 수 있을 것이나, 그렇게 욕구사정이 이루어지지 않았기 때문에, 본 연구에서는 이 둘을 포함할 수밖에 없었다.

서비스의 경우도 클라이언트의 욕구에 비하여 제공된 비율은 14.1%로 낮게 나타났다.

(3) 경제적 욕구에 따른 경제적 서비스의 제공

〈표 13-5〉 **경제적 욕구에 따른 경제적 서비스의 제공** (단위 : 명, Column %, Total %)

경제서비스 \ 경제욕구	없 음	있 음	합 계
제공 안 함	7 35.0% 10.9%	5 11.4% 7.8%	12 18.8%
제공함	13 65.0% 20.3%	39 88.6% 60.9%	52 81.3%
합 계	20 31.3%	44 68.8%	64 100.0%

χ^2=5.042, df=1, $p<0.05$, Fisher's Exact Test $p<0.05$

경제적 욕구를 가진 클라이언트에 경제적 서비스가 제공되었는지를 분석한 결과를 살펴보면 〈표 13-5〉와 같다. 경제적 욕구가 있는 클라이언트가 경제적 서비스를 받았다면 이는 클라이언트의 욕구에 적절히 대응하였다는 것을 의미한다. 경제적 욕구에의 대응성을 살펴보면 다음과 같다. 총 44명의 욕구가 있는 클라이언트 중 서비스를 받은 클라이언트는 39명(88.6%)이며, 5명(11.4%)이 제공받지 못한 것으로 나타났다. 경제적 욕구를 가진 클라이언트에 대한 대응성은 88.6%로 볼 수 있다. 대응성이 목표 달성률보다 높은 이유는 대응성에서는 지원비율이 높은 현물후원이 포함되어 있기 때문이다.

경제적 욕구가 없기 때문에 경제적 서비스를 제공받지 않은 클라이언트는 7명으로 나타났으며, 이는 경제적 욕구가 없는 클라이언트 20명 중 35.0%에 해당하는 비율이다.

전체 대상자 64명 대비 대응성은 욕구가 있는 클라이언트에게 서비스가 제공된 60.9%와, 욕구가 없기 때문에 서비스를 제공받지 않은 클라이언트 10.9%를 합하여 71.8%이다. 즉, 욕구를 가진 클라이언트에 대한 대응성은 88.6%이며, 전체 클라이언트에 대한 대응성은 60.9%이다.

경제적 욕구에서의 과소 누수는 44명 중 5명으로 11.4%였으며, 과다 누수는 20명 중 13명으로 65.0%로 더 높게 나타났다. 이를 전체 클라이언트 64명 대비로 분석하면, 과소 누수가 7.8%, 과다 누수가 20.3%로 총 누수는 28.1%로 나타났다.

전체적으로 경제적 욕구에 따라 제공된 서비스는 차이가 있어야 하며, 욕구가 있는 대상자에게 서비스가 제공되어야 한다. 통계 결과의 카이자승(χ^2) 값은 5.042로 통계적으로 차이가 있는 것으로 나타나 어느 정도 욕구에 따라 차별화된 서비스가 제공된 것으로 판단할 수 있다($p<0.05$).

(4) 의료적 욕구에 따른 의료적 서비스의 제공

〈표 13-6〉 의료적 욕구에 따른 의료적 서비스의 제공 (단위 : 명, Column %, Total %)

의료서비스 \ 의료욕구	없 음	있 음	합 계
제공 안 함	8 88.9% 12.5%	32 58.2% 50.0%	40 62.5%
제공함	1 11.1% 1.6%	23 41.8% 35.9%	24 37.5%
합 계	9 14.1%	55 85.9%	64 100.0%

$\chi^2=3.112$, df=1, $p<0.1$, Fisher's Exact Test $p<0.1$

의료적 욕구를 가진 클라이언트에게 의료적 서비스가 제공되었는지를 분석한 결과를 살펴보면 〈표 13-6〉과 같다.

의료적 욕구에의 대응성을 살펴보면, 총 55명의 욕구가 있는 클라이언트 중 서비스를 받은 클라이언트는 23명(41.8%)이며, 32명(58.2%)이 제공받지 못하였다. 의료적 욕구를 가진 클라이언트에 대한 대응성은 41.8%에 불과한 것으로 나타났다.

의료적 욕구가 없기 때문에 의료적 서비스를 제공받지 않은 클라이언트는 8명으로 나타났으며, 이는 의료적 욕구가 없는 클라이언트 9명 중 88.9%에 해당하는 비율이다.

전체 대상자 64명 대비 의료적 욕구에의 대응성은 욕구가 있는 클라이언트에게 서비스가 제공된 35.9%와, 욕구가 없기 때문에 서비스를 제공받지 않은 클라이언트 12.5%를 합하여 48.4%로 나타났다. 즉, 의료적 욕구를 가진 클라이언트에 대한 대응성은 41.8%이며, 전체 클라이언트에 대한 대응성은 48.4%이다.

의료적 욕구에서의 과소 누수는 55명 중 32명으로 58.2%에 이르는 것으로 나타났으며, 과다 누수는 9명 중 1명으로 11.1%에 이르는 것으로 나타났다. 이를 전체 클라이언트 64명 대비로 분석하면, 과소 누수가 50.0%, 과다 누수가 1.6%로 총 누수는 51.6%로 나타났다.

전체적으로 의료적 욕구에 따라 제공된 서비스는 차이가 있어야 하며, 욕구가 있는 대상자에게 서비스가 제공되어야 한다. 통계 결과의 카이자승(χ^2) 값은 3.112로 유의수준 10%에서 통계적으로 차이가 있는 것으로 나타났으며($p<0.01$), $p<0.05$를 기준으로 적용하면 대응성은 유의미하지 않아 욕구에 따라 서비스 제공 비율은 차이가 없는 것으로 판단한다. 만약 표본이 더 많았다면 유의미한 결과가 나왔을 것이다.

(5) 대응성 분석

2명에 불과한 프로그램 욕구를 제외하고, 특정 욕구에 적합하게 제공된 서비스의 비율인 욕구 대응성을 살펴보면, 경제적 욕구에의 대응성이 88.6%로 가장 높았으며, 생활가사 욕구도 86.2%로 높게 나타나 재가복지 서비스가 경제 서비스와 생활가사 서비스에 집중되고 있음을 알 수 있다. 반면에 의료적 욕구에의 대응성은 41.8%에 불과하였으며, 심리정서 욕구는 33.3%로 매우 낮게 나타나 이 부분이 매우 취약함을 알 수 있다. 특히 의료적 욕구의 경우 전체 대응성도 48.4%에 불과하여 50%에도 미치지 못하였다.

경제적 서비스나 생활가사 서비스는 현재의 제공 수준 이상을 적절하게 유지하도록 하는 데 중점을 두어야 하며, 의료적 서비스와 심리정서 서비스, 그리고 기타 욕구에 대한 서비스의 제공량을 욕구에 적합하도록 크게 확대시켜야 한다.

〈표 13-7〉 **욕구에 적합하게 대응한 서비스의 비율**

	욕구Cts(명)	대응Cts(명)	욕구 대응성(%)	전체 대응성(%)
경제적 욕구	44	39	88.6	71.8
의료적 욕구	55	23	41.8	48.4
생활가사 욕구	29	25	86.2	67.2
심리정서 욕구	21	7	33.3	75.0
프로그램 욕구	2	2	100.0	42.2
기타 욕구	13	4	30.8	81.3
합 계	164	100	60.98	64.32

(6) 누수율 분석

욕구에 적절하게 대응하지 못하고 부적절하게 대응된 서비스의 누수율을 살펴보면 〈표 13-8〉과 같다. 욕구에 비하여 과다한 서비스가 제공된 과다누수율의 경우 프로그램 욕구를 가진 클라이언트에 대한 비율이 57.87%로 매우 높게 나타났으며, 생활가사 욕구가 26.6%, 경제적 욕구가 20.3%로 나타났다. 프로그램 욕구의 경우 사회복지관을 이용하기 이전에는 프로그램을 잘 몰랐다가 재가복지봉사센터를 통하여 알게 되어 추후 이용하게 된 것으로 보인다. 또한 경제적 욕구와 생활가사 욕구의 경우 대응성이 80% 이상이나 되는 서비스 영역이기 때문에 제공되는 서비스가 적절한 것으로 판단할 수 있다.

과소누수율의 경우 의료적 욕구가 50.0%나 되어 의료적 욕구를 가진 클라이언트 2명 중 1명꼴로 적절한 서비스를 받지 못하고 있는 것으로 나타나 이 부분의 개선이 시급함을 알려준다. 또한 심리정서 욕구의 과소누수율도 21.9%나 되는 것으로 나타나 욕구를 가진 클라이언트 5명 중 1명꼴로 적절한 서비스를 받지 못하고 있어 이 또한 시급히 개선되어야 한다.

〈표 13-8〉 욕구에 부적합한 누수된 서비스의 비율

	과다누수율(%)	과소누수율(%)	누수율(%)
경제적 욕구	20.3	7.8	28.1
의료적 욕구	1.6	50.0	51.6
생활가사 욕구	26.6	6.3	32.9
심리정서 욕구	3.1	21.9	25.0
프로그램 욕구	57.8	0.0	57.8
기타 욕구	4.7	14.1	18.8
평 균	19.02	16.68	35.7

(7) 효과성 평가

대응성과 누수율 분석을 통하여 나타난 결과는 재가복지 서비스의 계획에 있어서 클라이언트의 욕구에 근거하여 서비스 제공 계획을 세워야 하는 것의 중요성과 이를 근거로 서비스가 제공될 때 효과적이라는 것을 알려준다. 이를 구체적으로 살펴보면 다음과 같다.

첫째, 경제적 욕구와 생활가사 욕구에 대한 대응성은 높았다. 경제적 서비스의 산출결과를 살펴본다면 후원금과 관련된 서비스의 제공은 낮으나, 후원물품의 경우 상대적으로 많이 제공되고 있는 것으로 알 수 있다. 따라서 경제적 서비스의 대응성은 후원금과 후원품이 구분될 때 더 명확하게 나타날 수 있을 것이다. 생활가사 서비스의 경우 단순 제공형 서비스이며, 대부분 안정적인 재원을 확보하고 있는 것이다. 이는 목표 달성률과도 일치하는 결과이다.

둘째, 의료적 욕구와 심리정서 욕구에 대한 대응성은 낮았으며, 과소누수율의 비율이 높았다. 이는 재가복지봉사센터 내에서의 의료서비스의 부재와 말벗 자원봉사자의 부족 등 심리정서 서비스의 제공이 취약하기 때문에 나타난 결과이다. 또한 앞의 목표 달성률의 분석에서 나타났던 문제들과 일치한다.

셋째, 전체적으로 서비스의 제공이 욕구사정에 따른 체계적인 근거에 의하여 이루어지지 않고 있다. 일반적으로 누수율의 평균이 35.7%나 되기 때문이며, 욕구 대응성의 수준도 60.98%에 불과하기 때문이다.

이러한 문제를 해결하기 위해서는 재가복지 서비스의 계획은 체계적으로 파악된 클라이언트의 욕구에 근거하여야 하며, 의료 및 심리정서 서비스의 제공을 강화할 수 있는 방안이 모색되어야 한다. 이를 위한 재가복지와 관련 없는 업무는 과감히 줄이고, 방문간호사와 같은 전문인력의 추가 도입을 적극 고려하여 업무에의 집중성을 높여야 할 것이다.

4. 산출성과 평가 결과

〈표 13-9〉 서비스의 산출성과 평가

상위 서비스	하위 서비스명	계획횟수 (연 인원)	제공횟수 (연 인원)	수행예산 (천 원 단위)	SVC단가* (천 원 단위)	단위유형
경제적 서비스	결연후원	720	463	30,000	64.79	물질
	일시후원	62	50	3,100	62.00	물질
	현물후원	100	262	비예산	(후원)	물질
의료적 서비스	의료기관 연결	20	29	비예산	–	접촉
	병원동행 지원	12	23	비예산	재가차량	접촉
정서적 서비스	생일 나들이	400	483	33,400	69.15	접촉/ 시간
	카네이션	100	100	400	4.00	접촉
	말벗 서비스	300	174	800	4.60	접촉/ 시간
생활가사 서비스	밑반찬 서비스	3,360	3,640	10,050	2.76	물질
	사랑의 빵	4,080	7,952	240	0.03(빵후원)	물질
	김 장	150	130	3,000	23.08	물질
기타 서비스	W'er가정방문	450	282	비예산	사례관리	접촉/시간
	이미용	12	39	300	7.69	물질
	주거환경 개선	60	15	1,000	66.67	물질

*주) SVC 단가 = 수행예산 ÷ 실제공 횟수

재가복지 서비스의 산출성과 결과는 전년 대비 비교나 타 기관의 동일한 사업비교를 할 때 의미가 있다. 만약 변동되는 서비스가 많거나 타 기관의 동일한 환경의 사업이라면 비교도 용이하지 않다. 따라서 첫 평가대상의 산출결과는 다음 연도의 산출결과와 비교하기 위한 기준지표로 활용하는 것이 좋다.

경제적 서비스의 결연후원의 1인당 1회 지원액의 평균은 약 65천 원으로 나타났다. 통상 후원금의 액수가 5만 원에서 10만 원 이내이며, 이 비용은 경제적 어려움을 겪는 클라이언트의 경제적 문제를 해결하기에 충분한 비용이라고 할 수 없다. 그러나 지속적으로 클라이언트에게 지원되는 후원금은 경제적 보조역할로 의미를 가지고 있다. 일시적 후원금도 1회당 평균 62천 원 수준으로 액수 자체는 결연후원금과 큰 차이가 나지 않았다.

정서적 서비스에서 생일 나들이는 1인당 69천 원으로 생일선물의 비용과 나들이 비용이다. 카네이션은 평균 4천 원이 소요되었으며, 말벗 서비스도 평균 4.6천 원이 소요되었다. 말벗 서비스의 경우 자원봉사 교통비나 관리비 등이 포함된 비용이다.

제공단가가 비교적 높은 서비스는 생일 나들이, 주거환경 개선, 결연후원, 일시후원 등이며, 제공단가가 비교적 낮은 서비스는 카네이션 달아드리기, 말벗서비스, 밑반찬 서비스 등으로 나타났다. 이러한 단가개념은 휴먼 서비스에서 절대적인 비교가 부적합하다는 것을 여기서 알 수 있는데, 단가를 낮추기 위하여 클라이언트에 제공되는 후원금이나 밑반찬의 수준을 낮출 수 없기 때문이다.

산출결과 경제적 서비스의 단가가 높으며, 심리정서 서비스나 생활가사 서비스의 단가가 낮게 나타났다. 반면에 제공된 횟수에서는 생활가사 서비스가 상대적으로 높게 나타났다. 이는 안정된 재원으로 작은 단위의 서비스가 반복적으로 제공되었기 때문이다.

물질단위, 접촉단위, 시간단위별 구분은 사회복지사의 가정방문처럼 시간단위나 접촉단위가 중복되어 평가될 수 있기 때문에 항상 명확한 것은 아니다. 그러나 재가복지 서비스는 물질단위의 서비스가 중심을 이루고 있는 것으로 나타났다.

전체적으로 산출성과 평가는 서비스 간 편차가 매우 심하며, 서비스별 특성이 상이하므로 상대적 비교가 어렵게 되어있다. 이는 계량경제학이나 경영관리 차원에서 분석하는 비용편익분석과 같은 기법이 휴먼서비스에는 유용하지 않다는 것을 다시 한번 확인하였다.

5. 품질성과 평가 결과

1) 클라이언트의 기초 특성

이용자 만족도 조사에 응답한 클라이언트는 66명이며, 이 중 남자가 10명, 15.2%이었으며, 여자가 56명, 84.4%로 나타났다. 이는 재가복지 대상자 대부분이 여자이기 때문에 표본에서도 그 특성이 그대로 반영된 것이다.

연령대는 75세에서 79세 사이가 33.3%로 가장 많았으며, 80세 이상이 27.3%로 나타나 75세 이상의 고령층이 60.6%로 상당수를 차지하고 있는 것으로 나타났다. 평균 연령은 76.04세(표준편차 7.43)로 고령화되어 있다고 볼 수 있다. 이는 재가복지 대상 어르신의 일반적 특성이다.

배우자 관계를 살펴보면, 90.5%의 클라이언트는 현재 사별 또는 이혼 등으로 배우자가 없는 상태이었으며, 배우자가 있는 기혼은 6.3%에 불과하였다. 이로 인해 대부분의 클라이언트는 가족지지체계가 불안할 수밖에 없다.

종교가 없는 클라이언트는 18.5%에 불과하였으며, 대부분 종교를 가지고 있는 것으로 나타났다. 구체적으로 살펴보면, 기독교가 43.1%로 가장 높았으며, 천주교가 23.1%, 불교가 13.8% 순으로 나타나 기독교의 비율이 상대적으로 높았다.

직업은 고령인 클라이언트의 특성을 반영하듯이 무직의 비율이 86.2%로 높게 나왔으며, 자영업이 4.6%, 기타가 9.2%로 나타났다. 클라이언트 중 국민기초생활보장법의 대상자는 75.8%로 대다수를 차지하고 있었으며, 대상자가 아닌 경우는 13.6%로 낮게 나타났다.

2) 신뢰도 및 기술통계 분석

클라이언트의 이용자 만족도 조사 부분의 인과관계 분석을 위하여 각 하위 영역별로 신뢰도를 분석한 결과 모두 0.8 이상으로 높은 수준으로 나타났다.

품질 영역의 하위 영역의 평균을 살펴보면, 재가복지 서비스 평가가 3.58점(표준편차 0.94)으로 가장 높은 점수를 받았으며, 표준편차도 적어 다른 영역에 비하여 의견의 일관성이 상대적으로 높았다. 반면에 사회복지사에 대한 평가는 3.41점(표준편차 1.04)으로 다소 만족하는 수준이었으나 다른 영역에 비하여 상대적으로 낮게 나타났다.

3) 서비스 만족도에 영향을 미치는 요인 분석

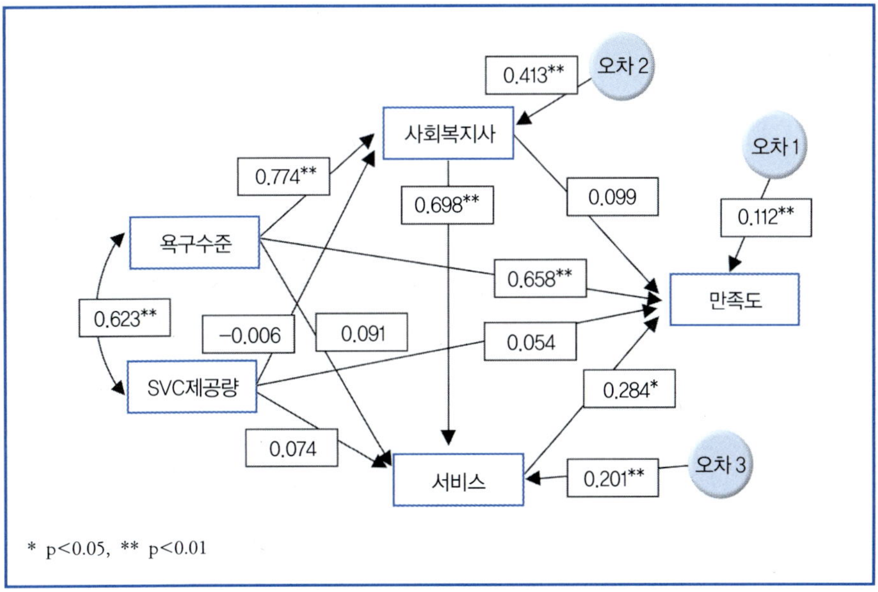

|그림 13-3| 서비스 만족도에 영향을 미치는 요인 분석

〈표 13-10〉 **서비스 만족도에 영향을 미치는 요인의 효과분석**

	SVC제공량	욕구수준	사회복지사	서비스수준
직접효과	0.054	0.658	0.099	0.284
간접효과	0.019	0.256	0.198	0.000
총효과	0.073	0.913	0.297	0.284

서비스의 제공량과 클라이언트의 욕구수준을 독립변수로, 사회복지사와 서비스 수준의 평가를 매개변수로 하였을 때의 만족도에 영향을 미치는 요인에 대한 경로분석은 | 그림 13-3 | 과 〈표 13-10〉과 같다.

서비스 만족도에 영향을 주는 요인을 독립변수 중에서는 욕구수준의 총효과는 0.913으로 매우 큰 영향을 미치는 것으로 나타났다. 서비스 만족도에 직접적으로 영향을 미치는 효과는 0.658이었으며, 간접효과도 0.256으로 나타나 직간접 효과 모두 높았다. 이는 욕구수준이 높을수록 서비스에 대한 만족도가 높아지는 것을 의미한다. 반면에 제공된 서비스의 양은 서비스 만족도에 영향을 미치지 않았다.

매개변수를 살펴보면, 사회복지사의 경우 직접효과는 0.099로 거의 영향을 미치지 않았으나, 사회복지사가 제공하는 서비스에 영향을 받는 간접효과가 0.198로 나타나 총효과가 0.297로 어느 정도 만족도에 영향을 미치는 것으로 나타났다. 서비스의 경우 최종 매개변수이므로 간접효과는 없는 것으로 나타났으나, 직접효과는 0.284로 역시 어느 정도 영향을 미치는 것으로 나타났다.

서비스의 만족도에서는 클라이언트의 개인적 측면에서의 욕구 정도에 따라 욕구가 클수록 만족도가 높아지는 것을 알 수 있다. 즉, 욕구에 따라 제공되는 서비스의 효과가 달라지게 되고 이에 따라 서비스의 만족도가 큰 영향을 받게 된다는 것이다. 이는 재가복지 서비스가 클라이언트의 욕구수준에 기초하여 제공될 때가 가장 효과적일 수 있다는 것을 의미한다. 반면에 단순히 서비스가 많이 제공된다고 해서 클라이언트가 만족하지는 않는다고 나타난 것은 의미 있다. 즉, 클라이언트의 욕구를 고려하지 않은 서비스의 제공은 그 양과 상관없이 클라이언트의 만족도에 영향을 미치지 않으며, 체계적인 욕구사정에 따른 서비스의 제공의 중요성을 다시 한번 일깨워 준다.

사회복지사나 서비스에 대한 평가가 만족도에 미치는 영향이 욕구수준에 비하여 상대적으로 적게 나타났다. 이는 결과성과나 산출성과에서 살펴보았듯이, 사회복지사의 활동이 부족하였으며, 심리정서적 서비스나 의료적 서비스의 부족과 같은 문제의 노출로 인하여 나온 결과라고 판단된다. 따라서 서비스 제공자의 측면에서 본다면 사회복지사의 노력과 서비스의 질적 수준을 보다 향상시켜야 한다. 사회복지사와 제공되는 서비스 중 우선적으로 사회복지사의 영향력이 더 크므로, 만족도를 높이기 위해서는 서비스보다 사회복지사를 보다 전문화하고 업무의 집중성을 높이는 것이 필요할 것이다.

만족도에서 설명되지 않은 오차항은 0.112로 나타나 대부분이 경로모형에서 설명되는 것으로 나타났다. 사회복지사의 경우는 0.413, 서비스 평가는 0.201로 나타나 사회복지사의 오차항이 상대적으로 높게 나타났다.

6. 평가결과 요약

재가복지봉사센터의 서비스는 결과성과 평가, 산출성과 평가, 품질성과 평가로 나누어 평가하였다.

결과성과 평가는 사업목표 달성 정도와 욕구에 따른 대응성을 평가하는 것이었다. 사업목표 달성 정도는 경제적 서비스의 결연후원(64.3%)과 일시후원(80.6%), 정서적 서비스의 말벗 서비스(58.0%), 생활가사 서비스의 김장 서비스(86.7%), 주거환경 개선(25.0%) 등은 낮은 달성률을 보여 개선이 시급한 것으로 나타났다. 반면 150% 이상의 목표 달성률을 보이는 서비스 영역은 현물후원(262.0%), 병원동행 지원(192.0%), 이미용 서비스(325.0%)로 나타났다.

대응성 평가의 경우 경제적 욕구에의 대응성이 88.6점으로 가장 높았으며, 생활가사 욕구도 86.2점으로 높게 나타났다. 반면에 의료적 욕구의 대응성은 41.8점에 불과하였으며, 심리정서 욕구는 33.3점으로 매우 낮게 나타났다. 누수율의 경우 의료적 욕구나 생활가사 욕구, 심리정서 욕구 등에서 높은 비율로 나타났으며, 시급히 개선되어야 할 과소누수율은 의료적 욕구(50.0점)와 심리정서 욕구(21.9점)에서 높은 비율이었다.

재가복지 서비스의 산출결과는 경제적 서비스의 결연후원의 1회 지원액의 평균은 약 65천 원, 일시적 후원금은 1회당 평균 62천 원 수준으로 나타났다. 정서적 서비스에서 생일 나들이는 1인당 69천 원이었으며, 카네이션은 평균 4천 원이 소요되었다. 밑반찬 서비스의 경우 1회당 2.8천 원이었으며, 김장 서비스는 23천 원이었다. 산출결과는 다음 연도의 자료와 상대적으로 비교할 수 있기 때문에 지금의 자료로서는 한계가 있다고 할 수 있다.

품질성과 평가 방법으로 이용된 이용자 만족도 조사에 응답한 클라이언트는 66명이며, 여자가 84.4%이었다. 평균 연령은 76.04세(표준편차 7.43)이며, 90.5%가 배우자가 없는 상태이었다. 종교가 없는 클라이언트는 18.5%에 불과하였으며, 국민기초생활보장법의 대상자는 75.8%이었다.

클라이언트의 월 평균 수입은 31.06만 원(표준편차 16.45)이며, 57.6%가 부족하다고 응답하였다. 생활비의 지출내역으로는 주부식비가 40.9%로 가장 높았다.

품질성과 평가 결과 서비스 만족도는 3.38점(표준편차 1.17)으로 대상자 간 의견 차이가 상대적으로 많이 나며, 중간보다 조금 높은 다소 만족하는 수준인 것으로 나타났다. 재가복지 서비스 수준 평가가 3.58점(표준편차 0.94)이었으며, 사회복지사에 대한 평가는 3.41점(표준편차 1.04)으로 역시 다소 높은 수준이었다. 신뢰도는 모두 0.8 이상으로 높은 수준으로 나타났다.

서비스 만족도에 영향을 주는 요인을 독립변수 중에서는 클라이언트의 욕구수준의 총효과는 0.913으로 만족도에 매우 큰 영향을 미쳤으며, 직접효과는 0.658, 간접효과도 0.256이었다. 사회복지사의 경우 총효과가 0.297이었으며,

서비스 수준의 평가는 0.284로 나타났다. 그러나 서비스 제공량은 0.073에 불과하여 거의 영향력을 미치지 못하고 있는 것으로 나타났다.

TIP 실무적으로 가장 간단한 대응성 측정하기

결과성과의 대응성을 간단한 교차분석 형식으로 표현할 수 있다. 경제적 서비스 평가라면 경제적 욕구의 유무와 경제적 서비스의 제공 유무의 단순한 교차분석이다. 이 경우 아래 표와 같이 통계를 할 수 없더라도 '바를 정'자(正)를 그려 숫자만을 확인해도 대응성의 평가가 가능해진다.

'바를 정'자가 새겨진 숫자에 따라 어느 숫자의 비율이 높은가에 따라 적절한 서비스가 제공되었는지 판단할 수 있으며, 욕구가 있는데 못 받거나 없는데 받은 누수된 수를 줄이는 것을 다음 해의 목표로 삼을 수 있다. 이의 해석은 앞서 보았던 표의 해석과 통계적 검증을 제외하면 전혀 다르지 않다. 따라서 통계적으로 적용이 어려운 경우 다음과 같은 방식을 이용해 분석한다.

누수된 욕구

〈표〉 경제적 욕구에 따른 경제적 서비스의 제공

(단위 : 명)

경제욕구 / 경제서비스	없 음	있 음	합 계
제공 안 함	正T	正正T	19
제공함	正T	正正正正T	29
합 계	14	34	48

대응된 서비스

부 록

부록 1. 서울마을지표 주민자가진단용 성과 척도

부록 2. 만족도 설문지

부록 1

서울마을지표 주민자가진단용 성과 척도[1)]

서울마을주민 척도 및 주민네트워크 진단표

Ⅰ. 마을주민 네트워크 성과 척도(사전-사후 사용)

마을 모임에 속해 있는 구성원이 1인당 1매를 작성합니다.

1. 응답자명 적기 :

   소속 마을 혹은 조직(단체/ 기관)명 적기 :

2. 현재 마을활동과 관련한 마을사업지기, 마을 관련 전문가, 다른 조직/ 단체/ 관공서 등의 근무자 중에서 **이름을 알고 있는 사람**들의 이름을 써주세요. 단, 별칭을 알고 있는 경우 (   ) 안에 본명을 써주시고, 본명을 모를 경우 (모름)이라고 써주세요.

아는 사람의 이름

1) 우수명 외(2015). 서울시마을공동체 성과확인 기초연구 보고서, 서울시마을공동체종합지원센터의 연구의 요약본이며, 자세한 내용은 서울시마을공동체종합지원센터 자료실의 보고서 전문을 참조할 것.

3. **위 2번의 아는 사람 중**에서 본인과 **친하다**고 생각하는 사람들의 이름을 써주세요. 친하다는 의미는 심리적 느낌뿐만 아니라 종종 같이 밥도 먹고, 일도 의논하고, 경조사도 참석할 수 있는 대상입니다.

친한 사람의 이름

4. **위 2번의 아는 사람 중**에서 본인이 친밀함 이상 **깊이 신뢰**할 수 있다고 생각하는 사람들의 이름을 써주세요. 깊은 신뢰는 내 것을 양보할 수 있을 뿐 아니라 상대를 위하여 희생도 감수할 수 있는 수준입니다.

깊이 신뢰하는 사람의 이름

II. 마을활동의 성과 자가 진단표(사후 사용)

영역	진단을 위한 질문	자가 진단		해당 없음	자가 진단의 근거
		Y	N		
과정 평가					
주민	**1-1. 다른 주민에 대한 관심 및 상호 이해도 증가** : 마을에 살고 있는 주민과의 관계가 좋아졌다.	Y	N	해당 없음	
	1-2. 세대 간 소통, 교감, 관계 증진 : 마을의 아이들 또는 어르신들과 인사를 나누거나 대화를 나눌 수 있는 이들이 있다.	Y	N	해당 없음	

	1-3. 주민 간 긍정적 관계 증진 및 신뢰형성 : 이웃 주민과 서로 도움을 주고받고 있다(아이 맡기기, 물건 빌리기, 상의하기 등)	Y	N	해당 없음	
	1-4. 내가 하는 일에 대한 자부심과 열정 증대 : 모임 활동을 통해 내가 하는 일에 대한 자부심을 느끼고 있다.	Y	N	해당 없음	
	1-5. 서로의 생각 차이로 인한 갈등 경험과 극복 : 주민 간에 갈등이 있었지만, 주민 간에 갈등을 효과적으로 해결하였다.	Y	N	해당 없음	
	1-6. 인간관계의 확장과 마을에 대한 관심 증대 : 나와 친해지거나 좋은 관계를 유지하는 이웃이 증가하였다.	Y	N	해당 없음	
모임	**2-1. 주민참여의 확대** : 모임에 참여하는 구성원이 증가하였다.	Y	N	해당 없음	
	2-2. 모임의 활동의 증가 : 모임에서 진행하는 사업의 수가 증가하였다.	Y	N	해당 없음	
	2-3. 참여주민 간 삶의 공유를 통한 결속력 : 모임 구성원의 참여가 지속되고 있다.	Y	N	해당 없음	
	2-4. 지속 가능한 마을공동체로 거듭남 : 일회성 사업이 아닌 마을을 위한 지속적인 사업이 진행되고 있다.	Y	N	해당 없음	
마을	**3-1. 마을공동체 이해를 통한 사업으로 공공성 배가** : 우리 모임은 마을 공공성에 기여하였다.	Y	N	해당 없음	
	3-2. 마을에 대한 정체성과 인지도 향상 : 우리 마을은 살기 좋은 마을로 인식되고 있다고 생각한다.	Y	N	해당 없음	
	3-3. 마을을 바라보는 시야 확장 : 마을이 단순한 공간이 아닌 사람답게 사는 곳, 교류의 장이라고 생각한다.	Y	N	해당 없음	

관계	4-1. **외부 구성원의 관심과 지원 확대** : 우리 모임은 다른 마을의 모임, 외부기관과 상호 도움을 주고받고 있다.	Y	N	해당 없음	
결과 평가					
개인	5-1. **나 스스로의 긍정적인 성장** : 모임의 활동, 사업을 위해 필요한 교육을 받거나, 자격증을 획득했다.	Y	N	해당 없음	
	5-2. **모임을 통한 행복감** : 모임을 통해 나는 행복감을 느끼고 있다.	Y	N	해당 없음	
	5-3. **가족관계 증진** : 모임을 통해, 우리 가족 간의 친밀감이 향상되었다(아이, 부부, 부모 등).	Y	N	해당 없음	
	5-4. **주체적 시민으로 성장** : 나는 마을활동에 주인으로 참여한 경험을 통해 주체적인 시민으로 성장하고 있다는 생각이 든다.	Y	N	해당 없음	
모임	6-1. **개별 욕구를 넘어선 공동의 욕구 공유 및 충족** : 우리 모임은 모임참여 주민들의 욕구를 일정 부분 해결하였다.	Y	N	해당 없음	
	6-2. **다른 모임과의 협력활동 증대** : 우리 모임과 다른 모임이 서로 도움을 주고받거나 공동사업을 진행하고 있다(정보교환, 물건 빌리기, 장소대여, 마을축제 등).	Y	N	해당 없음	
마을	7-1. **주민 간 관계증진, 모임 간 연대를 통한 마을의 재발견** : 마을의 구석구석을 관찰하게 되었다.	Y	N	해당 없음	
	7-2. **지역에 대한 관심과 애착의 증대** : 마을에 대한 관심이 증대되었다.	Y	N	해당 없음	
	7-3. **살고 싶은 진정한 마을로 자리 잡음** : 나는 이 마을의 주민으로서 앞으로도 우리 마을에서 살고 싶다.	Y	N	해당 없음	

Ⅲ. 서울마을주민척도(사전-사후 사용)

1. 마을활동 참여 후 긍정적인 인식 변화

1) 마을 관계 : 마을활동을 통해 경험하는 행복한 관계성에 대한 내용

마을주민 행복한 관계 개념의 적절성 평가	전혀 아니다	대체로 아니다	보통 이다	대체로 그렇다	매우 그렇다
(1) 마을에는 좋은 이웃들이 있다.	①	②	③	④	⑤
(2) 마을의 사람들을 만나는 것은 즐겁다.	①	②	③	④	⑤
(3) 마을에서 나는 사랑을 받는 경험을 하고 있다.	①	②	③	④	⑤
(4) 마을에는 내가 힘들 때 힘이 되는 이들이 있다.	①	②	③	④	⑤
(5) 나는 마을에서 함께 활동하는 사람들에 대하여 만족한다.	①	②	③	④	⑤
(6) 마을에는 나를 이해하고 아껴주는 사람들이 있다.	①	②	③	④	⑤
(7) 마을에서 나는 사랑을 주는 경험을 하고 있다.	①	②	③	④	⑤
(8) 내 모임에 함께 참여하는 이들은 나에게 복(福)이다.	①	②	③	④	⑤

2) 마을인식 : 마을활동을 통해 경험하는 행복한 마을인식에 대한 내용

행복한 마을인식 측정 개념의 적절성 평가	전혀 아니다	대체로 아니다	보통 이다	대체로 그렇다	매우 그렇다
(1) 나의 마을에서 오래 살고 싶다.	①	②	③	④	⑤
(2) 나의 마을에는 미래가 있다.	①	②	③	④	⑤
(3) 이 마을에서 빨리 이사가고 싶다.	①	②	③	④	⑤
(4) 지난 마을활동을 돌아볼 때 잘한 것이라 생각한다.	①	②	③	④	⑤
(5) 나는 마을활동에 대하여 만족한다	①	②	③	④	⑤
(6) 우리 마을에 사는 것은 즐거운 것이다.	①	②	③	④	⑤
(7) 우리 마을은 좋은 마을로 변하고 있다.	①	②	③	④	⑤
(8) 나는 마을활동에 앞으로도 계속 참여할 것이다.	①	②	③	④	⑤
(9) 나는 다른 사람에게 마을활동을 추천한다.	①	②	③	④	⑤

3) 마을활동 만족도 : 마을활동을 통해 경험하는 결과로서의 행복감에 대한 내용

마을활동 결과의 행복감 개념의 적절성 평가	전혀 아니다	대체로 아니다	보통 이다	대체로 그렇다	매우 그렇다
(1) 마을활동에 참여한 것은 잘한 것이다.	①	②	③	④	⑤
(2) 마을활동은 나를 즐겁게 한다.	①	②	③	④	⑤
(3) 마을활동은 나에게 좋은 이웃들을 만들어 주었다.	①	②	③	④	⑤
(4) 마을활동을 통하여 나의 사업수행 역량이 성장하였다.	①	②	③	④	⑤
(5) 마을활동으로 나 자신에 대한 애정이 많아졌다.	①	②	③	④	⑤
(6) 내가 원하던 마을활동을 하였다.	①	②	③	④	⑤
(7) 마을활동을 통하여 보상받는 무엇인가가 있다.	①	②	③	④	⑤
(8) 마을활동은 나의 욕구나 문제 해결에 도움이 되었다.	①	②	③	④	⑤
(9) 마을활동을 통하여 성취감을 경험하였다.	①	②	③	④	⑤
(10) 마을활동을 통하여 행복한 경험을 하였다.	①	②	③	④	⑤

2. 주민 주도성 척도

1) 주민 주도성의 태도

주민 주도성의 태도 개념의 적절성 평가	전혀 아니다	대체로 아니다	보통 이다	대체로 그렇다	매우 그렇다
(1) 나는 마을활동에 필요한 역할을 스스로 하고 있다.	①	②	③	④	⑤
(2) 나는 마을활동에 필요한 역량을 갖추기 위하여 노력한다.	①	②	③	④	⑤
(3) 마을활동에 있어서 내가 먼저 해야 할 역할을 찾는다.	①	②	③	④	⑤
(4) 나는 마을활동에서의 나의 역할을 효과적으로 수행한다.	①	②	③	④	⑤
(5) 나의 마을활동 참여는 내가 스스로 결정한다.	①	②	③	④	⑤
(6) 마을활동에서 내가 할 일이 있다면 책임지고 하려고 한다.	①	②	③	④	⑤
(7) 나는 마을활동에 필요한 회비를 내고 있다.	①	②	③	④	⑤
(8) 만약 다른 지역에 살더라도 마을활동에 다시 참여할 것이다.	①	②	③	④	⑤
(9) 나는 마을활동에 필요한 지식과 기술을 배우기 위해 노력한다.	①	②	③	④	⑤
(10) 마을활동에 있어서 내가 주도자가 되는 것이 필요하다.	①	②	③	④	⑤

2) 주민 주도성의 인식

주민 주도성의 인식 개념의 적절성 평가	전혀 아니다	대체로 아니다	보통 이다	대체로 그렇다	매우 그렇다
(1) 마을활동에서 내가 해야 할 역할을 알고 있다.	①	②	③	④	⑤
(2) 나는 마을활동의 가치와 방향을 알고 있다.	①	②	③	④	⑤
(3) 마을활동에서 나는 주도적인 역할을 해야 한다.	①	②	③	④	⑤
(4) 마을의 여러 사업들은 내가 이끌고 나가야 한다.	①	②	③	④	⑤
(5) 나는 마을활동에 있어서 능동적이라고 생각한다.	①	②	③	④	⑤
(6) 마을활동에는 내가 먼저 나서거나 실천해야 할 필요가 있다.	①	②	③	④	⑤
(7) 마을활동에서 주인의식을 갖는 것은 중요하다.	①	②	③	④	⑤
(8) 마을활동에서 의견충돌이 생기면 피하고 싶다.	①	②	③	④	⑤
(9) 나는 마을활동에 주저하여 미루는 경우가 많다.	①	②	③	④	⑤
(10) 내가 아니어도 마을활동을 할 수 있는 이들이 있다.	①	②	③	④	⑤

3. 마을공동체성 척도

1) 주관적 공동체 영역

주관적 공동체 인식 개념의 적절성 평가	전혀 아니다	대체로 아니다	보통 이다	대체로 그렇다	매우 그렇다
(1) 마을활동의 결과와 상관없이 모두 함께하는 과정이 중요하다.	①	②	③	④	⑤
(2) 나는 마을의 목표를 달성하기 위하여 협력한다.	①	②	③	④	⑤
(3) 나는 마을의 발전을 위해 노력하고 있다.	①	②	③	④	⑤
(4) 내 모임을 위한 것이라면 나는 불이익도 감수할 것이다.	①	②	③	④	⑤
(5) 마을의 가치를 살리기 위해 나의 희생은 필요하다.	①	②	③	④	⑤
(6) 마을활동은 최대한 많이 함께 참여하는 것이 결과의 성공보다 중요하다.	①	②	③	④	⑤
(7) 마을공동의 사업이 결정되면, 나의 의사와 일치하지 않더라도 참여한다.	①	②	③	④	⑤
(8) 나는 마을의 사업이 일단 결정되면, 그 결정이 잘못되었더라도 이의를 제기하지 않는다.	①	②	③	④	⑤
(9) 누가 우리 마을을 비판하면 나는 그것에 대하여 반박한다.	①	②	③	④	⑤
(10) 마을의 가치는 개인의 가치보다 우선한다.	①	②	③	④	⑤

2) 공동체 관계 영역

공동체 관계 개념의 적절성 평가	전혀 아니다	대체로 아니다	보통 이다	대체로 그렇다	매우 그렇다
(1) 나는 마을 사람의 이야기에 귀를 귀울인다.	①	②	③	④	⑤
(2) 나는 마을 사람들에게 어떤 일이 생기는지 관심이 있다.	①	②	③	④	⑤
(3) 마을 사람들은 나를 격려하고 지지한다.	①	②	③	④	⑤
(4) 나는 마을 사람들과 자주 만난다.	①	②	③	④	⑤
(5) 나는 마을 사람을 아끼고 배려한다.	①	②	③	④	⑤
(6) 마을에 대한 정보나 안내에 대한 교류가 이루어진다.	①	②	③	④	⑤
(7) 나와 마을 사람들은 상생이나 공동체에 대해 이야기를 나누거나 공유한다.	①	②	③	④	⑤
(8) 마을 사람들에게 나의 살아온 이야기를 해주었다.	①	②	③	④	⑤
(9) 마을 사람들은 자신이 살아온 이야기를 나에게 해주었다.	①	②	③	④	⑤
(10) 나는 내 모임의 사람들을 잘 알고 있다.	①	②	③	④	⑤

3) 공동체 과정 영역

공동체 과정 개념의 적절성 평가	전혀 아니다	대체로 아니다	보통 이다	대체로 그렇다	매우 그렇다
(1) 마을 주민들 간의 관계는 수평적이어야 한다.	①	②	③	④	⑤
(2) 마을의 결정은 모든 주민들에게 동일하게 적용된다.	①	②	③	④	⑤
(3) 어떤 논쟁이나 의견 차이가 생길 때 다수결로 결정한다.	①	②	③	④	⑤
(4) 마을활동에는 소수의 의견이라도 반영되어야 한다.	①	②	③	④	⑤
(5) 마을의 의사결정을 위하여 시간이 걸리더라도 모든 이들의 의견이 표현·수렴되어야 한다.	①	②	③	④	⑤
(6) 의사결정이 잘못되었다는 마을 주민의 문제제기가 있다면, 이를 다시 논의하고 합의한다.	①	②	③	④	⑤
(7) 내 모임에서는 마을 구성원 모두의 참여를 위하여 기다려 준다.	①	②	③	④	⑤
(8) 내 모임의 주인은 모두이며, 모두가 주인으로서의 권리를 행사한다.	①	②	③	④	⑤
(9) 시급한 경우 마을의 의사결정은 소수가 주도해도 아무런 문제가 안 된다.	①	②	③	④	⑤
(10) 마을 주민들은 모두 평등하고 동등한 존재이다.	①	②	③	④	⑤

4) 공동체 가치 영역

공동체 가치성 개념의 적절성 평가	전혀 아니다	대체로 아니다	보통 이다	대체로 그렇다	매우 그렇다
(1) 마을의 가치는 필요한 것이다.	①	②	③	④	⑤
(2) 마을은 나의 행복을 위해 필요하다.	①	②	③	④	⑤
(3) 마을은 우리가 지향해야 할 방향이다.	①	②	③	④	⑤
(4) 마을을 통해 우리는 더 나은 사회가 될 수 있다.	①	②	③	④	⑤
(5) 마을은 인간 존엄성의 회복이다.	①	②	③	④	⑤
(6) 마을은 사회적 존재로서의 인간을 깨닫게 해준다.	①	②	③	④	⑤
(7) 마을은 건강한 사회를 만드는 데 기여한다.	①	②	③	④	⑤
(8) 마을은 우리 사회를 밝게 만드는 존재이다.	①	②	③	④	⑤
(9) 마을을 통해 우리는 더 행복해질 수 있다.	①	②	③	④	⑤
(10) 마을은 우리의 생활의 일부가 되었다.	①	②	③	④	⑤

부록 2

만족도 설문지

노인조사연구
ㅇㅇ노인종합복지관

ㅇㅇ노인종합복지관 이용만족도 조사

안녕하십니까?

여러분의 가정에 건강과 평화를 기원합니다.

사회복지법인 ㅇㅇㅇ사람들에서 운영하고 있는 ㅇㅇ노인종합복지관은 지역 어르신들을 위해 다양한 노인복지사업을 전개하고 있습니다.

본 설문조사는 지역 어르신들께서 그동안 실시되어 온 프로그램에 대해 어떻게 생각하고 계신지를 알아보기 위해 실시하는 의견조사입니다. 따라서 본 설문조사는 어르신들을 위한 복지관의 노인복지방향을 설정하고 다양한 노인복지 프로그램들을 개발하는 데 귀중한 자료로 쓰여질 것입니다.

설문조사의 결과는 종합적으로 통계 처리되므로 어르신들의 개인적인 의견과 정보는 외부로 유출되지 않으며, 통계법으로도 보호를 받게 되므로, 안심하시고 설문에 응해주시면 감사하겠습니다.

20ㅇㅇ년 10월

ㅇㅇ노인종합복지관 관장 △△△

■ 기본 개인정보 수집 동의서

ㅇ 필수정보 : 조사 설문지에 응답한 정보 모두

○ 이용목적 : 광명시노인종합복지관 서비스 제공 및 복지서비스 개발 자료로 활용

상기 목적을 위한 개인정보 수집에 동의하십니까?	ㅁ 동의함 ㅁ 동의 안 함

○○노인종합복지관

Tel. 000 ~ 0000

조사번호		조사일시		조사원		코딩		입력	

1. 응답하시는 어르신의 일반적인 특성입니다. 해당되는 것을 표시해 주시거나 적어주세요.

성 별	__① 남 __② 여	나 이	출생년도
학 력	__① 초졸 이하 __② 중졸 __③ 고졸 __④ 전문대졸 __⑤ 대졸 이상 __⑥ 기타		
종 교	__① 기독교 __② 천주교 __③ 불교 __④ 무교 __⑤ 기타		
보호구분	__① 일반(비해당) __② 조건부수급권자 __③ 수급자 __④ 기타		
월평균소득	__① 49만 원 이하 __② 50~99만 원 이하 __③ 100~149만 원 이하 __④ 150~199만 원 이하 __⑤ 200~249만 원 이하 __⑥ 250~299만 원 이하 __⑦ 300~349만 원 이하 __⑧ 350~399만 원 이하 __⑨ 400만 원 이상		
한 달 용돈	__① 10만 원 미만 __② 10~29만 원 이하 __③ 30~49만 원 이하 __④ 50~69만 원 이하 __⑤ 70~89만 원 이하 __⑥ 90만 원 이상		
주 수입원	__① 연금이나 퇴직금 __② 부동산, 금융수입 __③ 정부지원금, 노령수당 __④ 민간종교단체의 후원금 __⑤ 자녀의 도움 __⑥ 기타( )		

혼인 여부	___① 미혼 ___② 기혼(배우자 있음) ___③ 기타( )
가구형태	___① 독거노인 ___② 노인부부 ___③ 노인단독+자녀부부+손자녀 ___④ 노인부부+자녀부부+손자녀 ___⑤ 노인단독+손자녀 ___⑥ 노인부부+손자녀 ___⑦ 기타( )
주거상태	___① 자가 ___② 전세 ___③ 월세 ___④ 영구임대 ___⑤ 기타( )
주거형태	___① 단독주택 ___② 다세대/ 빌라 ___③ 아파트 ___④ 기타( )

2. 본인을 기준으로 어르신의 가장 큰 어려움이나 문제는 무엇이라고 생각하십니까? 우선순위대로 2가지만 선택해 번호를 적어주세요.

(1) 1순위 ______번 (2) 2순위 ______번

① 주변과 단절로 인한 외로움 및 고독감

② 가정과 사회에서 어르신의 지위 약화와 권위상실

③ 고령에 따른 건강상의 문제, 질병 등

④ 근로능력 상실로 인한 경제적인 어려움

⑤ 식사, 빨래 등 일상 가정 생활 유지의 어려움

⑥ 어르신들을 위한 여가, 문화 프로그램과 공간 부족

⑦ 가족 간의 갈등, 돌보지 않음, 노인학대 등

⑧ 손자녀의 양육과 돌보기 등 가족역할

⑨ 별로 어려움 없다

⑩ 기타(자세히 :)

3. 어르신께서는 현재 ㅇㅇ노인종합복지관을 어느 정도 이용하고 계십니까?(지난 한 달을 기준으로)

이용 정도	내 용
(1) 일주일에 복지관 나오는 일수	일주일 평균 일
(2) 이용하시는 프로그램의 수	개의 프로그램을 이용
(3) 처음 이용하기 시작한 시기(연도)	년

4. 어르신께서는 ㅇㅇ노인종합복지관을 어떤 경로를 통하여 처음으로 알게 되었나요?(하나 선택)

___① 복지관의 홍보물(전단)을 통해

___② 지역매체를 통해(케이블TV 지역방송, 벼룩시장 등)

___③ 이웃의 소개나 권유로

___④ 거리의 플래카드를 보고

___⑤ 복지관을 보고, 우연히

___⑥ 일간지를 통해(동아, 중앙, 조선, 한겨레 등)

___⑦ 대중매체 매스컴(TV, 라디오 등) ___⑧ 기타( )

5. 어르신께서는 참여 중인 프로그램에 어느 정도 결석하십니까?(가장 참여도 좋은 프로그램 기준)

___① 어쩌다 참석한다(1주일에 4회 이상 결석)

___② 1주일에 3~4회 결석한다

___③ 1주일에 1~2회 결석한다

___④ 1~2주일에 1~2회 정도 결석한다

___⑤ 한 달에 1~2회 정도 결석한다

___⑥ 결석이 없다(100% 참석)

6. ○○노인종합복지관에서 어르신들을 위한 프로그램을 확장한다면 어떤 분야의 프로그램이 가장 좋을 것이라고 생각하십니까? 꼭 하나만 선택해 주십시오.

___① 취미교실(서예, 그림 등)

___② 예능 프로그램(노래, 춤 배우기 등)

___③ 교육 프로그램(외국어, 컴퓨터, 한글 등)

___④ 상담 프로그램(가족상담, 법률상담 등)

___⑤ 지역봉사활동(봉사단활동, 청소년선도)

___⑥ 부업 프로그램(부업 및 취업알선 등)

___⑦ 동아리활동(나들이, 노인자치모임 등)

___⑧ 건강 프로그램(건강강좌, 노인체육 등)

___⑨ 기타(필요한 것을 적어주세요 :)

7. 다음 중 어르신께서 현재 ○○노인종합복지관에서 이용하고 있는 프로그램의 번호를 적어주십시오. 3개가 넘을 경우 가장 중요한 프로그램 순서대로 적어주세요(___-___번에서 앞에는 영역번호를, 뒤에는 프로그램명 번호를 적어주세요). (1) 1순위 ___-___번, (2) 2순위 ___-___번, (3) 3순위 ___-___번

영역 번호	프로그램명				
(1) 교양 · 교육	① 일어교실	② 영어교실	③ 중국어교실	④ 동의보감	⑤ 교양강의
	⑥ 건강강의	⑦ 수지침교실	⑧ 한문교실	⑨ 정보화교실	⑩ 공예교실
(2) 건강	① 보건체조	② 단전호흡	③ 생활요가	④ 에어로빅	⑤ 물리치료
	⑥ 운동치료	⑦ 무료진료	⑧ 해맞이체조	⑨ 맷돌체조	⑩ 덩더쿵체조
(3) 취미 여가	① 꽃꽂이	② 앙크룽	③ 서화교실	④ 스포츠댄스	⑤ 포크댄스
	⑥ 노래교실	⑦ 민요교실	⑧ 서예교실	⑨ 장기바둑교실	⑩ 한국무용
(4) 기타	① 생신잔치	② 당구교실	③ 수영교실	④ 경로식당	⑤ 이미용
	⑥ 나들이(국내)	⑦ 나들이(국외)	⑧ 밑반찬	⑨ 상담	⑩ 봉사활동

◉ 다음에서 구체적인 분야의 경우 7번의 1순위로 선택한 프로그램을 기준으로 응답해 주시면 됩니다.

8. 어르신께서 현재 ○○노인종합복지관의 프로그램을 이용하는 데 있어서 전반적으로 어떻게 생각하십니까?

___① 매우 불만족한다

___② 불만족하는 편이다

___③ 보통이다

___④ 만족하는 편이다

___⑤ 매우 만족한다

9. ○○노인종합복지관을 이용하면서 어르신께 도움된 것이 있다면 무엇인지 가장 중요한 것을 우선순위대로 2가지만 번호를 적어주시기 바랍니다.

(1) 1순위 ________ (2) 2순위 ________

① 낮 시간을 유용하게 보내게 된다

② 친구를 사귈 수 있어서 좋다

③ 건강유지에 도움이 된다

④ 가족과의 관계가 좋아졌다

⑤ 삶에 보람을 느낄 수 있다

⑥ 배움의 기회를 가질 수 있다

⑦ 노년에 대한 자신감이 생겼다

⑧ 기타(내용 :)

10. ○○노인종합복지관의 프로그램을 이용하는 데 있어서 어르신께 가장 불만족하거나 불편한 것이 무엇입니까? 우선순위대로 2가지만 번호를 적어주시기 바랍니다. (1) 1순위 ________ (2) 2순위 ________

① 프로그램의 이용시간대의 제한
② 시설이 좁고 불편(주차장, 프로그램실 등)
③ 대중교통, 접근이용의 불편
④ 접수처리, 등록, 환불 등 행정의 불편
⑤ 프로그램의 홍보 부족, 정보제공 부족
⑥ 필요하거나 다양한 프로그램의 부족
⑦ 시설, 환경의 불결함, 낙후됨
⑧ 강사들의 자질의 부족, 전문성 문제
⑨ 사회복지사 및 직원의 불친절
⑩ 기타(자세히 적어주세요 :)

11. 다음은 ㅇㅇ노인종합복지관의 시설 및 환경에 대한 질문입니다. 해당되는 곳에 V표를 해주세요.

	전혀 아니다	대체로 아니다	보통 이다	대체로 그렇다	매우 그렇다
(1) 복지관의 위치는 우리 집에서 이용하기에 편리하다(접근성)	①	②	③	④	⑤
(2) 복지관 내의 시설(안내 게시판, 계단, 건물 내부)은 이용하기에 편리한 구조로 되어 있다(편리성)	①	②	③	④	⑤
(3) 복지관을 이용할 수 있는 시간대는 적절하다(시간대)	①	②	③	④	⑤
(4) 복지관 내부는 깨끗하고, 쾌적하다(화장실, 강의실 등)(청결)	①	②	③	④	⑤
(5) 기자재(컴퓨터, 장구 등)는 기능, 작동에 문제가 없다(기자재)	①	②	③	④	⑤

12. 위의 내용 중 가장 먼저 개선해야 할 내용은 무엇인지 하나만 번호를 적어 주세요. ________번

13. 다음은 참여한 프로그램의 진행담당자(선생)에 대한 질문입니다. 해당되는 곳에 V표를 해주세요.

	전혀 아니다	대체로 아니다	보통 이다	대체로 그렇다	매우 그렇다
(1) 선생은 맡은 분야에 전문가이다(전문성)	①	②	③	④	⑤
(2) 선생은 규정된 시간을 잘 지킨다(신실성)	①	②	③	④	⑤
(3) 선생은 질문에 친절하게 대답해 준다(친절성)	①	②	③	④	⑤
(4) 선생은 나를 배려하고, 수고해 준다(노력성)	①	②	③	④	⑤
(5) 나는 전반적으로 선생에 대하여 만족한다(만족성)	①	②	③	④	⑤

14. 위의 내용 중 가장 먼저 개선해야 할 것이 무엇인지 하나만 번호를 적어주세요. ________번

15. 다음은 귀하가 참여한 프로그램에 관한 질문입니다. 해당되는 곳에 V표를 해주세요.

	전혀 아니다	대체로 아니다	보통 이다	대체로 그렇다	매우 그렇다
(1) 전반적으로 프로그램들의 내용이 좋다(내용)	①	②	③	④	⑤
(2) 프로그램의 수준은 이용자에게 적합하다(적합성)	①	②	③	④	⑤
(3) 프로그램의 질이 다른 곳에 비하여 좋다(품질)	①	②	③	④	⑤
(4) 내가 필요로 하는 프로그램들이 있다(요구도)	①	②	③	④	⑤
(5) 지역노인들에게 필요한 프로그램들이 많다(필요성)	①	②	③	④	⑤

16. 위의 내용 중 가장 먼저 개선해야 할 것이 무엇인지 하나만 번호를 적어주세요. ________번

17. 다음은 귀하가 참여한 ㅇㅇ노인종합복지관의 프로그램에 대한 전반적인 의견입니다. 해당사항에 V표를 해주세요.

	전혀 아니다	대체로 아니다	보통 이다	대체로 그렇다	매우 그렇다
(1) ㅇㅇ노인종합복지관은 이용하는 데 부담 없이 편안한 곳이다(편안함)	①	②	③	④	⑤
(2) 프로그램에 참여한 것은 나에게 도움이 되었다(도움 정도)	①	②	③	④	⑤
(3) 프로그램 참여로 적절한 시간활용이 되었다(여가선용)	①	②	③	④	⑤
(4) 나는 계속 ㅇㅇ노인종합복지관을 이용할 것이다(지속성)	①	②	③	④	⑤
(5) 다른 사람들에게 추천할 만한 프로그램이다(추천성)	①	②	③	④	⑤
(6) 프로그램에 참여하는 것은 나에게 즐거움이 된다(즐거움)	①	②	③	④	⑤

18. ㅇㅇ노인종합복지관에 새로 개설되면 좋을 프로그램이나 발전을 위한 제언이 있다면 꼭 해주시기 바랍니다. 여러분의 의견을 적극적으로 반영하도록 노력하겠습니다.

참고문헌

강태룡 · 정규서(2001). 기획론(제2판). 서울 : 대왕사.

국가인권위원회(2010). 만화로 읽는 세계 인권선언 – 인류의 가장 아름다운 약속. 서울 : 국가인권위원회.

김범수 · 박윤애 · 우수명(1998). 서울가정도우미사업 2개년 운영평가 및 서비스 전달체계 개선방안 연구. 서울특별시.

김세진(2018). 복지관 사례관리 공부노트 – 사례관리 사회사업 이야기. 서울 : 푸른복지.

김영란(2002). 사례연구로 살펴본 질적 연구의 쟁점. 상황과복지, 13, 73-109.

김용득 · 김통원 · 이인재(1998). SRV이론과 PASSING 평가에 의한 종장기 발전계획 연구 보고서. 재단법인 노틀담수녀회.

김융일 외(2002). 사회복지 수퍼비전론. 경기 : 양서원.

김통원(2003). 사회복지 프로그램 개발과 평가. 서울 : 학지사.

김형식(1999). 사회복지 프로그램 평가 – 이론과 실제. 서울 : 아시아미디어리서치.

김희경 · 성은숙(2001). BSC 실천 매뉴얼. 서울 : SIGMAINSIGHT.

녹번종합사회복지관(1997). 1997년도 연례 사업 보고서. 녹번종합사회복지관.

동아출판사 편집국 편(2011). 프라임 영한사전. 서울 : 동아출판사.

민중서림 편집국 편(2004). 국어사전. 서울 : 민중서림.

박명윤 외(1991). 청소년 수련거리 실태조사 및 개발방향 연구. 청소년개발원.

사회복지공동모금회(2017). 공동모금회의 2018년 배분사업 안내서. 사회복지공동모금회 중앙회.

서울특별시(2000). 2000 하반기 행정서비스 시민만족도조사보고서–서울특별시내 사회복지관 부문. SIS리서치센터·서울특별시.

신경림 외(2003). 질적연구 용어사전. 서울 : 현문사.

신철우(1999). 목표에 의한 관리. 서울 : 새로운 제안.

오강남(1999). 장자. 서울 : 현암사.

우수명(1999). 사회복지 욕구조사 모델 개발. HS리서치센터.

______(2002a). 재가복지 서비스 성과평가 모형 연구. 성공회대학교 대학원 석사학위논문.

______(2002b). TP 사회복지조사. 서울 : 인간과복지.

______(2004). TP 사회복지 Program 개발과 평가. 서울 : 인간과복지.

______(2007). TP 사회복지조사(제3판). 서울 : 인간과복지.

______(2008). 지역사회복지 조직 간 네트워크 성장에 영향을 미치는 요인 연구. 숭실대학교 대학원 박사학위논문.

______(2010). 사회복지 욕구 다시보기. 서울 : 인간과복지.

______(2012). 네트워크 분석을 활용한 집단 프로그램의 사전·사후 응집력 평가 연구 – 친밀과 신뢰 네트워크를 중심으로. 한국사회복지행정학, 14(1), 1-25.

______(2015). 마우스로 잡는 SPSS 22. 서울 : 인간과복지.

우수명·전재현·정지윤(2015). 서울시마을공동체 성과확인 기초연구 보고서. 서울시마을공동체종합지원센터.

우수명·주경희·김희주(2015). 다문화사회복지개론. 경기 : 양서원.

우수명·주경희·김희주·이두진(2017). 지역사회복지론. 경기 : 지식공동체.

정무성(2000). 사회복지프로그램 평가 매뉴얼. 서울 : 사회복지공동모금회.

정무성·정진모(2001). 사회복지 프로그램 개발과 평가. 경기 : 양서원.

정선욱·김진숙(2000). 정신요양시설 평가에 대한 메타평가적 접근–유용성 기준을 중심으로. 상황과복지 제8호. 서울 : 인간과복지.

채서일(2000). 사회과학조사방법론. 서울 : 학현사.

최종혁(2001). 사회복지관 프로그램 평가의 대안–질적 평가(현상학적 자기평가)의 활용을 중심으로. 제8회 전국사회복지관 직원교육 자료집. 한국사회복지관협회.

______(2002). 사회복지실천프로그램의 질적평가 방법론. 서울 : 청록출판사.

피터 F. 드러커(1995). 미래의 결단. 서울 : 한국경제신문사.

한덕연(2017). 복지요결–사회사업원론. 서울 : 사회복지정보원.

황성철(2014). 사회복지 프로그램 개발과 평가. 경기 : 공동체.

EBS 동과서 제작팀(2012). 동과서–서로 다른 생각의 기원. EBS.

Austin, J. R., et al.(1982). Evaluating Your Agency's Programs. *A SAGE HUMAN SERVICE GUIDES. VOLUMN 29*. SAGE Publication.

Baudrillard, J.(1995). *Simulacra and Simulation*. University of Michigan Press.

Fisher, J.(1969). Is Casework Effective?. *A Reiview. Social Work, 18*.

Frame, J. D.(1995). *The Project Management*. Joseesy-Base Inc..

Fromm, E.(1963). *The Art of Loving*. Harper and Brothers, Publishers.

Hatry, et al.(1996). *Meauring Program Outcomes-A Practice Approach*. United Way of America.

Hesse, H.(1919). *Demian*. S. Fischer Verlag.

Kettner, J. R., & Martin, L. L.(2000). *Measuring the Performance of Human Service Programs*. SAGE Publication Inc.

Kuechler, C. F., Velasquez, J. S., & White, M. S.(1998). An Assessment of Human Services Program Outcome Measures : Are They Credible, Feasible, Useful. *Administration in Social Work, 12*(3).

Lakoff, G.(2005). *Don't Think Of An Elephant!*. Chelsea Green Publishing.

Martin, L. L., & Kettner, P. M.(1996). *Measuring the Performance of Human Service Program*. SAGE Publication Inc.

Maslow, A.(1987). *Research Methods for General Social Work*. Brooks/ Cole Publishing Company.

Mason, J.(1996). *Qualitative Research*. Sage Publicatio, London.

Peterson, B.(2004). *Cultural Intelligence : A Guide to Working with People from Other Cultures*. Nicholas Brealey.

Riley, P. G.(2002). *The One-Page Proposal*. Harper Collins.

Sartre, J. P.(1947). *EXISTENTIALISM*. Philosophical Library.

Schuerman, J. R.(1986). 장인협 외 공역. 사회복지조사평가론. 서울 : 집문당.

Tyler, R. W., Gagne, R. M., & Scriven, M.(1967). Perspectives of Curriculum Evaluation. *American Educational Research Association Monograph Series on Curriculum Evaluation, 1*. Rand McNally.

Wolfensberger, W.(1972). *The Principle of Normalization in Human Services*. G Allan Roeher Inst Kinsman.

______________(1983). *PASSING PROGRAM ANALYSIS SERVICE SYSTEMS*. PASSING.

Worthen, R. B. et al.(1997). *Program Evaluation-Alternative Approaches and Practical Guidelines*(2nd ed.). Pearson.

영화

방가? 방가!(2010). 감독 육상효.

홈페이지

구글. google.co.kr

국가통계포털. kosis.kr

다음. daum.net

서울복지재단. www.welfare.seoul.kr

서울정보소통광장. opengov.seoul.go.kr

종로노인종합복지관. jongnonoin.or.kr/bbs/board.php?botable=center03

함께서울지도. gis.seoul.go.kr

기관 문서 자료

종로노인종합복지관(2017). 노인 사회참여 확대를 위한 대학로 노인연극인 양성 프로그램 「대학老愛-대학로를 사랑하는 노인들」.

녹번종합사회복지관(2010). 이주외국인의 한국 사회적응 능력향상을 위한 교육 및 자조 모임 만들기 사업 - 좋은 이웃, 색(色) 다른 나의 둥지 은평.

조례 및 강령

사회복지사 윤리 강령

서울시마을공동체지원조례

찾아보기

ㄱ

가치 판단 ······ 168
가치 평가 ······ 179, 193
간접 정보 수집 방법 ······ 72
감사 평가 ······ 210
강점 ······ 47, 356
개발형 계획 ······ 64
개선형 계획 ······ 64
개입 ······ 245
결과 서술 평가 ······ 180
결과 중심 ······ 110, 136
결과성과 ······ 216, 221
결과성과 평가 ······ 369
결과성과 평가 결과 ······ 376
계량화 ······ 107
계획(plan) ······ 39
계획의 유형 ······ 62
공공서비스 플랫폼 ······ 21
공동체(community) ······ 197
과정 서술 평가 ······ 180
과정(단위)목표 ······ 122
과정분석 평가 ······ 281
관점 ······ 80
구체성 ······ 104
근거기반(evidence based) ······ 59
기관 연계협력 전략 ······ 345
기대 효과 ······ 362
기안 ······ 143
기획(planning) ······ 39, 40
기획 단계 ······ 60
기획 사례 ······ 52, 55

ㄴ

내부용 계획 ······ 63
네트워크 ······ 158
노력성(Effort) ······ 190
논리모델 ······ 123
능력 강화형 계획 ······ 66

ㄷ

다중 기초선 설계 ······ 258
다집단 실험설계 ······ 255
단기목표 ······ 116
단기성과 ······ 222
단일사례설계 ······ 256
단일집단 전후비교설계 ······ 253
달성의 가능성(Attainable) ······ 109
당사자 관점 ······ 20
대상 ······ 82
대응성(Correspondence) ······ 190

ㄹ

레이더 차트(radar chart) ··· 364

ㅁ

마을 관점 ··· 48
마을 만들기 ··· 48
마을조직(community organization) ··· 21
마케팅 ··· 156
만족도 ··· 120, 190, 217, 412
만족도 설문지 ··· 397
만족도 조사 설계 ··· 234
만족성(Satisfaction) ··· 190
메타평가 ··· 319
명목 집단(paper group) ··· 59
목표 ··· 99, 357
목표 세우기 ··· 114
목표 지향적 접근(goal-oriented approach) ··· 173
목표설정 ··· 103
목표의 규정 ··· 104
목표의 명료성 ··· 126
목표의 확인 ··· 370
목표효과 ··· 100
문제 해결형 계획 ··· 66
미션 ··· 46

ㅂ

반론 중심 모델(adversary model) ··· 175
반응적 접근(responsive approach) ··· 174
방가? 방가! ··· 23
배분신청서 ··· 327, 333
보호 원조형 계획 ··· 66
브레인스토밍(brainstorming) ··· 59
비교 ··· 244
비실험설계 평가 ··· 183
비용편익분석 ··· 229
비용효과분석 ··· 229
비전 ··· 46
비허위성 ··· 243

ㅅ

사업 내용 ··· 340
사업 내용 및 추진 전략 ··· 336
사업 집행 전략 ··· 340
사업 참여자 정의하기 ··· 336
사업계획서 작성 ··· 327
사업명 ··· 334
사회복지 가치 ··· 21
사회복지공동모금회 ··· 327
사회복지사의 실천 가치 ··· 47
사회적 역할의 가치화(SRV) ··· 26
산출목표 ··· 119, 357
산출성과 ··· 217, 227
산출성과 평가 ··· 369
산출성과 평가 결과 ··· 388
산출성과의 평가기준 ··· 374
삶의 질 개선형 계획 ··· 66
상관성 ··· 243
상위목표 ··· 120
상의 하달형 계획(top-down) ··· 65
생태적 관계 ··· 25
서비스(service) ··· 15
서비스 단위 ··· 227
서울마을지표 ··· 397
선후성 ··· 242
성과 평가 ··· 215
성과 평가 기준 ··· 370
성과목표 ··· 115, 359

성과측정 ······ 215
성과평가 도구 점검 ······ 129
세부 사업 수행 계획서 ······ 342
솔로몬 4집단 실험설계 ······ 255
수행적 관점의 평가 ······ 185
슈퍼비전 ······ 148
스페셜리스트(specialist) ······ 37
승인 ······ 143
시간 제한성(Time-bounded) ······ 113
신뢰도 ······ 134
실리 평가 ······ 210
실적 평가 ······ 179
실천 가치 ······ 45
실행 단계 ······ 32
실험설계 ······ 241, 249
실험설계 요소 ······ 243
실험설계 평가 ······ 183
실험설계의 유형 ······ 260
실험적 접근(experimental approach) ······ 173

ㅇ

양적 평가 ······ 181
역할 ······ 272
예산 사용 ······ 149
예산 편성 ······ 347
예술비평 모델(art criticism model) ······ 175
왜? ······ 81
외부 자문 ······ 148
외부용 계획 ······ 63
욕구 관점 ······ 50
욕구기반 가치 평가 ······ 199
욕구의 분석 ······ 92
욕구조사 ······ 85
우애방문 ······ 196
의사결정 ······ 58
의사결정 과정 ······ 60
의사결정 모델(decision-making model) ······ 175
의사결정 중심적 접근(decision-focused approach) ······ 173
의사교류 모델(transaction model) ······ 175
이미지 ······ 22, 47
이미지 평가 ······ 202
이용자 지향적 접근(user-oriented approach) ······ 173
인과관계 ······ 242
인권 ······ 48
인보관 운동 ······ 197
인증평가 모델(accreditation model) ······ 174

ㅈ

자료 수집과 기록 ······ 274
자선조직협회 ······ 196
장기목표 ······ 118
장기성과 ······ 223
재가복지 서비스 ······ 367
적법성(Lawfulness) ······ 191
적절성(Appropriateness) ······ 192
전실험설계 ······ 252
접근성(Access) ······ 191
정보 수집 ······ 69
정산 ······ 149
정상화(Normalization) ······ 22, 26
정적 집단 비교설계 ······ 253
제공자 관점 ······ 20
제너럴리스트(generalist) ······ 37
조작적 정의 척도를 이용한 평가 ······ 177
조작적 정의에 의한 평가 ······ 294
종결 단계 ······ 33

주민 만나기 ········ 70, 74, 150
주민자가진단용 ········ 397
주민주도형 마을 계획 ········ 67
준비 단계 ········ 29
준실험설계 ········ 251
중기목표 ········ 117
중기성과 ········ 222
직접 정보 수집 ········ 70
진행과정 ········ 219
질적 평가 ········ 181, 263
질적 평가결과의 분석 ········ 275
질적 평가의 계획 ········ 269
질적 평가의 설계 ········ 270
질적 평가의 수행 ········ 268
질적 평가자 ········ 272

ㅊ

차별성 ········ 355
참여자 선정 ········ 152
참여자 선정 기준 ········ 338
책무성 ········ 43
척도 방식의 평가 ········ 167
체계분석 모델(systems analysis model) ········ 174
체계적 관점의 평가 ········ 184
촉진자(facilitator) ········ 37
총괄 평가 ········ 186
총괄목표 ········ 122
추후 단계 ········ 34
측정 가능성 ········ 106
측정결과 ········ 135

ㅋ

클라이언트(Client) ········ 18
클라이언트 관점 ········ 52, 103, 237
클라이언트 면접 ········ 71
클라이언트 종결 상태(Client end status) ··· 222

ㅌ

타당도 ········ 132
타당성(Relevant) ········ 110
탈목적 모델(goal-free model) ········ 175
통제 ········ 243
투입요소 ········ 219

ㅍ

평가 ········ 357
평가 계획하기 ········ 307
평가결과의 분석 ········ 317
평가결과의 활용 ········ 317
평가대상 ········ 368
평가도구 구성 단계 ········ 311
평가방법 ········ 359, 369
평가수행 단계 ········ 313
평가시점 ········ 188
평가의 개념 ········ 168
평가의 과정 ········ 299
평가의 기준 ········ 189
평가의 대상 ········ 219
평가의 사례 ········ 367
평가의 필요성 ········ 170
평가의 흐름 ········ 163
평가주체 ········ 187
평가준비 단계 ········ 302
평가팀의 구성 ········ 306
표준화된 척도를 이용한 평가 ········ 176
품질(Quality) ········ 190
품질목표 ········ 120
품질성과 ········ 217, 231

품질성과 평가 ··· 369
품질성과 평가 결과 ··· 390
품질성과의 평가기준 ··· 375
프레임(frame) ··· 22
프로그램 ··· 15
프로그램 계획 ··· 28
프로그램 구성 체계별 분류 ··· 37
프로그램 수행 ··· 28
프로그램 제공 주체별 분류 ··· 37
프로그램 진행 ··· 147
프로그램 평가 ··· 28
프로그램 활동 내용별 분류 ··· 38

ㅎ

하위목표 ··· 120
하의 상달형 계획(bottom-up) ··· 65
학습형 계획 ··· 65
한 장 사업계획서 ··· 331
한덕연 선생님의 가치 평가 ··· 207
해석학적 질적 평가 ··· 265
핵심인물 면접 ··· 71
핵심집단 면접 ··· 71
행동 중심 모델(behavioral objective model) ··· 174
현상학적 질적 평가 ··· 266
현상화(現狀化) ··· 18
현장 평가의 운영 맥락 ··· 164
현장성(現場性) ··· 18
형성 평가 ··· 186
형평성(Balance) ··· 191
홍보 · 마케팅형 계획 ··· 64
환류 ··· 28
활용 계획 ··· 363
효과성(Effectiveness) ··· 189
효과성 평가 ··· 387
효율성(Efficiency) ··· 189

A

AB 설계 ··· 257
ABAB 설계 ··· 257

C

CI ··· 75

F

FGI ··· 75

K

KPI ··· 75

P

PASSING ··· 287

S

SRV ··· 47
SWOT 분석 ··· 72

1

1회 후검사 사례연구 ··· 254

3

3R ··· 196

저/자/약/력

■ **우수명**

한신대학교 사회복지학과 문학사
성공회대학교 대학원 사회복지전공 문학석사
숭실대학교 대학원 사회복지학박사
청소년폭력예방재단 사회복지사
서울시녹색서울시민위원회 민간상근간사
녹번종합사회복지관 사회복지사
HS리서치센터 소장
한국사회복지사협회 사회복지정책연구소장
한신대학교 초빙교수
대림대학교 사회복지과 교수
현재 HS리서치센터장
녹번종합사회복지관 및 다수의 복지기관 자문위원 및 운영위원

〈저서〉

지역사회복지론. 지식공동체. 2017(공저).
마우스로 잡는 SPSS 22. 인간과복지. 2015.
다문화사회복지개론. 양서원. 2015(공저).
사회복지 욕구 다시보기. 인간과복지. 2010.
학생권리와 학교사회복지. 한울아카데미. 2009(공저).
TP 사회복지조사(제3판). 인간과복지. 2007.
TP 사회복지 Program 개발과 평가. 인간과복지. 2004.
청소년문화복지아카데미. 품청소년문화공동체. 2004(공저).
마우스로 잡는 SPSS 8.0. 인간과복지. 1999.

사회복지 프로그램 개발과 평가

|저자| 우수명

|1판 1쇄| 발행 2024년 1월 30일
|1판 2쇄| 발행 2025년 7월 30일

|발행인| 김동훈
|발행처| 공 동 체

|주소| 경기도 고양시 일산동구 호수로 358-39, 동문타워 I 905호(백석동)
|전화| 031) 814-3000(대표)
|팩스| 031) 814-3100
|홈페이지| www.compub.co.kr
|전자우편| compub@naver.com
|출판등록| 2005년 10월 6일
|등록번호| 제396-2005-36호

|ISBN| 979-11-6725-555-6
정가 24,000원